U0756102

古代漢語

（校訂重排本）

第四册

主　編　王　力

編　者　（以姓氏筆畫爲序）

吉常宏　祝敏徹　馬漢麟　郭錫良

許嘉璐　趙克勤　劉益之　蕭　璋

中華書局

圖書在版編目(CIP)數據

古代漢語　第4册:校訂重排本/王力主編.—4版.—北京:中華書局,2018.6(2024.8重印)

ISBN 978-7-101-13246-5

Ⅰ.古…　Ⅱ.王…　Ⅲ.古漢語-高等學校-教材　Ⅳ.H109.2

中國版本圖書館CIP數據核字(2018)第094943號

責任印製:管　斌

古　代　漢　語

(校訂重排本)

第　四　册

主　編　王　力

編　者　吉常宏　祝敏徹　馬漢麟　郭錫良

許嘉璐　趙克勤　劉益之　蕭　璋

*

中華書局出版發行

(北京市豐臺區太平橋西里38號　100073)

http://www.zhbc.com.cn

E-mail:zhbc@zhbc.com.cn

北京新華印刷有限公司印刷

*

850×1168毫米 1/32 · 16⅝印張 · 1插頁 · 392千字

1964年9月第1版　1981年3月第2版

1999年6月第3版校訂重排　2018年6月第4版

2024年8月第66次印刷

印數:2785101-2835100册　定價:33.00元

ISBN 978-7-101-13246-5

目　録

第十三單元

第十二單元

文　選

賈　誼

弔屈原賦[1]

恭承嘉惠兮，俟罪長沙[2]。側聞屈原兮，自沈汨羅[3]。造託湘流兮，敬弔先生[4]，遭世罔極兮，乃殞厥身[5]。

〔1〕《文選》作《弔屈原文》。賈誼因受周勃、灌嬰等的譖毁，出爲長沙王太傅，實無異於貶謫。當他上任去經過湘水時，寫了這篇賦來弔屈原，並用以自喻。

〔2〕嘉惠，美好的恩惠，指皇帝任命他做長沙王太傅的詔命。俟罪，指做官，謙詞。長沙，漢長沙國，在今湖南省東部。漢高祖封吴芮(ruì)爲長沙王。賈誼是當吴芮的玄孫吴差的太傅。

〔3〕側聞，從旁聽説，謙詞。汨(mì)羅，水名，在今湖南東北部。沙、羅，押韻(歌部)。

〔4〕造，到。託湘流，指把弔文寄託給湘水，即投弔文於湘水之中。按：湘水和汨羅江都注入洞庭湖，古人以爲汨羅流入湘水，所以託湘水而弔。

〔5〕罔，無。極，指中正之道。殞(yǔn)，殁。厥，其。生、身，押韻(耕真通韻)。

嗚呼哀哉！逢時不祥。鸞鳳伏竄兮，鴟梟翱翔[1]。闒茸尊顯兮，讒諛得志[2]；賢聖逆曳兮，方正倒植[3]。世謂隨夷爲溷兮，謂跖蹻爲廉〔4〕，莫邪爲鈍兮，鉛刀爲銛〔5〕。吁嗟默默，生之無故兮〔6〕！斡棄周鼎，寶康瓠兮〔7〕；騰駕罷牛，驂蹇驢兮〔8〕；驥垂兩耳，服鹽車兮〔9〕；章甫薦履，漸不可久兮〔10〕。嗟苦先生，獨離此咎兮〔11〕！

〔1〕伏竄，隱藏。鴟(chī)，指鴟鵂(xiū)，俗名猫頭鷹。梟(xiāo)，又名鵂鶹(liú)，外形跟鴟鵂相似。古人以爲鴟梟都是不祥之鳥。祥、翔，押韻(陽部)。

〔2〕闒茸，參看第三册第895頁《報任安書》注〔31〕。這裏指不才之人。

〔3〕逆曳，這裏是被倒着拉的意思，即不得順正道而行。方正，指方正的人。倒植，指本應居高位反而居下位。志、植，押韻(之職通韻)。

〔4〕隨，卞隨，殷代的賢士。據説湯要把天下讓給他，他認爲可恥，於是投水而死。夷，指伯夷。溷(hùn)，混濁。跖，指盜跖。蹻，指莊蹻。舊説二人都是古時的大盜。

〔5〕莫邪，寶劍名。銛(xiān)，犀利，快。廉、銛，押韻(談部)。

〔6〕吁嗟，感歎詞。默默，不得意。生，指屈原。無故，指無故遇禍。

〔7〕斡(wò)，轉，也就是棄的意思。周鼎，周朝的傳國鼎，被認爲是國寶。康瓠，破罌。

〔8〕騰，乘。罷(pí)，通"疲"。驂，使動用法。蹇(jiǎn)，跛足，瘸。

〔9〕垂兩耳，吃力的樣子。馬負重過於吃力，就要低下頭去並垂兩耳。服，駕，乘。《戰國策·楚策》："夫驥之齒至矣，服鹽車而上太行，中阪(半坡上)遷延(慢慢向下退)，負轅不能上。"從"斡棄"到"車兮"，比喻人君摒棄賢才而重用無能的人。故、瓠、驢、車，押韻(魚部)。

〔10〕章甫，參看第一册第188頁《先進》注〔21〕。薦，墊。章甫薦履，比喻倒行逆施。

〔11〕離，通"罹"，遭受。咎，災禍。久、咎，押韻(之幽通韻)。

訊曰〔1〕：已矣！國其莫我知兮，獨壹鬱其誰語〔2〕？鳳漂漂其高逝兮，固自引而遠去〔3〕。襲九淵之神龍兮，沕深潛以自珍〔4〕。偭蟂獺以隱處兮〔5〕,夫豈從蝦與蛭螾〔6〕?所貴聖人之神德兮,遠濁世而自藏。使騏驥可得係而羈兮〔7〕,豈云異夫犬羊〔8〕?般紛紛其離此尤兮〔9〕,亦夫子之故也。歷九州而相其君兮,何必懷此都也〔10〕?鳳凰翔於千仞兮,覽德輝而下之〔11〕。見細德之險徵兮,遥曾擊而去之〔12〕。彼尋常之汙瀆兮,豈能容夫吞舟之巨魚〔13〕?横江湖之鱣鯨兮,固將制於螻蟻〔14〕。

〔1〕訊(xùn),告,《漢書》作"誶"(suì)。訊曰或誶曰,都等於楚辭的亂曰。參看第二册第564頁《哀郢》注〔1〕。

〔2〕壹鬱,同"抑鬱"。

〔3〕漂漂,同"飄飄",飛翔的樣子。語、去,押韻(魚部)。

〔4〕襲,因襲,這裏有效法的意思。九淵,等於説九重淵,即極深的淵。《莊子·列禦寇》:"夫千金之珠,必在九重之淵,而驪龍(黑龍)頷下。"沕(wù),深潛的樣子。

〔5〕偭(miǎn),背。蟂(xiāo),水蟲,像蛇,四足,食魚。獺(tǎ),水獺,食魚。偭蟂獺,大意是:想要拋棄了蟂獺而從神龍(依服虔説,見《漢書》顔師古注引)。

〔6〕蝦,指蛤蟆(háma)。蛭(zhì),水蛭,螞蟥,吸人畜的血。螾,同"蚓",蚯蚓。珍、螾,押韻(真部)。

〔7〕使,假使。

〔8〕藏、羊,押韻(陽部)。

〔9〕般,通"盤",盤桓,停留不走。紛紛,紊亂的樣子。離,通"罹"。

〔10〕故、都,押韻(魚部)。

〔11〕仞,七尺,一説八尺。德輝,指人君之道德的光輝。

〔12〕細德,卑鄙之德。險徵,危險的徵兆。大意是:看見細德之人顯出的危險的徵兆(即有謀害之意)。曾,高。擊,指兩翅擊空,也就是飛的意思。遥

曾擊,遠遠地高高地飛。下、去,押韻(魚部)。

〔13〕尋,八尺。常,十六尺。汙,停積不流的水。瀆(dú),小溝渠。《莊子·庚桑楚》:“夫尋常之溝,巨魚無所還(轉動)其體。”

〔14〕鱣(zhān),一種大魚。螻蟻,螻蛄和螞蟻。《莊子·庚桑楚》:“吞舟之魚,碭(溢出)而失水,則螻蟻能苦之。”從“鳳漂漂其高逝兮”至此,是作者怪屈原不該投江,而應當遠世自藏,待時而動。這實際上是對屈原的同情,同時也表示了作者對待當時社會的態度。魚、蟻,押韻(魚歌通韻)。

揚 雄

揚雄(依後人考證,揚當作楊;公元前 53—公元 18 年),字子雲,西漢成都人。四十多歲時,由蜀至京師。大司馬車騎將軍王音欣賞他的文才,召爲門下史。一年以後,因進獻《羽獵賦》而拜爲郎,給事黄門。王莽的新朝建立以後,他調任大夫。但由於他不願趨附權貴,又爲王莽所忌,所以一直抑鬱不得志。他的學問淵博,在經學、小學等方面都有造詣,並擅長作賦。他留下來的作品,除了賦外,還有《法言》《太玄》《方言》等。

解 嘲[1]

客嘲揚子曰:“吾聞上世之士[2],人綱人紀[3],不生則已,生必上尊人君,下榮父母[4]。析人之珪[5],儋人之爵[6],懷人之符,分人之禄,紆青拖紫[7],朱丹其轂[8]。今吾子幸得遭明盛之世,處不諱之朝[9],與羣賢同行[10],歷金門[11],上玉堂有日矣[12]。曾不能畫一奇,出一策,上説人主,下談公卿,目如耀星[13],舌如電光[14],一從一横〔15〕,論者莫當〔16〕。顧默而作《太玄》五千文〔17〕,枝葉扶疏〔18〕,獨説十餘萬言〔19〕。深者入黄泉,高者出蒼天,大者含元氣〔20〕,細者入無閒〔21〕。然而位不過侍郎〔22〕,擢纔給事黄門〔23〕。意者玄得無尚白乎〔24〕?何爲官之拓落也〔25〕?"

〔1〕解嘲,對别人的嘲笑進行辯解。《漢書·揚雄傳》:"哀帝時,丁傅董賢(丁是丁明,哀帝母之兄。傅是傅晏,哀帝后之父。董賢是哀帝寵幸的小臣)用事。諸附離(依附)之者,或起家至二千石。時雄方草太玄,有以自守,泊如(淡泊的樣子)也。或謿(古嘲字)雄以玄尚白,而雄解之,號曰解謿(嘲)。"這篇賦揭露了西漢末年外戚專權,小人用事,競尚逢迎,排斥異己的黑暗政治,表示了作者不願意同流合汙的正確態度。

〔2〕上世,指上古。

〔3〕人綱人紀,指人們遵循的準則。

〔4〕"尊"和"榮"都用如動詞,使動用法。士、紀、已、母,押韻(之部)。

〔5〕析,分。人,指人君。珪,通"圭",古人以圭封諸侯,諸侯執以朝天子。《漢書·司馬相如傳》"析珪而爵"如淳注:珪中分爲二,白的一半藏於天子,青的一半給諸侯。

〔6〕儋(dān),同"擔"。這裏指承受。

〔7〕紆(yū),纏繞。青,指青色綬。紫,指紫色綬。漢制,印綬,公侯紫綬,九卿青綬。

〔8〕漢制,公列侯及二千石以上的官,皆得乘朱輪。朱、丹,都是紅顔色,這裏用如動詞,使動用法。爵、禄、轂,押韻(藥屋通韻)。

〔9〕不諱,不忌諱,這裏指説話無所忌禁。"不諱之朝"是從來没有的,這衹是一句恭維話。

〔10〕行(háng),行列。

〔11〕金門,金馬門。漢制,天下被徵召之士,都在公車(機關名稱)待詔,其中最優異的在金馬門待詔,備顧問。

〔12〕玉堂,官署名,略等於後世的翰林院。《漢書·李尋傳》:"臣隨衆賢待詔,久汙玉堂之署。"

〔13〕這句是說眼光有神,能吸引聽者。

〔14〕這句是說口才敏捷,善於應對。

〔15〕從、横,本指合從、連横。這裏"一從一横"指辭鋒時反時正,有辯才。

〔16〕卿、光、横、當,押韻(陽部)。

〔17〕顧,反而。太玄,即《太玄經》,是揚雄摹仿《易經》和《老子》而作的一部哲學著作。

〔18〕扶疏,疊韻聯緜字,枝葉四面分布的樣子。這裏以樹喻文。

〔19〕《文選》"十"字上有"數"字,今從《漢書》。十餘萬言,可能是指《太玄經》的傳和章句。

〔20〕元氣,古人認爲天地未開闢前是一團混沌的氣體,叫做"元氣"。元,始。這句是說大的道理把整個宇宙都包括了。

〔21〕閒,間隙。無閒,没有間隙的東西。這是説,没有間隙,應該就不能入,而《太玄》理論之細,連没有間隙的東西也被它貫徹到了。

〔22〕侍郎,秦漢官名,即皇帝左右的侍從武官,漢屬光禄勳,官位較低。

〔23〕給事黄門,漢官名,供職宫中,位次將(中郎將)大夫,比一般侍郎官位高。按:秦漢有黄門侍郎,另有給事黄門,後漢併爲一官,稱爲給事黄門侍郎。文、言、泉、天、閒、門,押韻(真文元通韻)。

〔24〕意者,等於説想來。得無,等於説莫非。玄尚白,借《太玄》的"玄"字示意,玄是黑,應該黑而還是白,借以譏笑揚雄無禄位。

〔25〕拓落,疊韻聯緜字,不得意的樣子。白、落,押韻(鐸韻)。

揚子笑而應之曰:"客徒欲朱丹吾轂,不知一跌將赤吾之族也〔1〕! 往昔周綱解結〔2〕,羣鹿爭逸〔3〕,離爲十二〔4〕,合爲六七〔5〕,四分五剖,並爲戰國〔6〕。士無常君,國無定臣,得士者富,失士者貧。矯翼厲翮〔7〕,恣意所存〔8〕。故士或自盛以橐〔9〕,或鑿坏以遁〔10〕。是故鄒衍以頡頏而取世資〔11〕，孟軻雖連蹇猶爲萬乘師〔12〕。

〔1〕跌，失足。赤，用如動詞，使動用法，這裏等於説誅滅，因爲被誅戮者必流血。轂、族，押韻（屋部）。

〔2〕比喻周朝統治的崩潰。

〔3〕比喻宗室涣散，諸侯叛離。

〔4〕十二，十二國，指魯、衛、齊、宋、楚、鄭、燕、趙、韓、魏、秦、中山。

〔5〕六七，指齊、燕、楚、韓、趙、魏六國，加上秦爲七國。

〔6〕結、逸、七、國，押韻（質職通韻）。

〔7〕矯，舉。厲，振奮。

〔8〕恣意，任意。存，止息。這是説，這些士或仕或隱，任意找尋自己安身的地方。

〔9〕指范睢（jū）入秦，藏於橐中（依服虔説）。這是指忍辱求仕。

〔10〕坏（péi），牆。《淮南子・齊俗訓》："顔闔（魯之隱士），魯君欲相之而不肯，使人以幣先焉，鑿培（即坏）而遁之，爲天下顯武（有名之士）。"這是指堅決不仕。君、臣、貧、存、遁，押韻（真文通韻）。

〔11〕頡頏（xiéháng），雙聲聯緜字，指迂怪之説（依蘇林説，見《文選》注引）。取世資，大意是取世以爲資（憑藉），而己爲之師（依李善説）。《老子》第二十七章："故善人者不善人之師，不善人者善人之資。"這裏用"資"字，避免與下文"師"字重複。鄒衍是齊國的陰陽家，他的學説閎大不經，當時名重諸侯，燕昭王拜他爲師。齊國人稱他爲"談天衍"。

〔12〕連蹇，疊韻聯緜字，處境困難的樣子。《史記・孟子荀卿列傳》説"孟軻困於齊梁"。猶爲萬乘師，這是説還是受到各國諸侯像弟子對待老師那樣的尊敬。資、師，押韻（脂部）。

"今大漢左東海〔1〕，右渠搜〔2〕，前番禺〔3〕，後椒塗〔4〕，東南一尉〔5〕，西北一候〔6〕。徽以糾墨〔7〕，制以鑕鈇〔8〕；散以禮樂〔9〕，風以詩書〔10〕；曠以歲月〔11〕，結以倚廬〔12〕。天下之士，雷動雲合，魚鱗雜襲〔13〕，咸營於八區〔14〕。家家自以爲稷契，人人自以爲臯陶，戴縰垂纓而談者〔15〕，皆擬於阿衡〔16〕，五尺童子，羞比晏嬰與夷吾〔17〕。當塗者升青云〔18〕，失路者委溝渠〔19〕，旦握權則爲卿相，夕失勢則爲匹夫。譬若江湖之崖，渤澥之島〔20〕，乘雁集不爲之多〔21〕，雙鳧飛不爲之少〔22〕。

〔1〕東海，指會稽郡的東海(依應劭説，見《漢書》注)，即今浙江東部。

〔2〕渠搜，古西戎國名，其地即漢時的康居(依胡渭説，見《禹貢錐指》)，在今新疆北部及中亞一部分地方。

〔3〕番(pān)禺，今廣州市。

〔4〕椒塗，北方國名，其地漢時在漁陽郡(今北京市以東、天津市以北及長城以南一帶地方)的北界。

〔5〕尉，都尉，官名。漢制凡邊疆各郡，除太守以外，都兼設都尉管理軍事，負守禦鎮撫之責。這裏指會稽郡(在今江蘇東南部及浙江東南部)的都尉。

〔6〕候，關隘上守望之所。這裏指敦煌郡的玉門關候(依孟康説，見《漢書》注)。那裏也是都尉所治的地方。

〔7〕徽，捆。糾墨，同"糾纆"，糾與纆都是繩索名，這裏泛指繩索。

〔8〕鑕(zhì)，刀砧(zhēn)。鈇(fū)，鍘刀。合言爲鈇鑕，即腰斬的刑具。

〔9〕散，散布，這裏指宣揚。

〔10〕風，感化。

〔11〕曠，費〔時間〕。

〔12〕結，構，搭。倚廬，遭喪者所居。這是指三年居喪，即行禮教的意思。漢律：不爲親居喪三年，不得選舉。

〔13〕雜襲，疊韻聯緜字，紛紜衆多的樣子。魚鱗雜襲，像魚鱗似的密密麻麻。

〔14〕八區，八方。營於八區，從四面八方營求官位的意思。

〔15〕縰(xǐ)，包髮的巾，古人先用縰包髮，然後戴冠。纓，繫冠的絲帶子。垂纓，是説纓繫在腮下，纓穗下垂。這句指當時的士大夫。

〔16〕阿衡，商代官名，伊尹做過阿衡，因此成了伊尹的代稱。

〔17〕晏嬰,春秋時人,曾相齊景公。夷吾,即管仲。兩人都輔佐君王,圖謀霸業。這句是説漢朝已統一天下,行王道,非五霸可比。

〔18〕當塗,當道,即當權。

〔19〕失路,不當道,即失勢。搜、禺、塗、侯、鈇、書、廬、區、陶、吾、渠、夫,押韻(魚侯幽通韻)。

〔20〕渤澥(xiè),海旁叫渤,斷水叫澥。

〔21〕乘雁,一隻雁(依王念孫説,見《讀書雜誌》)。

〔22〕雙鳧,應作隻鳧(依王念孫説,見《讀書雜誌》)。這是説朝廷人才濟濟,來一個不顯其多,減一個不覺其少。鳧、少,押韻(宵部)。

"昔三仁去而殷墟〔1〕,二老歸而周熾〔2〕;子胥死而吴亡〔3〕,種蠡存而越霸〔4〕;五羖入而秦喜〔5〕,樂毅出而燕懼〔6〕;范雎以折摺而危穰侯〔7〕,蔡澤以噤吟而笑唐舉〔8〕。故當其有事也〔9〕,非蕭曹子房平勃樊霍則不能安〔10〕;當其無事也,章句之徒〔11〕,相與坐而守之,亦無所患〔12〕。故世亂則聖哲馳騖而不足,世治則庸夫高枕而有餘。

〔1〕三仁,指微子、箕子、比干。《論語・微子》:"微子去之,箕子爲之奴,比干諫而死。孔子曰:'殷有三仁焉。'"墟,廢墟,用如動詞。殷墟,指殷都變爲廢墟,也就是亡國的意思。

〔2〕二老,指伯夷、姜尚(姜太公)。《孟子・離婁上》:"伯夷辟紂,居北海之濱,聞文王作,興曰:'盍歸乎來!吾聞西伯善養老者。'太公辟紂,居東海之濱,聞文王作,興曰:'盍歸乎來!吾聞西伯善養老者。'二老者,天下之大老也,而歸之,是天下之父歸之也。天下之父歸之,其子焉往?"熾,興旺。

〔3〕子胥,姓伍,名員(yún)。曾經幫助吴王闔廬伐楚,攻破郢都,給父兄報仇。闔廬伐越,受傷死了,他的兒子夫差再伐越,大破越軍。越王勾踐請和,夫差不顧子胥的諫阻,答應了越國的請求。後來子胥屢次勸夫差攻取越國,

夫差都没有聽從,反而去伐齊。夫差並且聽信讒言,賜劍給子胥,迫他自殺了。九年後,越國滅了吴國。

〔4〕種,文種。蠡,范蠡。越王勾踐從吴回國後,把國政委託給文種,並使范蠡作人質向吴國求和。後來吴國把范蠡送回越國。種、蠡二人輔佐勾踐,滅吴稱霸。

〔5〕羖(gǔ),牡黑羊。五羖,指五羖大夫百里奚,先爲虞大夫,晉獻公滅虞後,將他俘獲,並把他作爲秦穆公夫人陪嫁的臣子。後來,百里奚從秦國逃出,到楚的宛邑(今河南南陽縣)時,被楚人捕獲。秦穆公聽説百里奚有才能,就用五張羖皮贖他回來。穆公和他談論國事,非常高興,於是把國政委給他。

〔6〕樂毅,戰國時燕人,爲燕昭王伐齊,大破齊。昭王死,子立爲惠王,心疑樂毅在齊稱王,就召回樂毅,使騎劫替代他。樂毅怕回燕後被誅,就逃到趙國,趙封他爲望諸君,用來威脅燕齊,惠王於是感到恐懼。

〔7〕折摺(là),這裏指折脅摺齒,即折斷了肋骨、牙齒。參看第三册第881頁《獄中上梁王書》注〔13〕。穰(ráng)侯,名魏冉,爲秦昭王母宣太后之弟,當時爲秦相。危穰侯,范雎説秦昭王,昭王驅逐穰侯,拜雎爲相。

〔8〕蔡澤,戰國時燕的辯士,入秦,昭王待爲客卿,後來又代范雎爲秦相。噤吟(jìnyín),疊韻聯緜字,下巴下垂經常閉不住口的樣子。笑唐舉,見笑於唐舉。蔡澤曾請魏國相士唐舉給他相面,唐舉仔細看了他幾眼,就笑了起來,開玩笑地説:"我聽説聖人不像一般人的相貌,大概就是指的你吧?"霸、懼、舉,押韻(鐸魚合韻)。

〔9〕其,指天下。有事,指有亂事。

〔10〕蕭,蕭何,輔助劉邦建立漢朝,當了丞相。曹,曹參,劉邦的將官,蕭何死後,繼任爲相。子房,張良,輔佐劉邦平天下,封爲留侯。平,陳平,劉邦開國時的謀臣,後來做了惠帝的丞相,和周勃合謀平諸吕之變。勃,周勃,先是劉邦的將官,後來做了太尉,封絳侯,平諸吕有功。樊,樊噲,也是劉邦的將官,鴻門宴中,范增欲殺劉邦,因樊噲衛護,劉邦得免,後封舞陽侯。霍,霍光,漢昭帝死後,曾立昌邑王,後來昌邑王淫亂,廢去,立宣帝。

〔11〕即那些靠章句之學顯達的人。

〔12〕安、患(huán),押韻(元部)。

“夫上世之士,或解縛而相〔1〕,或釋褐而傅〔2〕;或倚夷門而笑〔3〕,或横江潭而漁〔4〕;或七十説而不遇〔5〕,或立談而封侯〔6〕;或枉千乘於陋巷〔7〕,或擁篲而先驅〔8〕。是以士頗得信其舌而奮其筆〔9〕,窒隙蹈瑕而無所詘也〔10〕。當今縣令不請士,郡守不迎師,羣卿不揖客〔11〕,將相不俛眉〔12〕。言奇者見疑,行殊者得辟〔13〕。是以欲談者卷舌而同聲〔14〕,欲步者擬足而投迹〔15〕。嚮使上世之士處乎今世〔16〕,策非甲科〔17〕,行非孝廉,舉非方正〔18〕,獨可抗疏〔19〕,時道是非,高得待詔,下觸聞罷,又安得青紫〔20〕?

〔1〕指管仲被鮑叔牙釋放,並向齊桓公推薦爲相的故事。參看第一册第194頁《憲問》注〔1〕。

〔2〕釋,指脱掉。釋褐,脱去粗毛衣服,指登仕。傅,太傅,三公之一。這裏指傅説的故事。參看第一册第313頁《舜發於畎畝之中》注〔2〕。《墨子·尚賢》説傅説“被褐帶索,庸(傭)築乎傅巖,武丁(殷高宗)得之,舉以爲三公”。按:殷武丁時未有三公的制度,文人用典不拘。

〔3〕夷門,魏都大梁的東門。夷門監者侯嬴,被魏公子信陵君待爲上賓。後來秦攻趙,趙求救於魏,魏畏秦,觀望不前。信陵君準備到秦軍中拚死,往辭侯嬴,嬴不表示什麽意見。信陵君走至半路,又回轉來見侯嬴,侯嬴笑着説:“我本來就知道你會回來的。”就爲信陵君設謀,盗得兵符,矯魏王令代晉鄙,率軍擊秦軍,解邯鄲圍。

〔4〕指與屈原談話的漁父。參看第二册第567頁《漁父》。

〔5〕説,遊説。這裏指孔子的故事。傳説孔子遊説了七十多個國君,但没有碰上一個明主。

〔6〕指虞卿的故事。虞卿是個遊説之士,曾遊説趙孝成王,衹見了兩次,孝成

王就讓他做了趙國的上卿。

〔7〕枉，委屈。千乘，指千乘之國的國君，這裏用齊桓公的故事。齊桓公有個小臣名稷的，桓公曾一天到他家裏三次，都没有見到，但桓公仍堅持要見他。

〔8〕篲(huì)，笤帚。擁篲而先驅，以衣袂擁帚卻行，恐塵埃汙及長者(依司馬貞説，見《史記索隱》)。這裏用燕昭王的故事。《史記·孟子荀卿列傳》："(騶衍)如燕，昭王擁篲先驅，請列弟子之座而受業。"傅、漁、遇、侯、驅，押韻(魚侯通韻)。

〔9〕信，通"伸"。

〔10〕瑕(xiá)，裂縫。窒隙蹈瑕，等於説乘機。詘(qū)，通"屈"。無所詘，没有受到什麽挫折，也就是無往而不利。筆、詘，押韻(物部)。

〔11〕揖客，對客作揖，指禮賢下士。

〔12〕俛，通"俯"。俛眉，低眉，指謙恭自抑。師、眉，押韻(脂部)。

〔13〕辟，罪。

〔14〕大意是：想談論的都捲舌不言，别人説了，然後來附和别人的論調，也就是人云亦云的意思。

〔15〕擬，揣度，比量。大意是：想行動的人抬起腳來比量了半天，纔看準前人的腳印踏下去，也就是亦步亦趨的意思。辟、迹，押韻(錫部)。

〔16〕嚮使，假使。

〔17〕策，指射策和對策，都是漢代考試士子的辦法。甲科，漢平帝時(公元1—5年，即揚雄的時代)科舉分爲甲乙丙三科。甲科爲最上級，入選者爲郎中。

〔18〕漢代選舉士子，科目大致有兩種：一種是孝廉，一種是賢良方正。孝廉重品行，以孝順父母和廉潔見稱的，始得被選。賢良方正則稍有才學就能充選。

〔19〕獨，祇。抗疏，上疏〔給皇帝〕。

〔20〕這幾句的大意是：如果他們上疏發表議論，最高的不過能留下備皇帝諮詢；如果談得不好，有所觸犯，皇帝説知道了，就不予任用，又怎麽能位至

公卿呢？漢制，四方上書之士，文章被皇帝看上的，就令上書人待詔公車，看不上的，就打發他回去，不任用他。罷，罷免，這裏指不用。

“且吾聞之：炎炎者滅〔1〕，隆隆者絕〔2〕。觀雷觀火，爲盈爲實，天收其聲，地藏其熱。高明之家〔3〕，鬼瞰其室〔4〕。攫挐者亡〔5〕，默默者存〔6〕；位極者宗危〔7〕，自守者身全〔8〕。是故知玄知默〔9〕，守道之極〔10〕；爰清爰靜〔11〕，游神之庭〔12〕；惟寂惟漠，守德之宅〔13〕。世異事變，人道不殊〔14〕，彼我易時〔15〕，未知何如〔16〕。今子乃以鴟梟而笑鳳皇〔17〕，執蝘蜓而嘲龜龍〔18〕，不亦病乎？子之笑我玄之尚白，吾亦笑子病甚，不遇俞跗與扁鵲也〔19〕，悲夫！”

〔1〕炎炎，火光旺盛的樣子。炎炎者，指旺盛的火光。

〔2〕隆隆，形容劇烈的聲音。隆隆者，指隆隆不斷的雷聲。

〔3〕高明，等於説顯貴。

〔4〕瞰（kàn），窺望。以上八句，是演繹《易經》豐卦之義而成的。豐卦震居上，震代表雷，就是“天收其聲”之意；豐卦離居下，離代表火，就是“地藏其熱”之意；這是旺盛不能持久、將要滅絕的象徵。豐卦還説：“豐（光大）其屋，蔀（音 bù，遮蔽光亮）其家，闚（窺）其户，闃（音 qù，靜）其無人。”就是“高明之家，鬼瞰其室”之意，也就是説顯貴人家要家敗人亡。而豐卦總的精神，就是“炎炎者滅，隆隆者絕”（以上本清李光地之説，見《周易通論》）。滅、絕、實、熱、室，押韻（質月通韻）。

〔5〕攫挐（juénú），妄有搏執牽引（依顔師古説），妄取。

〔6〕默默，不言不語，這裏指恬淡自守，不爭名利。

〔7〕位極者，指作大官的人。“宗”李善本《文選》作“高”，今從《漢書》。

〔8〕存、全，押韻（文元通韻）。

〔9〕玄，黑，比喻清靜無爲。這裏和“默”的意思差不多，指不求聞達。

〔10〕極，最高處，這裏指最高的標準。默、極，押韻（職部）。

〔11〕爰，乃，於是。清、靜，指淡泊無欲。

〔12〕神之庭，指精神所居處。靜、庭，押韻（耕部）。

〔13〕德之宅，指道德所存之處。從"是故"到"之宅"，抒發了老莊清靜無爲的消極思想。漠、宅，押韻（鐸部）。

〔14〕人道，作人的道理。

〔15〕彼，指上世之士。

〔16〕這裏暗含有或許我還比他們强的意思。殊、如，押韻（侯魚通韻）。

〔17〕鴟梟，參看本册第1226頁《弔屈原賦》注〔1〕。

〔18〕蝘蜓（yǎntíng），疊韻聯緜字，壁虎。這是本着《荀子・賦》篇佹詩"螭龍爲蝘蜓，鴟梟爲鳳皇"語意，説明世人不辨上智與下愚。皇、龍，押韻（陽東通韻）。

〔19〕俞跗（fū），上古的良醫。扁鵲，戰國時代的良醫。白、鵲，押韻（鐸部）。

客曰："然則靡玄無所成名乎〔1〕？范蔡以下〔2〕，何必玄哉？"

揚子曰："范睢，魏之亡命也〔3〕。折脅摺髂〔4〕，免於徽索〔5〕，翕肩蹈背〔6〕，扶服入橐〔7〕。激卬萬乘之主，介涇陽，抵穰侯而代之〔8〕，當也〔9〕。蔡澤，山東之匹夫也〔10〕。顩頤折頞〔11〕，涕唾流沫〔12〕，西揖彊秦之相〔13〕，搤其咽而亢其氣〔14〕，俯其背而奪其位〔15〕，時也〔16〕。天下已定，金革已平〔17〕，都於洛陽；婁敬委輅脱輓〔18〕，掉三寸之舌〔19〕，建不拔之策〔20〕，舉中國徙之長安〔21〕，適也〔22〕。五帝垂典〔23〕，三王傳禮〔24〕，百世不易；叔孫通起於枹鼓之間，解甲投戈，遂作君臣之儀〔25〕，得也。吕刑靡敝〔26〕，秦法酷烈，聖漢權制〔27〕，而蕭何造律〔28〕，宜也〔29〕。故有造蕭何之律於唐虞之世,則悖矣〔30〕。有作叔孫通儀於夏殷之時,則惑矣〔31〕。有建婁敬之策於成周之世,則乖矣〔32〕。有談范蔡之説於金張許史之間〔33〕,則狂矣。夫蕭規曹隨〔34〕,留侯畫策,陳平出奇〔35〕,功若泰山,響若坻隤〔36〕,雖其人之贍智哉〔37〕,亦會其時之可爲也〔38〕。故爲可爲於可爲之時,則從〔39〕;爲不可爲於不可爲之時,則凶〔40〕。若夫藺生收功於章臺〔41〕,四皓采榮於南山〔42〕,公孫創業於金馬〔43〕,驃騎發迹於祁連〔44〕,司馬長卿竊貲於卓氏〔45〕,東方朔割炙於細君〔46〕,僕誠不能與此數子並,故默然獨守吾《太玄》〔47〕。"

〔1〕靡,無。

〔2〕范,范睢。蔡,蔡澤。以下,指蕭何、曹參等人。

〔3〕亡命,逃亡,這裏指亡命之徒。

〔4〕摺(lā)髂(qià),摧折腰骨。

〔5〕徽索,繩子。這兩句指范睢"折脅摺髂"以後,裝死,没有被囚,魏齊叫人拿席子把他捲起來放在廁所裏。

〔6〕翕(xī),收斂。翕肩,聳肩,實指把身子縮起來。蹈,當讀爲掏(tāo),叩,敲打(依楊樹達説)。蹈背,輕叩其背以便幫助他鑽進橐中。

〔7〕扶服,同"匍匐"。入橐,參看本册第 1231 頁《解嘲》注〔9〕。這裏是指范睢躲避穰侯的車。范睢跟隨秦使者王稽坐車由魏逃入秦國,中途遇見秦相穰侯。范睢知道穰侯專權,恨六國諸侯之客被秦收納,怕被穰侯發現,就請王稽將他藏在車箱裏頭。"翕肩蹈背,扶服入橐"是形容范睢入橐的樣子。髂、索、橐,押韻(鐸部)。

〔8〕卬,昂。激卬,等於説激怒。介,指離間。涇陽,涇陽君(秦昭王弟)。抵,當作"抵"(zhǐ),從旁攻擊。秦昭王母宣太后專制,其弟穰侯擅權,涇陽君、高陵君(也是昭王之弟)等生活奢侈,比王室還闊。范睢趁此機會向昭

王離間他們,說他們勢力很大,將來會篡奪王位,昭王甚以爲然,非常恐懼。於是廢掉了太后,罷免了穰侯的相位,並把穰侯、涇陽君、高陵君驅逐出函谷關外,拜范雎爲相。

〔9〕當(dàng),適當,這裏指碰上機會。

〔10〕山東,泛指崤山函谷關以東地區,即六國地區。蔡澤是燕國人,故稱他爲"山東之匹夫"。

〔11〕顩,是頜(qīn)的借字(依王念孫説,見《讀書雜誌》)。顩頤,即頜頤,垂下下巴(依段玉裁説,見《説文解字注》)。折頞(è),斷鼻梁,就是説鼻梁骨陷塌。

〔12〕唾,唾沫。沬(huì),洗臉。涕唾流沬,等於説涕唾滿面,這是形容蔡澤的骯髒樣子。今本《文選》沬作沫,誤。

〔13〕彊秦之相,指范雎。這句是説蔡澤見了范雎,長揖不拜,表示對范雎傲慢無禮。

〔14〕搤(è),同"扼",掐(qiā)住。亢,絶。這句形容蔡澤挾持范雎的厲害樣子。

〔15〕拊,同"拊",拍打。搤咽亢氣之後,繼以拍背,都是挾持手段。范雎爲秦相以後,使鄭安平伐趙,鄭卻投降了趙國;范雎所任用的河東太守王稽又因私自和六國勾結而被誅。按秦法,范雎當有坐連三族之罪。因此,秦昭王雖然寬待他,他還是慄慄危懼。蔡澤乘此機會入秦,抓住了范雎的心病,用言語要挾,勸他退位。於是范雎稱病免相,昭王就拜蔡澤爲相。沬、氣、位,押韻(物部)。

〔16〕時,時機,機會,這裏指碰上機會。

〔17〕金革,兵革,指戰爭。定、平,押韻(耕部)。

〔18〕婁敬,西漢時齊人,因向劉邦獻策都關中,賜姓劉,號爲奉春君,封關内侯。委,扔下。輅(lù),車前横木,用來挽車的。脱,取下。輓,挽車,這裏指挽車的皮帶。《史記·劉敬叔孫通列傳》載:婁敬戍隴西(服勞役),經過洛陽,正碰上高祖在洛陽,於是他"脱輓輅"而獻建都之策。

〔19〕掉,摇,這裏有擺弄的意思。

〔20〕拔,移動。不拔,動不了,指穩妥可靠。

〔21〕舉,舉起來,這是形象的說法。中國,指京都。

〔22〕適,碰巧。

〔23〕五帝,參看第二册第 410 頁《五蠹》注〔19〕。典,典籍。

〔24〕三王,參看第二册第 410 頁《五蠹》注〔19〕。

〔25〕枹(fú),鼓槌。枹鼓,指戰鼓。枹鼓之間,指戰場。劉邦既定天下,諸侯共尊他爲皇帝,但羣臣飲酒爭功,醉或狂呼,拔劍擊柱,劉邦頗以爲患。叔孫通本是秦的博士,後降漢,看見了這種情況,就招集了許多儒生,明習君臣間的禮儀,使貴賤有差别,尊卑有次第。以後諸侯羣臣朝見,或置酒會飲,皆不敢喧譁失禮,這纔顯出皇帝的尊貴。

〔26〕吕,即吕侯,亦稱甫侯,周穆王時人,爲天子司寇,穆王叫他制定刑法,通告四方。今《尚書・吕刑》即記載其事。吕刑,這裏泛指周代的刑法。靡(mí)敝,敗壞。敝、烈、制、律,押韻(月物通韻)。

〔27〕權,權變。

〔28〕漢朝初年,蕭何搜集了秦法,取其中適宜於當時情況的,制定律令九章。

〔29〕宜,指合時宜。

〔30〕性(pī),錯誤。

〔31〕惑,不明事理。

〔32〕成周,指西周初年的洛邑,即後來的洛陽。周公輔佐成王時,曾築城於此,號爲成周。成周之世,指周公輔成王的時代。

〔33〕金,金日磾(mìdī)。張,張安世。金、張二人都是漢宣帝時的顯宦。後世以"金張"爲顯宦的代稱。許,許廣漢,是漢宣帝皇后許氏的父親。史,指史恭及其長子史高。史恭是漢宣帝的祖母史良娣之兄。許、史兩家都是宣帝的外戚,後世以"許史"爲外戚的代稱。

〔34〕規,規畫。隨,遵循。這是說曹參繼蕭何做宰相,没有改變蕭何的規劃。

〔35〕陳平輔佐劉邦得天下,曾六出奇計。

〔36〕響,指聲響。坻,當作"坻"(shì),坻,古作"氏",巴(漢巴郡,今四川東部地)蜀(漢蜀郡,今四川中部地)把山上突出而欲墜的崖石叫做氏,氏崩,聲聞數里(本《說文》)。隤(tuí),崩。

〔37〕贍(shàn),足。贍智,贍於智。

〔38〕隨、奇、隤、爲,押韻(歌微通韻)。

〔39〕從,順。

〔40〕從、凶,押韻(東部)。

〔41〕藺生,即藺相如。收功,取得功績。章臺,秦國宮殿名。這裏指藺相如完璧歸趙事,參看第三册第1147頁《哀江南賦序》注〔4〕。

〔42〕四皓,四個白髮老人,指秦漢之際的四個隱士,即東園公、綺里季、夏黄公、角(lù)里先生。這都不是真姓名。采榮,採取榮譽。按:采榮是雙關語,榮本是草木之英(花),採取以供食,這是隱士的生活,但是許多隱士的隱居卻是爲了榮名。南山,即今河南省的商山。秦始皇時,四皓避世,隱居南山。漢高祖初即皇帝位,想徵用他們,他們都不去。後來,高祖想廢掉太子,吕后用張良計,使人奉太子書,卑辭厚禮,迎接他們來輔佐太子,他們都接受了這個請求。

〔43〕公孫,指公孫弘。金馬,指金馬門。漢武帝元光五年,徵賢良文學,公孫弘被推薦赴京到太常對策。當時對策者百餘人,公孫弘被録取爲第一。於是拜爲博士,待詔金馬門。以後累官至丞相,封平津侯。

〔44〕驃騎,指霍去病,霍去病作過驃騎將軍。發迹,等於説起家。祁連,祁連山,在今甘肅省張掖縣西南。漢武帝時,霍去病打匈奴,至祁連山,捕獲俘虜很多,因此日見親信,屢次加封,最後和大將軍衛青同加官大司馬,職位俸禄和大將軍相等。

〔45〕長(zhǎng)卿,司馬相如之字。貲。財物。竊貲,是説財物來得不正。卓氏,指卓文君父卓王孫,卓王孫爲臨邛(今四川邛崍縣)富人,有女文君寡居在家,知音律。司馬相如在卓王孫家作客時,以琴挑之,文君於是私奔相如。卓王孫知此事後大怒,不分一錢給文君。後來,司馬相如在臨邛開設酒肆,叫文君當盧(盧:酒壚,以土壘成,用以安置酒甕,形如鍛爐),自己則著犢鼻褌,與酒保一起操作。卓王孫不得已,分與文君奴婢百人,錢百萬,及其嫁時衣被財物。

〔46〕炙(zhì),烤肉。細君,指妻。割炙於細君,是爲細君割炙的意思。有一

次,漢武帝在三伏天賜從官肉,天已經傍晚了,主持其事的大(同"太")官丞還没有來,東方朔獨自割肉而去。大官把這件事奏知武帝。第二天,武帝令東方朔自責。朔就責備自己説:"朔來!朔來!受賜不待詔,何無禮也!拔劍割肉,一何壯也!割之不多,又何廉也!歸遺細君,又何仁也!"武帝笑了,説:讓你自責,你倒自譽起來了。又賞他酒一石,肉百斤,帶回去給他的妻子。

〔47〕數子,指藺相如、商山四皓、公孫弘、霍去病、司馬相如、東方朔。並,並列。這一方面是説自己趕不上上面所説的幾個人,另一方面也是暗中責備哀帝無能,縱用小人,遠不如高祖武帝之能識人才,所以衹有草創《太玄》,以成己志。山、連、君、玄,押韻(元文真通韻)。

劉　伶

劉伶(約公元221—300年),字伯倫,西晉沛國(故治在今安徽宿縣西北)人。曾官建威參軍,後與阮籍、嵇康同隱,是竹林七賢之一。他和阮籍、嵇康一樣反對當時的統治者司馬氏,因而也反對統治者用以欺騙麻痹人民的名教禮法。他佯狂飲酒,以避免當時的政治迫害。

酒德頌〔1〕

有大人先生〔2〕,以天地爲一朝〔3〕,萬期爲須臾〔4〕,日月爲扃牖〔5〕,八荒爲庭衢〔6〕。行無轍迹,居無室廬〔7〕,幕天席地〔8〕,縱意所如〔9〕。止則操卮執觚〔10〕,動則挈榼提壺〔11〕,唯酒是務〔12〕,焉知其餘?

〔1〕酒德,飲酒的德性。頌,文體的一種,一般是韻文。在這篇文章裏,表現了作者蔑視禮法、敵視士大夫階級的反抗精神。

〔2〕大人,古代用來稱聖人或有道德的人。先生,對有德業者的敬稱。大人先生,在這裏是劉伶用來自稱。

〔3〕朝(zhāo),平旦至食時爲朝。這句大意是:把天地開闢以來看做一朝。

〔4〕期(jī),周年。萬期,萬年。一本作"萬物"。

〔5〕扃,門。

〔6〕八荒,四方和四隅叫做八方,八方極遠的地方叫做八荒。

〔7〕《老子》第二十七章:"善行無轍迹。"馬融《琴賦》:"游閒公子,中道失志,居無室廬,罔所自置。"作者在這裏表示他的曠達,不可拘泥爲真的無轍迹,無室廬。

〔8〕幕、席,都是意動用法。"幕天席地"承上文"居無室廬"。

〔9〕如,往。"縱意所如"承上文"行無轍迹"。

〔10〕止字承上文居字。卮(zhī),古代的一種圓形盛酒器。觚(gū),古代的一種飲酒器,一般是長身,細腰,闊底,大口。

〔11〕動字承上文行字。挈(qiè),提。榼(kē),古代的一種盛酒器。

〔12〕務,勉力從事。臾、衢、廬、如、觚、壺、餘,押韻。

有貴介公子〔1〕,搢紳處士〔2〕,聞吾風聲,議其所以。乃奮袂攘襟〔3〕,怒目切齒〔4〕,陳説禮法,是非鋒起〔5〕。先生於是方捧甖承槽〔6〕,銜杯漱醪〔7〕,奮髯踑踞〔8〕,枕麴藉糟〔9〕,無思無慮,其樂陶陶〔10〕。兀然而醉〔11〕,豁爾而醒〔12〕,静聽不聞雷霆之聲,熟視不覩泰山之形,不覺寒暑之切肌〔13〕,利欲之感情〔14〕。俯觀萬物,擾擾焉如江漢之載浮萍〔15〕;二豪侍側焉〔16〕,如蜾蠃之與螟蛉〔17〕。

〔1〕介,大。貴介,等於説尊貴。公子,古代用來稱諸侯的兒子,後則用來稱官宦人家的子弟。

〔2〕搢(jìn)紳,參看第二册第408頁《五蠹》注〔14〕。處士,隱居放言的人。

〔3〕奮袂(mèi)攘襟,把袖子揎起,把衣襟撩起。這是形容要打人的姿勢。

〔4〕切齒，咬牙。

〔5〕鋒起，即蠭起。是非鋒起，陳説是非，嘮叨不絶。子、士、以、齒、起，押韻。

〔6〕於是，在這時。甖(yīng)，瓮，這裏指酒瓮。槽，貯酒之器。

〔7〕漱，等於説含着。醪(láo)，濁酒。

〔8〕髯，兩頰上的鬍子。奮髯，擺動着鬍子，表示悠閒自得，毫不在意。踑(jī)踞，一本作"箕踞"，坐時臀部着地，兩足向前伸展，這是對人不敬、不守禮法的姿勢。

〔9〕麴(qū)，酒母。藉，墊着。糟，酒糟。

〔10〕陶陶，和樂的樣子。槽、醪、糟、陶，押韻。

〔11〕兀然，無知覺的樣子。

〔12〕豁爾，開通的樣子，這裏指清醒的樣子。

〔13〕切，接觸。

〔14〕感，動。感情，等於説動心。從"静聽"到"感情"，是説酒的妙用，也就是酒德。

〔15〕這是説萬物像江漢所載的浮萍一樣，亂七八糟的，不值一顧。擾擾焉，紛亂的樣子。枚乘《七發》："其波涌而雲亂，擾擾焉如三軍之騰裝。"

〔16〕二豪，指公子和處士。

〔17〕蜾蠃(guǒluǒ)，蜂的一種，體青黑，細腰，用泥在牆上或樹上作窩。螟蛉(mínglíng)，蛾的幼蟲。蜾蠃捕捉螟蛉，存放在窩裏，留作它的幼蟲的食物，然後産卵，封閉窩口。舊時誤認蜾蠃養螟蛉爲己子，螟蛉即變爲蜾蠃。《詩經・小雅・小宛》："螟蛉有子，蜾蠃負之。"這裏以二蟲比二豪，表示藐視二豪的意思。後來宋代孔平仲《大雪郡侯送酒》説："醉眼懵騰視天地，蜾蠃螟蛉輕二豪。"醒、聲、形、情、萍、蛉，押韻。

陶　潛

陶潛(公元365—427年)，字淵明，一説名淵明，字元亮，世稱靖節先生，潯陽柴桑（今江西九江）人，是我國晉宋時代的一位偉大詩人。他出身於没落的士族家庭，自幼生活貧苦。早年他立下了濟世的壯志，曾幾次出仕，先後做過江州祭酒、鎮軍參軍、建威參軍、彭澤令，每次做官的時間都不長。最後因爲實在看不慣當時政治的黑暗和官場的醜惡，決心不“爲五斗米折腰”，於是辭官回家，親自從事耕作。儘管他常常不免於凍餓，但他拒絕與統治集團合作的決心，絲毫没有動摇。

他的作品表現了對當時社會的不滿以及對理想社會的追求，也表達了不肯與統治者同流合汙的志向和對勞動生活贊美的心情。在形式上一反六朝時華而不實的文風，語言樸素自然。不論在思想上、藝術上都是一代頂峯，對以後歷代的文學有巨大的影響。他的作品中也存在着一些消極因素，如隨順自然、逃避鬥爭等思想。後來的一些封建文人往往宣揚他這一面。

清人陶澍注的《靖節先生集》是現有的較好的注本。

自祭文〔1〕

歲惟丁卯〔2〕，律中無射〔3〕。天寒夜長，風氣蕭索〔4〕；鴻雁于征〔5〕，草木黄落。陶子將辭逆旅之館〔6〕，永歸於本宅〔7〕。故人悽其相悲〔8〕，同祖行於今夕〔9〕，羞以嘉蔬〔10〕，薦以清酌〔11〕。候顔已冥〔12〕，聆音愈漠〔13〕。嗚呼哀哉！

〔1〕祭文是文體的一種，一般是韻文。本來是生者爲死者而作，表示哀悼之意，而本文則是作者生前爲自己作的，也是他最後的一篇作品（作於宋文帝元嘉四年九月，作者卒於是年十一月）。文中表現了生無所戀、死無所恨的達觀思想，也曲折地反映了對當時社會的不滿。

〔2〕惟,句中語氣詞。

〔3〕律中(zhòng)無射(yì),等於説時值九月。參看第三册第845頁古漢語通論(十九)古代文化常識之樂律部分。

〔4〕蕭索。雙聲聯緜字,淒涼的樣子。

〔5〕于,詞頭。征,行,這裏指飛行。秋日鴻雁南飛。王逸《九思·悼亂》:"歸雁兮于征。"

〔6〕陶子,作者自稱。逆,迎。逆旅之館,迎接旅客之館,即旅館,這裏喻人世,是把人活在世上看做好像旅客暫時住在旅館一樣。

〔7〕本宅,等於説老家。這句是説死亡。

〔8〕悽,悲痛,這裏做狀語。

〔9〕祖,出行時祭路神。祖行,等於説餞行,這裏指出殯前一夕的祭奠。也就是給死者餞行的意思。

〔10〕羞,進獻。嘉蔬,祭奠所用的稻的專稱。

〔11〕薦,獻。清酌,祭奠所用的酒的專稱。

〔12〕候,伺望。冥,杳冥,無影無蹤。

〔13〕聆(líng),聽。漠,通"寞",寂寞無聲。射、索、落、宅、夕、酌、漠,押韻。

茫茫大塊〔1〕,悠悠高旻〔2〕,是生萬物,余得爲人。自余爲人,逢運之貧。簞瓢屢罄〔3〕,絺綌冬陳〔4〕。含歡谷汲〔5〕,行歌負薪〔6〕。翳翳柴門〔7〕,事我宵晨〔8〕。春秋代謝,有務中園〔9〕,載耘載耔〔10〕,迺育迺繁〔11〕。欣以素牘〔12〕,和以七弦〔13〕。冬曝其日,夏濯其泉。勤靡餘勞〔14〕,心有常閒。樂天委分〔15〕,以至百年〔16〕。惟此百年,夫人愛之〔17〕。懼彼無成,愒日惜時〔18〕。存爲世珍〔19〕,没亦見思〔20〕。嗟我獨邁〔21〕,曾是異兹〔22〕。寵非己榮〔23〕,涅豈吾緇〔24〕。捽兀窮廬〔25〕,酣飲賦詩〔26〕。識運知命,疇能罔眷〔27〕。余今斯化〔28〕,可以無恨。壽涉百齡[29],身慕肥遯[30]。從老得終,奚所復戀[31]!寒暑逾邁[32],亡既異存。外姻晨來,良友宵奔[33]。葬之中野[34],以安其魂。窅窅我行[35],蕭蕭墓門[36]。奢恥宋臣[37],儉笑王孫[38]。廓兮已滅[39],慨焉已遐[40]。不封不樹[41],日月遂過。匪貴前譽[42],孰重後歌[43]?人生實難,死如之何[44]?嗚呼哀哉!

〔1〕茫茫,廣大的樣子。大塊,指大地。

〔2〕悠悠,渺遠的樣子。旻(mín),天。高旻,指上天。

〔3〕罄,空,盡。

〔4〕絺(chī),細麻布。綌(xì),粗麻布。陳,陳列,顯示,指穿出來。這是說冬天没有皮裘禦寒,衹能穿絺綌之衣。冬天把麻布陳列出來,没有皮裘,是不能禦寒的。

〔5〕谷汲,在山谷裏打水。

〔6〕行歌,一面走一面唱歌。《漢書·朱買臣傳》:"買臣獨行歌道中,負薪墓間。"

〔7〕翳翳,昏暗不明的樣子。

〔8〕事我宵晨,等於說伴我晨昏。旻、人、貧、陳、薪、晨,押韻。

〔9〕有務,有事。事指下面所說的耘、耔。中園,即園中。

〔10〕載,詞頭。耘,除草。耔(zǐ),把土壅在禾的根部,以免因風雨而倒下。《詩經·小雅·甫田》:"或耘或耔。"

〔11〕育,培育。繁,繁殖。

〔12〕素牘,指書籍。

〔13〕七弦,指七弦琴。

〔14〕靡,没有。

〔15〕樂天,樂從天道。《周易·繫辭上》:"樂天知命,故不憂。"委,隨順。委分(fèn),交託給名分,等於說守本分。

〔16〕百年,等於說一生。園、繁、弦、泉、閒、年,押韻。

〔17〕夫(fú)人,泛指衆人,等於説人人。

〔18〕愒(kài),貪。

〔19〕存,活着。珍,珍貴,這裏等於説重視。

〔20〕没,死亡。

〔21〕邁,行。

〔22〕曾,乃,竟。兹,指衆人所抱的那種態度。

〔23〕寵,榮。

〔24〕涅(niè),黑色染料。緇(zī),黑。這句是説雖周圍有壞東西,但不能染汙了我。《論語·陽貨》:"不曰白乎,涅而不緇。"

〔25〕捽兀(zúwù),意氣高傲的樣子。窮廬,即穹廬,遊牧民族所住的旃帳,這裏指隘陋的居室。這是説自己傲然地住在窮廬裏。

〔26〕之、時、思、兹、緇、詩,押韻。

〔27〕疇,句首語氣詞。罔,無。眷,顧念。這是説,由於識運知命,所以能不眷戀人世。這和上文的"樂天委分"都表現了他的消極的人生觀。

〔28〕化,等於説死。

〔29〕涉,經歷。

〔30〕肥遯(dùn),高隱。《周易·遯》:"肥遯無不利。"(肥,饒裕之意。孔穎達疏:"遯之最優,故曰'肥遯'。")

〔31〕眷、恨、遯、戀,押韻。

〔32〕寒暑,指歲月。逾邁,進行。

〔33〕奔,指奔喪。

〔34〕中野,曠野之中。《周易·繫辭下》:"古之葬者……葬之中野,不封不樹。"

〔35〕窅窅(yǎoyǎo),深遠的樣子。

〔36〕蕭蕭,風聲。

〔37〕宋臣,指春秋時宋國的司馬桓魋。參看第一册第205頁《有子之言似夫子》注〔2〕。

〔38〕王孫,指西漢的楊王孫。《漢書·楊王孫傳》載:楊王孫臨終前,囑咐他兒子把他裸葬。《後漢書·張奂傳》:"〔奂〕遺命曰:……奢非晉文,儉非王

孫。”存、奔、魂、門、孫，押韻。

〔39〕廓(kuò)，空寂。

〔40〕遐，遠。

〔41〕封，聚土，這裏指聚土爲墳。樹，種樹，這裏指在墓旁種樹。

〔42〕匪，通“非”，不。前譽，指生前的榮譽。

〔43〕後歌，指死後的歌頌。

〔44〕人活着很困難，死了又怎麽樣呢？遐、過(guō)、歌、何，押韻。

孔稚珪

孔稚珪(公元447—501年)，字德璋，會稽山陰(今浙江紹興縣)人。齊高帝在宋朝做驃騎將軍時，用他做記室參軍，和江淹對掌文牘奏記。到了齊代，官至太子詹事加散騎常侍。他爲人不樂世務，喜飲酒，好詩文。有《孔詹事集》輯本一卷。

北山移文〔1〕

鍾山之英，草堂之靈〔2〕，馳煙驛路〔3〕，勒移山庭〔4〕。

夫以耿介拔俗之標〔5〕，蕭灑出塵之想〔6〕，度白雪以方絜〔7〕，干青云而直上〔8〕，吾方知之矣。若其亭亭物表〔9〕，皎皎霞外〔10〕，芥千金而不盼〔11〕，屣萬乘其如脱〔12〕，聞鳳吹於洛浦〔13〕，值薪歌於延瀨〔14〕，固亦有焉。豈期終始參差〔15〕，蒼黄翻覆〔16〕，淚翟子之悲〔17〕，慟朱公之哭〔18〕，乍迴迹以心染〔19〕，或先貞而後黷〔20〕，何其謬哉〔21〕！嗚呼！尚生不存〔22〕，仲氏既往〔23〕，山阿寂寥，千載誰賞?

〔1〕北山,又名鍾山,即今南京的紫金山。移文,文書的一種。依《文心雕龍》説,移文與檄文相似。舊説:和孔稚珪同時的周顒(yóng,字彦倫)曾隱居北山,後又應詔出任海鹽縣令。期滿入京,再經過北山。孔稚珪假託山神的意思,寫成這篇文章聲討他,不許他再到北山來。但據後人考證,周顒並非先隱後仕,也没有作過海鹽縣令,孔稚珪在這裏所述周顒行述也與史實不盡相符。因此有人認爲本文是朋友間的戲謔之作。文中表現了作者對利禄薰心的假隱士的深惡痛絶。

〔2〕英、靈,都指神靈。草堂,指周顒在鍾山所居住的草堂寺。周顒曾遊蜀之草堂寺,後來在鍾山仿造了一座。

〔3〕大意是:在驛路上騰云駕霧地馳驅。馳煙,驅駛着煙霧。驛路,古代驛馬傳遞官家文書所走的大道。

〔4〕勒,刻。移,即移文。山庭,指山前。英、靈、庭,押韻。

〔5〕拔俗,突出世俗之上。標,標格,等於説儀表、風度。

〔6〕出塵,超出塵世。

〔7〕度(duó),衡量。方,比。絜,潔。

〔8〕干,犯,淩駕。想、上,押韻。

〔9〕亭亭,挺立的樣子。物表,等於説世外。

〔10〕皎皎,潔白明亮的樣子。

〔11〕芥,小草,意動用法。盼,顧。這句是用魯仲連的典故,參看第一册第115頁《魯仲連義不帝秦》。

〔12〕屣(xǐ),草鞋,意動用法。這句是説擺脱天子之位像脱鞋一樣容易。《孟子・盡心上》:"舜視棄天下猶棄敝蹝(屣)也。"《淮南子・主術訓》:"〔堯〕舉天下而傳之舜,猶卻而脱蹝也。"

〔13〕洛浦,洛水邊。洛水發源於陝西雒南縣冢嶺山,流至河南鞏縣入黄河。李善注引《列仙傳》:"王子喬,周靈王太子晉也,好吹笙作鳳鳴,遊伊、雒之間。"(雒:同"洛"。)

〔14〕值,遇上。瀨,淺水流在沙上叫瀨。延瀨,等於説長河。吕向説:"蘇門先生游於延瀨,見一人採薪,謂之曰:'子以終此乎?'採薪人曰:'吾聞聖人無懷,以道德爲心,何怪乎而爲哀也。'遂爲歌二章而去。"外、脱、瀨,押韻。

〔15〕期,料想。終始參差,結尾和開頭不一致。

〔16〕蒼,青色。蒼黄翻覆,指白絲可染成青的,也可染成黄的,變化不定。《淮南子·説林訓》:"楊子見歧路而哭之,爲其可以南,可以北;墨子見練絲而泣之,爲其可以黄,可以黑。"

〔17〕爲墨翟所悲痛的而流淚。淚,用如動詞,流淚。翟子,指墨翟。

〔18〕爲楊朱所哭的而慟哭。朱公,指楊朱。

〔19〕乍,暫時。迴迹,掉轉蹤迹,指隱居山林。染,指被世俗所染,也就是未能忘俗想做官的意思。

〔20〕貞,堅貞,指潔身自好。黷(dú),汙濁,指同流合汙。覆、哭、黷,押韻。

〔21〕謬,欺詐,虚僞。

〔22〕尚生,指尚長,亦即向長。《後漢書·逸民傳》:"向長,字子平,隱居不仕。"

〔23〕仲氏,指仲長統。《後漢書·仲長統傳》:"仲長統,字公理……統性俶儻,敢直言,不矜小節,默語無常,時人或謂之狂生。每州郡命召,輒稱疾不就。"往、賞,押韻。

世有周子〔1〕,雋俗之士〔2〕,既文既博〔3〕,亦玄亦史〔4〕。然而學遁東魯〔5〕,習隱南郭〔6〕,偶吹草堂〔7〕,濫巾北嶽〔8〕,誘我松桂,欺我雲壑。雖假容於江皋〔9〕,乃纓情於好爵〔10〕。

〔1〕周子,即周顒。

〔2〕雋俗之士,世俗中才智過人的人。

〔3〕文,有文彩。博,淵博。

〔4〕也通老莊之學,也通歷史。玄,指老莊之學。子、士、史,押韻。

〔5〕學遁東魯,學習顔闔遁於東魯,也就是學習顔闔的隱遁不仕。《莊子·讓王》:"魯君聞顔闔得道之人也,使人以幣先焉……使者致幣。顔闔曰:'恐

聽者謬，而遺使者罪，不若審之。'使者還反審之，復來求之，則不得已。"參看本册第1231頁《解嘲》注〔10〕。

〔6〕習隱南郭，學習隱几而坐的南郭子綦，也就是學習南郭子綦的超然物外，忘情於一切。《莊子・齊物論》："南郭子綦隱机（通"几"）而坐，仰天而噓，荅焉似喪其耦。"（耦：通"偶"，指其軀體。）

〔7〕偶，對偶。偶吹，意謂結伴合吹，也就是不會吹而假裝吹的意思。《韓非子・内儲説》："齊宣王使人吹竽，必三百人。南郭處士請爲王吹竽，宣王説之。廩食以數百人。宣王死，湣王立，好一一聽之。處士逃。"這是説周顒像南郭處士一樣，濫竽充數，在北山草堂冒充隱士。

〔8〕濫，過分，不得當。濫巾，不得當地穿戴着隱者的服飾。北嶽，即北山。

〔9〕假容，指假裝隱者的樣子。江皋，江邊之地。《楚辭・九歌・湘夫人》："朝馳余馬兮江皋，夕濟兮西澨（shì，水涯）。"屈原用這兩句表示幽居草澤，這裏用"江皋"泛指隱者所居之處。

〔10〕纓，一本作"攖"，繞。纓情，等於説繫心。爵，官爵。郭、嶽、壑、爵，押韻。

其始至也，將欲排巢父，拉許由〔1〕，傲百氏〔2〕，蔑王侯，風情張日〔3〕，霜氣横秋〔4〕。或歎幽人長往〔5〕，或怨王孫不遊〔6〕。談空空於釋部〔7〕，覈玄玄於道流〔8〕。務光何足比〔9〕，涓子不能儔〔10〕。

〔1〕巢父、許由，都是堯時高士。《高士傳》載：堯想把天下讓給許由，許由把這事告訴給巢父。巢父説："汝何不隱汝形，藏汝光？若非吾友也。"又載：堯又想讓許由做九州長，許由很不願聽這話，於是到潁水之濱去洗耳朵。這時巢父牽着牛犢來飲，看見許由洗耳，問他爲了什麽。許由説："堯欲召我爲九州長，惡聞其聲，是故洗耳。"巢父説："子若處高岸深谷，人道不通，誰能見子？子故浮游欲聞，求其名譽。汙吾犢口。"説罷，牽着牛犢到上流去飲。排，擠，這裏指擠下去。拉（là），摧折，這裏指壓倒。"排巢父，拉許由"，是説超過巢父和許由。

〔2〕百氏，指諸子百家。

〔3〕風情，風度神情，等於説氣概。張(zhàng)，這裏有擋住的意思。

〔4〕霜氣，嚴肅如霜的神氣。横，指蓋住。這是説周顒的神氣比秋氣還嚴肅。

〔5〕歎，慨歎。幽人，隱士。長往，指久離塵世，長期隱遁。

〔6〕王孫，古代貴族子弟的通稱。遊，指遊於山林，逃避現實。淮南小山《招隱士》："王孫遊兮不歸。"這裏是説埋怨貴族子弟貪戀富貴。

〔7〕空空，佛家語，佛家認爲一切事物都没有實體叫做空，可是空是假名，假名也是空，所以稱空空。釋部，指佛經。

〔8〕覈(hé)，考核。玄玄，道家語，指道的微妙深奥。《老子》第一章："玄之又玄，衆妙之門。"王弼注："玄者冥也，默然無有也。"道流，參看第三册第739頁《藝文志・諸子略》。《南齊書・周顒傳》："汎涉百家，長於佛理……兼善《老》《易》。"

〔9〕務光，李善注引《列仙傳》："務光者，夏時人也……湯得天下，已而讓光，光遂負石沈窾(kuǎn)水而自匿。"

〔10〕涓子，據李善注引《列仙傳》，涓子是齊人，隱於宕山。儔(chóu)，匹敵。由、侯、秋、遊、流、儔，押韻。

及其鳴騶入谷〔1〕，鶴書赴隴〔2〕，形馳魄散，志變神動〔3〕。爾乃眉軒席次〔4〕，袂聳筵上〔5〕，焚芰製而裂荷衣〔6〕，抗塵容而走俗狀〔7〕。風云悽其帶憤〔8〕，石泉咽而下愴〔9〕。望林巒而有失，顧草木而如喪〔10〕。

〔1〕大意是：等到皇帝的使者帶着前呼後擁的隨從進入山裏。騶(zōu)，騶從，古代達官貴人出門時前後隨從的騎士。鳴騶，前呼後擁的騶從。

〔2〕大意是：皇帝徵召的詔書送到山中。鶴書，書體名，形似鵠頭，所以又叫鶴頭書。古代詔書上用這種字體，這裏指詔書。

〔3〕隴、動，押韻。

〔4〕爾乃，如此於是。軒，揚起。席次，等於説座中。

〔5〕聳，高舉。從"爾乃"到"筵上"，寫周顒得意的樣子。

〔6〕製，用如名詞，指所製之衣。芰製、荷衣，指隱者的服裝。《離騷》："製芰荷

以爲衣兮,集芙蓉以爲裳。”參看第二册第556頁《離騷》注〔8〕。

〔7〕抗,舉,這裏指顯現出。塵容,塵世的儀容。走,騁,這裏指恣意表現,使動用法。俗狀,俗人的狀態。從“焚芰”到“俗狀”,是説周顒拋棄隱士生活,奔向仕途。

〔8〕悽,悲痛。憤,憤恨。

〔9〕咽(yè),嗚咽,哽咽。愴(chuàng),悲傷。下愴,等於説生悲。

〔10〕上、狀、愴、喪,押韻。

至其紐金章,綰墨綬〔1〕,跨屬城之雄,冠百里之首〔2〕,張英風於海甸〔3〕,馳妙譽於浙右〔4〕。道帙長殯〔5〕,法筵久埋〔6〕,敲扑諠囂犯其慮〔7〕,牒訴倥傯裝其懷〔8〕。琴歌既斷,酒賦無續〔9〕。常綢繆於結課〔10〕,每紛綸於折獄〔11〕。籠張趙於往圖,架卓魯於前籙〔12〕。希蹤三輔豪〔13〕,馳聲九州牧〔14〕。使我高霞孤映,明月獨舉,青松落陰〔15〕,白雲誰侶?澗户摧絶無與歸〔16〕,石逕荒涼徒延佇〔17〕。至於還飆入幕〔18〕,寫霧出楹〔19〕,蕙帳空兮夜鵠怨〔20〕,山人去兮曉猨驚〔21〕。昔聞投簪逸海岸〔22〕,今見解蘭縛塵纓〔23〕。

〔1〕紐,繫掛,佩帶。金章,銅印。綰(wǎn),繫(jì)。墨綬,即黑綬。漢制,萬户以上之縣的長官叫令,秩千石至六百石,又秩比六百石以上,都是銅印墨綬。這裏以“金章”“墨綬”象徵縣令,這是説周顒做了海鹽縣令。

〔2〕據有一郡所屬各縣的最大的一縣,居於各縣縣令的首位。跨,佔據。屬城,指一郡所屬的各縣。雄,長,這裏指最大的縣。冠,位居第一。百里,漢制,縣大約方百里,這裏用來代表縣。

〔3〕英風,美的聲望。海甸,濱海的地區,這裏指海鹽縣。

〔4〕浙右,指浙江(水名)之北,海鹽就在浙江之北。綬、首、右,押韻。

〔5〕帙(zhì),書套。道帙,指道家的書。殯,等於説埋葬。

〔6〕法筵,講佛法的坐席。

〔7〕敲扑諠囂,打犯人時的諠譁聲。慮,心思。

〔8〕牒,文牒,文書。訴,訴訟。倥偬(kǒngzǒng),繁忙。裝,裹束。埋、懷,押韻。

〔9〕琴、歌、酒、賦,泛指雅人逸士的事。

〔10〕綢繆(móu),纏縛。課,考核,這裏用如名詞。結課,總結考核的結果,分別差等,來定昇降。

〔11〕紛綸,繁亂,忙碌。折,判斷。獄,訴訟的事。折獄,判案子。

〔12〕籠,包括。張,指張敞。趙,指趙廣漢。二人都是西漢人,都曾做過京兆尹,是當時有名的能吏。圖,法度。往圖,指張、趙已有的政績。架,通"駕",淩駕,跨越。卓,指卓茂,東漢人,曾當過密縣縣令,愛護人民,吏民對他非常愛戴。魯,指魯恭,東漢人,曾當過中牟縣縣令,用德化治理人民,不任刑罰。籙(lù),簿籍。前籙,意思和"往圖"相近。這是説周顒想兼有張、趙、卓、魯的成就並且超過他們。績、獄、籙、牧,押韻。

〔13〕希蹤,希望踐踏(前賢的)蹤迹,等於説希望追蹤。三輔,漢制,京兆尹、左馮翊、右扶風共治(設立機關)長安城中,叫做三輔。三輔豪,三輔中傑出的官吏。漢代趙廣漢、張敞、王尊、王章、王駿曾先後爲三輔的官吏,都有政績,時諺謂"前有趙張,後有三王"。這裏與"籠張趙於往圖"句相應,是説追蹤張趙等名臣。

〔14〕在天下地方官中傳播名聲。馳聲,馳名,傳播名聲。九州牧,指天下的地方長官。

〔15〕落,等於説荒廢。

〔16〕澗,一本作"磵",兩山之間的流水。户,一本作"石",以作户爲是。澗户,澗邊的路在兩山之間像門户。摧絶,破壞。無與歸,無人與之同歸。實際上是指周子不歸。這是説,澗户由於没有人走而逐漸破壞了,周子也不再回來了。

〔17〕延,長久。佇(zhù),舉踵而望。舉、侶、佇,押韻。

〔18〕還(xuán)飆,旋風。這裏表示夜晚。

〔19〕寫，瀉，吐。楹，堂前柱子。出楹，出於楹間。這裏表示早晨。

〔20〕蕙，香草名。蕙帳，指隱士的帷帳。

〔21〕山人，指隱士。猨，同"猿"。

〔22〕簪，貴人的冠飾。投簪，指棄官。李善説是用漢疏廣辭官歸里事（疏廣：東海蘭陵人，地近海，所以説"逸海岸"）。逸，隱遁。

〔23〕蘭，指蘭佩。《離騷》："紉秋蘭以爲佩。"這裏指隱士的服飾。塵纓，塵世的冠纓。縛塵纓，指走入仕途。楹、驚、纓，押韻。

於是南岳獻嘲，北隴騰笑〔1〕，列壑爭譏，攢峯竦誚〔2〕。慨遊子之我欺，悲無人以赴弔〔3〕。故其林慙無盡，澗愧不歇，秋桂遣風，春蘿罷月〔4〕。騁西山之逸議，馳東皋之素謁〔5〕。

〔1〕嘲、笑，都用如名詞。

〔2〕攢（cuán），聚。攢峯，聚在一起的山峯。竦，引領舉足。竦誚，引領舉足地來譏誚。從"於是"到"竦誚"，寫北山的峯壑爭相譏笑、自嘲原來没有眼光，誤認周顒爲真隱士而容納他，終致受欺。

〔3〕遊子，指周顒。弔，慰問。無人赴弔，是説没有人來慰問。笑、誚、弔，押韻。

〔4〕遣，打發……回去。蘿，女蘿。這是説桂蘿也因慚愧而把風月打發回去。

〔5〕騁、馳，都等於説疾速傳布。西山，指首陽山，伯夷、叔齊曾隱居在這裏。《史記·伯夷列傳》載伯夷、叔齊的歌："登彼西山兮，採其薇矣。"逸議，隱士的言論。皋，水邊高地。東皋，阮籍奏記《詣蔣公》："方將耕於東皋之陽，輸黍稷之税，以避當塗者（執政的人）之路。"謁，告，這裏用如名詞，指謁告的話。素謁，素士（布衣）之謁。這是説要趕快傳布伯夷、阮籍等人隱逸安貧的議論，表示對周顒的棄絶。歇、月、謁，押韻。

今又促裝下邑〔1〕，浪拽上京〔2〕。雖情投於魏闕〔3〕，或假步於山扃〔4〕。豈可使芳杜厚顔〔5〕，薜荔蒙恥,碧嶺再辱,丹崖重滓〔6〕,塵遊躅於蕙路〔7〕,汙淥池以洗耳〔8〕? 宜扃岫幌,掩雲關〔9〕,斂輕霧,藏鳴湍,截來轅於谷口,杜妄轡於郊端〔10〕。於是叢條瞋膽〔11〕,疊穎怒魄〔12〕,或飛柯以折輪〔13〕,乍低枝而掃迹〔14〕。請迴俗士駕,爲君謝逋客〔15〕。

〔1〕促裝,等於説急治行裝。下邑,對京都來説,縣稱下邑。這裏指海鹽縣。

〔2〕浪,放。拽,通"枻",船旁板。浪拽,等於説放手行船,即使船快行的意思。上京,對縣來説,京都稱上京。這裏指建康(今南京)。以上兩句指周顒海鹽縣令任期剛滿,即奔赴建康,等候昇遷。

〔3〕魏闕,宫門兩邊的門樓,常懸布法令。這裏指朝廷。《吕氏春秋·審爲》:"身在江海之上,心居魏闕之下。"又見《莊子·讓王》。

〔4〕或,又。假步,等於説假道。山扃,山門,指草堂的外門。這是説周顒要再遊北山。京、扃,押韻。

〔5〕芳杜,即杜若,香草名。

〔6〕滓,汙穢。

〔7〕塵,用如動詞,等於説汙染。躅,足迹。遊躅,這裏指隱者的足迹。蕙路,長着蕙這種香草的路。

〔8〕淥(lù)池,清水池。洗耳,參看本册第1253頁注〔1〕。這裏是説周顒來北山後,聽到他的談話必得洗耳,那就要把清水池弄髒了。恥、滓、耳,押韻。

〔9〕扃,用如動詞,關上。岫(xiù),山穴。幌(huǎng),帷幔,窗簾。岫幌,山窗。岫幌、雲關都是虚指。

〔10〕轅,指車。杜,堵住,阻塞。妄轡,指不該來而擅自來的車馬。從"宜扃"到"郊端",是説對周顒要享以閉門羹,把他拒絶在山外。關、湍、端,押韻。

〔11〕叢,聚在一起的。條,樹枝。瞋(chēn),通"嗔",怒。瞋膽,等於説肝膽都被氣壞了。

〔12〕疊,重重疊疊的。穎,草穗。怒魄,使魂魄發怒,極言憤怒得厲害。

〔13〕柯,樹枝。

〔14〕掃,除滅。迹,指車迹。這是説用樹枝除滅原有的車溝,使周顒的車不得前進。

〔15〕君,指北山山神。逋,逃亡。逋客,指周顒。魄、迹、客,押韻。

江　淹

江淹(公元444—505年),字文通,考城(今河南蘭考縣)人,歷仕宋、齊、梁三朝。早年仕途不得志,到了梁朝,官至金紫光禄大夫,封醴陵侯。他的詩,致力於摹擬古人,缺乏個人的創造性。但也正由於此,卻在一定程度上擺脱了當時的綺麗之風。他最有名的作品是《别賦》和《恨賦》。有《江文通集》傳世。

别　賦〔1〕

黯然銷魂者〔2〕,唯别而已矣!況秦吴兮絶國,復燕宋兮千里〔3〕。或春苔兮始生,乍秋風兮蹔起〔4〕。是以行子腸斷〔5〕,百感悽惻〔6〕。風蕭蕭而異響,雲漫漫而奇色〔7〕。舟凝滯於水濱,車逶遲於山側〔8〕;櫂容與而詎前,馬寒鳴而不息〔9〕。掩金觴而誰御,横玉柱而霑軾〔10〕。居人愁卧,怳若有亡〔11〕。日下壁而沈彩,月上軒而飛光〔12〕。見紅蘭之受露,望青楸之離霜〔13〕。巡曾楹而空揜,撫錦幕而虚涼〔14〕。知離夢之躑躅〔15〕,意别魂之飛揚〔16〕。

〔1〕本文歷敘古代社會中幾類人的離别,通過他們各自的特點和不同的環境,刻畫出他們不同的離情别緒。文辭雖然富麗,但有濃厚的感傷情調。

〔2〕黯然,心神沮喪而面色黯淡無光的樣子。銷魂,彷彿魂離軀體,形容人極度悲傷愁苦的情況。

〔3〕秦,主要部分在今陝西。吴,主要部分在今江蘇南部。絶國,相隔極遠的國家。燕,主要部分在今河北北部。宋,主要部分在今河南東部。這兩句是説這四國路途很遠,如此遠别,相見必難,别恨也就更深。

〔4〕苔,一種隱花植物。乍,忽然。蹔,同"暫",剛剛。這兩句是説春秋二季,景物最易感人,因而别恨愈切。已、里、起,押韻。以上總説最苦是離别。

〔5〕行子,離家遠行的人。鮑照《東門行》:"野風吹秋木,行子心腸斷。"

〔6〕悽惻,悲傷。

〔7〕漫漫,無邊際的樣子。這兩句是説在風聲蕭蕭、浮云漫漫的情況下離别,感到風聲雲色都有些異常。

〔8〕凝滯,停留不動。逶(wēi)遲,等於説逶迤(一本即作"逶迤"),斜行的樣子。

〔9〕櫂(zhào),船槳,這裏指船。容與,参看第二册第561頁《哀郢》注〔7〕。詎(jù),豈。息,停止。

〔10〕掩,覆。御,進用。横,指横放着。玉柱,琴瑟上支弦的用玉做的短柱,這裏指琴瑟一類的樂器。横玉柱,是放着琴瑟而無心彈奏的意思。霑(zhān),浸溼。惻、色、側、息、軾,押韻。從"行人"至"霑軾",是寫行人的心情。

〔11〕居人,留在家裏的人。怳(huǎng),恍惚,神思不定。有亡,有所失。《莊子·則陽》:"客出而君惝(chǎng)然若有亡也。"

〔12〕沈(chén)彩,沈没了光彩。軒,檻板,略等於後代的欄杆。

〔13〕楸(qiū),樹木名。離,通"罹",遭逢。這兩句互文見義,是説眼看到蘭和楸先前承受露水,現在蒙上了霜,年華易逝,觸景傷情,更增離别之感。

〔14〕巡,一邊走一邊看。曾,一作"層",高。曾楹,高柱,指高大的房子。揜(yǎn),掩,這裏指掩門。錦幕,用錦做的帷帳。

〔15〕躑躅(zhízhú),徘徊不進的樣子。離夢,指行子離别的夢。這是説,知道行人做着捨不得離家的夢。

〔16〕意,料想。飛揚,飄揚。這是説,料想行子的魂魄正在飄揚。亡、光、霜、涼、揚,押韻。從"居人"至"飛揚",是寫居人的心情。

故别雖一緒,事乃萬族〔1〕。至若龍馬銀鞍〔2〕,朱軒繡軸〔3〕,帳飲東都〔4〕,送客金谷〔5〕。琴羽張兮簫鼓陳〔6〕,燕趙歌兮傷美人〔7〕;珠與玉兮豔暮秋,羅與綺兮嬌上春〔8〕。驚駟馬之仰秣,聳淵魚之赤鱗〔9〕。造分手而銜涕〔10〕,感寂漠而傷神〔11〕。

〔1〕緒,端緒。族,類,這是總領下文。

〔2〕龍馬,駿馬。古人稱八尺以上的馬爲龍。

〔3〕朱軒,顯貴者所乘的車。繡,指有文繡的車帷。軸,這裏指車子。

〔4〕帳飲,在郊野設置帷帳,擺宴送别。東都,長安城門名。《漢書·疏廣傳》載:疏廣爲太子太傅,他姪子疏受爲少傅,很受器重。後二人同時辭官歸鄉,公卿、大夫、故人、邑子等在東都門外爲他倆送别,送客的車子有幾百輛。

〔5〕金谷,指金谷澗,石崇的金谷園就在這裏。李善注引石崇《金谷詩序》説:征西將軍祭酒王詡(xǔ)回長安,石崇和一些人在金谷澗中給他送行。族,軸,谷,押韻。

〔6〕羽,五聲之一,這裏指羽調式,其聲最細。張,指琴張弦。琴羽張,琴奏起羽調來。陳,列,這裏等於説演奏。

〔7〕《古詩十九首》:"燕趙多佳人,美者顔如玉。"後來稱美人常言燕趙。傷美人,使美人傷感。這是説美人和樂唱歌,也爲離别而傷感起來。

〔8〕珠、玉、羅、綺,指歌女們的華美服飾。暮秋,季秋(九月)。上春,孟春(正月)。這是説無論春與秋,歌女們都很嬌豔。

〔9〕驚,使動用法。秣,牲口吃飼料。仰秣,仰頭咀嚼飼料。聳,懼,這裏等於説驚。淵魚之赤鱗,等於説"淵中赤鱗之魚"。這是形容音樂優美動聽,使得正在吃飼料的馬也仰起頭來聽,深淵中的魚也跳出水面來欣賞。《韓詩外傳》卷六:"昔者瓠巴鼓瑟而潛魚出聽,伯牙鼓琴而六馬仰秣。"

〔10〕造,到。銜涕,含淚。

〔11〕感,一本作"咸"。漠,通"寞"。陳、人、春、鱗、神,押韻。從"至若"至"傷

神",寫富貴者的離别。

乃有劍客慙恩[1],少年報士[2],韓國趙廁[3],吴宫燕市[4],割慈忍愛,離邦去里。瀝泣共訣[5],抆血相視[6]。驅征馬而不顧,見行塵之時起。方銜感於一劍,非買價於泉裏[7]。金石震而色變[8],骨肉悲而心死[9]。

〔1〕劍客,精通劍術的俠客。慙恩,對所受的恩感到慚愧。

〔2〕報士,報答别人以國士相待。《史記·刺客列傳》:"〔豫讓曰〕至于智伯,國士遇我,我故國士報之。"少年報士,《漢書·游俠傳》:"郭解……以驅耤(助)友報仇,……而少年慕其行,亦輒爲報仇。"

〔3〕韓國,指聶政刺死俠累事。戰國時,嚴仲子和韓相俠累有仇,至衛,以黄金百鎰結交聶政。聶政謝絶了黄金,但因感激嚴仲子的知遇之恩,於是在母親死後,到韓國把俠累刺死。趙廁,指豫讓謀刺趙襄子事。豫讓事晉智伯,受到智伯的尊寵。趙襄子滅智伯後,豫讓變姓名爲刑人(奴隸),入襄子宫中塗飾廁所,想等襄子入廁所時刺殺他,但没成功。

〔4〕吴宫,指專諸刺死吴王僚事。春秋時,吴國公子光想奪王位,定計請吴王僚宴飲,使專諸在烹好的魚腹裏暗藏匕首,進獻吴王。專諸走近席前,抽出匕首刺死了吴王僚。燕市,指荆軻刺秦王事。荆軻到燕國後,天天和高漸離在燕市飲酒,後來由田光介紹給燕太子丹。荆軻爲了報太子丹的恩遇,到秦國去刺秦王。事未成,被殺。

〔5〕瀝,水下滴。瀝泣,流淚。訣,長别。

〔6〕抆(wěn),擦。血,指淚。

〔7〕銜感,銜恩感德。一劍,指憑一把劍行刺報仇。泉裏,黄泉之中,指死。買價,求得聲價。

〔8〕金石,指鐘磬等樂器。這句指秦武陽事。荆軻和秦武陽到了秦國,秦王接見他們時,使衛士們在殿階下持戟護衛,鼓鐘聲發,羣臣都呼萬歲。武陽大恐,面如死灰色(見李善注引《燕丹子》)。

〔9〕骨肉,指聶政的姐姐。聶政刺殺俠累後,恐怕連累他姐姐,於是自己割裂

面皮,挖出眼珠,破腹而死。韓國把聶政的屍體擺在市上,懸賞購求刺客姓名。很久也没人知道是誰。聶政的姐姐不願埋没了聶政的聲名,於是到韓市去抱屍而哭,最後悲哀而死於聶政屍體旁。心死,這裏指悲哀到了極點。《莊子・田子方》:"夫哀莫大於心死。"士、市、里、視、起、裏、死,押韻。這段寫劍客的離别。

或乃邊郡未和,負羽從軍〔1〕。遼水無極〔2〕,鴈山參雲〔3〕。閨中風暖,陌上草薰〔4〕。日出天而耀景〔5〕,露下地而騰文〔6〕。鏡朱塵之照爛〔7〕,襲青氣之煙熅〔8〕。攀桃李兮不忍别〔9〕,送愛子兮霑羅裙〔10〕。

〔1〕羽,指箭。

〔2〕遼水,即今遼寧省境内的遼河。無極,没盡頭。

〔3〕鴈山,即今山西北部的雁門山,上有雁門關,自古就是軍事重地。參雲,高入雲霄。

〔4〕陌,田間小路。薰,香。

〔5〕景,日光。耀景,閃耀着光輝。

〔6〕文,文彩。騰文,指露珠附在草木上,在陽光下閃耀着光彩。

〔7〕鏡,照。朱塵,紅塵,即飛揚的塵埃。照爛,光彩燦爛。這是説日光照耀着光彩燦爛的紅塵。

〔8〕青氣,這裏指春天之氣。煙熅(yīnyūn),同"氤氲",氣盛的樣子。這句説襲來旺盛的春氣。

〔9〕當盛春之時而分别,所以説"不忍"。

〔10〕霑羅裙,指淚溼羅裙。軍、雲、薰、文、熅、裙,押韻。這段寫從軍者的離别。

至如一赴絶國,詎相見期〔1〕?視喬木兮故里〔2〕,決北梁兮永辭〔3〕。左右兮魂動〔4〕,親賓兮淚滋〔5〕。可班荆兮贈恨〔6〕,唯罇酒兮敘悲〔7〕。值秋雁兮飛日,當白露兮下時。怨復怨兮遠山曲〔8〕,去復去兮長河湄〔9〕。

〔1〕難道還有相見的日期嗎?

〔2〕喬木,高大的樹木。王充《論衡·佚文》:"睹喬木,知舊都。"

〔3〕決,通"訣"。北梁,北橋,習慣上用來指送别之地,與下文"南浦"同意。永辭,永别。王褒《九懷·陶壅》:"絶北梁兮永辭。"

〔4〕左右,指近侍的僕從。

〔5〕滋,益。淚滋,等於説淚水很多。

〔6〕班,布,鋪。班荆,指鋪荆於地而坐。《左傳·襄公二十六年》載:"楚伍舉與聲子相善……伍舉奔鄭,將遂奔晉。聲子將如(往)晉,遇之於鄭郊,班荆相與食,而言復故(談歸楚的事)。"贈恨,以恨别的詩贈人。

〔7〕蘇武(?)《别詩》:"我有一樽酒,欲以贈遠人。願子留斟酌,敘此平生親。"

〔8〕曲,指山的曲折處。

〔9〕湄,水和草交接的地方,即岸邊。期、辭、滋、悲、時、湄,押韻。這段寫赴絶國的離别。

又若君居淄右〔1〕,妾家河陽〔2〕。同瓊珮之晨照,共金爐之夕香〔3〕。君結綬兮千里〔4〕,惜瑶草之徒芳〔5〕。慙幽閨之琴瑟〔6〕,晦高臺之流黄〔7〕。春宫閟此青苔色,秋帳含兹明月光〔8〕。夏簟清兮晝不暮,冬釭凝兮夜何長〔9〕!織錦曲兮泣已盡,迴文詩兮影獨傷〔10〕。

〔1〕淄(zī),水名,在山東省。淄右,淄水的西邊。

〔2〕河陽,黄河的北邊。

〔3〕瓊,美玉。瓊珮,用瓊做的珮。金爐,指燃燒香料的銅爐。這是説離别前的共同生活。

〔4〕結綬,指做官。

〔5〕瑶草,香草,這裏喻少婦。《山海經·中山經》:"姑媱之山,帝女死焉,其名曰女尸,化爲䔄草。"(䔄:通"瑶"。)

〔6〕幽閨,深閨。這句大意是:對深閨的琴瑟感到慚愧,指放着琴瑟無心彈。

〔7〕晦,昏暗不明。流黄,紫黄色的絹。古樂府《相逢行》:"大婦織綺羅,中婦

織流黄,小婦無所爲,挾瑟上高堂。”這裏大意是説:思婦無心織流黄,仿佛覺得流黄的顔色也不鮮明了。

〔8〕閟(bì),關閉。這是説非常孤獨寂寞,春天衹有青苔色、秋天衹有明月光與己爲伴。

〔9〕簟(diàn),竹席。釭(gāng),燈。凝,指燈光凝聚不動。這是説因思念在外的人,感到夏日冬夜的時間格外長。

〔10〕織錦曲,即迴文詩,縱横反覆去讀,都有意義。武則天《璇璣圖序》説:前秦苻堅時,竇滔鎮守襄陽,把寵姬趙陽臺帶到任上,和妻子蘇蕙斷絶了音訊。蕙織錦爲迴文,五色交錯,縱横八寸,題詩二百多首,計八百餘言。縱横反覆,都成文章,名爲璇璣圖,寄給竇滔。陽、香、芳、黄、光、長、傷,押韻。這段寫夫婦的離别,着重在寫思婦的心情。

儻有華陰上士,服食還山〔1〕。術既妙而猶學,道已寂而未傳〔2〕。守丹竈而不顧,鍊金鼎而方堅〔3〕。駕鶴上漢〔4〕,驂鸞騰天〔5〕,蹔遊萬里,少别千年〔6〕。惟世間兮重别〔7〕,謝主人兮依然〔8〕。

〔1〕儻,同“倘”,或。華陰,今陝西華陰縣。上士,指求仙鍊丹的方術之士。服食,指服食丹藥,以求成仙。《列仙傳》載:魏人脩芊(qiān)在華陰山下石室中的龍石上鍊丹,取黄精(藥名)吃下。後來離開那裏,不知去向。山,一本作“仙”。

〔2〕寂,寂静。道已寂,指修道已達到很高的境界。未傳,指還没得到真傳。

〔3〕丹竈,鍊丹的爐竈。顧,指顧念人世。鍊金鼎,在金鼎中鍊丹。堅,指意志堅定。

〔4〕駕鶴,指王子晉的故事。《列仙傳》載:王子晉被道士浮丘公引上嵩山。三十多年後,見桓良説:“告我家,七月七日,待我緱氏山(在今河南偃師縣南)頭。”到時,晉果然乘白鶴而來。參看本册第1251頁《北山移文》注〔13〕。漢,天河,這裏指天。

〔5〕驂鸞,等於説乘鸞。李善注引張僧鑒《豫章記》:“洪井(即洪崖下的鍊丹

井。洪崖在今江西新建縣西南）有鸞岡，舊説云洪崖先生乘鸞所憩處也。”

〔6〕這是説天上的時間和人世的時間不同。在仙人們看來，離别的地點是近的，時間是短暫的。蹔，同“暫”。

〔7〕重别，重視離别。

〔8〕謝，辭。依然，依戀的樣子。這是説，由於世人重視離别，所以得道昇仙的人也不免依依不捨。山、傳、堅、天、年、然，押韻。這段寫方士的離别。

下有芍藥之詩，佳人之謌〔1〕，桑中衛女，上宫陳娥〔2〕。春草碧色，春水緑波〔3〕。送君南浦，傷如之何〔4〕！至乃秋露如珠，秋月如珪〔5〕，明月白露，光陰往來。與子之别，思心徘徊〔6〕。

〔1〕下有，此外還有。芍藥之詩，《詩經·鄭風·溱洧》：“維士與女，伊其相謔，贈之以勺藥。”謌，同“歌”。佳人之謌，漢李延年歌：“北方有佳人，絶世而獨立。一顧傾人城，再顧傾人國。寧不知傾城與傾國，佳人難再得。”以上用《溱洧》和李延年歌比喻戀人之愛。

〔2〕桑中、上宫，《詩經·鄘風·桑中》：“期我乎桑中，要我乎上宫，送我乎淇之上矣。”（桑中、上宫：都是雙方約定相會的地點。淇：水名。）衛女、陳娥，泛指美女。以上用《詩經》中的典故來敘述幽會。

〔3〕緑，一本作“渌”。

〔4〕南浦，《楚辭·九歌·河伯》：“送美人兮南浦。”後來常用來指送别的地方。謌、娥、波、何，押韻。

〔5〕珪，同“圭”，瑞玉，上圓下方。

〔6〕從“至乃”至“徘徊”，寫别後秋夜相思。珪、來、徊，押韻。這段寫戀人的離别。

是以别方不定〔1〕，别理千名〔2〕。有别必怨，有怨必盈。使人意奪神駭，心折骨驚〔3〕。雖淵雲之墨妙〔4〕，嚴樂之筆精〔5〕，金閨之諸彦〔6〕，蘭臺之羣英〔7〕，賦有淩雲之稱〔8〕，辯有雕龍之聲〔9〕，誰能摹暫離之狀，寫永訣之情者乎〔10〕！

〔1〕方，類。

〔2〕理，道理。

〔3〕心折骨驚，實際是"骨折心驚"。

〔4〕淵，指西漢辭賦家王褒，字子淵。雲，指揚雄，字子雲。

〔5〕嚴，指西漢嚴安。樂，指西漢徐樂。二人都曾上書給武帝談時務，很得武帝的贊賞。

〔6〕金閨，指金馬門。漢武帝使文學之士待詔金馬門，備顧問。彥，古代對士的美稱。

〔7〕蘭臺，漢時宫中藏書的地方，由御史中丞掌管。後又設蘭臺令史，典校圖籍，治理文書。

〔8〕淩雲，直上雲霄。《史記·司馬相如列傳》載：司馬相如把他寫的《大人賦》獻給漢武帝，武帝讀後非常高興，"飄飄有淩雲之氣，似游天地之間意。"

〔9〕雕龍，比喻善於修辭。《史記·孟子荀卿列傳》："騶衍之術，迂大而閎辯。〔騶〕奭也，文具難施……故齊人頌曰：'談天衍，雕龍奭。'"裴駰《集解》引劉向《别録》："騶衍之所言，五德終始，天地廣大，書言天事，故曰'談天'。騶奭脩衍之文，飾若雕鏤龍文，故曰'雕龍'。"

〔10〕名、盈、驚、精、英、聲、情，押韻。這段總結全文，並説明離情别緒之難以描寫。

庾　信

春　賦〔1〕

宜春苑中春已歸〔2〕，披香殿裏作春衣〔3〕。新年鳥聲千種囀〔4〕，二月楊花滿路飛〔5〕。河陽一縣併是花〔6〕，金谷從來滿園樹[7]。一叢香草足礙人,數尺遊絲即横路[8]。開上林而競入,擁河橋而爭渡[9]。

〔1〕這是庾信在南朝做東宫學士時的作品,是他前期的代表作之一。文中描寫統治階級春遊時的狂歡極樂,辭藻則備極絢麗,對仗亦工,充分表現了六朝的綺靡文風。

〔2〕宜春苑,秦漢時的苑名,即唐代的曲江,在今陝西省長安縣南。

〔3〕披香殿,漢後宫有披香殿。

〔4〕囀(zhuàn),鳥鳴。

〔5〕楊花,即柳絮。歸、衣、飛,押韻。

〔6〕晉潘岳做河陽令,命於縣中遍種桃樹,春來滿縣都是桃花。

〔7〕金谷,指晉石崇的金谷園。石崇《思歸引序》:"遂肥遁(隱居)於河陽别業。其制宅也,卻阻長堤,前臨清渠,柏木幾於萬株。"所以這裏説"滿園樹"。

〔8〕遊絲,春天蟲類所吐的絲在空中飛揚,叫遊絲。

〔9〕上林,秦舊苑,漢武帝加以擴大。故址在今陝西周至縣界。河橋,在今河南孟縣南,是晉杜預造的。樹、路、渡,押韻。這段寫春到人間。

出麗華之金屋,下飛燕之蘭宫[1],釵朵多而訝重,髻鬟高而畏風[2]。眉將柳而爭緑[3],面共桃而競紅。影來池裏,花落衫中[4]。

〔1〕麗華,姓陰,東漢光武帝的皇后。《後漢書·光烈皇后傳》:"初光武聞后美,歎曰:'娶妻當得陰麗華。'"金屋,《漢武故事》載:武帝幼時,他的姑母館陶長公主把他抱置膝上,問道:"兒欲得婦不?"後來又指阿嬌(長公主的女兒)説:"阿嬌好否?"武帝笑着説:"好!若得阿嬌做婦,當作金屋貯之也。"後因以"金屋"指稱藏所愛女子的地方。飛燕,姓趙,漢成帝的皇后,貌美,善歌舞。蘭宫,趙飛燕女弟爲昭儀(女官名),居昭陽舍,其舍蘭房椒壁。這裏用麗華、飛燕喻美人,是説美人們都離開華美的宫室而出遊。

〔2〕釵朵,金釵做成花朵的形狀。髻鬟,把髮束在頭頂叫髻,環形的髻叫鬟。這是説美人們極力裝飾。

〔3〕將，等於説跟（介詞）。柳，指柳葉。古代女子用黛（青黑色的顔料）畫眉，所以説眉跟柳葉爭緑。

〔4〕影，指美人的身影。宫、風、紅、中，押韻。這段寫宫庭中的美人們出遊。

苔始緑而藏魚，麥纔青而覆雉。吹簫弄玉之臺〔1〕，鳴佩凌波之水〔2〕。移戚里而家富，入新豐而酒美〔3〕。石榴聊汎，蒲桃醱醅〔4〕。芙蓉玉盌，蓮子金杯〔5〕。新芽竹笋，細核楊梅。緑珠捧琴至〔6〕，文君送酒來〔7〕。

〔1〕弄玉，秦穆公的女兒。《列仙傳》載：穆公將女兒弄玉嫁給善吹簫的蕭史，蕭史教弄玉吹簫作鳳鳴。穆公又爲他們築鳳凰臺，讓他們住在臺上。後來蕭史乘龍，弄玉乘鳳，飛昇而去。這裏是説有樓臺的美。

〔2〕佩，繫在襟帶上的玉石裝飾品。鳴佩，佩上玉聲鏘鏘，所以叫鳴佩。凌波，乘波。曹植《洛神賦》："凌波微步，羅襪生塵。"這裏是説有湖沼的美。

〔3〕戚里，西漢時皇家姻親所住的地方。《漢書·石奮傳》："於是高祖召其（石奮）姊爲美人……徙其家長安中戚里。"新豐，漢高祖的父親思念他的家鄉豐邑，高祖於是仿照豐邑建立新豐（在今陝西臨潼縣東），把豐邑的屠户、賣酒、煮餅的商人都遷到新豐。新豐以美酒聞名天下。這裏著重在贊揚家富酒美，並非實指戚里新豐。雉、水、美，押韻。

〔4〕石榴，指石榴酒。《南史·夷貊傳》："有頓遜國在海崎上，有酒樹似安石榴，採其花汁，停瓮中，數日成酒。"聊，姑且。汎，同"泛"，指泛杯，即流杯（參看下文"流杯"注）。蒲桃，同"葡萄"。醱醅（pōpēi），酒再釀。這裏是説有美酒。

〔5〕這是説用的是雕刻着荷花的玉盌金杯。

〔6〕緑珠，石崇的歌妓。

〔7〕文君，即卓文君，司馬相如之妻。參看本册第1242頁《解嘲》注〔45〕。醅、杯、梅、來，押韻。這段主要是寫春遊時飲酒。

玉管初調，鳴弦暫撫〔1〕，陽春渌水之曲〔2〕，對鳳迴鸞之舞〔3〕。更炙笙簧〔4〕，還移箏柱〔5〕，月入歌扇〔6〕，花承節鼓〔7〕。協律都尉,射雉中郎〔8〕,停車小苑〔9〕,連騎長楊〔10〕。金鞍始被〔11〕,柘弓新張〔12〕。拂塵看馬埒〔13〕,分朋入射堂〔14〕。馬是天池之龍種〔15〕,帶乃荆山之玉梁〔16〕,艷錦安天鹿,新綾織鳳皇〔17〕。

〔1〕玉管,用玉做的樂管。鳴弦,指琴。陶潛《閑情賦》:"仰睇天路,俯促鳴弦。"

〔2〕陽春,古曲名。渌(lù)水,古詩名。

〔3〕對鳳、迴鸞,都是舞蹈的姿勢。

〔4〕炙,烘烤。簧,笙管中的金屬薄片。簧暖則聲清,所以天寒時笙簧必須烘烤。《癸辛雜識》:"自十月旦至二月終,給焙笙炭五十斤,用錦薰籠藉笙於上,復以四和香薰之。"

〔5〕箏,古樂器名。本十二弦,後爲十三弦,柱高三寸。移柱可以變調改曲。

〔6〕月入歌扇,這是説歌女們拿着團扇歌舞。班婕妤《怨歌行》詩:"裁爲合歡扇,團圓似明月。"

〔7〕花,指花萼,喻鼓架,因鼓架承鼓,好像花萼承花。節鼓,用以節樂的鼓。《唐書·音樂志二》:"節鼓狀如博局,中間員(圓)孔適容其鼓,擊之節樂也。"撫、舞、柱、鼓,押韻。

〔8〕協律都尉,樂官名。漢武帝時,李延年做過協律都尉。射雉中郎,指晉代潘岳,他著有《射雉賦》,又當過虎賁中郎將。

〔9〕苑,養禽獸的地方。

〔10〕長楊,漢宫名,在今陝西周至縣東南,内有長楊樹,秋冬讓武士搏射禽獸,皇帝在榭上觀看。

〔11〕始被(pī),等於説新披上。

〔12〕柘弓,用柘木作的弓。張,把弦安在弓上。

〔13〕埒(liè),矮牆,這裏指跑馬場的圍牆。馬埒,等於説跑馬道。大意是説:跑馬時令人看見馬道上的飛塵,好像馬尾在拂塵。庾肩吾《樂遊苑應令》:"塵飛金埒滿,葉破柳條空。"

〔14〕分朋，分成一對一對的。射堂，古代習射的地方。

〔15〕天池，倪璠注引《開山圖》："隴西神馬山有泉，乃龍馬所生。"天池即指神馬山之泉。

〔16〕荆山，在今湖北南漳縣西，楚卞和得玉於此。玉梁，《北史·陳順傳》載：陳順破趙青雀，魏文帝解所服金鏤玉梁帶賜給他。這是説玉梁帶是用荆山之玉做成的。

〔17〕錦、綾，都是絲織物。天鹿，獸名。鳳皇，即鳳凰。這是説那些人所穿的衣服都是用織有天鹿或鳳凰等花紋的艷錦新綾製成的。郎、楊、張、堂、梁、皇，押韻。這段寫貴族們歌舞騎射。

三日曲水向河津〔1〕，日晚河邊多解神〔2〕。樹下流杯客〔3〕，沙頭渡水人。鏤薄窄衫袖〔4〕，穿珠帖領巾〔5〕。百丈山頭日欲斜，三晡未醉莫還家〔6〕。池中水影懸勝鏡，屋裏衣香不如花〔7〕。

〔1〕三日，指三月三日。曲水，古代在三月三日就河邊宴飲，並引水環曲成渠，流杯（參看本頁注〔3〕）取樂，因稱這種渠爲曲水。河津，河邊渡水處。

〔2〕解神，還願謝神。

〔3〕流杯，三月三日人們集會在環曲的水渠旁，在上流放置酒杯，任其順流而下，停在誰的面前，誰就拿起杯來喝酒。

〔4〕鏤薄，刻金薄（金箔）。《荆楚歲時記》："正月七日爲人日，以七種菜爲羹。翦綵爲人，或鏤金薄爲人，以貼屏風，亦戴之頭髮。"衫，短袖的衣。

〔5〕穿珠，穿成串的珠子。帖，緊貼着的。領巾，婦人披巾一類的東西。從"鏤薄"到"領巾"，是説婦女的四種裝飾。津、神、人、巾，押韻。

〔6〕晡（bū），申時。三晡，申時將盡，即傍晚之時。

〔7〕懸勝，等於説遠勝。斜、家、花，押韻。這段寫三月三日的歡樂，不到天晚大醉不回家。

李 華

李華(生卒年不詳),字遐叔,趙州贊皇(今河北贊皇縣)人。玄宗天寶間,官監察御史,彈劾不法,不避權貴,因而爲權貴所嫉忌,徙右補闕。安禄山反,被俘,並被委任爲鳳閣舍人。亂平後,被貶爲杭州司户參軍。唐初承六朝浮艷的文風,寫文章多雜以駢麗之辭。李華與蕭穎士等主張恢復古文,實開韓愈古文運動的先河。著有《李遐叔集》。

弔古戰場文[1]

浩浩乎平沙無垠[2],敻不見人[3],河水縈帶[4],羣山糾紛[5]。黯兮慘悴[6],風悲日曛[7]。蓬斷草枯,凜若霜晨。鳥飛不下,獸鋌亡羣[8]。亭長告余曰:"此古戰場也,常覆三軍。往往鬼哭,天陰則聞。"傷心哉！秦歟？漢歟？將近代歟[9]？

〔1〕唐玄宗時,大舉進行對外戰爭,給人民帶來極大的災難。作者在文章裏通過對古戰場的描寫,表現了反對不義戰爭的思想感情。名爲弔古,實是譴責唐朝統治者的窮兵黷武政策,對戰士的命運則寄與深切的同情。

〔2〕浩浩,廣大的樣子。垠(yín),邊際。

〔3〕敻(xiòng),遠。

〔4〕縈(yíng),環繞。縈帶,像帶子一樣環繞着。

〔5〕糾紛,雜亂的樣子。

〔6〕黯,黯淡無光。悴,憂愁。這句是説氣象黯淡愁慘。

〔7〕風悲,風聲淒厲。曛(xūn),日落時的餘光,這裏是昏暗不明的意思。

〔8〕鋌(tǐng),快跑的樣子。

〔9〕將,還是。垠、人、紛、曛、晨、羣、軍、聞,押韻。

吾聞夫齊魏徭戍[1],荆韓召募。萬里奔走,連年暴露[2]。沙草晨牧[3],河冰夜渡[4]。地闊天長,不知歸路。寄身鋒刃,腷臆誰訴[5]?秦漢而還[6],多事四夷[7]。中州耗斁[8],無世無之。古稱戎夏,不抗王師[9]。文教失宣,武臣用奇。奇兵有異於仁義,王道迂闊而莫爲[10]。嗚呼!噫嘻[11]!

〔1〕徭,勞役。戍,守邊。

〔2〕暴(pù)露,指置身露天之下。

〔3〕早晨在沙漠中的草地上牧馬。

〔4〕夜裏在黄河的冰上渡過。

〔5〕腷(bì)臆,抑鬱不舒的心情。誰訴,向誰訴説。戍、募、露、渡、路、訴,押韻。

〔6〕秦漢以來。

〔7〕事,軍事,這裏指用兵。

〔8〕中州,本指古豫州,因在九州的中心,所以稱中州,這裏指中原地帶。耗,損失。斁(dù),敗壞。

〔9〕戎,泛指居住在邊境地區的少數民族。夏,指中原地帶。這是説古代夏之王師,有征無戰,戎夏都不敢抗拒。

〔10〕迂闊,迂遠而不切合實際。這是説人們認爲王道迂闊而不去實行。

〔11〕夷、之、師、奇、爲、嘻,押韻。

吾想夫北風振漠,胡兵伺便[1],主將驕敵,期門受戰[2]。野豎旄旗,川迴組練[3]。法重心駭[4],威尊命賤[5]。利鏃穿骨,驚沙入面。主客相搏,山川震眩[6],聲析江河[7],勢崩雷電[8]。至若窮陰凝閉[9],凜冽海隅[10],積雪没脛,堅冰在鬚,鷙鳥休巢[11],征馬踟躕,繒纊無温〔12〕,墮指裂膚。當此苦寒,天假强胡〔13〕,憑陵殺氣〔14〕,以相剪屠〔15〕。徑截輜重〔16〕,横攻士卒。都尉新降〔17〕,將軍覆没。屍填巨港之岸,血滿長城之窟。無貴無賤,同爲枯骨〔18〕。可勝言哉?鼓衰兮力盡〔19〕,矢竭兮弦絶,白刃交兮寶刀折,兩軍蹙兮生死決〔20〕。降矣哉?終身夷狄。戰矣哉?骨暴沙礫。鳥無聲兮山寂寂,夜正長兮風淅淅〔21〕。魂魄結兮天沈沈〔22〕,鬼神聚兮雲冪冪〔23〕,日光寒兮草短,月色苦兮霜白〔24〕。傷心慘目,有如是耶?

〔1〕伺便,偵察便利,指偵察便於進攻的機會。

〔2〕期門,漢官名。漢武帝好微行,與侍中常侍武騎及待詔隴西北地良家子能騎射者期(約會)於殿門,所以後來把執兵器護送的人叫做期門。漢平帝時期門改稱虎贲郎,指主宿衛的武官。這裏可能是泛指武將。參看第三册第761頁《霍光傳》注〔4〕。

〔3〕川,河。迴,環繞。組練,這裏指軍隊。《左傳·襄公三年》:"楚子重使鄧廖帥組甲三百、被練三千以侵吴。"孔穎達《正義》引賈逵説:"組甲,以組(絲帶)綴甲,車士服之。被練,帛也,以帛綴甲,步卒服之。"

〔4〕法,指軍法。

〔5〕威,指主將的威嚴。命,指戰士的生命。

〔6〕眩,迷亂。

〔7〕析,分。大意是:聲音之大能把江河的水震得分開。

〔8〕大意是:聲勢的凶猛好像打雷閃電。便、戰、練、賤、面、眩、電,押韻。

〔9〕窮陰,極陰,就是天陰得非常厲害。凝閉,指嚴寒。

〔10〕海隅,海邊。

〔11〕鷙(zhì)鳥,凶猛的鳥。

〔12〕繒(zēng),帛。纊(kuàng),絮,即粗的絲綿。

〔13〕天借給胡人以機會。

〔14〕憑陵,疊韻聯緜字,逾越,淩駕。這裏有憑仗的意思。

〔15〕隅、鬚、躕、膚、胡、屠,押韻。

〔16〕徑,直。截,攔路截搶。

〔17〕都尉,官名。漢代郡設都尉,掌武事。

〔18〕卒、没、窟、骨,押韻。

〔19〕鼓衰,指鼓聲逐漸低下去。

〔20〕蹙(cù),迫近。絶、折、決,押韻。

〔21〕淅淅(xīxī),風聲。

〔22〕結,聚。沈沈(chénchén),昏暗的樣子。

〔23〕冪冪(mìmì),陰森的樣子。

〔24〕狄、礫、寂、淅、冪、白,押韻。

吾聞之:牧用趙卒〔1〕,大破林胡〔2〕,開地千里,遁逃匈奴〔3〕。漢傾天下,財殫力痡〔4〕。任人而已〔5〕,其在多乎〔6〕? 周逐獫狁,北至太原〔7〕,既城朔方〔8〕,全師而還〔9〕。飲至策勳〔10〕,和樂且閑〔11〕,穆穆棣棣〔12〕,君臣之間。秦起長城,竟海爲關〔13〕,荼毒生靈〔14〕,萬里朱殷〔15〕。漢擊匈奴,雖得陰山〔16〕,枕骸徧野,功不補患〔17〕。

〔1〕牧,指李牧,戰國時趙國的良將。

〔2〕林胡,匈奴的一種。

〔3〕遁逃,使動用法。《史記・廉頗藺相如列傳》(李牧)載:匈奴屢次進攻趙國,趙國派李牧去防守,滅襜襤,破東胡,降林胡。從此匈奴遠遁,十餘年不敢近趙邊城。

〔4〕傾天下,盡全國之力。殫(dān),竭盡。痡(pū),病,這裏是疲敝的意思。這是説漢武帝連年用兵,進攻匈奴,以致財盡力疲。

〔5〕任人,指任用得人,即用人得當。

〔6〕胡、奴、痡、乎,押韻。

〔7〕玁狁(xiǎnyǔn),亦作"玁狁",古代北方的一個民族。太原,在今甘肅固原縣北界,是太原戎所居之地。《詩經·小雅·六月》:"薄伐玁狁,至於大(太)原。"

〔8〕城,用如動詞,築城。朔方,地名,周時接近玁狁。《詩經·小雅·出車》:"天子命我,城彼朔方。"漢武帝時置朔方郡,並築朔方城,在今内蒙古自治區鄂爾多斯右翼後旗界内。

〔9〕全師,保全軍隊,指没受損失。

〔10〕飲至,古代的告廟禮。還師告至於宗廟(至,指軍隊回到了國都),獻俘,並在宗廟中飲酒慶賀。策勳,把功勞記録在簡策上。

〔11〕閑,通"閒",閒静,閒適。

〔12〕穆穆,和而且敬的樣子。棣棣(dìdì),雍容嫺雅的樣子。

〔13〕竟,終。竟海,一直到海。

〔14〕荼(tú)毒,苦,使動用法。生靈,百姓。

〔15〕朱殷,參看第一册第31頁《齊晉鞌之戰》注〔14〕。這是説修築萬里長城,死了很多人。

〔16〕陰山,山名,起於河套西北,東西綿亘於内蒙古自治區,東北和大興安嶺相接。漢武帝北征匈奴,奪取此山,設兵屯守,匈奴之勢纔衰落下去。

〔17〕補,補償。患,等於説害處。原、還、閑、間、關、殷、山、患,押韻。

蒼蒼蒸民〔1〕,誰無父母?提攜捧負,畏其不壽。誰無兄弟,如足如手?誰無夫婦,如賓如友?生也何恩?殺之何咎〔2〕?其存其没,家莫聞知。人或有言〔3〕,將信將疑。悁悁心目〔4〕,寢寐見之。布奠傾觴〔5〕,哭望天涯。天地爲愁〔6〕,草木淒悲。弔祭不至,精魂何依?必有凶年〔7〕,人其流離。嗚呼噫嘻!時耶命耶?從古如斯。爲之奈何?守在四夷〔8〕。

〔1〕蒼蒼,盛的樣子。蒸,衆。

〔2〕讓老百姓活着,算做什麽恩?把老百姓殺死,他們有什麽過錯?母、負、壽、手、婦、友,押韻。

〔3〕言,指談到從軍者的生死存亡的消息。

〔4〕悁悁(yuānyuān),憂悶的樣子。

〔5〕布奠,擺下祭品。傾觴,把酒杯裏的酒倒在地上。

〔6〕爲(wèi)愁,爲之愁。

〔7〕《老子》第三十章:"大軍之後,必有凶年。"

〔8〕《左傳・昭公二十三年》:"古者天子,守在四夷。"這是説要用文德使四夷歸服,各爲天子守土,就没有戰爭之禍了。知、疑、之、涯(yí)、悲、依、離、斯、夷,押韻。

韓　愈

進學解〔1〕

國子先生〔2〕晨入太學〔3〕,招諸生立館下,誨之曰:"業精于勤,荒于嬉〔4〕;行成于思,毁于隨〔5〕。方今聖賢相逢〔6〕,治具畢張〔7〕,拔去兇邪,登崇畯良〔8〕。占小善者率以録〔9〕,名一藝者無不庸〔10〕。爬羅剔抉〔11〕,刮垢磨光〔12〕。蓋有幸而獲選,孰云多而不揚〔13〕?諸生業患不能精,無患有司之不明〔14〕;行患不能成,無患有司之不公〔15〕。"

〔1〕唐憲宗元和六年(公元811年),韓愈再降爲國子博士,心懷憤懣,作《進學解》以自喻。文中用含蓄的反語諷刺當權者之不明與不公,發泄自己的滿腹牢騷。

〔2〕國子,指國子監中的國子。唐代的國子監是設在京城的最高學府,内設國

子、太學、廣文、四門、律、書、算七學,各學都有博士。這裏的"國子先生"是韓愈自稱,即國子博士,掌教三品以上國公子孫、從二品以上曾孫之爲生者。

〔3〕太學,指國子監。唐代的國子監相當於上古的太學。

〔4〕業,指學業。嬉,遊戲,玩耍。

〔5〕行,指爲人行事。思,思考。隨,指盲目地跟着别人走。嬉、思、隨,押韻。

〔6〕聖賢,指聖主賢臣。

〔7〕治具,治國之具,指法律政令。張,設。

〔8〕登,進。崇,尊。登、崇都是使動用法。畯,或作俊,才智過人的人。

〔9〕占(zhàn),具有。率,都。録,録取,録用。

〔10〕名一藝者,以一種才能著稱的人。庸,用。

〔11〕爬,耙。爬羅,等於説搜羅。剔抉(tījué),指剔除不好的,挑選好的。這是説選拔人才。

〔12〕刮垢,刮去汙垢。磨光,磨出光亮。這是比喻訓練人才。

〔13〕多,指學問多、才能多。揚,舉。大意是:可能有無才而僥倖獲選的,不會有多才而不被舉用的。

〔14〕有司,主管的官吏。

〔15〕逢、張、良、庸、光、揚、精、明、成、公,押韻。

言未既〔1〕,有笑于列者曰:"先生欺余哉!弟子事先生,于兹有年矣。先生口不絶吟於六藝之文〔2〕,手不停披於百家之編〔3〕。記事者必提其要〔4〕,纂言者必鉤其玄〔5〕。貪多務得,細大不捐〔6〕。焚膏油以繼晷〔7〕,恒兀兀以窮年〔8〕。先生之業可謂勤矣。觝排異端〔9〕,攘斥佛老〔10〕;補苴罅漏〔11〕,張皇幽眇〔12〕。尋墜緒之茫茫〔13〕,獨旁搜而遠紹〔14〕。障百川而東之〔15〕,迴狂瀾於既倒〔16〕。先生之於儒,可謂有勞矣。沈浸醲郁,含英咀華[17];作爲文章,其書滿家[18]。上規姚姒[19],渾渾無涯[20];周誥殷盤[21],佶屈聱牙[22],《春秋》謹嚴[23],《左氏》浮夸[24],《易》奇而法[25],《詩》正而葩[26];下逮《莊》《騷》[27],太史所録[28],子雲、相如[29],同工異曲[30]。先生之於文,可謂閎其中而肆其外矣[31]。少始知學,勇於敢爲;長通於方[32],左右具宜[33]。先生之於爲人,可謂成矣[34]。然而公不見信於人,私不見助於友,跋前躓後[35],動輒得咎[36]。暫爲御史,遂竄南夷[37]。三年博士[38],冗不見治[39]。命與仇謀,取敗幾時[40]。冬暖而兒號寒,年豐而妻啼飢。頭童齒豁[41],竟死何裨[42]?不知慮此,而反教人爲[43]?"

〔1〕既,盡,完畢。

〔2〕六藝,指六經。

〔3〕披,打開,翻開,這裏是翻閲的意思。百家之編,諸子的著作。

〔4〕記事者,指記事的著作。

〔5〕纂言者,指理論性的著作。鉤,鉤取,這裏指探索。玄,指深微的道理。

〔6〕細,小。捐,棄。

〔7〕晷(guǐ),日影。這是説夜以繼日。

〔8〕兀兀(wùwù),勤勉不懈的樣子。一作"矻矻"。窮年,盡年,即過完一年。編、玄、捐、年,押韻。

〔9〕觝(dǐ),同"牴",觸,這裏當抗拒、抵制講。異端,不合正道的學説。儒家稱墨家、道家等不同學派爲異端。《論語·爲政》:"攻(治)乎異端,斯害也已。"

〔10〕攘斥,排斥。

〔11〕苴(jū),鞋裏墊的草,這裏用如動詞,當填補講。罅(xià),裂縫。罅漏,這裏指儒術的缺漏之處。

〔12〕張皇,張大,使動用法。幽,微。眇,小。幽眇,這裏指儒術中微眇的道理。

〔13〕尋,等於説整理。緒,指事業(緒業)。墜緒,指斷絶了的儒家道統。茫茫,茫無頭緒的樣子。

〔14〕紹,繼續。

〔15〕障,防堵。東之,使之向東流。這是説防止異端邪説之横行,而使之歸於正道。

〔16〕迴,迴轉,使動用法。狂瀾,比喻異端。既倒,指狂瀾横決而不東流。老、眇、紹、倒,押韻。

〔17〕醲郁,酒味濃厚,這裏指内容醇厚的著作。咀(jǔ),含在嘴裏細細玩味。這兩句是説深入鑽研古人的好作品,細細體會其中的精華。

〔18〕滿家的書,是作文的根據。意思是説,作文都有所本。

〔19〕規,摹擬,取法。姚,虞舜的姓。姒(sì),夏禹的姓。這裏用姚姒代表虞夏時代的作品。

〔20〕渾渾,水大的樣子,這裏指學問淵博。《法言·問神》:"虞夏之書渾渾爾。"

〔21〕周誥,指《尚書》中的《大誥》《康誥》《酒誥》《洛誥》等篇。殷盤,指《尚書》中的《盤庚》上中下三篇。

〔22〕佶(jí)屈,曲屈。聱牙,不順口。這是形容文章艱澀難讀。

〔23〕謹嚴,指《春秋》用字不苟,寓有褒貶之義。

〔24〕左氏,指《左傳》。夸,通"誇"。浮夸,指文筆誇張。

〔25〕奇,奇妙,指卦的變易奇妙。法,指有法則。

〔26〕正,指"思無邪",即義理正大。《論語·爲政》:"詩三百,一言以蔽之,曰思無邪。"葩(pā),花,華美,這裏指辭藻華美。華、家、涯、牙、夸、葩,押韻。

〔27〕《莊》,指《莊子》。《騷》,指《離騷》。

〔28〕太史所録,指司馬遷的《史記》。

〔29〕子雲,揚雄的字。相如,司馬相如。

〔30〕工,巧。曲,樂曲。這是説文章雖各有特點,但同樣是好的。録、曲,押韻。

〔31〕閎(hóng),大。這是説韓愈的文章,内容閎富,文筆恣肆。

〔32〕方,道。通方,通達道理(不入迷途)。

〔33〕具，俱。這是説無論對什麽事都處理得合適。

〔34〕成，成熟，成就。

〔35〕跋，踐踏。躓(zhì)，遇到障礙而跌倒。一本作“疐”。這是説進退不得自由。《詩經·豳風·狼跋》：“狼跋其胡(下巴下垂着的肉)，載疐其尾。”意思是老狼前進就會踩着自己的胡，後退就會被尾巴絆倒，進退都難。

〔36〕得咎，獲罪，惹禍。友、後、咎，押韻。

〔37〕竄，流放。南夷，南方少數民族地區，這裏指陽山縣(今廣東陽山縣附近)。德宗貞元十九年(公元803年)，韓愈任監察御史，同年冬，貶連州陽山令。

〔38〕憲宗元和元年(公元806年)六月至四年六月，韓愈任國子博士，共三年。

〔39〕冗(rǒng)，這裏指閒散。治，指政治才能。這是説做閒散的官，表現不出政治才能。

〔40〕大意是：命運跟您的仇敵早已商量好了，所以您屢次失敗。幾時，等於説屢次。

〔41〕頭童，頭秃無髮。豁，開。齒豁，有的牙齒掉了，兩排牙齒開出豁口。

〔42〕竟，終。竟死，等於説直到死。裨(bì)，補益。

〔43〕夷、治、時、飢、裨、爲，押韻。

先生曰：“吁〔1〕！子來前！夫大木爲宋〔2〕，細木爲桷〔3〕，欂櫨侏儒〔4〕，椳闑扂楔〔5〕，各得其宜，施以成室者〔6〕，匠氏之工也。玉札丹砂，赤箭青芝〔7〕，牛溲馬勃，敗鼓之皮〔8〕，俱收並蓄，待用無遺者〔9〕，醫師之良也。登明選公，雜進巧拙，紆餘爲妍〔10〕，卓犖爲傑〔11〕，校短量長〔12〕，惟器是適者〔13〕，宰相之方也。昔者孟軻好辯，孔道以明〔14〕，轍環天下〔15〕，卒老於行〔16〕。荀卿守正，大論是弘〔17〕，逃讒於楚，廢死蘭陵〔18〕。是二儒者，吐辭爲經，舉足爲法〔19〕，絶類離倫〔20〕，優入聖域〔21〕，其遇於世何如也？今先生學雖勤而不繇其統〔22〕，言雖多而不要其中〔23〕,文雖奇而不濟於用,行雖修而不顯於衆〔24〕。猶且月費俸錢,歲糜廩粟〔25〕,子不知耕,婦不知織,乘馬從徒〔26〕,安坐而食。踵常途之促促〔27〕,窺陳編以盜竊〔28〕。然而聖主不加誅〔29〕,宰臣不見斥〔30〕,兹非其幸歟?動而得謗,名亦隨之〔31〕。投閑置散,乃分之宜〔32〕。若夫商財賄之有無〔33〕,計班資之崇庳〔34〕,忘己量之所稱〔35〕,指前人之瑕疵〔36〕,是所謂詰匠氏之不以杙爲楹〔37〕,而訾醫師以昌陽引年〔38〕,欲進其豨苓也〔39〕。"

〔1〕吁(xū),歎詞,表示不同意。

〔2〕宲(máng),房屋的大梁。爲,當做,充當。

〔3〕桷(jué),方椽子。

〔4〕欂櫨(bólú),斗栱(gǒng),即柱頂上承托棟梁的構件。侏儒,指侏儒柱,即梁上的短柱。

〔5〕椳(wēi),門樞臼。闑(niè),門中央所立的短木,在門兩扇相交處。扂(diàn),門閂之類。楔,門兩旁豎立之木,是用來防備車碰壞門的。

〔6〕桷、楔、室,押韻。

〔7〕玉札、丹砂(即朱砂)、赤箭、青芝,都是較貴重的藥材。

〔8〕牛溲,又叫車前。馬勃,又叫馬屁菌。敗鼓之皮,即壞了的鼓皮。這三種都是粗賤的藥材。

〔9〕芝、皮、遺,押韻。

〔10〕紆餘,疊韻聯緜字,屈曲的樣子。妍(yán),美好。這是説,不露鋒芒的人被認爲可愛。

〔11〕卓犖(luò),特出,超過一般人。這是説,露鋒芒的人被認爲豪傑。

〔12〕校(jiào),比較。一本作"較"。

〔13〕器,等於説材能。拙、傑、適,押韻。

〔14〕孟軻好辯,《孟子·滕文公下》:"公都子曰:'外人皆稱夫子好辯,敢問何

也?'孟子曰:'予豈好辯哉?予不得已也。'"孔道,指孔子之道。

〔15〕轍,車轍。環,繞。這是説孟子周遊列國。

〔16〕明、行,押韻。

〔17〕弘,擴充光大。這是説把儒家的學説發揚光大了。

〔18〕蘭陵,故城在今山東嶧縣。荀卿在齊國做祭酒,因被人讒毁,逃到楚國。春申君黄歇任他爲蘭陵令。春申君死後,荀卿罷官,老死在蘭陵。弘、陵,押韻。

〔19〕舉足,指行動。

〔20〕絶類、離倫,是兩個同義詞組,都是超過一般人的意思。

〔21〕法、域,押韻。

〔22〕先生,韓愈自稱。繇,通"由"。不繇其統,不遵從〔儒家的〕道統。

〔23〕要(yāo),約。不要其中,等於説不得其要。

〔24〕統、中、用、衆,押韻。

〔25〕縻,浪費。一本作"靡"。廩粟,公家供給的食粟。

〔26〕從(zòng)徒,使僕役跟隨伺候。

〔27〕踵,追隨。促促,同"娖娖"(chuòchuò),拘謹的樣子。一本作"役役"。這是説拘謹隨俗而無異能。

〔28〕陳編,古人的著作。這是説盜竊舊章而無創見。

〔29〕誅,責。

〔30〕宰臣,指宰相。粟、織、食、促、竊、斥,押韻。

〔31〕名亦隨之,名譽也跟着起來了。這是自慰之辭。

〔32〕分(fèn),本分。之、宜,押韻。

〔33〕商,量度,計較。財賄,指俸禄。

〔34〕班資,位次資格,都就官職而言。庳(bēi),通"卑"。

〔35〕稱(chèn),適合,相當。這是説忘掉自己的才能適合什麽職位。

〔36〕前人,在己之前的人,指顯貴者。瑕(xiá),玉石上的斑點。疵(cī),病。瑕疵都比喻人的缺點或毛病。庳、疵,押韻。

〔37〕詰,責問。杙(yì),小木橛。楹,柱。

〔38〕訾(zǐ),詆毀。昌陽,菖蒲的一種,是一種藥材。據説久服之可以延年。引年,等於説延年。

〔39〕豨(xī)苓,又叫猪苓、豕零,也是一種藥材,利尿,無助於延年。楹、苓,押韻。

子産不毁鄉校頌〔1〕

我思古人,伊鄭之僑〔2〕。以禮相國〔3〕,人未安其教。遊於鄉之校,衆口囂囂〔4〕。或謂子産:"毁鄉校則止。"曰:"何患焉?可以成美。夫豈多言?亦各其志〔5〕。善也吾行,不善吾避。維善維否〔6〕,我於此視。川不可防,言不可弭〔7〕。下塞上聾,邦其傾矣!"既鄉校不毁,而鄭國以理〔8〕。在周之興,養老乞言〔9〕;及其已衰,謗者使監〔10〕。成敗之迹,昭哉可觀。維是子産〔11〕,執政之式〔12〕。維其不遇〔13〕,化止一國〔14〕。誠率是道,相天下君,交暢旁達,施及無垠。於虖〔15〕!四海所以不理,有君無臣〔16〕。誰其嗣之〔17〕?我思古人。

〔1〕這篇通過對子産的贊頌,表現了韓愈改革政治的要求。他希望統治者廣開言路,普施教化,把國家治理好。可參看第一册第39頁《子産不毁鄉校》。

〔2〕伊,句首語氣詞。僑,子産的名。

〔3〕禮,指治國的禮法綱紀。

〔4〕囂囂(xiāoxiāo),喧嘩的聲音。僑、教、囂,押韻。

〔5〕這是"亦各言其志"的意思。《論語·先進》:"亦各言其志也已矣。"

〔6〕維,語氣詞。否(pǐ),惡。

〔7〕弭(mǐ),止。

〔8〕理,治,指平治。止、美、志、避、視、弭、矣、理,押韻。

〔9〕養老乞言,周朝興盛的時候,曾奉養一些年老而有聲望的人,讓他們提意見,幫助把國家治理好。《詩經・大雅・行葦》序:"行葦,忠厚也。周家忠厚,仁及草木,故能内睦九族,外尊事黄耇(gǒu,黄耇,老人之稱),養老乞言,以成其福禄焉。"

〔10〕謗者,指批評國政的人。《國語・周語》載:周厲王暴虐無道,國人批評他,他派衛巫監視批評他的人。最後國人忍無可忍,把他放逐出國。

〔11〕是,指示代詞,這個。

〔12〕式,法式,榜樣。

〔13〕維,通"惟"。

〔14〕這兩句是説衹因子産没有遇到聖君,他的教化就衹限於一個鄭國。化,教化。

〔15〕於虖,同"嗚呼"。

〔16〕四海(天下)之所以治不好,是因爲衹有君,没有臣(指稱職的人臣)。

〔17〕《左傳・襄公三十年》載:"子産從政三年,輿(衆)人誦之曰:'我有子弟,子産誨之;我有田疇,子産殖之。子産而死,誰其嗣之?'"

劉禹錫

劉禹錫(公元772—842年),字夢得,彭城(今江蘇徐州市)人。二十一歲中進士,官至監察御史。因參加了較進步的王叔文集團,在王叔文失敗後,長期被貶。晚年回到洛陽,任太子賓客。秉性傲岸耿介,雖在政治上一再遭受打擊,卻表現了頑强不屈的精神。他長於詩文,在洛陽的時候,和白居易唱和很多,世稱劉白。有《劉賓客文集》及外集。

陋室銘〔1〕

山不在高,有仙則名;水不在深,有龍則靈。斯是陋室,唯吾德馨[2]。苔痕上階緑,草色入簾青[3]。談笑有鴻儒[4],往來無白丁[5]。可以調素琴,閲金經[6]。無絲竹之亂耳[7],無案牘之勞形[8]。南陽諸葛廬[9],西蜀子雲亭[10]。孔子云:"何陋之有[11]?"

〔1〕陋室,狹隘簡陋的屋子。銘,文體的一種。本文通過對陋室的描寫和欣賞,表現了作者孤芳自賞,不肯和權貴同流合汙的思想感情。可是他"往來無白丁",也表現了他是不接近勞動人民的。

〔2〕這雖然是陋室,但是我的道德是芬芳的,〔因此,房子也變爲芬芳的了〕。馨,能散布到遠處去的芳香。《左傳·僖公五年》:"黍稷非馨,明德惟馨。"參看第一册第18頁《宫之奇諫假道》注〔6〕。

〔3〕苔長到臺階上去,使臺階都緑了;草色從竹簾映入,使室内帶有青色。

〔4〕鴻,大。鴻儒,學識淵博的學者。

〔5〕白丁,無官職的平民。唐朝的服色,以柘黄(黄赤色)爲最高貴,紅紫爲上,藍緑較次,黑褐最低,白色無地位。

〔6〕金經,指用泥金書寫的佛經。

〔7〕絲竹,泛指樂器。

〔8〕案牘,文書,公文。

〔9〕諸葛,指諸葛亮。亮未出山前,隱居南陽茅廬中。

〔10〕子雲,揚雄的字。揚雄是蜀郡成都人。《漢書》説他"有田一壥(廛),有宅一區。"後人常稱"揚子宅"。這裏爲了押韻,説成"子雲亭"。名、靈、馨、青、丁、經、形、亭,押韻。

〔11〕《論語·子罕》:"君子居之,何陋之有?"本文衹用"何陋之有",兼含着"君子居之"的意思。

杜　牧

杜牧(公元803—853年),字牧之,號樊川,京兆萬年(今陝西長安)人,二十六歲中進士,歷官監察御史、史館修撰、中書舍人等職,也曾做過幾任州刺史。他爲人剛直,不肯逢迎權貴,在仕途上不很得意。早年頗有抱負,晚年漸趨消極。他是晚唐傑出的詩人,尤其長於七絶。人稱小杜,以别於杜甫。著有《樊川集》。清人馮集梧爲他的詩作注,名《樊川詩集注》。

阿房宫賦〔1〕

六王畢〔2〕,四海一,蜀山兀〔3〕,阿房出。覆壓三百餘里,隔離天日〔4〕。驪山北構而西折〔5〕,直走咸陽。二川溶溶〔6〕,流入宫牆〔7〕。五步一樓,十步一閣,廊腰縵迴〔8〕,簷牙高啄〔9〕,各抱地勢〔10〕,鉤心鬬角〔11〕。盤盤焉〔12〕,囷囷焉〔13〕,蜂房水渦〔14〕,矗不知乎幾千萬落〔15〕。長橋卧波〔16〕,未雲何龍〔17〕？複道行空〔18〕,不霽何虹〔19〕？高低冥迷〔20〕,不知西東。歌臺暖響,春光融融〔21〕;舞殿冷袖,風雨淒淒〔22〕。一日之内,一宫之間,而氣候不齊〔23〕。

〔1〕阿(ē)房(舊讀 páng)宫,秦宫名,故址在今陝西長安縣西北。《三輔黄圖》:"阿房宫亦曰阿城,惠文王(秦孝公之子)造宫未成而亡,始皇廣其宫,規恢三百餘里。"本文通過對阿房宫的描寫,揭露了秦朝統治者的奢侈荒淫,同時也借古戒今,對當時沈溺聲色、大修宫殿的唐敬宗提出了警告。

〔2〕六王,指齊、楚、燕、韓、趙、魏六國之君。這是説六國滅亡了。

〔3〕兀,高而上平,這裏指樹木被砍光,山秃了。

〔4〕畢、一、兀、出、日,押韻。

〔5〕從驪山向北建築,再往西折。驪山,在今陝西臨潼縣東南。

〔6〕二川,指渭川、樊川。溶溶,水盛的樣子。

〔7〕陽、牆,押韻。

〔8〕廊腰,遊廊曲折好像人的腰能曲折一樣,所以説"廊腰"。縵,迴環的樣子。

〔9〕簷牙好像羣鳥向高處啄食一樣。簷牙,房簷的滴水瓦排列着像一排牙齒似的,所以説"簷牙"。

〔10〕大意是:所有建築物都因地勢之高下而建,各自守着一種地勢。抱,守持而不失叫抱。

〔11〕心,指宫室的中心。角,指屋角。諸角向心,像鉤一樣發生聯繫;諸角相向,又像兵戈相鬥。這是説建築結構極其對稱而嚴整。

〔12〕盤盤焉,曲折的樣子。

〔13〕囷囷(qūnqūn)焉,回旋的樣子。

〔14〕蜂房,蜂巢内六角形的小室,這裏比喻建築物的多而密。水渦,水的漩渦,比喻建築物的曲折回旋。蜂房水渦,都是遠觀鳥瞰的印象。

〔15〕矗(chù),聳立的樣子。落,居(聚居之處),這裏略等於説院落。幾千萬落,幾千萬個院落。閣、啄、角、落,押韻。

〔16〕波,指渭水。阿房宫跨渭水,建有長橋。

〔17〕這是故設疑辭,極言長橋之似龍。《易經》乾卦:"雲從龍。"古人以爲有龍必有雲。這裏提出反問。

〔18〕複道,樓閣間架在空中的木質通道,像現在的天橋。

〔19〕這也是故設疑辭,極言複道之似虹。複道油飾着彩色,所以把它比作虹。霽,雨初止。霽時纔有虹。這裏提出反問。

〔20〕冥迷,雙聲聯緜字,模糊不清。

〔21〕大意是:歌臺由於歌聲嘹亮,好像充滿暖意,如春光之融融。龍、空、虹、東、融,押韻。

〔22〕大意是:舞殿由於舞袖飄拂,好像帶來冷氣,如風雨之淒淒。

〔23〕淒、齊,押韻。

妃嬪媵嬙〔1〕,王子皇孫〔2〕,辭樓下殿,輦來於秦。朝歌夜絃,爲秦宫人〔3〕。明星熒熒〔4〕,開妝鏡也;緑雲擾擾[5]，梳曉鬟也；渭流漲膩[6]，棄脂水也；煙斜霧横，焚椒蘭也；雷霆乍驚，宫車過也；轆轆遠聽[7]，杳不知其所之也[8]。一肌一容，盡態極妍[9]，縵立遠視[10]，而望幸焉。有不得見者，三十六年[11]。燕趙之收藏，韓魏之經營，齊楚之精英[12]，幾世幾年，取掠其人[13]，倚疊如山。一旦不能有，輸來其間[14]。鼎鐺玉石，金塊珠礫[15]，棄擲邐迤[16]。秦人視之，亦不甚惜[17]。

〔1〕妃，配偶，上古統治階級嫡妻和妾的通稱。這裏指帝王的妃。嬪（pín），古代宫廷中的女官名。媵（yìng），隨嫁女子。嬙（qiáng），也是古代宫廷中的女官名。在這裏，四者都指六國的宫妃。

〔2〕王子皇孫，指六國國君的女兒、孫女。

〔3〕孫、秦、人，押韻。

〔4〕熒熒（yíngyíng），星光明亮的樣子。

〔5〕緑雲，比喻女子黑潤而稠密的頭髮。擾擾，紛亂的樣子。

〔6〕漲膩，漲起一層油膩。

〔7〕轆轆，車聲。

〔8〕杳，深遠。六個也字押韻，鬟、蘭也可認爲押韻。

〔9〕態，指嫵媚之態。極，盡。

〔10〕縵立，迴環地立待着。

〔11〕不得見，指不得見秦始皇。三十六年，秦始皇在位三十七年，但他是在第三十七年的七月裏死的，所以這裏衹説三十六年。妍、焉、年，押韻。

〔12〕收藏、經營、精英，指金玉重器。營、英，押韻。

〔13〕人，即民。唐人避唐太宗李世民的諱，所以用“人”字，下文“使六國各愛其人”“秦復愛六國之人”的兩個“人”字同。

〔14〕其間，指阿房宫内。年、山、間，押韻。

〔15〕大意是：把鼎當作鐺，把玉當作石，把金當作土塊，把珍珠當作碎石。這是

極言其不愛惜這些寶物。鐺(chēng),鍋一類的東西。塊,土塊。礫(lì),碎石。

〔16〕邐迤(lǐyǐ),連接不斷的樣子。這句是說棄擲不止一處。

〔17〕礫、惜,押韻。

嗟乎!一人之心,千萬人之心也〔1〕。秦愛紛奢〔2〕,人亦念其家。奈何取之盡錙銖〔3〕,用之如泥沙〔4〕!使負棟之柱,多於南畝之農夫〔5〕,架梁之椽〔6〕,多於機上之工女,釘頭磷磷〔7〕,多於在庾之粟粒〔8〕,瓦縫參差,多於周身之帛縷,直欄横檻,多於九土之城郭〔9〕,管絃嘔啞〔10〕,多於市人之言語〔11〕。使天下之人,不敢言而敢怒。獨夫之心〔12〕,日益驕固〔13〕。戍卒叫〔14〕,函谷舉〔15〕,楚人一炬〔16〕,可憐焦土〔17〕。

〔1〕一個人的心怎麽樣,千萬人的心(也該是)怎麽樣。這是説應該以自己的心去體會千萬人的心。

〔2〕紛奢,繁華奢侈。

〔3〕錙銖(zīzhū),都是古代很小的重量單位,連用喻微小的數量。

〔4〕奢、家、沙,押韻。

〔5〕南畝,參看第二册第491頁《七月》注〔11〕。

〔6〕架梁之椽,架在梁上的椽子。跟"負棟之柱"的語法結構不同。

〔7〕磷磷(línlín),原指玉石的色彩映耀,這裏是形容梁柱上的釘頭的光彩耀目。

〔8〕庾,穀倉。

〔9〕欄、檻,都是欄杆。九土,九州之土,等於説全國的土地。

〔10〕嘔啞,在這裏形容雜亂的樂器聲。

〔11〕女、縷、語,押韻。

〔12〕獨夫,失盡人心的君主,這裏指秦始皇。

〔13〕怒、固,押韻。

〔14〕戍卒叫,指陳涉起義。陳涉一呼而天下響應。

〔15〕函谷舉,指劉邦打進關中,函谷關也守不住了。

〔16〕指項羽火燒阿房宫。炬,火把,這裏用如動詞,等於説放把火。

〔17〕舉、土,押韻。

嗚呼!滅六國者,六國也,非秦也。族秦者〔1〕,秦也,非天下也。嗟夫!使六國各愛其人,則足以拒秦,秦復愛六國之人,則遞三世可至萬世而爲君〔2〕,誰得而族滅也?秦人不暇自哀,而後人哀之;後人哀之而不鑑之,亦使後人而復哀後人也〔3〕。

〔1〕族,動詞,滅族。族秦,使秦滅族。

〔2〕遞,更遞。遞三世,指傳位到三世。人、秦、人、君,押韻。

〔3〕第一個"後人"指更後的人。六個"也"字押韻。

蘇　軾

前赤壁賦〔1〕

壬戌之秋〔2〕,七月既望,蘇子與客泛舟,遊於赤壁之下。清風徐來,水波不興。舉酒屬客〔3〕,誦明月之詩,歌窈窕之章〔4〕。少焉,月出於東山之上,徘徊於斗牛之間〔5〕。白露横江〔6〕,水光接天。縱一葦之所如〔7〕,淩萬頃之茫然〔8〕。浩浩乎如馮虚御風〔9〕,而不知其所止;飄飄乎如遺世獨立〔10〕,羽化而登仙〔11〕。於是飲酒樂甚,扣舷而歌之〔12〕。歌曰:"桂棹兮蘭槳〔13〕,擊空明兮泝流光〔14〕。渺渺兮余懷〔15〕,望美人兮天一方〔16〕。"客有吹洞簫者,倚歌而和之[17]。其聲嗚嗚然,如怨如慕,如泣如訴,餘音嫋嫋[18],不絶如縷。舞幽壑之潛蛟,泣孤舟之嫠婦[19]。

〔1〕蘇軾因反對王安石的新法,被貶到黄州(今湖北黄岡縣)。他曾兩次到黄州城外的赤壁(赤鼻磯)去遊覽,寫了兩篇賦,這裏選的是前一篇。文中談及赤壁之戰。周瑜破曹軍於赤壁,地在今湖北嘉魚縣東北,不是黄州的赤壁,作者一時興會所至,於是託以爲文。本文反映了蘇軾被貶後的心情,雖流露一些消沈的情緒,而主要的則是表現他的豁達樂觀的精神。

〔2〕壬戌,指宋神宗元豐五年,當公元1082年,時蘇軾四十七歲。

〔3〕屬(zhǔ),注,酌,斟酒給人喝。下文"舉匏尊以相屬"同。

〔4〕明月之詩、窈窕之章,指《詩經·陳風·月出》第一章,參看第二册第489頁《月出》。"窈糾"與"窈窕"聲近,所以蘇軾稱之爲"窈窕之章"。

〔5〕斗、牛,二星宿名。

〔6〕白露,指白茫茫的水氣。

〔7〕一葦,喻小船。《詩經·衛風·河廣》:"誰謂河廣,一葦杭(渡)之。"如,往。

〔8〕淩,乘。萬頃,形容水的廣大。茫然,廣大的樣子。這是説泛舟在廣大的萬頃波濤之上。

〔9〕馮,依託,後來寫作"憑"。御風,駕着風。《莊子·逍遥遊》:"夫列子御風而行,泠然(泠音líng,泠然,輕妙的樣子)善也。"

〔10〕遺世,等於説離開人世。

〔11〕羽化,道教稱成仙爲羽化,認爲成仙後可以飛昇。《抱朴子·對俗》:"古之得僊(仙)者,或身生羽翼,變化飛行。"間、天、然、仙,押韻。

〔12〕舷(xián),船的兩邊。

〔13〕丹桂做的棹,木蘭做的槳。這是對棹、槳的美稱。

〔14〕空明,倒映在水中的月亮。泝,同"溯"。流光,水面上隨波浮動的月光。

〔15〕渺渺,悠遠的樣子。

〔16〕美人,有隱喻君王的意思。《楚辭·九章·思美人》王逸注:"此章言己思

念其君,不能自達。”嫠、光、方,押韻。

〔17〕倚,依。

〔18〕嫋嫋(niǎoniǎo),聲音細弱而長的樣子。

〔19〕舞、泣,都是使動用法。嫠(lí)婦,寡婦。慕、訴、縷、婦,押韻。

蘇子愀然,正襟危坐而問客曰〔1〕:“何爲其然也?”客曰:“‘月明星稀,烏鵲南飛’,此非曹孟德之詩乎〔2〕? 西望夏口〔3〕,東望武昌〔4〕,山川相繆〔5〕,鬱乎蒼蒼〔6〕,此非孟德之困於周郎者乎〔7〕? 方其破荆州〔8〕,下江陵〔9〕,順流而東也,舳艫千里〔10〕,旌旗蔽空,釃酒臨江〔11〕,横槊賦詩〔12〕,固一世之雄也〔13〕,而今安在哉? 況吾與子漁樵於江渚之上,侣魚蝦而友麋鹿〔14〕;駕一葉之扁舟〔15〕,舉匏尊以相屬〔16〕;寄蜉蝣於天地〔17〕,渺滄海之一粟〔18〕。哀吾生之須臾,羨長江之無窮。挾飛仙以遨遊〔19〕,抱明月而長終〔20〕。知不可乎驟得,託遺響於悲風〔21〕。”

〔1〕愀(qiǎo)然,容色變動的樣子。危坐,端坐。

〔2〕指曹操的《短歌行》。稀、飛、詩,押韻。

〔3〕夏口,指夏口城,在今湖北武昌縣蛇山上。

〔4〕武昌,今湖北鄂城市。

〔5〕繆,通“繚”,纏結。

〔6〕鬱、蒼蒼,都是山川的夜色。

〔7〕周郎,指周瑜。瑜字公瑾,三國時廬江郡舒(故城在今安徽廬江縣西)人。因他二十四歲就被任爲建威中郎將,吴中都叫他周郎。建安十三年(公元208年),破曹操於赤壁。昌、蒼、郎,押韻。

〔8〕荆州,東漢時州名,治襄陽,即今湖北襄陽縣治。

〔9〕江陵,東漢時縣名,今湖北江陵縣。

〔10〕舳(zhú),船後掌舵的地方。艫(lú),船前安棹的地方。舳艫連文是説船

首尾連接。《漢書·武帝紀》:“舳艫千里,薄樅陽(地名)而出。”

〔11〕釃(shī),濾酒。釃酒,這裏當斟酒講。

〔12〕槊(shuò),長一丈八尺的矛,馬上所用。

〔13〕東、空、雄,押韻。

〔14〕侶、友,都是意動用法,麋(mí),鹿的一種。

〔15〕扁(piān)舟,小舟。

〔16〕匏(páo),葫蘆的一種。匏尊,指粗陋的酒器。

〔17〕蜉蝣(fúyóu),一種生存期很短的小蟲。這是説人的一生像蜉蝣那樣生命短促,寄託在天地之間。

〔18〕渺,小。這是説人在宇宙中小得像大海中的一顆小米粒。鹿、屬、粟,押韻。

〔19〕這是説願和飛仙一起遨遊。

〔20〕這是説願同月亮一起長存。

〔21〕遺,餘。遺響,指簫聲的餘音以及上述的那種心情。窮、終、風,押韻。

蘇子曰:“客亦知夫水與月乎?逝者如斯,而未嘗往也〔1〕;盈虚者如彼,而卒莫消長也〔2〕。蓋將自其變者而觀之,則天地曾不能以一瞬;自其不變者而觀之,則物與我皆無盡也〔3〕。而又何羨乎?且夫天地之間,物各有主,苟非吾之所有,雖一毫而莫取〔4〕。惟江上之清風,與山間之明月,耳得之而爲聲,目遇之而成色,取之無禁,用之不竭,是造物者之無盡藏也〔5〕,而吾與子之所共適〔6〕。”客喜而笑,洗盞更酌。肴核既盡〔7〕,杯盤狼藉〔8〕。相與枕藉乎舟中〔9〕,不知東方之既白〔10〕。

〔1〕斯,指江水。大意是:江水這樣不停地流去,但從整個大江來看,卻未曾流去。《論語·子罕》:“逝者如斯夫,不舍晝夜!”

〔2〕盈,指月圓。虚,指月缺。彼,指月。大意是:月亮這樣有圓有缺,可是月

亮本身始終沒有增減。往、長,押韻。

〔3〕瞬、盡,押韻。從"逝者"到"無盡",大意是:從變的一面看,天地不到一轉眼的工夫就完了;從不變的一面看,萬物和我都是沒個窮盡的。

〔4〕主、取,押韻。

〔5〕藏(zàng),寶藏。

〔6〕月、色、竭、適,押韻。

〔7〕肴(yáo),豆所盛的食品(菹醢);核,籩所盛的食品(桃梅之類)。《詩經·小雅·賓之初筵》:"籩豆有楚,殽核維旅。"(籩、豆:都是盛食品的器皿。有:形容詞詞頭。楚:陳列整齊的樣子。殽:通"肴"。旅:陳列。)這裏"肴核"泛指下酒菜。

〔8〕狼藉(jí),縱橫散亂。

〔9〕相與枕藉(jiè),互相枕着墊着。

〔10〕既白,已經顯出白色,指天明了。酌、藉、白,押韻。

常用詞(十二)　88字

創造　潛藏　步履　枕藉　凌厲　脅迫　隕落　運輸　徭役
戍募　吹唱　叩彈讀　啼號　訊詰　敘訴　摹寫　排攘竄　列垂
尊盛　虛枉　和順　凜凝　爛漫　赤碧青蒼　乍暫　每既
卿傅　儀容　祥殃　條理　支葉　朵穎　軒冕　庾廩　帛縷
扃牖　楹檻梁　陵津浦　疇陌　晡曛　塊礫

821.【創】

(一)讀chuāng。名詞。傷,傷口。《史記·項羽本紀》:"項王身亦被十餘~。"又《魏其武安侯列傳》:"夫身中~十餘。"引申爲瘡瘉。《禮記·曲禮上》:"頭有~則沐。"後來"創"又寫作"瘡",但仍可指戰爭所受的創傷或外傷。杜甫《奉送郭中丞充隴右節度使》

詩:"瘡痍親接戰。"(痍:箭傷。)柳宗元《段太尉逸事狀》:"裂裳衣瘡。"

(二)讀 chuàng。動詞。開創,創製。《論語·憲問》:"裨諶草~之。"《孟子·梁惠王下》:"君子~業垂統。"揚雄《解嘲》:"公孫~業於金馬。"(公孫:指西漢公孫弘。金馬:金馬門。)

822.【造】

(一)到〔某地〕去。最初指到尊貴者的處所去。《孟子·公孫丑下》:"不幸而有疾,不能~朝。"《戰國策·齊策四》:"先生王斗,~門而欲見齊宣王。"賈誼《弔屈原賦》:"~託湘流兮,敬弔先生。"後來也指到平輩或卑輩的處所去。《世説新語·言語》:"庾公~周伯仁。"現代有雙音詞"~訪"。引申爲到達某一境界。《孟子·離婁下》:"君子深~之以道。"現代有成語"登峯~極"。[~詣][~就]謁見尊貴。《晉書·陶潛傳》:"未嘗有所~詣。"駱賓王《與陳將軍書》:"禁門清切,~就無緣。"引申爲達到某種境界,成就(晚起義)。

(二)[~次]雙聲聯緜字。倉猝,匆忙。《論語·里仁》:"君子無終食之間違仁;~次必於是,顛沛必於是。"引申爲隨便,草率,鹵莽。杜甫《送顧八分文學適洪吉州》詩:"揄揚非~次。"韓愈《精衛填海》詩:"人皆譏~次,我獨賞專精。"

(三)做成,製造。《詩經·鄭風·緇衣》:"緇衣之好兮,敝予又改~兮。"[~化]大自然。《莊子·大宗師》:"今一以天地爲大爐,以~化爲大冶。"《淮南子·覽冥》:"懷萬物而友~化。"[~化者][~物者]創造化育者,創造萬物者,即自然的主宰者。《莊子·大宗師》:"夫~化者必以爲不祥之人。"又:"偉哉!夫~物者將以予爲此拘拘也。"(拘拘:攣曲不申的樣子。)蘇軾《前赤壁賦》:"是~物者之無盡藏也。"又省稱"～物"。蘇軾《喜雨亭記》:"～物不自以爲功。"

舊時於(一)(二)讀 cào(七到切,清母),於(三)讀 zǎo(昨早切,從母)。今一律讀 zào。

823.【潛】

在水面下行走。《莊子·達生》:"至人～行不窒,蹈火不熱。"引申爲潛伏水中。《周易》乾卦:"～龍勿用。"謝靈運《登池上樓》詩:"～虯媚幽姿。"蘇軾《前赤壁賦》:"舞幽壑之～蛟。"又爲秘密地出動〔軍隊〕。《左傳·僖公三十年》:"若～師以來,國可得也。"《荀子·議兵》:"不～軍。""潛"又用爲副詞,表示秘密地,偷偷地。杜甫《哀江頭》詩:"春日～行曲江曲。"

824.【藏】

(一)把穀物保藏起來。《墨子·三辯》:"農夫春耕,夏耘,秋斂,冬～。"《荀子·王制》:"春耕,夏耘,秋收,冬～。"引申爲收藏。《禮記·禮運》:"貨惡其棄於地也,不必～於己。"《莊子·養生主》:"善刀而～之。"又爲隱藏。《論語·述而》:"用之則行,舍之則～。"司馬遷《報任安書》:"寧得自引深～於巖穴邪?"

(二)讀 zàng,名詞。儲藏東西的地方,特指儲藏錢財寶物的地方。《左傳·僖公二十四年》:"初,晉侯之豎頭須,守～者也。"《漢書·翼奉傳》:"詔吏虛倉廩,開府～,振捄貧民。"(捄,古救字)"藏"又用來指大自然的儲藏。《禮記·中庸》:"草木生之,禽獸居之,寶～興焉。"蘇軾《前赤壁賦》:"是造物者之無盡～也。"引申爲人體的内臟。古人以府藏比喻内臟,以爲人體内有"五藏"(心、肝、脾、肺、腎)、"六府"(膽、胃、膀胱、三焦、大腸、小腸)。《莊子·駢拇》:

“多方乎仁義而用之者，列於五～哉，而非道德之正也。”又《齊物論》：“百骸九竅六～。”（腎有兩個，所以又稱六藏。）《漢書・藝文志》：“五～六府。”後來用於内臟意義的“藏府”寫成“臟腑”。

825.【步】

（一）走路，特指慢慢地走。《莊子・田子方》：“夫子～亦～，夫子趨亦趨。”“步”又用作名詞，表示脚步，步伐。《楚辭・離騷》：“夫唯捷徑以窘～。”《漢書・敘傳》：“又復失其故～。”（故步：舊時的步伐。）今有雙音詞“～伐”，成語“故～自封”。

（二）量詞。（1）舉足兩次爲一步。《孟子・梁惠王上》：“或百～而後止，或五十～而後止。”《荀子・勸學》：“故不積蹞～，無以致千里。”按：古人所謂“步”，等於今人所謂兩步，古人所謂“蹞”（又作“跬”），等於今人所謂一步。（2）六尺爲一步。這是量地的單位，三百步爲一里。《周禮・考工記・匠人》：“野度以～。”（量原野以步計算。）《三輔黄圖》：“作阿房前殿，東西五十～，南北五十丈，上可坐萬人。”

826.【履】

（一）踐，踩，在……上行走。《周易》坤卦：“～霜堅冰至。”《詩經・小雅・小旻》：“戰戰兢兢，如臨深淵，如～薄冰。”又《大東》：“周道如砥，其直如矢，君子所～，小人所視。”履又用於抽象意義。《文心雕龍・鎔裁》：“～端於始，則設情以位體。”現代有雙音詞“履行”。

（二）鞋子。《韓非子・外儲説左上》：“鄭人有欲買～者。”《史記・留侯世家》：“孺子下取～。”

［辨］屨，履，鞋。戰國以前，“履”“屨”不同義。“履”衹用作動詞，“屨”則作名詞。《詩經・魏風・葛屨》：“糾糾葛屨，可以履霜。”

"履""屨"不能互换。戰國以來,"履""屨"同義。"鞋"(鞵)是後起字。"鞋"原是皮鞋或皮底鞋,跟草織的或絲麻織的"屨"不同。後來"鞋"與"履""屨"也變成了同義詞。但一般散文仍多用"履""屨";唐以後詩詞多用"鞋"字。

827.【枕】

枕頭。《戰國策·齊策四》:"君姑高~爲樂矣。"又用作動詞,讀 zhèn。《論語·述而》:"曲肱而~之。"《晉書·劉琨傳》:"吾~戈待旦,志梟逆虜。"李華《弔古戰場文》:"~骸徧野。"引申爲臨,指臨水、臨山等。《漢書·嚴助傳》:"北~大江。"杜甫《滕王亭子》詩:"君王臺榭~巴山。"王勃《滕王閣序》:"臺隍~夷夏之交。"[~藉]横七豎八地躺着(以人體爲枕蓆)。蘇軾《前赤壁賦》:"相與~藉乎舟中。"

828.【藉】

(一)讀 jiè。草墊子。《周易·大過》:"~用白茅。"又爲墊。柳宗元《捕蛇者説》:"往往而死者相~也。"蘇軾《前赤壁賦》:"相與枕~乎舟中。"引申爲坐臥其上。劉伶《酒德頌》:"枕麴~糟。"孫綽《遊天台山賦》:"~萋萋之纖草。"

(二)讀 jiè。憑借,依託。《商君書·開塞》:"~刑以去刑。"

(三)讀 jiè。假使。《史記·陳涉世家》:"~弟令毋斬,而戍死者固十六七。"(十六七:十之六七。)

(四)讀 jí。舊讀入聲。踐踏。《史記·魏其武安侯列傳》:"太后怒,不食,曰:'今我在也,而人皆~吾弟。'"[狼~]雜亂的樣子。蘇軾《前赤壁賦》:"杯盤狼~。"

829.【凌】

犯,越。又寫作"淩"。《楚辭·九歌·國殤》:"~余陣兮躐余行。”引申爲乘。《楚辭·九章·哀郢》:“淩陽侯之氾濫兮。”王勃《滕王閣序》:“撫淩雲而自惜。”又爲登。杜甫《望嶽》詩:“會當~絶頂,一覽衆山小。”又爲凌駕,壓倒。曹植《白馬篇》詩:“左顧~鮮卑。”左思《詠史》詩:“驕奢~王公。”王勃《滕王閣序》:“氣淩彭澤之樽。”[~厲]振奮的樣子。陶潛《詠荆軻》詩:“~厲越萬里。”[~晨]侵晨,拂曉,清早。杜甫《自京赴奉先縣詠懷》詩:“~晨過驪山。”

[辨]凌,淩,陵。“凌”的本義是冰。《詩經·豳風·七月》:“三之日納于凌陰。”(這個意義後來不常用,所以未列入常用詞。)“淩”的本義是水名。“陵”的本義是大山。按本義説,這三個字的差别是很大的。但是,由於同音的緣故,在犯、越等意義上,“凌、淩、陵”常常通用。

830.【厲】

(一)磨刀石。《詩經·大雅·公劉》:“取~取鍛。”《史記·高祖功臣侯者年表》:“泰山若~。”引申爲磨。《左傳·僖公三十三年》:“則束載~兵秣馬矣。”又《哀公十六年》:“勝自~劍。”(勝:指白公勝。)枚乘《上書諫吴王》:“磨礱底~,不見其損,有時而盡。”這個意義又寫作“礪”。《尚書·禹貢》:“礪砥砮丹。”(砮:石可爲矢鏃者。丹:丹砂。)用於抽象意義,表示磨練,激厲。柳宗元《答韋中立論師道書》:“參之穀梁氏以~其氣。”

(二)兇惡〔的災禍〕。《詩經·大雅·瞻卬》:“降此大~。”又:“維~之階。”特指一種惡疾,癩(大痲瘋)。《史記·范雎蔡澤列傳》:“漆身爲~,被髮爲狂。”按:這個意義後來寫作“癩”,讀lài。也寫作“癘”。引申爲外形兇惡的怪物,惡鬼。《左傳·成公十年》:

“晉侯夢大～,被髮及地。”又爲形容詞。《左傳·昭公元年》:“今夢黄熊入于寢門,其何～鬼也?”又:“其何～之有?”

(三)一種曼延迅速而猛烈的病,瘟疫。這個意義也寫作“癘”。《周禮·天官·疾醫》:“四時皆有癘疾。”《左傳·昭公元年》:“山川之神,則水旱癘疫之災。”引申爲猛烈,劇烈。《莊子·齊物論》:“～風濟。”(濟:停止。)又爲嚴厲,嚴肅。《論語·述而》:“子温而～,威而不猛。”(子:指孔子。)《世説新語·汰侈》:“聲色甚～。”又爲厲害,甚。蕭統《文選序》:“變其本而加～。”

831.【脅】(脇)

(一)從腋下到肋骨盡處的部分。揚雄《解嘲》:“折～拉髂。”(拉 là:折,扳斷。髂 qià:腰骨。)

(二)威脅。鄒陽《獄中上梁王書》:“～於位勢之貴。”《僞古文尚書·胤征》:“～從罔治。”

(三)讀 xī。收斂。又寫作“翕”。[～肩]把雙肩收斂,表示恐懼或恭順。《孟子·滕文公下》:“～肩諂笑。”《漢書·吴王濞傳》:“～肩絫足。”(絫:同“累”。)揚雄《解嘲》:“翕肩蹈背。”[～息]斂息,因恐懼而不敢大口喘氣。宋玉《高唐賦》:“股戰～息。”(股戰:兩腿發抖。)《漢書·嚴延年傳》:“豪彊～息。”

按:“脅”字舊讀入聲。

832.【迫】

(一)近。司馬遷《報任安書》:“涉旬月,～季冬。”曹植《洛神賦》:“～而察之。”

(二)强迫,逼。《莊子·刻意》:“感而後應,～而後動。”司馬遷《報任安書》:“又～賤事。”

按:“迫”字舊讀入聲。

833.【隕】

(一)從高處掉下來。《周易》姤卦:"有~自天。"《左傳·僖公十六年》:"~石於宋五。"引申爲落。《詩經·小雅·小弁》:"涕既~之。"又《衛風·氓》:"其黄而~。"李密《陳情表》:"臣生當~首,死當結草。"又寫作"賈"。《公羊傳·莊公七年》:"夜中星賈如雨。"

(二)歿,死的敬稱。賈誼《弔屈原賦》:"遭世罔極兮,乃~厥身。"又寫作"殞"。

834.【落】

(一)草木凋謝。《詩經·衛風·氓》:"桑之未~。"《禮記·月令》:"季秋之月,草木黄~。"杜甫《詠懷古迹》詩:"摇~深知宋玉悲。"又指花落。《楚辭·離騷》:"及榮華之未~兮。"引申爲落。王維《輞川閒居贈裴秀才迪》詩:"渡頭餘~日。"

(二)居住的地方。《後漢書·仇覽傳》:"廬~整頓。"王維《渭川田家》詩:"斜光照墟~。"杜牧《阿房宫賦》:"矗不知乎幾千萬~。"現代有雙音詞"村~"。

按:"落"字舊讀入聲。

835.【運】

(一)轉動,旋轉。《周易·繫辭上》:"日月~行。"《莊子·天運》:"天其~乎? 地其處乎?"《孟子·梁惠王上》:"天下可~於掌。"引申爲掄動。《莊子·徐无鬼》:"匠石~斤成風。"又爲移動。《史記·高祖本紀》:"夫~籌策帷帳之中,決勝於千里之外,吾不如子房。"(籌策:計數的籌碼。帷帳:軍中的帳幕。子房:張良的字。)

(二)運輸,搬運。司馬相如《喻巴蜀檄》:"郡又擅爲轉粟~輸。"《晉書·陶侃傳》:"侃在州無事,輒朝~百甓於齋外,暮~於齋内。”(甓 pì:磚。)

(三)命運,氣數。《漢書·高帝紀》:“漢承堯~。”陶潛《自祭文》:“逢~之貧。”王勃《滕王閣序》:“時~不齊。”杜甫《詠懷古迹》詩:“~移漢祚終難復。”

836.【輸】

運送。《左傳·僖公十三年》:“秦於是乎~粟于晉。”杜牧《阿房宫賦》:“一旦不能有,~來其間。”現代有雙音詞“運~”。引申爲繳納。王維《送梓州李使君》詩:“漢女~橦布。”杜甫《今夕行》:“家無儋石~百萬。”又特指納税。《唐書·食貨志》:“夏~無過六月,秋~無過十一月。”

注意:輸贏的“輸”在上古漢語中是没有的。上古時代衹説勝負,不説輸贏。中古時代,“輸”字一般也不用於輸贏的意義。

837.【徭】(傜)

徭役,統治者强制人民給他擔任的勞役。李華《弔古戰場文》:“齊魏~戍。”又寫作“繇”。《史記·項羽本紀》:“每吴中有大繇役及喪,項梁嘗爲主辦。”

838.【役】

(一)戍守邊疆。《詩經·王風·君子于役》:“君子于~。”引申爲兵役,又泛指勞役。《墨子·七患》:“苦其~徒。”《孟子·萬章下》:“庶人,召之~,則往~。”《荀子·富國》:“罕興力~,無奪農時。”再引申爲驅使。《孟子·離婁上》:“天下無道,小~大,弱~强。”(小役於大,弱役於强。)《荀子·修身》:“君子~物,小人~於物。”陶潛《歸去來辭》:“既自以心爲形~,奚惆悵而獨悲?”現代有雙音詞“奴~”。[行~]因勞役而遠行。《詩經·魏風·陟岵》:“父曰嗟予子行～。”後來即指旅行。杜甫《别房太尉墓》詩：“他鄉復行～。”出外做官也叫役（比於勞役）。韓愈《送孟東野序》：“東野之～於江南也，有若不釋然者。”

（二）事。《左傳·昭公十三年》：“爲此～也。”《國語·晉語五》：“國有大～。”又特指戰事，戰役。《左傳·文公二年》：“秦孟明視帥師伐晉，以報殽之～。”

按：“役”字舊讀入聲。

839.【戍】(≠戌)

〔軍隊〕防守。《左傳·僖公三十年》：“使杞子、逢孫、楊孫～之。”李華《弔古戰場文》：“齊魏徭～。”杜牧《阿房宫賦》：“～卒叫，函谷舉。”現代有雙音詞“衛～”。

840.【募】

廣泛徵求，招集。《荀子·議兵》：“招延～選。”又《王制》：“案謹～選閲材伎之士。”引申爲特指招兵。《漢書·李廣蘇建傳》：“～士斥候百餘人俱。”李華《弔古戰場文》：“荆韓召～。”

841.【吹】

（一）急呼氣。《老子》二十九章：“或嘘或～。”（嘘：緩呼氣。）《莊子·逍遥遊》：“生物之以息相～也。”引申爲一般的呼氣。《洞冥記》：“～氣勝蘭。”［～嘘］爲人宣傳（後起義）。《北史·盧思道傳》：“翦拂～嘘，長其光價。”杜甫《寄岑嘉州》詩：“馮唐已老聽～嘘。”引申爲吹簫管之類。《詩經·小雅·何人斯》：“伯氏～壎，仲氏～篪。”（伯氏：指兄。仲氏：指弟。壎 xūn、篪 chí：都是樂器名。）又爲風吹。《詩經·邶風·凱風》：“凱風自南，～彼棘心。”

（二）舊讀 chuì。名詞，管樂。陶潛《述酒》詩：“王子愛清～。”

孔稚珪《北山移文》:“聞鳳~於洛浦。”杜甫《滕王亭子》詩:“尚思歌~入,千騎把霓旌。”[鼓~]表示鼓鉦簫笳等合奏的樂曲。《漢書·霍光傳》:“鼓~歌舞,悉奏衆樂。”

842.【唱】

(一)領唱。《莊子·德充符》:“和而不~。”(和:跟着唱。)《荀子·樂論》:“~和有應。”這個意義又寫作“倡”。《詩經·鄭風·蘀兮》:“倡予和女。”(女:汝。)《禮記·樂記》:“壹倡而三歎。”(一人唱,三人和。)[~和](1)表示帶頭與隨聲附和。杜甫《草堂》詩:“~和作威福,孰肯辨無辜?”(2)詩人以詩詞互相酬答。杜甫《同豆盧峯貽主客》詩:“~和將雛曲。”

(二)帶頭,倡導。《後漢書·臧洪傳》:“爲天下~。”杜甫《題衡山縣文宣王廟新學堂》詩:“衡山雖小邑,首~恢大義。”這個意義後來一般寫作“倡”。現代有雙音詞“提倡”。

(三)歌唱(後起義)。由“領唱”的意義發展而來。《西京雜記》卷一:“後宫齊首高~,聲入云霄。”王勃《滕王閣序》:“漁舟~晚。”引申爲高聲呼報。《南史·檀道濟傳》:“道濟夜~籌量沙。”“~名”連用,表示點名。《北史·元文遥傳》:“宣旨~名。”

843.【叩】

(一)詢問。《論語·子罕》:“我~其兩端而竭焉。”李中《下蔡春偶作》詩:“採蘭扇枕何時遂?洗慮焚香~上穹。”方苞《獄中雜記》:“余~所以。”

(二)敲。《論語·憲問》:“以杖~其脛。”《孟子·盡心上》:“昏暮~人之門户。”陶潛《飲酒》詩:“清晨聞~門。”又寫作“扣”。蘇軾《前赤壁賦》:“扣舷而歌之。”[~頭]以頭叩地,這是舊時最敬之禮。《史記·田叔列傳》:“叔~頭對曰。”《漢書·元后傳》:“左右~頭爭之。"注意:"叩頭"的"叩"不能寫作"扣"。[~關](敂關)敲關。《周禮·地官·司關》:"凡四方賓客敂關則爲之告。"賈誼《過秦論》上:"常以十倍之地,百萬之衆,~關而攻秦。"

(三)牽〔馬〕,拉住〔馬的轡繩〕。《史記·伯夷列傳》:"伯夷叔齊~馬而諫。"又寫作"扣"。《左傳·襄公十八年》:"大子與郭榮扣馬。"《吕氏春秋·仲秋紀·愛士》:"梁由靡已扣繆公之左驂矣。"

[辨]叩,扣。"叩"的第二("叩頭"除外)和第三兩義都可以寫作"扣",但(一)義不可以寫作"扣"。

844.【彈】

(一)讀 dàn,名詞。彈弓。《戰國策·楚策四》:"左挾~,右攝丸。"《莊子·齊物論》:"見卵而求時夜,見~而求鴞炙。"

(二)讀 tán,動詞。用彈弓射。《左傳·宣公二年》:"從臺上~人,而觀其辟丸也。"引申爲用手指輕敲。《戰國策·齊策四》:"倚柱~其劍。"《楚辭·漁父》:"新沐者必~冠。"又爲彈奏〔樂器〕。《禮記·檀弓上》:"孔子既祥,五日~琴而不成聲。"(既祥:父母喪期已滿。)吴文英《鶯啼序》詞:"~入哀箏柱。"

(三)讀 tán,動詞。譏彈,批評(後起義)。曹植《與楊修書》:"僕常好人譏~其文,有不善者,應時改定。"引申爲彈劾。《北史·魏收傳》:"南臺將加~劾。"

845.【讀】

(一)讀 dú,舊讀入聲。讀書。古人所謂讀,包括誦讀、講解和研究。《孟子·萬章下》:"頌其詩,~其書,不知其人可乎?"《漢書·霍光傳》:"尚書令~奏。""讀爲"二字連用,表示古音通假。《禮記·雜記上》:"大夫訃於同國適者。"鄭玄注:"適~爲匹敵之敵。""讀爲"又説成"讀曰"。《漢書·五行志上》:"殊别適庶。"顏師古注:“適~曰嫡。”

(二)讀 dòu。名詞。未足一句,而讀時須稍有停頓處,叫讀。韓愈《師説》:“授之書而習其句~。”

846.【啼】(嗁)

(一)叫。《左傳·莊公八年》:“豕人立而~。”後代一般祇用於鳥啼和猿啼。李白《蜀道難》詩:“又聞子規~夜月。”又《夢遊天姥吟留别》詩:“渌水蕩漾清猿~。”

(二)哭。《莊子·天運》:“有弟而兄~。”《荀子·非相》:“莫不呼天~哭。”高適《燕歌行》:“玉箸應~别離後。”韓愈《進學解》:“年豐而妻~飢。”

847.【號】

(一)讀 háo。高聲呼喊。《詩經·小雅·賓之初筵》:“載~載呶。”(呶 náo:喧譁。)又《北山》:“或不知叫~。”引申爲哭死人,特指帶言語的哭。《莊子·養生主》:“老聃死,秦失弔之,三~而出。”《漢書·劉向傳》:“~曰:‘骨肉歸復於土,命也。’”引申爲放聲哭。韓愈《進學解》:“冬暖而兒~寒。”又比喻颼風。范仲淹《岳陽樓記》:“陰風怒~。”[~咷]疊韻聯緜字。放聲大哭。《周易·同人》:“同人先~咷而後笑。”杜甫《自京赴奉先縣詠懷》詩:“入門聞~咷。”

(二)讀 hào。號令,發表命令。《莊子·田子方》:“何不~於國中?”《荀子·議兵》:“故制~政令欲嚴以威。”在這個意義上,常以“號令”二字連用。《國語·越語上》:“乃~令於三軍。”

(三)讀 hào。名稱。《莊子·駢拇》:“事業不同,名聲異~。”《荀子·賦篇》:“名~不美。”《史記·五帝本紀》:“皆同姓而異其國～。”引申爲表功德的名號。帝王生有尊號，死而謚號。班固《典引》：“厥有氏～。”《史記·秦始皇本紀》：“朕聞太古有～毋謚。”（毋：通“無”。）又爲別號（後起義）。古人名外有字，字外還可能有號。陶潛《五柳先生傳》：“宅邊有五柳樹，因以爲～焉。”又如白居易字樂天，號香山居士；蘇軾字子瞻，號東坡居士；陸游字務觀，號放翁；辛棄疾字幼安，號稼軒。又引申爲被人稱爲。韓愈《柳子厚墓誌銘》：“～爲剛直。”孫樵《書褒城驛壁》：“褒城驛～天下第一。”

[辨]哭，泣，號，啼。“哭”是有聲有淚，“泣”是無聲有淚（若泣而有細微的聲音，則叫做“嗚咽”）。“號”是哭而且言，“啼”是痛哭。後來啼、號、哭三字漸漸没有分別。

848.【訊】

（一）問，特指上問下。《詩經·小雅·正月》：“召彼故老，～之占夢。”（故老：舊臣。占夢：官名。）《公羊傳·僖公十年》：“君嘗～臣矣。”引申爲審問。《詩經·小雅·出車》：“執～獲醜。”（醜：徒衆。執訊其魁首，俘獲其徒衆。）鄒陽《獄中上梁王書》：“卒從吏～。”又爲一般的詢問。孫樵《書褒城驛壁》：“～於驛吏。”[問～]詢問。陶潛《桃花源記》：“村中聞有此人，咸來問～。”

（二）書信。《荀子·賦篇》：“行遠疾速而不可託～者與？”陸機《贈馮文羆》詩：“愧無雜珮贈，良～代兼金。”[音～]音信，書信。元稹《酬樂天早春閑遊西湖》詩：“故交音～少，歸夢往來頻。”

849.【詰】

責問。《左傳·襄公二十五年》：“士莊伯不能～。”韓愈《進學解》：“是所謂～匠氏之不以杙爲楹。”引申爲追問，追究。《淮南子·時則》：“牛馬畜獸有放失者，取之不～。”[～朝]平旦，清早。《左傳·成公二年》：“～朝請見。”又《襄公十四年》：“～朝之事。”

"詰"字舊讀入聲。

[辨]問,訊,詰。"問"的意義很廣,既表示一般的問,也可以表示審問。《詩經·魯頌·泮水》:"淑問如皋陶。""訊"字較多用於審問,"詰"字較多用於追問,都和一般的問不同。

850.【敘】

(一)使有次序,妥善地安排。《尚書·皋陶謨》:"惇~九族。"又《舜典》:"百揆時~。"又《洪範》:"彝倫攸~。"[~用]按一定的標準分別等級任用。《三國志·魏書·甄皇后傳》:"親疏高下~用各有差。"

(二)敘述。《國語·晉語三》:"紀言以~之。"引申爲交談過去的情況。江淹《别賦》:"唯鐏酒兮~悲。"《南齊書·劉悛傳》:"歡宴~舊。"

(三)名詞。通"序"。序文。《説文解字》卷十五:"~曰。"

[辨]敘,序。在次序的意義上,"敘"與"序"的分别是:"敘"是動詞,表示使有次序;"序"是名詞,表示次序。在序文的意義上,"敘""序"通用,後代一般寫作"序"。至於"庠序"的"序",不能用"敘";"贈序"的"序",習慣上也不用"敘"。

851.【訴】

(一)告,特指以冤枉或委屈告訴在上的人。《史記·龜策列傳》:"身在患中,莫可告語,王有德義,故來告~。"《後漢書·鄧皇后紀》:"舉頭若欲自~。"李密《陳情表》:"欲苟順私情,則告~不許。"引申爲一般的訴苦。李華《弔古戰場文》:"腷臆誰~?"蘇軾《前赤壁賦》:"如泣如~。"

(二)告狀。《三國志·魏書·郭嘉傳》:"初,陳羣非嘉不治行檢,數廷~嘉。"孔稚珪《北山移文》:"牒~倥傯裝其懷。"《唐書·張鎰傳》:"由是獄~衰息。"

按:"愬"與"訴"是古今字。參看第三册第912頁第九單元"愬"字條。

852.【摹】

照樣描畫。江淹《别賦》:"誰能~暫離之狀?"韓愈《畫記》:"余之手~也。"引申爲照樣寫字。《宋史·李建中傳》:"善書札,行筆尤工,多搆新體草隸篆籀,八分亦妙,人多~習。"又爲以薄紙蓋在字帖上照描。《丹鉛總録》:"~帖如梓人作室。"

853.【寫】

(一)傾注,傾瀉。《禮記·曲禮上》:"御食於君,君賜餘,器之溉者不~,其餘皆~。"(侍奉君主用膳,君主把吃剩的食品賜給服侍的人,如果盛食品的器皿是可以洗滌的,就不把食品倒入另器内;否則,必須倒在另器内。)《周禮·地官·稻人》:"以澮~水。"這個意義後來寫作"瀉"。又爲除去〔憂愁〕。《詩經·邶風·泉水》:"駕言出遊,以~我憂。"又《小雅·蓼蕭》:"既見君子,我心~兮。"杜甫《别贊上人》詩:"異縣逢舊友,初欣~胸臆。"

(二)畫,摹畫。《新序·雜事五》:"葉公子高好龍,鈎以~龍,鑿以~龍,屋室雕文以~龍。"《文心雕龍·情采》:"敷~器象。"杜甫《畫鶻行》:"~此神俊姿。"引申爲摹倣,倣效。《淮南子·本經》:"雷震之聲,可以鼓鍾~也。"(鍾:通"鐘"。)又爲描繪,描寫。江淹《别賦》:"誰能摹暫離之狀,~永訣之情者乎?"

(三)對着文本抄録。《漢書·藝文志》:"置~書之官。"《後漢書·班超傳》:"爲官~書受直,以養老母。"李白《送賀賓客歸越》詩:"山陰道士如相見,應~黄庭换白鵝。"(黄庭:指黄庭經。)引申爲書寫。《梁谿漫志》:"世人~字,能大不能小,能小不能大。"吴文英《鶯啼序》詞:"殷勤待~,書中長恨。"

[辨]書,寫。在書寫的意義上,古代説"書"不説"寫"。漢代以後,"寫信""寫字"尚説"作書"。如古詩《枯魚過河泣》:"作書與魴鱮,相教慎出入。"《三國志·吴書·魯肅傳》:"〔曹操〕方作書,落筆於地。"大約唐以後纔逐漸説"寫"。如蘇軾《答謝民師書》:"軾本不善作大字,强作終不佳,又舟中局迫難寫。"這裏還是"作""寫"互用。還應注意的是,"書寫"的意思雖是從"抄録"發展來的,但"抄録"的意義還不等於今天的"寫"。"寫書受直"的"寫書",還重在"摹畫""倣效"(對着正本謄抄)。

854.【排】

(一)推,推開。《禮記·少儀》:"~闔説屨於户内者,一人而已矣。"(闔:門扇。説:脱。)《史記·樊噲列傳》:"噲乃~闥直入。"(闥 tà:門。)諸葛亮《梁父吟》:"力能~南山。"引申爲排解。《戰國策·趙策三》:"爲人~患、釋難、解紛亂而無所取也。"又指排除淤塞。《孟子·滕文公上》:"决汝漢,~淮泗。"今有雙音詞"~泄"。

(二)排濟,排斥。《史記·主父偃列傳》:"齊諸儒生相與~擯,不容於齊。"韓愈《進學解》:"觝~異端。"盧照鄰《長安古意》詩:"意氣由來~灌夫。""排空"二字連用,表示凌空。何遜《贈韋記室黯别》詩:"無因生羽翰,千里暫~空。"白居易《長恨歌》:"~雲馭氣奔如電。"

(三)安排。《莊子·大宗師》:"造適不及笑,獻笑不及排,安~而去化,乃入於寥天一。"又爲編排,編次。沈約《注制旨連珠表》:"連珠者,蓋謂辭句連續,互相發明,若珠之結~也。"

855.【攘】

(一)排斥,打退。《公羊傳·僖公四年》:"~夷狄。"韓愈《進學解》:"~斥佛老。"

(二)偷。《論語·子路》:"其父~羊,而子證之。"《孟子·滕文公下》:"今有人日~其鄰之雞者。"

(三)揎[袖],撩起[衣襟]。《孟子·盡心下》:"馮婦~臂下車。"(攘臂:揎袖露臂。)曹植《美女篇》詩:"~袖見素手,皓腕約金環。"《晉書·劉伶傳》:"其人~袂奮拳而往。"劉伶《酒德頌》:"奮袂~襟,怒目切齒。"

856.【竄】

(一)躲藏。《左傳·定公四年》:"天誘其衷,致罰於楚,而君又~之。"(竄:使動用法,使躲藏。)《國語·晉語二》:"求廣土而~伏焉。"賈誼《弔屈原賦》:"鸞鳳伏~兮,鴟梟翱翔。"王勃《滕王閣序》:"~梁鴻於海曲,豈乏明時?"(竄:也是使動用法。)引申爲逃匿。《漢書·蒯通傳》:"奉頭鼠~。"

(二)放逐。《尚書·舜典》:"~三苗于三危。"韓愈《進學解》:"暫爲御史,遂~南夷。"

(三)刪改(後起義)。李商隱《韓碑》詩:"點~堯典舜典字。"現代有雙音詞"~改"。

857.【列】

(一)分裂。"列地""列土"二字連用,表示分封爲王侯。《史記·韓王信盧綰列傳》:"遭漢初定,故得~地,南面稱孤。"白居易《長恨歌》:"姊妹弟兄皆~土,可憐光彩生門户。"按:"列土"又寫作"裂土"。《漢書·韓彭英盧吴傳·贊》:"咸得裂土。"

(二)行列。《史記·淮陰侯列傳》:"車不得方軌,騎不得成~。"又特指朝廷的行列。司馬遷《報任安書》:"廁下大夫之~。"

(三)排列。陶潛《詠荆軻》詩:"四座~羣英。"韓愈《送李愿歸盤谷序》:"~屋而閑居。"[論~]列舉事實,加以評論。司馬遷《報任安書》:"乃欲仰首伸眉,論~是非。"

(四)形容詞。略等於"衆""諸"的意思。《荀子·天論》:"~星隨旋。"[~國]諸侯不止一國,所以稱列國。《左傳·襄公二十五年》:"天子之地一圻,~國一同。"(圻:方千里。同:方百里。)[~侯]漢制,異姓封侯者爲列侯。《漢書·霍光傳》:"願分國邑三千户以封兄孫奉車都尉山爲~侯。"又引申爲一般。《史記·廉頗藺相如列傳》:"大王見臣~觀。"(列觀:一般的宫觀。這是對正殿而言。)

按:"列"字舊讀入聲。

858.【垂】

(一)邊疆。《荀子·臣道》:"邊境之臣處,則疆~不喪。"《史記·秦本紀》:"在西戎,保西~。"《漢書·武帝紀》:"朕將巡邊~。"引申爲邊。曹植《白馬篇》詩:"揚聲沙漠~。"王粲《詠史》詩:"妻子當門泣,兄弟哭路~。""邊疆"和"邊"的意義又寫作"陲"。《左傳·成公十三年》:"虔劉我邊陲。"(虔劉:殺害。殺害我邊疆的人民。)

(二)上端固定,下端不固定;垂下來。《周易·繫辭下》:"黄帝堯舜~衣裳而天下治。"揚雄《解嘲》:"戴縰~纓。"曹植《七啟》:"迺使任子~釣。"盧照鄰《長安古意》詩:"弱柳青槐拂地~。"引申爲掛着〔眼淚〕。《荀子·禮論》:"~涕恐懼。"白居易《長恨歌》:"芙蓉如面柳如眉,對此如何不淚~?"

(三)〔好的東西〕留傳下來。《孟子·公孫丑下》:"君子創業~統。"揚雄《解嘲》:"五帝~典。"《宋書·謝靈運傳·論》:"~範後昆。"杜甫《詠懷古迹》詩:"諸葛大名~宇宙。"

（四）副詞。表示將近（後起義）。《後漢書·韋彪傳》："今歲~盡。"杜甫《送崔侍御常正字入京》詩："不堪~老鬢，還對欲分襟。"

859.【尊】

（一）盛酒器。《莊子·馬蹄》："故純樸不殘，孰爲犧~？"《荀子·禮論》："大饗尚玄~。"這個意義後來也寫作"樽"或"罇"。樂府《隴西行》："清白各異樽。"陶潛《歸去來辭》："有酒盈罇。"王勃《滕王閣序》："氣淩彭澤之樽。"

（二）地位高，跟"卑"相對，又跟"賤"相對。《孟子·梁惠王下》："將使卑踰~，疏踰戚。"《戰國策·趙策四》："猶不能恃無功之~，無勞之奉。"用作動詞時，表示使地位高。《戰國策·趙策四》："今媪~長安君之位，而封之以膏腴之地。"［至~］封建時代指稱皇帝。杜甫《北征》詩："至~尚蒙塵。"

（三）尊敬，尊重。《論語·子張》："君子~賢而容衆。"

860.【盛】

（一）讀 chéng。黍稷在器中，用來祭祀的。常以"粢盛"二字連用（粢：讀 zī，黍稷。）《孟子·滕文公下》："諸侯耕助以供粢~。"魏徵《雍和》詩："粢~咸潔。"引申爲盛物入器中。《莊子·逍遥遊》："以~水漿。"

（二）讀 shèng。興旺，旺盛。跟"衰"相對。《孟子·公孫丑上》："夏后殷周之~，地未有過千里者也。"韓愈《送孟東野序》："抑不知天將和其聲而使鳴國家之~邪？"又《送李愿歸盤谷序》："道古今而譽~德。"引申爲茂盛。《莊子·山木》："見大木枝葉~茂。"［~服］(1)穿戴整齊。《左傳·宣公二年》："~服將朝。"(2)隆重的服飾。《漢書·霍光傳》："太后被珠襦，~服坐武帳中。"［~氣］氣沖沖地。《戰國策·趙策四》："太后~氣而揖之。"今成語有"~氣淩人"。

861.【虛】

(一)大丘,特指舊都邑的遺址。舊讀如胠(qū)。《詩經·鄘風·定之方中》:"升彼~矣。"《漢書·賈誼傳》:"凡十三歲而社稷爲~。"這個意義後來又寫作"墟"。蘇轍《快哉亭記》:"至於長洲之濱,故城之墟。"用作動詞,表示成爲廢墟。揚雄《解嘲》:"三仁去而殷墟。"王勃《滕王閣序》:"梓澤邱墟。"

(二)空虛。跟"盈"相對。《荀子·宥坐》:"~則攲,中則正,滿則覆。"蘇軾《前赤壁賦》:"盈~者如彼,而卒莫消長也。"引申爲不真實,不實際。鄒陽《獄中上梁王書》:"徒~語耳。"又爲徒然。《漢書·匡衡傳》:"而~爲此紛紛也。"李商隱《安定城樓》詩:"賈生年少~垂涕。"

862.【枉】

(一)〔木〕不直。跟"直"相對。《荀子·王霸》:"辟之是猶立直木而求其景之~也。"《淮南子·本經》:"矯~以爲直。"引申爲不正直的,邪惡的。《論語·顔淵》:"能使~者直。"又爲〔審判〕不公正。《禮記·月令》:"斬殺必當,無或~橈。"(橈 náo:曲。)後代有雙音詞"冤~"。

(二)委屈,指屈尊就卑。揚雄《解嘲》:"或~千乘於陋巷。"曹操《短歌行》:"~用相存。"《三國志·蜀書·諸葛亮傳》:"將軍宜~駕顧之。"

(三)副詞。徒然。杜甫《歲晏行》:"汝休~殺南飛鴻。"

863.【和】

(一)〔音樂〕調和,和諧。《尚書·舜典》:"聲依永,律~聲。"《老子》二章:"音聲相~。"這個意義又寫作"龢"。《國語·周語下》:"飲食可饗,龢同可觀。"引申爲和睦,不爭。《論語·季氏》:

"~無寡。"《荀子·樂論》:"故先王導之以禮樂而民~睦。"

(二)混合,合在一起。《公羊傳·莊公三十二年》:"季子~藥而飲之。"白居易《長恨歌》:"回看血淚相~流。"李煜《擣練子》詞:"數聲~月到簾櫳。"又用作副詞,表示連。秦觀《阮郎歸》詞:"衡陽猶有雁傳書,郴陽~雁無!"現代連詞"和"由此發展起來。

(三)讀 hè,動詞。〔聲音〕相應。特指和着唱,幫腔。《詩經·鄭風·籜兮》:"倡予~女。"《論語·述而》:"子與人歌而善,必使反之,而後~之。"宋玉《對楚王問》:"國中屬而~者數千人。"又指與樂器相和。蘇軾《前赤壁賦》:"倚歌而~之。"引申爲依照他人的詩的格律或内容作詩疇答(後起義)。鮑照有《~傅大農與僚故别詩》《~王護軍秋夕詩》。白居易《初冬早起寄梦得》詩:"詩成遣誰~?還是寄蘇州!"

864.【順】

(一)順從。跟"逆"相對。《孟子·公孫丑下》:"多助之至,天下~之。"引申爲順理,順理的事。也跟"逆"相對。《左傳·隱公三年》:"去~效逆,所以速禍也。"按古人常從倫理觀點看順逆。《漢書·文帝紀》:"孝悌,天下之大~也。"又從正義和非正義看順逆。杜甫《北征》詩:"其王願助~,其俗善馳突。"又《新安吏》詩:"況乃王師~,撫養甚分明。"

(二)隨着,沿着。《莊子·秋水》:"~流而東行,至於北海。"蘇軾《前赤壁賦》:"~流而東。"

865.【凜】

寒冷。潘岳《閒居賦》:"~秋暑退,熙春寒往。"蕭統《文選序》:"增冰爲積水所成,積水曾微增冰之~。"[~然]不可干犯的樣子。楊惲《報孫會宗書》:"~然皆有節槩。"後代成語有"大義~然"。[~~]

等於凜然。《宋史·辛棄疾傳》："孰謂公死？～～如生！"［～冽］非常寒冷的樣子。李華《弔古戰場文》："至若窮陰凝閉，～冽海隅。"

866.【凝】

（一）結冰。《周易》坤卦："履霜堅冰，陰始～也。"岑參《白雪歌送武判官歸京》："瀚海闌干百丈冰，愁雲慘淡萬里～。""凝"字往往不單指結冰，而是指冰天雪地的氣候。李華《弔古戰場文》："至若窮陰～閉，凜冽海隅。"由結冰的意義引申爲凝結。《詩經·衛風·碩人》："膚如～脂。"白居易《長恨歌》："温泉水滑洗～脂。"王勃《滕王閣序》："煙光～而暮山紫。"

（二）集中。多指精神方面的行爲。《莊子·達生》："用志不分，乃～於神。"白居易《長恨歌》："含情～睇謝君王。"柳永《八聲甘州》詞："想佳人妝樓～望。"李清照《鳳凰臺上憶吹簫》詞："～眸處，從今又添一段新愁。"現代有"～神""～思"等雙音詞。

867.【爛】

（一）煮爛。《吕氏春秋·本味》："熟而不～。"引申爲腐爛。《莊子·人間世》："咶其葉，則口～而爲傷。"（咶 shì：同"舐"，用舌舔。）又爲火燒傷。《漢書·霍光傳》："焦頭～額爲上客。"

（二）燦爛，有光芒。《詩經·鄭風·女曰雞鳴》："明星有～。"《楚辭·九歌·雲中君》："～昭昭兮未央。"江淹《别賦》："鏡朱塵之照～。"現代有雙音詞"燦～"。［～漫］光彩分布的樣子。杜甫《春日江村》詩："種竹交加翠，栽桃～漫紅。"韓愈《山石》詩："山紅澗碧紛～漫。"

868.【漫】

（一）讀 màn。水大的樣子。引申爲没有邊際的樣子。《荀子·正名》："長夜～兮。"［～～］没有邊際的樣子。甯戚《飯牛歌》：

"長夜~~何時旦?"班彪《北征賦》:"遵長城之~~。"江淹《别賦》:"雲~~而奇色。"[彌~](瀰漫)水大的樣子。潘岳《西征賦》:"其池則湯湯汗汗,滉瀁彌~,浩如河漢。"(湯湯 shāngshāng:水大而疾的樣子。汗汗:水勢廣闊的樣子。滉瀁 huǎngyǎng:水波動蕩的樣子。)

(二)讀 màn。遍。《齊民要術·種葵》:"~散子。"(散:撒。)有"~山遍野"。引申爲全,都。胡銓《上高宗封事》:"~不敢可否事。"

(三)讀 màn。[~滅]模糊不可辨認的樣子。王安石《遊褒禪山記》:"其文~滅。"[汗~]廣泛的樣子。杜甫《奉送王信州》詩:"甘爲汗~遊。"

(四)讀 màn。副詞。表示隨便,隨他,姑且,徒然。杜甫《聞官軍收河南河北》詩:"~卷詩書喜欲狂。"又《閣夜》詩:"人事音書~寂寥。"吴文英《鶯啼序》詞:"~相思,彈入哀箏柱。"這個意義又寫作"謾"。杜甫《有客》詩:"豈有文章驚海内,謾勞車馬駐江干。"

按:"漫"舊有兩讀:於(一)(二)義讀 mán,於(三)(四)義讀 màn。今普通話都讀 màn。

869.【赤】

紅。《詩經·豳風·狼跋》:"~舄几几。"(赤舄 xì:紅鞋。几几:安重的樣子。)韓愈《進學解》:"~箭青芝。"[~子]初生的嬰兒。《尚書·康誥》:"若保~子。"後世以"赤子"爲民的代稱。蘇軾《荔支歎》詩:"我願天公憐~子。"[~族]滅族。揚雄《解嘲》:"客徒欲朱丹吾轂,不知一跌將~吾之族也。"杜甫《壯遊》詩:"朱門任傾奪,~族迭罹殃。"

按:"赤"字舊讀入聲。

[辨]赤,朱,丹,絳,紅。“赤”是紅,“朱”是大紅。“朱”深於赤,但是籠統地説就没有分别。由於“朱”是大紅,所以是正色。“丹”是丹砂的顔色,比“赤”更淺些。“絳”是深紅,比“朱”更深。“紅”是赤白色,也就是淺紅。按照深淺的次序,這五種顔色是:絳,朱,赤,丹,紅。到了中古時代,“紅”和“赤”没有分别。

870.【碧】

青白色,即淺藍。孔稚珪《北山移文》:“~嶺再辱。”江淹《别賦》:“春草~色,春水緑波。”[~落]天界。白居易《長恨歌》:“上窮~落下黄泉。”

按:“碧”字舊讀入聲。

871.【青】

(一)春季植物葉子的顔色。《禮記·月令》:“孟春之月……載~旂,衣~衣。”庾信《春賦》:“麥纔~而覆雉。”劉禹錫《陋室銘》:“草色入簾~。”[~春]古人把春季屬東方,其色爲青,主春之神爲青帝,所以春季稱青春。杜甫《聞官軍收河南河北》詩:“~春作伴好還鄉。”後代指年齡,以及特指青少年時期,都由此引申而來。[~樓](1)女子所居。《西洲曲》:“望郎上~樓。”(2)妓院。杜牧《遣懷》詩:“十年一覺揚州夢,赢得~樓薄幸名。”秦觀《滿庭芳》詞:“漫赢得~樓、薄幸名存。”

(二)黑色。《尚書·禹貢》:“厥土~黎。”疏引王肅曰:“~,黑色。黎,小疏也。”《世説新語·簡傲》:“喜出户延之。”注引《晉百官名》曰:“籍(阮籍)能爲~白眼,見凡俗之士,以白眼對之。”李白《將進酒》詩:“君不見高堂明鏡悲白髮,朝如~絲暮成雪。”

(三)藍色。《莊子·逍遥遊》:“絶雲氣,負~天。”又《田子方》:“上闚~天,下潛黄泉。”

872.【蒼】

深藍。《莊子·逍遥遊》:"天之~~,其正色邪?"揚雄《解嘲》:"高者出~天。"孔稚珪《北山移文》:"~黄反覆。"[~茫]曠遠迷茫的樣子。高適《燕歌行》:"絶域~茫更何有?"

[辨]青,蒼,碧,緑,藍。"青"最爲複雜,它一身兼表緑、藍、黑三色。"蒼"爲深藍,"碧"是淺藍,它們之間都是有分别的,但卻常常混用。如青天又叫蒼天、藍天(杜甫《冬到金華山觀因得故拾遺陳公學堂遺迹》詩"上有蔚藍天,垂光抱瓊臺"),也叫碧空或碧落。青草又叫緑草或碧草;青苔又叫蒼苔。水可以用碧或緑來形容,還可以用藍形容,陸龜蒙《和袭美懷鹿門縣名離合》詩有"水色侵磯直是藍"的説法,白居易《憶江南》詞有"春來江水緑如藍"之句,這都是取其相似,不加區别的。

873.【乍】

(一)副詞。突然,忽然。《孟子·公孫丑上》:"今人~見孺子將入於井。"曹植《洛神賦》:"~陰~陽。"孔稚珪《北山移文》:"~低枝而掃迹。"江淹《别賦》:"~秋風兮蹔起。"杜牧《阿房宫賦》:"雷霆~驚。"

(二)副詞。剛,纔(晚起義)。柳永《黄鶯兒》詞:"~出暖煙來,又趁游蜂去。"

874.【暫】(蹔)

(一)副詞。突然,忽然。《左傳·僖公三十三年》:"武夫力而拘諸原,婦人~而免諸國。"馬融《長笛賦》:"融去京師踰年,~聞甚悲而樂之。"杜甫《夜》詩:"~憶江東鱠,兼懷雪下船。"

(二)副詞。初,剛。江淹《别賦》:"或春苔兮始生,乍秋風兮蹔起。"庾信《春賦》:"玉管初調,鳴弦~撫。"

(三)副詞。表示短暫的時間。江淹《别賦》:"蹔游萬里,少别千年。"又:"誰能摹～離之狀,寫永訣之情者乎?"杜甫《堂成》詩:"～止飛烏將數子,頻來語燕定新巢。"韓愈《進學解》:"～爲御史,遂竄南夷。"注意:現代漢語的"暫"字由此發展而來,但是意義不完全相同。現代所謂"暫",指暫時這樣,將來不這樣。古代所謂"暫",祇指時間很短,没有與將來對比的意思。例如今人説"暫停",是指以後還要繼續;古人説"暫停",祇指停一個短暫的時間,不意味着以後還要繼續。《唐書·李德林傳》:"心無别慮,筆不～停。"也有表示以後還要繼續的,但終以前者爲多見。注意微殊是有好處的。

875.【每】

(一)每一。《論語·八佾》:"子入太廟,～事問。"

(二)每次,每逢。《莊子·養生主》:"～至於族,吾見其難爲。"司馬遷《報任安書》:"～念斯恥,汗未嘗不發背沾衣也。"

(三)[～～]常常。《莊子·胠篋》:"故天下～～大亂。"後來單用一個每字,也表示常。孔稚珪《北山移文》:"常綢繆於結課,～紛綸於折獄。"杜甫《去秋行》:"戰場宽魂～夜哭。"又《秋興》詩:"夔府孤城落日斜,～依南斗望京華。"

876.【既】

(一)動詞。盡。《老子》三十五章:"道之出口,淡乎其無味。視之不足見,聽之不足聞,用之不可～。"楊惲《報孫會宗書》:"故君父至尊親,送其終也,有時而～。"韓愈《進學解》:"言未～,有笑于列者曰:'先生欺余哉!'"

(二)副詞。已經。《論語·先進》:"春服～成。"《孟子·梁惠王上》:"兵刃～接。""既……且……"二字相照應,表示兩種情況同時存在。《詩經·大雅·烝民》:“~明且哲,以保其身。”既……則……”二字相照應,表示甲種情況和乙種情況有連帶關係。《論語·季氏》:“~來之,則安之。”[~而](已而)副詞。不久,一會兒。《孟子·萬章上》:“~而幡然改曰。”(幡然:變動的樣子。)

[辨]已,既。在已經的意義上,“已”與“既”有相通之處。但“已”字多獨立用,不與“且”“則”相照應。如“既明且哲”不能説成“已明且哲”;“既”字多用於與下文發生關係的地方,一般不獨立用。即以“春服既成”而論,也是和“浴乎沂,風乎舞雩”聯繫的;又以“兵刃既接”而論,也是和“棄甲曳兵而走”聯繫的。實際上等於説“在春服已成以後”“在兵刃已接以後”。至於像“道之不行,已知之矣”,就不能换成“既知之矣”,因爲没有下文了。

“已”字有停止的意義,“既”字有盡的意義,停止和盡更不相同。固然,“言未既”也可以説成“言未已”,因爲“話没説完”和“話没停止”都是講得通的(當然意思仍略有不同);但是“死而後已”就不能説成“死而後既”,“有時而既”也不能换成“有時而已”,因爲“死而後已”指的是停止工作,没有盡的意思,“有時而既”指的是送終的期限已盡,没有停止的意思。

877.【卿】

(一)官階名,爵位名。卿在公之下,大夫之上。《孟子·告子上》:“公~大夫,此人爵也。”《左傳·宣公二年》:“子爲正~。”《漢書·霍光傳》:“自先帝時,桀已爲九~,位在光右。”揚雄《解嘲》:“羣~不揖客。”

(二)君對臣的愛稱。《戰國策·趙策四》:“王曰:‘是何言也?固且爲書而厚寄~。’”(這是趙王對樓緩説的話。)《世説新語·捷悟》:“我才不及~。”(這是曹操對楊修説的話。)《宋史·趙普傳》:

“吾意正如此,特試~耳。”(這是宋太祖對趙普説的話。)又爲士大夫之間的愛稱。《晉書·周顗傳》:“此中空洞無物,然足容~曹數百人。”杜甫《惜别行送向卿》:“~家兄弟功名震。”又爲夫對妻的愛稱。古詩《焦仲卿妻》:“我自不驅~,逼迫有阿母。”

878.【傅】

(一)師傅,教師。《禮記·内則》:“十年,出就外~,居宿於外。”《孟子·滕文公下》:“有楚大夫於此,欲其子之齊語也,則使齊人~諸?使楚人~諸?”(傅,用如動詞。)又特指帝王之子或諸侯之子的師傅。《莊子·人間世》:“顔闔將~衛靈公太子。”《荀子·堯問》:“周公謂伯禽之~曰。”(伯禽,周公之子。)又特指帝王的師傅,實際上指帝王的相。揚雄《解嘲》:“或釋褐而~。”[太~]三公之一,位在太師之下,太保之上。《僞古文尚書·周官》:“立太師,太~,太保。”《左傳·成公十八年》:“使士渥濁爲大~。”漢制,帝王之子的師傅亦得稱太傅。《史記·屈原賈生列傳》:“賈生爲長沙王太~。”

(二)附著。《左傳·僖公十四年》:“皮之不存,毛將安~?”引申爲塗〔粉,藥〕。《顔氏家訓·勉學》:“莫不燻衣剃面,~粉施朱。”《舊唐書·白元光傳》:“身被數創,肅宗躬爲~藥。”這個意義在現代漢語説成“敷”。[~會](附會)傅:附著。會:會合。(1)指隨機應變來説話。《史記·袁盎鼂錯列傳》:“袁盎雖不好學,亦善~會。”成語“牽强附會”由此發展而來。(2)指組織文句。《後漢書·張衡傳》:“精思~會,十年乃成。”《文心雕龍·附會》:“何謂附會?謂總文理,統首尾……彌綸一篇,使雜而不越者也。”(3)指隨聲附和。胡銓《上高宗封事》:“頃者孫近~會檜議。”(檜:秦檜。)

879.【儀】

儀容。飲食起居進退動作的準則,特指行禮的儀式。《左傳·昭公二十五年》:"子大叔見趙簡子,簡子問揖讓周旋之禮焉。對曰:'是~也,非禮也。'"揚雄《解嘲》:"遂作君臣之~。"引申爲法度。《國語·周語下》:"示民軌~也。"

880.【容】

(一)容納,容得下。《詩經·衛風·河廣》:"誰謂河廣?曾不~刀!"(刀:小船。)《莊子·逍遥遊》:"剖之以爲瓢,則瓠落無所~。"枚乘《上書諫吴王》:"間不~髮。"用於抽象的意義,表示包容,寬容。《論語·子張》:"君子尊賢而~衆。"司馬遷《報任安書》:"苟合取~。"

(二)容貌,容色。《莊子·德充符》:"子産蹵然改~更貌。"又《天地》:"夫子何故見之變~失色,終日不自反邪?"《楚辭·漁父》:"顔色憔悴,形~枯槁。"

(三)[~與]雙聲聯緜字。從容逍遥的樣子。《楚辭·離騷》:"遵赤水而~與。"又《九歌·湘君》:"聊逍遥兮~與。"曹植《洛神賦》:"~與乎陽林。"引申爲徘徊不進的樣子。江淹《別賦》:"櫂~與而詎前?馬寒鳴而不息。"(櫂 zhào:划船的工具。詎 jù:豈。)

[辨]容,貌。"容"與"貌"是同義詞,常常可以通用。仔細分析起來,"容"字多用於内心的表現,如《孟子·萬章上》:"舜見瞽瞍,其容有蹙。""貌"字多用於外貌,如《史記·魏其武安侯列傳》:"武安者貌侵。"

881.【祥】

(一)吉凶的預兆。《左傳·僖公十六年》:"是何~也?吉凶焉在?"又《昭公十八年》:"將有大~。"《戰國策·楚策四》:"將以爲楚國祅～乎?”引申爲吉兆。《周禮·春官·眡祲》:“以觀妖～,定吉凶。”《老子》三十一章:“夫佳兵者不～之器。”再引申爲福,善。《戰國策·齊策四》:“寡人不～,被於宗廟之祟。”賈誼《弔屈原賦》:“遭時不～。”

(二)祭名。父母死後,十三月而祭,叫做小祥;二十五月而祭,叫做大祥。大祥表示喪服期滿。《禮記·檀弓上》:“孔子既～,五日彈琴而不成聲。”(祥:指大祥。)

882.【殃】

禍害,災禍。《周易》坤卦:“積善之家,必有餘慶;積不善之家,必有餘～。”《禮記·禮運》:“衆以爲～。”《楚辭·離騷》:“豈余身之憚～兮。”現代有雙音詞“遭～”。

883.【條】

(一)樹枝。《詩經·周南·汝墳》:“伐其～枚。”(枚:樹幹。)孔稚珪《北山移文》:“於是叢～瞋膽,疊穎怒魄。”

(二)條理。《尚書·盤庚上》:“若網在綱,有～而不紊。”引申爲條目,項目。《漢書·劉向傳》:“比類相從,各有～目。”又《李尋》傳:“臣謹～陳所聞。”[～理]秩序,層次。《孟子·萬章下》:“集大成也者,金聲而玉振之也。金聲也者,始～理也;玉振之也者,終～理也。”[～暢]有條理而通暢。王褒《洞簫賦》:“～暢洞達。”

884.【理】

(一)加工玉石,雕琢〔玉器〕。《戰國策·秦策三》:“鄭人謂玉未～者璞。”(鄭國人管未加工過的玉叫做“璞”。)《韓非子·和氏》:“使玉人～其璞。”(玉人:治玉的工匠。)引申爲治理。《荀子·君道》:“然後明分職,序事業,材技官能,莫不治～。”又《天論》:“本事不～。”(本事:指農業。)又爲治理得好。《孝經·廣揚名章》:“居家～,故治可移於官。”韓愈《子産不毁鄉校頌》:“既鄉校不毁,而鄭國以～。”按:唐人爲避高宗諱,不用“治”而用“理”。又爲整理,料理。《木蘭詩》:“當窗～雲鬢。”又:“當户～紅妝。”

(二)文理(紋理),腠理,條理。《禮記·中庸》:“文～密察。”《荀子·解蔽》:“則足以見鬚眉而察～矣。”《史記·扁鵲列傳》:“君有疾在腠～。”張衡《西京賦》:“剖析毫釐,擘肌分～。”引申爲規律。《莊子·養生主》:“依乎天～。”杜甫《自京赴奉先縣詠懷》詩:“以兹悟生～。”蘇洵《六國論》:“存亡之～。”又爲道理。《孟子·告子上》:“故～義之悦我心,猶芻豢之悦我口。”司馬遷《報任安書》:“至激於義～者不然。”韓愈《柳子厚墓誌銘》:“萬無母子俱往～。”

(三)治理獄訟的官,法官。《漢書·藝文志》:“法家者流,蓋出於～官。”司馬遷《報任安書》:“遂下於～。”

885.【支】

(一)枝。《詩經·衛風·芄蘭》:“芄蘭之～。”(芄蘭:草名。)又《大雅·文王》:“本～百世。”(本:樹幹。)這個意義後來寫作“枝”。《莊子·逍遥遊》:“鷦鷯巢於深林,不過一枝。”揚雄《解嘲》:“枝葉扶疎。”(《漢書》作“支”)引申爲肢。《周易》坤卦:“美在其中而暢於四～。”《孟子·離婁下》:“惰其四～。”這個意義後來寫作“肢”。《孟子·盡心下》:“四肢之於安佚也。”又爲分支。《史記·魏其武安侯列傳》:“分曹逐捕諸灌氏～屬。”柳宗元《答韋中立論師道書》:“參之荀孟以暢其～。”現代漢語有“～流”“～店”等。

(二)支撑,支持。《左傳·定公元年》:“天之所～,不可壞也。”引申爲頂得住。《戰國策·燕策一》:“夫一齊之强,而燕猶不能～也。”成語有“樂不可～”。

886.【葉】

(一)葉子。《詩經·周南·桃夭》:"其~蓁蓁。"揚雄《解嘲》:"枝~扶疎。"

(二)世,世代。《詩經·商頌·長發》:"昔在中~。"左思《詠史》詩:"金張籍舊業,七~珥漢貂。"又《吴都賦》:"雖累~百疊,而富彊相繼。"蕭統《文選序》:"自炎漢中~,厥塗漸異。"[奕~]累代。潘岳《楊仲武誄》:"奕~熙隆。"

按:"葉"字舊讀入聲。

注意:"葉""叶"不同字。"叶"是"協"的異體字。漢字簡化後,"叶"取代了"葉"。

887.【朵】(朶)

花。庾信《春賦》:"釵~多而訝重,髻鬟高而畏風。"杜甫《題新津北橋樓》詩:"白花簷外~,青柳檻前梢。"白居易《新春江次》詩:"粉片妝梅~,金絲刷柳條。"現代有雙音詞"花~"。引申爲量詞,指花的朵數。杜甫《江畔獨步尋花》詩:"黄四娘家花滿蹊,千~萬~壓枝低。"

888.【穎】

禾末。《詩經·大雅·生民》:"實~實栗。"(穎:指穗垂。栗:等於栗栗,衆盛的樣子。)孔稚珪《北山移文》:"疊~怒魄。"引申爲尖端。《史記·平原君列傳》:"使遂蚤得處囊中,乃~脱而出,非特其末見而已。"[~悟]特别聰明。《南史·謝靈運傳》:"靈運幼便~悟。"

889.【軒】

(一)大夫的車。《左傳·閔公二年》:"衛懿公好鶴,鶴有乘~者。"又《僖公二十八年》:"而乘~者三百人也。"[~冕]表示官爵,地位的尊貴。《莊子·胠篋》:"雖有~冕之賞弗能勸。"《文心雕龍·情采》:"故有志深~冕,而汎詠皋壤。"李白《贈孟浩然》詩:"紅顔棄~冕,白首臥雲松。"引申爲車。江淹《别賦》:"朱~繡軸。"

(二)檻板,略等於後代的欄杆。江淹《别賦》:"日下壁而沈彩,月上~而飛光。"杜甫《登岳陽樓》詩:"憑~涕泗流。"

(三)長廊的窗,長窗,窗。張協《七命》:"承倒景而開~。"沈約《學省愁臥》詩:"愁人掩~臥。"蘇軾《江城子》詞:"小~窗,正梳妝。"引申爲小室(晚起義)。如宋張鎡有"讀易軒""無所要軒",明歸有光室名"項脊軒"。

(四)飛,舉。王粲《贈蔡子篤》詩:"歸雁載~。"孔稚珪《北山移文》:"爾乃眉~席次,袂聳筵上。"[~昂]高舉的樣子。《三國志·吴書·孫堅傳》:"而~昂自高。"成語有"氣宇~昂"。[~然]高舉的樣子。杜甫《畫鶻行》:"烏鵲滿樛枝,~然恐其出。"成語有"~然大波"。

890.【冕】

大夫以上的冠。《論語·衛靈公》:"行夏之時,乘殷之輅,服周之~。"《文心雕龍·情采》:"故有志深軒~,而汎詠皋壤。"

891.【庾】

在野的穀倉。《詩經·小雅·甫田》:"曾孫之~,如坻如京。"(坻:水中高地。京:高丘。)《國語·周語中》:"野有~積。"引申爲一般的穀倉。杜牧《阿房宫賦》:"釘頭磷磷,多於在~之粟粒。"

892.【廩】

米倉,倉。《孟子·萬章上》:"父母使舜完~。"(完:修葺。)引申爲公家供給的糧食。常以"廩粟"二字連用。韓愈《進學解》:"猶且月費俸錢,歲糜~粟。"

893.【帛】

絲織品,綢子。《孟子·梁惠王上》:"五十者可以衣~矣。"杜牧《阿房宫賦》:"瓦縫參差,多於周身之~縷。"

按:"帛"字舊讀入聲。

894.【縷】

麻綫,綫。《墨子·尚同上》:"譬若絲~之有紀,罔罟之有綱。"杜牧《阿房宫賦》:"多於周身之帛~。"蘇軾《前赤壁賦》:"餘音嫋嫋,不絶如~。"今成語有"一絲一~""千絲萬~"。引申爲一條一條地,詳盡地。枚乘《七發》:"固未能~形其所由然也。"今有"~析","~述"。[藍~]衣服破爛。《左傳·宣公十二年》:"篳路藍~,以啟山林。"(篳路:柴車。)杜甫《山寺》詩:"山僧衣藍~。"也寫作"襤褸"。

895.【扃】

從外面可以關門的閂。《莊子·胠篋》:"固~鐍。"引申爲門。劉伶《酒德頌》:"日月爲~牖。"孔稚珪《北山移文》:"或假步於山~。"白居易《長恨歌》:"金闕西廂叩玉~。"又爲關閉。孔稚珪《北山移文》:"宜~岫幌,掩雲關。"

896.【牖】

窗。《論語·雍也》:"自~執其手。"賈誼《過秦論》上:"甕~繩樞之子。"《文心雕龍·鎔裁》:"篇章户~。"

[辨]牖,窗。在牆上的叫"牖","牖"正是今天所謂窗。"窗"字的本義是在屋頂上的窗,即天窗。在上古漢語中,"窗"字罕見。到了中古以後,"窗"與"牖"無别,而倒反是"窗"字常見了。

897.【楹】

柱子。《詩經·小雅·斯干》:"有覺其~。"(覺:高大而直的樣子。)孔稚珪《北山移文》:"至於還飆入幕,寫霧出~。"江淹《别賦》:"巡曾~而空揜,撫錦幕而虚涼。"

898.【檻】

圈野獸的栅欄。《淮南子·主術》:"故夫養虎豹犀象者,爲之圈~。"司馬遷《報任安書》:"猛虎在深山,百獸震恐,及在~穽之中,摇尾而求食。"引申爲欄杆。《漢書·朱雲傳》:"雲攀殿~,~折。"王勃《滕王閣詩》:"閣中帝子今何在?~外長江空自流!"杜牧《阿房宫賦》:"直欄横~,多於九土之城郭。"

899.【梁】

(一)橋。《莊子·馬蹄》:"澤無舟~。"曹丕《燕歌行》:"爾獨何辜限河~?"庾信《春賦》:"帶乃荆山之玉~。"又爲在水中築起的捕魚的堰。《詩經·邶風·谷風》:"毋逝我~,毋發我笱。"(逝:往。笱 gǒu:捕魚的工具。)現代有雙音詞"橋~"。

(二)房梁。《莊子·人間世》:"夫仰而視其細枝,則拳曲而不可以爲棟~。"盧照鄰《長安古意》詩:"雙燕雙飛繞畫~。"杜牧《阿房宫賦》:"架~之椽,多於機上之工女。"這個意義後來寫作"樑"。

900.【陵】

(一)大土山。《詩經·小雅·天保》:"如山如阜,如岡如~。"《左傳·僖公三十二年》:"殽有二~焉。"引申爲陵墓,帝王的墳墓。李白《憶秦娥》詞:"漢家~闕。"杜牧《將赴吴興登樂遊原》詩:"樂遊原上望昭~。"

(二)登上,昇。張衡《西京賦》:"~重巘。"(巘 yǎn:山峯。)引申爲乘,陵駕。曹植《洛神賦》:"~波微步。"《三國志·魏書·鄧艾傳》:“勇氣~雲。”

(三)侵陵,欺陵。《左傳·隱公三年》:“少~長。”《禮記·樂記》:“迭相~謂之慢。”

(四)[~遲]原指山勢的坡度愈下愈緩,引申爲衰微。司馬遷《報任安書》:“夫人不能早自裁繩墨之外,以稍~遲。”《史記·司馬相如列傳》:“反衰世之~遲,繼周氏之絶業。”也作“~夷”。《漢書·成帝紀》:“帝王之道,日以~夷。”

注意:“陵”的(二)(三)義也寫作“凌”或“淩”。參看“凌”字條。

901.【津】

(一)渡口。《論語·微子》:“使子路問~焉。”庾信《春賦》:“三日曲水向河~。”王勃《滕王閣序》:“舸艦迷~。”

(二)津液,口水。《素問·調經論》:“人有精氣~液。”

902.【浦】

(一)水邊,河邊,江邊。《詩經·大雅·常武》:“率彼淮~。”(率:沿着走。)

(二)水港,港口。江淹《别賦》:“送君南~,傷如之何!”王勃《滕王閣詩》:“畫棟朝飛南~雲,朱簾暮捲西山雨。”杜甫《朝》詩:“~帆晨初發,郊扉冷未開。”周邦彦《蘭陵王》詞:“漸别~縈迴,津堠岑寂。”

903.【疇】

(一)麻田,田。《孟子·盡心上》:“易其田~。”(易:治,耕。)陶潛《歸去來辭》:“農人告余以春及,將有事於西~。”

(二)誰。《尚書·舜典》:“~若予工?”(若:順。誰能順我百工之事?)

(三)[~昔](1)昨天。《禮記·檀弓上》:“予~昔之夜。”蘇軾

《後赤壁賦》:"～昔之夜,飛鳴而過我者,非子也耶?"(2)從前。潘岳《夏侯常侍誄》:"～昔之游,二紀於兹。"杜甫《遣悶奉呈嚴公》詩:"～昔論詩早,光輝仗鉞雄。"

904.【陌】

田間的路。南北爲阡,東西爲陌。引申爲路。曹操《短歌行》:"越～度阡。"陶潛《詠荆軻》詩:"素驥鳴廣～,慷慨送我行。"江淹《别賦》:"閨中風暖,～上草薰。"

905.【晡】

申時(等於現在下午四時)。杜甫《徐步》詩:"荒庭日欲～。""三晡"二字連用,表示傍晚。庾信《春賦》:"百丈山頭日欲斜,三～未醉莫還家。"注意:"晡"本作"餔",指申時食。[～食]吃第二頓飯。柳宗元《段太尉逸事狀》:"吾未～食。"

906.【曛】

黄昏。李華《弔古戰場文》:"風悲日～。"杜甫《信行遠修水筒》詩:"日～驚未飡。"

按:"曛"是中古以後的字。

907.【塊】

(一)土塊。《左傳・僖公二十三年》:"乞食於野人,野人與之～。"杜牧《阿房宫賦》:"鼎鐺玉石,金～珠礫。"

(二)孤獨。《楚辭・九辯》:"～獨守此無澤兮。"杜甫《送重表姪王砅》詩:"～獨委蓬蒿。"[～然]孤獨的樣子。劉琨《答盧諶書》:"～然獨立,則哀憤兩集。"

908.【礫】

小石,碎石。《韓非子・内儲説下》:"僖侯浴,湯中有～。"《楚辭·惜誓》:“相與貴夫~石。”杜牧《阿房宫賦》:“金塊珠~。”

古漢語通論

(二十七)賦的構成

1.賦與詩騷的區别

賦是文體的一種。劉勰《文心雕龍·詮賦》説:“然賦也者,受命於詩人,拓宇於楚辭也。”這是説,賦是由《詩經》《楚辭》發展而來的。《詩經》是賦的遠源,《楚辭》是賦的近源。

古人把賦與詩(《詩經》)騷(《楚辭》)分開,主要是從思想内容來看的。譬如騷之所以有别於詩,是因爲騷没有詩那樣純正,而有詭異譎怪等類的内容(劉勰《文心雕龍·辯騷》);賦之所以異於騷,是因爲賦是“鋪采摛文,體物寫志”的(劉勰《文心雕龍·詮賦》),而“騷則長於言幽怨之情”(清程廷祚《騷賦論上》)。

“鋪采摛文,體物寫志”,這是説賦的主要特點在於鋪陳事物。王逸、陸機、劉勰、程廷祚等都曾指出這一點。從漢賦到唐宋的賦都是如此,可以説這特點貫串了整個賦史。例如揚雄《解嘲》就是鋪陳許多故事來爲自己的“爲官之拓落”辯解,江淹《别賦》就是用許多典故來鋪陳各種離愁别緒。鋪陳事物最典型的作品是漢代那些描寫京殿和苑囿的賦。例如司馬相如的《上林賦》,其内容就是細膩誇張地描寫上林苑的水勢、山形、蟲魚、鳥獸、草木、珠玉、宫館等景物和皇帝在苑中進行田獵、宴樂等情況,可以説極盡其鋪陳誇張之能事。試舉其中一小段:

於是乎蛟龍赤螭,䱺(gèng)鰽(měng)漸離,鰅(rǒng)鰫鰬(qián)魠(tuō),禺禺魼(qū)鰨(tǎ),揵鰭掉尾,振鱗奮翼,潛處乎深巖。魚鼈讙聲,萬物衆夥。明月珠子,的皪江靡,蜀石黄碝(ruǎn),水玉磊砢,磷磷爛爛,采色澔汗,藂積乎其中。鴻鸘鵠鴇,駕鵝屬玉,交精旋目,煩鶩庸渠,箴疵鵁盧,羣浮乎其上。汎淫泛濫,隨風澹淡,與波摇蕩,奄薄水渚,唼喋(喋)菁藻,咀嚼菱藕。

爲了誇張上林苑水中東西多,不論什麽蟲魚、珠玉和水禽,衹要想得到的,都把它鋪陳出來。我們讀漢賦,不要把這種誇張的描寫都看成實有其事。劉勰在《文心雕龍·夸飾》中批評説:"相如憑風,詭濫愈甚。"實際上這並不是司馬相如個人的缺點,而是漢賦的共同特色。這種描寫苑囿和京殿(如班固《兩都賦》)的賦,與詩騷不同是很明顯的。

從形式上看,詩騷和賦都是押韻的,這是三者的共同點。但是一般來説:詩以四言爲主;騷一般是六言,或加兮字成爲七言;賦則字數不拘,但多數以四言六言爲主。典型的漢賦多夾雜散文句式,詩、騷則基本上没有散句。詩、騷在句與句之間,特别是段與段之間,偏重内在的聯繫,極少用連結的詞語。例如上册文選《詩經》中的《關雎》《桃夭》《七月》,《楚辭》中的《山鬼》《國殤》《哀郢》等都没有用連結的詞語。而賦則與散文一致,多用連結的詞語。例如揚雄《解嘲》,很多地方用"故""是故""是以""然而""然則""若夫""且""雖""遂"等詞語來連結上下文;江淹《别賦》用"況""復""故""至若""乃有""又有""儻有""是以""雖"等連結的詞語;蘇軾《前赤壁賦》用"於是""況""蓋將""則""且夫""苟""雖"等連結的詞語。總的來説,賦與騷的差别是不大的。至於所謂騷體賦(如賈誼《弔屈原賦》),形式上更與楚辭没有分别。如果專從形式上看,賦與騷甚至可以認爲同一類文體。

因此賦與詩、騷的分别,必須從内容和形式兩方面來考察。賦比騷抒情的成分少,詠物説理的成分多,詩的成分少,散文的成分多。賦的性質在詩和散文之間。

2.賦體的演變

賦的形式有幾次大的演變。明代徐師曾的《文體明辨》把賦分爲古賦、俳(pái)賦、律賦和文賦四種,比較概括地説明了賦體演變的結果。

漢代的賦是古賦①。古賦又叫辭賦。漢賦的篇幅一般比較長,多採用問答體的形式,韻文中夾雜散文。例如揚雄《解嘲》就是用主客的兩次問答組成,全篇基本上押韻,但也有不押韻的地方。司馬相如的《子虛賦》《上林賦》是用子虛與烏有先生、亡是公三人的對話組成,兩篇賦的首尾部分都是不押韻的散文,《上林賦》中間主要部分還有一些不押韻的地方。

漢賦的句式以四言六言爲主,這是繼承了《詩經》《楚辭》的句式,但又有所變革,不僅有三言、五言、七言等句式,還有許多長句。例如揚雄《解嘲》:

> 故有造蕭何之律於唐虞之世,則悖矣。有作叔孫通儀於夏殷之時,則惑矣。有建婁敬之策於成周之世,則乖矣。有談范蔡之説於金張許史之間,則狂矣。

這種長句在《詩經》《楚辭》中是没有的,漢賦中卻不少。

在用詞方面,漢賦喜歡用許多僻字。上面所舉《上林賦》的一段,就可以作爲例證。劉勰在《文心雕龍・練字》中所批評的"瓌怪""字林",正是漢代賦家用詞的風尚。劉勰轉引曹植的話説:"揚馬之作,趣幽旨深。讀者非師傅不能析其詞,非博學不能綜其理;豈直才懸,抑亦字隱。"②這是當時的風尚,也成了漢賦的一種語言特色。

---

① 從此以下,講到漢賦,一般衹指典型的漢賦,即古賦或辭賦,不包括騷體賦。

② 見劉勰《文心雕龍・練字》。

六朝賦是俳賦。俳賦又叫駢賦。孫梅《四六叢話》説:“左陸以下,漸趨整鍊,益事妍華,古賦一變而爲駢賦。”六朝的賦與漢賦有很大的差别。這時期的賦篇幅一般比較短小,像左思《三都賦》那樣的長篇大賦是很少的。六朝賦除用韻與漢賦相同外,駢偶、用典是它與漢賦顯然不同的地方。由此看來,所謂駢賦實際上是押韻的駢體文。

駢偶的來源很遠,漢賦中就有一些對句。例如揚雄《解嘲》:“譬若江湖之崖,渤澥之島,乘鴈集不爲之多,雙鳧飛不爲之少。”但是漢賦往往是用多句排比,而很少是雙句對偶;漢賦往往不避免同字相對,又不限於四字對和六字對。到了六朝賦,則篇中的駢偶變得非常突出,往往全篇都是四字對和六字對,而且儘可能避免同字相對。例如江淹《别賦》:

> 風蕭蕭而異響,雲漫漫而奇色。舟凝滯於水濱,車逶遲於山側。櫂容與而詎前,馬寒鳴而不息。掩金觴而誰御,横玉柱而霑軾。居人愁卧,怳若有亡。日下壁而沈彩,月上軒而飛光。見紅蘭之受露,望青楸之離霜。巡曾楹而空揜,撫錦幕而虚涼。知離夢之躑躅,意别魂之飛揚。

這一段都是四字對和六字對,除“而”“於”“之”等虚詞外,都是異字相對,而且許多地方對得很工整。這是六朝賦的典型,與漢賦在形式上有顯著的不同。

用典是六朝賦不同於漢賦的又一特色。因爲漢賦或者是很少用典,如賈誼《弔屈原賦》,或者是明顯地堆砌一些歷史故事,如揚雄《解嘲》,並不像江淹的《别賦》和庾信的《春賦》那樣,把典故融化在句子裏。

六朝賦到了後期,有明顯的詩歌化的趨勢,多夾用五七言詩句。例如庾信的《春賦》,前以七言詩起,後以七言詩結,中間也雜有七言詩句。這種賦到唐初更盛,可説是駢賦的變體。

律賦是唐宋時代科舉考試所採用的一種試體賦。宋代王銍《四六話序》説:“唐天寶十二載,始詔舉人策問,外試詩賦各一首,於是八韻律賦始盛。”律賦比駢賦更追求對仗工整,並注意平仄諧和。其最明顯的不同之處在於押韻有嚴格的限制。一般是由考官命題,並出八個韻字①,規定八類韻脚,所以説八韻律賦。例如,唐代李昂《旗賦》以“風日雲野軍國清肅”爲韻,宋代范仲淹《金在鎔賦》以“金在良冶求鑄成器”爲韻,除韻字有規定外,甚至押韻的次序,韻脚的平仄也有規定。李調元《賦話》説:“唐人賦韻,有云次用韻者,始依次遞用,否則任以己意行之。晚唐作者,取音節之諧暢,往往以一平一仄相間而出(按:上文所舉李昂《旗賦》和范仲淹《金在鎔賦》即一平一仄相間)。宋人則篇篇順敘,鮮有顛倒錯綜者矣。”②律賦的字數,也有一定限制,一般不超過四百字③。科舉考試,特别講究程式,因此律賦近乎一種文字遊戲。我們衹要知道這種賦體的梗概,没有必要去多加研究。

文賦是受古文運動的影響而産生的。中唐以後,古文家所作的賦,逐漸以散代駢,句式參差,押韻也比較隨便。形式與六朝賦差别很大,與漢賦倒很接近。因此有人把唐宋以後的賦和漢賦合在一起,也叫古賦。其實唐宋時代的文賦和漢賦無論在内容上或是在形式上,都是有區别的。在形式上,文賦不像漢賦那樣一味重視鋪排和藻飾,而是用寫散文的方法寫賦,通篇貫串散文的氣勢,重視清新流暢。杜牧的《阿房宫賦》已開文賦的先聲,蘇軾的《前赤

---

① 律賦也有由皇帝親自命題限韻的。律賦雖以八韻爲通例,但也有三、四、五、六、七韻的。詳見(宋)洪邁《容齋續筆》卷十三。

② (清)李調元《賦話》卷二,十二頁。瀹雅齋校刊本。

③ 李調元説:“唐時律賦,字有定限,鮮有過四百者。”見《賦話》卷四,四頁。

壁賦》則是文賦的典型作品。當然,文賦的句子結構也頗有與散文不同的,例如蘇軾《前赤壁賦》:"縱一葦之所如,淩萬頃之茫然""寄蜉蝣於天地,渺滄海之一粟。"但是,從整個内容安排上説,文賦的確是十分接近散文了。

3.賦的押韻

上文説過,賦是韻文的一種。賦的押韻與詩歌有相同之處,也有不同之處。下面我們著重談一談賦的押韻方式。試以揚雄《解嘲》、江淹《別賦》和蘇軾《前赤壁賦》爲例①:

揚雄《解嘲》:士紀已母|爵禄轂|卿光檔當|文言泉天間門|白落‖轂族|結逸七國|君臣貧存遁|資師‖搜禹塗候鈇書廬區陶吾渠夫|島少‖霸懼舉|安患‖傅漁遇侯驅|筆詘|師眉|辟迹‖滅絶實熱室|存全|默極|靜庭;漠宅|殊如|皇龍|白鵲‖髂索橐|沫氣位|定平|敝烈制律|隨奇隤爲|從凶‖山連君玄‖

江淹《別賦》:已里起|惻色側息軾|亡光霜涼揚‖族軸谷|陳人春鱗神‖士市里視起裏死‖軍雲薰文煴裙‖期辭滋悲時湄‖陽香芳黄光長傷‖山傳堅天年然‖誩娥波何|珪來徊‖名盈驚精英聲情‖

蘇軾《前赤壁賦》:間天然仙|槳光方|慕訴縷婦‖稀飛詩|昌蒼郎|東空雄|鹿屬粟|窮終風‖往長|瞬盡|主取|月色竭適|酌藉白‖

從上面三篇賦,關於賦的用韻,可以歸納出下列五點:

(1)由於賦的篇幅較長,往往須要换韻,一韻到底的賦極少。有的賦换韻比較快,像揚雄《解嘲》很多地方衹用了兩三個韻腳就换韻。賈誼《弔屈原賦》换韻更快,每兩句一换韻,每一個韻衹用了兩個韻腳。江淹《別賦》换韻較慢,至少三個韻腳,多數是五個韻腳

① 參看本册文選部分。下面引文中的"|"表示换韻,"‖"表示一段結束。

以上纔换韻。六朝賦换韻往往比較慢,這是時代的風尚。

(2)賦的换韻,往往與内容段落是一致的。例如揚雄《解嘲》每段所用一至八類韻,没有任何一類韻是跨段相押的[①]。每段所用的幾類韻,换韻的地方在内容方面也有轉變。這一點在六朝以後的賦中,表現得更加明顯。例如江淹《别賦》許多段都是一韻到底,换韻就是另一個段落。這樣,賦的作者可以用换韻來表示賦的段落。直到宋代的文賦,例如蘇軾《前赤壁賦》,以及更後的賦,情況大都如此。

(3)賦的押韻,有的句句押,如揚雄《解嘲》中的:

是故知玄知默,守道之極;爰清爰静,遊神之庭;惟寂惟漠,守德之宅。

有的隔句相押,如江淹《别賦》,除了"琴羽張兮簫鼓陳,燕趙歌兮傷美人"以外,都是隔句相押。隔句相押是最常見的押韻方法,這與《詩經》《楚辭》的押韻方法相同。但如上面所説的,古賦和文賦常夾有散句,押與不押,比較自由。例如揚雄《解嘲》:

范雎,魏之亡命也。折脅摺髂,免於徽索,翕肩蹈背,扶服入橐。激卬萬乘之主,介涇陽,抵穰侯而代之,當也。蔡澤,山東之匹夫也。顩頤折頞,涕唾流沫,西揖彊秦之相,搤其咽而亢其氣,拊其背而奪其位,時也。天下已定,金革已平,都於洛陽;婁敬委輅脱輓,掉三寸之舌,建不拔之策,舉中國徙之長安,適也。五帝垂典,三王傳禮,百世不易;叔孫通起於枹鼓之間,解甲投戈,遂作君臣之儀,得也。吕刑靡敝,秦法酷烈,聖漢權制,而蕭何造律[②],宜也。

① 有人認爲"世治則庸夫高枕而有餘"的"餘"與"或釋褐而傅"的"傅"押韻,但是"傅"字與下文"漁"等字押韻,"餘"字不必認爲入韻。

② 這裏既可認爲"敝""烈""制""律"四字通押,也可認爲"敝"與"制"押,"烈"與"律"押。

這一段押韻很不規則，有句句押，有隔句押，也有六七句到十多句不押的。文賦如蘇軾的《前赤壁賦》除句句押和隔句押外，也有三句或四句纔押的。這種作法是賦體中詩的成分減少、散文成分加多的表現之一。

(4)所謂韻腳，不一定在句末。如果句末是虚詞，往往在虚詞的前面押韻。這是繼承了《詩經》《楚辭》的作法。例如：

意者玄得無尚白乎？何爲官之拓落也？

客徒欲朱丹吾轂，不知一跌將赤吾族也！

是以士頗得信其舌而奮其筆，窒隙蹈瑕，而無所詘也。

(以上揚雄：解嘲)

賦有凌雲之稱，辯有雕龍之聲，誰能摹暫離之狀，寫永訣之情者乎！

(以上江淹：别賦)

"月明星稀，烏鵲南飛"，此非曹孟德之詩乎？

西望夏口，東望武昌，山川相繆，鬱乎蒼蒼，此非孟德之困於周郎者乎？

方其破荆州，下江陵，順流而東也，舳艫千里，旌旗蔽空，釃酒臨江，横槊賦詩，固一世之雄也，而今安在哉！

逝者如斯，而未嘗往也；盈虚者如彼，而卒莫消長也。蓋將自其變者而觀之，則天地曾不能以一瞬；自其不變者而觀之，則物與我皆無盡也。

(以上蘇軾：前赤壁賦)

這種押韻方式古賦和文賦中用得較多，六朝駢賦一般少用。

句末的虚詞，一般不用作韻腳，但也有用來押韻的。例如：

一肌一容，盡態極妍。縵立遠視，而望幸焉。有不得見者，三十六年。

（杜牧：阿房宫賦）

（5）韻腳以不重複爲原則，例如上面所舉的三篇賦和本單元文選中其他幾篇賦都没有同字重押的。有時候看來好像是重韻，實際上這兩個韻字的字形雖然相同，意義卻迥然有别，那衹能認爲用了同形詞或同音詞，而不是重韻。試以庾信《哀江南賦》爲例：

天子方删詩書，定禮樂，設重雲之講，開七林之學。談劫燼之灰飛，辯常星之夜落。地平魚齒，城危獸角。卧刁斗於滎陽，絆龍媒於平樂。

爾乃桀黠（xiá）構扇，馮陵畿甸。擁狼望於黄圖，填盧山於赤縣……陶侃（侃）空爭米船，顧榮虚摇羽扇。

例一，"禮樂"的"樂"（yuè）和"平樂"的"樂"（lè）不但不同義，而且不同音，衹能算同形詞。例二，"桀黠構扇"的意思是叛臣捏造事實，煽動君主。"構扇"的"扇"與"煽"同義，和"羽扇"的"扇"不同義，衹能算同音詞。即使是這樣，同形詞或同音詞也要保持一定的距離。這個規矩，直到唐詩宋詞中還是適用的[①]。

4.賦的結構

賦可以有三個部分：前面有序，中間是賦的本身，後面有"亂"或"訊"等。劉勰《文心雕龍·詮賦》説："既履端於倡序，亦歸餘於總亂。序以建言，首引情本；亂以理篇，迭致文契。"序是説明作賦的原因，"亂"或"訊"大多概括全篇的大意。但序和"亂"等不是賦一定要具備的。

西漢以前的賦是没有序的，例如賈誼的《弔屈原賦》和揚雄的

① 杜甫《自京赴奉先縣詠懷五百字》共用三個"卒"字押韻，它們是既不同義，又不同音。參看本册第1391—1392頁注〔16〕。

《解嘲》等。後人把《漢書》的話抄來作序,那並不是作者的原序。從東漢開始,作者纔自己寫賦序[①],例如班固的《兩都賦》。賦序與賦本身在形式上的差别,是賦用韻而序不用韻。漢代賦序和一般散文没有分别,六朝賦序有用駢體文寫的,例如庾信《哀江南賦序》。

"亂"或"訊"在漢賦中多有這一部分。例如賈誼《弔屈原賦》有"訊",揚雄《甘泉賦》有"亂"。這是騷體形式的沿用。六朝以後的賦很少運用這種形式的。

有的漢賦假設賓主對答,開始和結尾都多用散文,賦本身就分成三個部分。開始部分有點近似序;結尾部分往往發點議論,以寄託諷諭之意,近似"亂"或"訊"。例如司馬相如的《子虛賦》《上林賦》就是如此。唐宋時代有些賦還沿用這種作法。例如韓愈《進學解》開始有幾句散文,作用是爲下文作張本[②];杜牧《阿房宫賦》從"嗚呼!滅六國者,六國也,非秦也"起,是一段發議論的散文,這就是寄託諷諭的結尾部分。蘇軾的《前赤壁賦》,開始和結尾雖然不是散文,但是結構仍可分成三部分。"壬戌之秋,七月既望,蘇子與客泛舟游於赤壁之下",這是略等於序的開始部分。"蘇子曰:客亦知夫水與月乎"以下,是發議論的結尾部分。

(二十八)古漢語的修辭

古代漢語裏的修辭方式很多。在這一節通論裏,我們祇選那些比較重要的,有助於提高閱讀古書能力的修辭手段來談談,目的祇是幫助讀者了解這些修辭手段,從而提高閱讀古書的能力。

我們打算談八個方面:(1)稽古;(2)引經;(3)代稱;(4)倒置;

① 清代王芑孫《讀賦卮言·序例》説:"自序之作,始于東京。"

② 《古文辭類篹》以《進學解》歸入辭賦類,我們認爲是對的。

(5)隱喻;(6)迂迴;(7)委婉;(8)誇飾。

(1)稽古

稽古是援引古人的事蹟來證實自己的論點,這在古代作品裏是一種頗爲常見的修辭手段。例如:

故令尹誅而楚姦不上聞,仲尼賞而魯民易降北,上下之利,若是其異也。(韓非子·五蠹)

昔玉人獻寶,楚王誅之;李斯竭忠,胡亥極刑;是以箕子陽狂,接輿避世,恐遭此患也。(鄒陽:獄中上梁王書)

古者富貴而名摩滅,不可勝記,唯倜儻非常之人稱焉。蓋文王拘而演周易;仲尼厄而作春秋;屈原放逐,乃賦離騷;左丘失明,厥有國語;孫子臏脚,兵法修列;不韋遷蜀,世傳吕覽;韓非囚秦,説難孤憤;詩三百篇,大底聖賢發憤之所爲作也。(司馬遷:報任安書)

古者有喜,則以名物,示不忘也。周公得禾,以名其書;漢武得鼎,以名其年;叔孫勝敵,以名其子。其喜之大小不齊,其示不忘一也。(蘇軾:喜雨亭記)

稽古有明有暗。以上都是明的稽古。暗的稽古,是假定讀者通曉古籍,用不着説明是誰的事蹟。例如:

故士或自盛以橐,或鑿坏以遁。(揚雄:解嘲)

夫上世之士,或解縛而相,或釋褐而傅,或倚夷門而笑,或横江潭而漁,或七十説而不遇,或立談而封侯,或枉千乘於陋巷,或擁篲而先驅。是以士頗得信其舌而奮其筆,窒隙蹈瑕,而無所詘也。(同上)

臣聞洪水横流,帝思俾乂。(孔融:薦禰衡表)

揚雄《解嘲》的例子,我們在文選中已經注釋過了。至於孔融《薦禰衡表》一例,那是引用《孟子》和《尚書》中的故事。《孟子·滕文公上》:"當堯之時,天下猶未平,洪水横流,氾濫於天下。"《尚書·堯典》:"帝曰:'咨四岳,湯湯洪水方割,蕩蕩懷山襄陵,浩浩滔天,下民其咨,有能俾乂。'"①孔融把帝堯求賢治水的事壓縮成爲八個字説出來,如果讀者没有讀過《孟子》或《尚書》,就不容易知道他的用意了。

(2)引經

引經與稽古的分别,主要在於:稽古是敘述一些歷史事實,引經則是援引古代聖賢的言辭;稽古可以有正面的,有反面的,而引經則一律是正面的言論。試舉數例如下:

> 老吾老,以及人之老;幼吾幼,以及人之幼:天下可運於掌。《詩》云:"刑于寡妻,至于兄弟,以御于家邦。"言舉斯心加諸彼而已。(孟子·梁惠王上)

> 故周書曰:"皇天無親,惟德是輔。"又曰:"黍稷非馨,明德惟馨。"又曰:"民不易物,惟德緊物。"如是,則非德民不和神不享矣。(左傳·僖公五年)

> 仁之與義,敬之與和,相反而皆相成也。易曰:"天下同歸而殊塗,一致而百慮。"(漢書·藝文志)

有一點值得注意,古人引《詩》,有時並不切合《詩經》的原意。例如《荀子·勸學》篇引《詩經·小雅·小明》:"嗟爾君子,無恒安息,靖共爾位,好是正直,神之聽之,介爾景福。"《勸學》篇接着説:"神莫大於化道,福莫長於無禍。"《荀子》這裏所謂"神"(人的精神修養),已經不是《詩經》的原意(天神);但是荀子要借化道來勸

---

① 四岳,官名,一人而總四岳諸侯之事(依蔡沈説)。湯湯,水盛的樣子。割,害。蕩蕩,廣闊的樣子。懷,包圍四面。襄,泛出其上。下民其咨,百姓咨歎憂傷。俾,使。乂(yì),治。有能俾乂,有才能的人使他去治水。

學,他就不能不這樣引。《勸學》篇又引《詩經·曹風·尸鳩》:"尸鳩在桑,其子七兮,淑人君子,其儀一兮。其儀一兮,心如結兮。"下面接着説:"故君子結於一也。"《詩經》的"一"是"一致"的一(均一),《荀子》的"一"是"專一"的一,意義上很不相同。在上古時代這種作法是允許的。

先秦所引的經主要衹有《詩經》《尚書》和《周易》三種。除經之外,還有所謂"傳"。先秦所謂傳,大約是一些傳説(包括歷史故事和格言)。《孟子》所謂"於傳有之"(《梁惠王上》),《荀子》所謂"傳曰",都屬於這一類。到了漢代,所謂傳則包括那些當時不屬於經而又與經相表裏的著作,如《論語》之類①。

戰國時代,引經成爲風氣。《論語》引《詩》兩次,引《書》兩次;《孟子》引《詩》已達二十六次,此外還引《書》兩次。《荀子》引經更多,引《詩》竟達七十次,另外引《書》十二次,引《易》三次,此外還有"傳曰"二十次。諸子當中,引經最多的是《荀子》。《墨子》雖不是儒家的著作,也引了幾次《詩》《書》。

漢代以後,引經據典不限於《詩》《書》《易》三種了,還可以引《左傳》《論語》《老子》《莊子》《韓非子》《管子》,甚至引用董仲舒的作品②。當然,越到後代,可引的著作就越多了。這種引用一般著作的手法,是從"引經"發展來的。

(3)代稱

代稱的範圍很廣,下面分作八個方面來敘述:

①以事物的特徵或標誌來指代該事物。例如:

① 《史記·李將軍列傳》:"傳曰:'其身正,不令而行;其身不正,雖令不從。'""傳"指的是《論語》。

② 例如楊惲《報孫會宗書》:"董生不云乎:'明明求仁義,常恐不能化民者,卿大夫之意也;明明求財利,常恐困乏者,庶人之事也。'"

君子不重傷,不禽二毛。(左傳·僖公二十二年)

黄髮垂髫,并怡然自樂。(陶潛:桃花源記)

帶甲百萬,而專屬之昭奚恤。(戰國策·楚策一)

何爲棄墳井,在山谷爲寇也。(洛陽伽藍記·王子坊)

“二毛”是指花白頭髮,這是老年人的特徵,借用來指代老年人。“黄髮垂髫”是老人和小孩的特徵,借來指代老人和小孩。“帶甲”是武裝戰士的標誌,借來指代軍隊。“墳井”是古代鄉里的標誌,借用來指代鄉里。

②以部分代全體。有時候是以事物的主要部分指代該事物的全體,例如國風和大小雅是《詩經》的主要部分,所以“風雅”可作爲《詩經》的代稱;《離騷》是《楚辭》的主要部分,所以“風騷”可作爲《詩經》《楚辭》的代稱。試看下面的例子:

遠棄風雅,近師辭賦。(文心雕龍·情采)

源其飆流所始,莫不同祖風騷。(宋書·謝靈運傳·論)

有時是摘取一篇作品裏的個别的詞或詞組指代整篇作品,例如:

子建函京之作,仲宣灞岸之篇,子荆零雨之章,正長朔風之句,並直舉胸情,非傍詩史。(宋書·謝靈運傳·論)

(曹子建贈丁儀王粲詩:“從軍度函谷,驅馬過西京。”王仲宣七哀詩:“南登霸陵岸,回首望長安。”孫子荆陟陽候詩:“晨風飄岐路,零雨被秋草。”王正長雜詩:“朔風動秋草,邊馬有歸心。”)

至於像“莫不寄言上德,託意玄珠”(《宋書·謝靈運傳·論》),則是以“上德”和“玄珠”分别指代老子和莊子的學説了①。

③以原料代成品。原料和成品是互相有關的事物,所以原料

① 參看古漢語通論(二十六)駢體文的構成(下)。

可以指代成品。例如《孟子·滕文公上》:"許子以釜甑爨,以鐵耕乎?"鐵是製造農具的原料,所以拿鐵來指代鐵製的耕田農具。又如《文心雕龍·情采》篇説:"鏤心鳥迹之中,織辭魚網之上。"魚網是造紙的原料[①],所以拿魚網作爲紙的代稱。至於鳥迹,它不是文字的原料,而是文字的象徵[②],也被用作代稱,指代文字。

④以具體代抽象。這是古人在修辭上常用的一種手法。試舉"刑罰"的概念爲例。"刑罰"是一種比較抽象的概念,古人則常用刑具"徽索""縲紲""刀鋸"等作爲刑罰的代稱:

范雎,魏之亡命也,折脅摺髂,免於徽索。(揚雄:解嘲)

亦頗識去就之分矣,何至自沈溺縲紲之辱哉?(司馬遷:報任安書)

車服不維,刀鋸不加。(韓愈:送李愿歸盤谷序)

再舉"音樂"的概念爲例。"音樂"是一種比較抽象的概念,古人則常用音樂器材"絲竹"等作爲"音樂"的代稱:

無絲竹之亂耳,無案牘之勞形。(劉禹錫:陋室銘)

雖無絲竹管弦之盛,一觴一詠,亦足以暢敘幽情。(王羲之:蘭亭集序)

⑤以地代人[③]。古書中常見的一種是以做官的地點爲人的代稱。例如王勃《滕王閣序》:"睢園緑竹,氣凌彭澤之樽;鄴水朱華,光照臨川之筆。"彭澤代陶淵明,臨川代謝靈運[④]。又如《世説新語·自新》篇:"平原不在,正見清河。"平原代陸機,清河代陸雲[⑤]。

① 参看第三册第1121頁《情采》注〔11〕。
② 参看第三册第1121頁《情采》注〔10〕。
③ 以地代人和下文以官代人可参看古漢語通論(二十一)古代文化常識之姓名部分。
④ 陶淵明爲彭澤令,謝靈運爲臨川内史。
⑤ 陸機爲平原内史,陸雲爲清河内史。

又如嵇康《與山巨源絶交書》:“足下昔稱吾於潁川。”潁川代山嶔[①]。

⑥以官代人。以官代人是表示尊重。上文所述的以地代人,實際上也是以官代人,衹不過把官名隱去,衹剩做官的地點罷了。司馬遷把自己的父親稱爲太史公而不稱名,這是很明顯地表示尊敬。甚至有簡省官名,衹剩兩個字的,例如王羲之曾任右軍將軍,世稱王右軍,後代也有人省稱爲右軍。再舉兩個例子:

驃騎發迹於祁連。(揚雄:解嘲)

(驃騎將軍霍去病。)

及三閭橘頌,情采芬芳。(文心雕龍·頌讚)

(三閭大夫屈原。)

⑦專名用作通名。古代漢語裏,專名用作通名的例子很多。例如:

子之笑我玄之尚白,吾亦笑子病甚不遇俞跗與扁鵲也。(揚雄:解嘲)

(俞跗、扁鵲都是良醫的代稱。)

尚生不存,仲氏既往,山阿寂寥,千載誰賞。(孔稚珪:北山移文)

(尚子平、仲長統都是隱士的代稱。)

楊意不逢,撫凌雲而自惜;鍾期既遇,奏流水以何慚。(王勃:滕王閣序)

(楊得意是推薦者的代稱,鍾子期是知音者的代稱。)

⑧割裂式的代稱。把古書中的一個詞組割裂開來,用其中的一部分代替另一部分,這是割裂式的代稱。例如《文心雕龍·鎔

---

① 山嶔爲潁川太守。

裁》篇説:"及雲之論機,亟恨其多,而稱清新相接,不以爲病,蓋崇友于耳。"這裹的"友于"指代"兄弟"。這是因爲《尚書·君陳》篇説"惟孝友于兄弟",後人就截取其中的"友于"二字作爲"兄弟"的代稱。又如丘遲《與陳伯之書》説:"主上屈法申恩,吞舟是漏。""吞舟"爲大魚的代稱。這是因爲賈誼《弔屈原賦》説:"彼尋常之汙瀆兮,豈能容夫吞舟之巨魚?"桓寬《鹽鐵論·論菑》篇也説:"網漏吞舟之魚。""吞舟"指代大魚是當時的習慣用法,不單是丘遲這樣用,《晉書·顧和傳》也説:"和答王導曰:'明公作輔,寧使網漏吞舟;何緣採聽風聞,以察察爲政?'"

這種代稱影響語言的純潔性,是不應該提倡的。

(4)倒置

由於對仗、平仄和押韻的要求,古代作家往往著意造了一些詞序顛倒的句子。這種句子多半出現在辭賦駢文裹,散文裹有時也可見到。例如:

歷觀文囿,泛覽辭林,未嘗不心遊目想,移晷忘倦。(蕭統:文選序)

(應理解爲目遊心想。)

使人意奪神駭,心折骨驚。(江淹:别賦)

(應理解爲骨折心驚。)

臨溪而漁,溪深而魚肥;釀泉爲酒,泉香而酒洌。(歐陽修:醉翁亭記)

(應理解爲泉洌而酒香。)

例一是由於本句平仄的要求(心遊目想:平平仄仄);例二一方面是由於對仗和平仄的要求("心"對"意":平對仄;"骨"對"神":仄對平),一方面是由於押韻的要求("驚"與上文"名""盈"、下文"精"

“英”“聲”“情”等字押韻）；例三是由於對仗和平仄的要求（“洌”對“肥”：仄對平）。遇到這種句子時，我們應當按照正常的詞序去理解文意。

（5）隱喻

譬喻有明有隱。明喻用“如”“若”等字，容易懂；隱喻不用“如”“若”等字，不容易懂。我們要學會識別古人的隱喻，否則以喻爲真，就會引起誤解。現在試舉一些例子：

今子乃以鴟梟而笑鳳皇，執蝘蜓而嘲龜龍，不亦病乎？（揚雄：解嘲）

（鴟梟蝘蜓比喻卑鄙的人，鳳皇龜龍比喻高尚的人。）

當塗者昇青雲，失路者委溝渠。（同上）

（當塗比喻得志，失路比喻失志，青雲比喻高位。）

若擇源於涇渭之流，按轡於邪正之路，亦可以馭文采矣。（文心雕龍·情采）

（涇渭比喻清濁。）

像這一類的隱喻，古書中用得很多。我們不能依照本義去了解，而應該依照比喻的意義去了解。

（6）迂迴

迂迴是一種隱晦難懂的修辭手法。作者的話不是直説的，而是用轉彎抹角的方式説出來，所以叫做迂迴法。古人的迂迴法往往是利用典故來表現的。這種情況，突出地表現在駢體文或者是駢散兼行的文章裏面[①]。我們現在讀駢體文之所以感到難懂，往往是由於這種表達方式和口語背道而馳，因而和我們的語言習慣格格不入。現在先舉一個例子，然後加以討論：

---

① 參看古漢語通論（二十六）駢體文的構成（下）。

所賴君子見幾,達人知命。老當益壯,寧知白首之心;窮且益堅,不墜青雲之志。酌貪泉而覺爽,處涸轍以猶懽。北海雖賒,扶摇可接;東隅已逝,桑榆非晚。(王勃:滕王閣序)

要讀懂這幾句話,首先要了解"見幾""達人""白首""青云""涸轍""賒""扶摇""東隅""桑榆"等詞語的意義(參看本書文選注)。前面幾句比較好懂,"酌貪泉而覺爽"以後的句子都是用典,就不容易懂了。我們如果要了解後面幾句話,須要經過兩個步驟:第一,要先找出這些典故的出處來:

(甲)酌貪泉　《晉書·吴隱之傳》:"未至州(廣州)二十里,地名石門,有水曰貪泉,飲者懷無厭之欲。隱之至泉所,酌而飲之,賦詩曰:'古人云此水,一歃懷千金,試使夷齊(伯夷、叔齊)飲,終當不易心。'清操愈厲。"

(乙)處涸轍　《莊子·外物》:"(莊)周昨來,有中道而呼者,周顧視車轍中,有鮒魚焉。周問之曰:'鮒魚來,子何爲者耶?'對曰:'我東海之波臣也。君豈有斗升之水而活我哉?'周曰:'諾,我且南遊吴越之王,激西江之水而迎子,可乎?'鮒魚忿然作色曰:'吾失我常與,我無所處,吾得斗升之水然活耳。君乃言此,曾不如早索我於枯魚之肆。'"

(丙)北海雖賒,扶摇可接　《莊子·逍遥遊》:"北冥有魚,其名爲鯤……化而爲鳥,其名爲鵬……鵬之徙於南冥也,水擊三千里,摶扶摇而上者九萬里。"

(丁)東隅已逝,桑榆非晚　《後漢書·馮異傳》:"始雖垂翅回谿,終能奮翼黽池;可謂失之東隅,收之桑榆。"

第二,要從這些典故裏去體會作者的意思:同一個典故,可以從各種不同的角度去看;因此,要了解作者的意思,必須從上下文去體會它的連貫性。在《滕王閣序》裏,這幾句話的大意是:好在君子能預見事物的動向,曠達的人會知道自己的命運。越老越應該健旺,哪能有衰老的想法;越窮困越應該堅强,不能喪失高尚的節操。喝了貪泉中的水,反而覺得清爽;處在涸轍般的困境,卻仍然心情歡暢。北海雖然很遠,凭藉着旋風還是可以達到;早上的時光錯過了,傍晚的機會能利用也不算晚。

駢體文在這些地方似乎做到了言簡意賅,但是,既然意思是迂迴的,也就比較隱晦,讀者要費心去揣摩。現在舉一反三,使大家知道怎樣去應付這一類句子,這裏就不再討論了。

(7)委婉

在封建社會裏,説話有所顧忌,怕得罪權貴、統治者,以致惹禍;所以説話時,往往是委婉曲折地把意思表達出來。司馬遷爲李陵事受了宫刑,遭到了冤屈,但是他在《報任安書》中衹説"明主不曉",不敢直指君上的罪惡。鄒陽爲梁王出謀畫策,梁王卻聽信讒言,把鄒陽下在獄中,並且準備殺死他,這也是冤屈的;但是鄒陽在《獄中上梁王書》中卻衹説"左右不明",不敢直言梁王的愚昧。諸葛亮在寫《出師表》時,心裏實際上是痛恨後主寵任宦官,但他在《出師表》裏卻衹説"未嘗不歎息痛恨於桓靈也",話也説得很含蓄。因此,我們閲讀古書的時候,要從字裏行間去領會作者真正的思想感情。

外交辭令是委婉語的一種。古人(特别是上古時代)的外交辭令,往往是拐彎抹角、委婉曲折地把意思表達出來的。曲折到那種地步,不但後人不那樣説,有時甚至使後人很難了解本來的用意。《左傳·僖公四年》:"君惠徼福於敝邑之社稷,辱收寡君。"意思是説:"您如果不毁滅我國,肯跟我們結成同盟。"《左傳·成公三年》:

“雖遇執事,其弗敢違。”意思是説:“即使跟您相遇,也非打您不可。”《左傳·成公十三年》:“寡人不佞,其不能以諸侯退矣。”意思是説:“那麽我就要和諸侯來攻打你了。”

謙詞也是委婉語的一種。司馬遷在《報任安書》中説“待罪輦轂下”,又説“廁下大夫之列,陪外廷末議”。這裏所謂“待罪”“廁”“下大夫”“陪”“末議”,都不能按字面解釋;實際上“待罪”衹等於任職,“廁”衹等於位置(動詞),“下大夫”衹等於羣臣,“陪”衹等於參加,“末議”衹等於議事或議政。

在古人書信中,謙詞是特别多的。差不多凡講到對方都用敬詞,凡講到自己都用謙詞。即以司馬遷《報任安書》爲例,除了上述的謙詞以外,其他謙詞還有:

牛馬走　僕　側聞　賤事　請　略陳　固陋

幸　私心　竊　謹　再拜

至於敬詞則有:

足下　辱賜　教　左右

後代的書信,大都採用這種方式。其中有些已經變成客套,這是讀古人書信時不可不知的。

(8)誇飾

誇飾是一種重要的修辭手段,古今都是一樣的。誇飾不等於誇大。誇大是言過其實;誇飾不是言過其實,而是一種極度形容語,使語言增加生動性。現在試舉一些例子:

人固有一死,或重於泰山,或輕於鴻毛。(司馬遷:報任安書)

天下之士,雲合霧集,魚鱗雜遝,熛至風起。(史記·淮陰侯列傳)

飛館生風,重樓起霧。(洛陽伽藍記·開善寺)

明星熒熒,開妝鏡也。緑雲擾擾,梳曉鬟也。渭流漲膩,棄脂水也。煙斜霧横,焚椒蘭也。雷霆乍驚,宫車過也。(杜牧:阿房宫賦)

某些人名地名,以及某些特殊的物名,可以用作極度形容語。上面所舉的"(死)或重於泰山"的泰山即是一例;由於泰山在古人看來是最高的山,也就代表着最重要的東西。下面再舉一些例子:

非有仲尼墨翟之賢,陶朱猗頓之富。(賈誼:過秦論)

(仲尼、墨翟代表最賢的人,陶朱、猗頓代表最富的人。)

雖才懷隨和,行若由夷,終不可以爲榮。(司馬遷:報任安書)

(隨侯之珠、和氏之璧代表最寶貴的東西,比喻最好的才能;許由、伯夷代表最清高的人。)

家家自以爲稷契,人人自以爲皋陶,戴縰垂纓而談者,皆擬於阿衡。(揚雄:解嘲)

(稷、契、皋陶、阿衡代表最賢能的人。)

雖梁王兔苑,想之不如也。(洛陽伽藍記·開善寺)

(梁王兔苑代表最奢華的園林。)

以上所述古代漢語的修辭,大多數與用典有關。一方面,我們要掌握一些典故;另一方面,我們也要知道古人的修辭手段,以免找出典故以後還理解不透。這一節所講的古漢語修辭,雖然還不够全面,如果能由此類推,也就"思過半"了。

第十三單元

文　選

兩漢樂府民歌

“樂府”本來是漢武帝時開始設立的采詩配樂的官署,後來凡是這個官署采來配樂的詩歌也叫做“樂府”,漸漸地“樂府”又成爲一種有特殊風格的詩體了。

漢樂府詩的來源有二:一是從民間采來的歌謡,一是文人製作的歌功頌德的作品。無論采來的還是文人製作的,都配以音樂。這裏所選的都是民間歌謡。

據《漢書·藝文志》説,民間歌謡,“皆感於哀樂,緣事而發,亦可以觀風俗,知厚薄。”其實主要目的是爲了供統治者的宫廷娱樂和點綴昇平。儘管如此,樂府的設立,使好多民歌被保存了下來,在中國文學史上的貢獻還是很大的。

樂府詩歷來都是根據音樂的類别來分類的。主要分以下四類:

一、郊廟歌辭:主要是貴族文人爲祭祀而作的樂歌,華麗典奥,價值不高。

二、鼓吹曲辭:又叫短簫鐃歌,是漢初從北方民族傳入的北狄樂。歌辭是後來補寫的,内容龐雜。主要是民間創作。

三、相和歌辭:音樂是各地采來的俗樂,歌辭也多是"街陌謡謳"。其中有許多優秀作品,是漢樂府中的精華。

四、雜曲歌辭:其中樂調多不知所起。因無可歸類,就自成一類。裏面有一部分優秀民歌。

兩漢樂府民歌通過敘事來抒發感情,它廣泛而深刻地反映了當時的社會生活和人民的思想感情與願望。藝術上的成就也很高,形式上非常自由,保持了口語的真面目。句子由一二字到八九字,參差錯落,不拘一格。這種真實樸素、自由變化的形式,爲前所未有。其次是故事性强,通過敘事來抒發感情。

有所思〔1〕

有所思,乃在大海南。何用問遺君〔2〕?雙珠瑇瑁簪〔3〕,用玉紹繚之〔4〕。聞君有他心,拉雜摧燒之〔5〕。摧燒之,當風揚其灰。從今以往,勿復相思!相思與君絶。雞鳴狗吠,兄嫂當知之〔6〕。〔妃呼狶〕〔7〕,秋風肅肅晨風颸〔8〕,東方須臾高知之〔9〕。

〔1〕本篇是漢鼓吹曲《鐃歌十八曲》中的一篇,歌中描寫女主人公的熱烈真摯的愛情和她聽説對方變了心的憤激而悔恨的思想活動。

〔2〕何用,用什麼。問遺(wèi),贈送。

〔3〕瑇瑁(dàimào),即玳瑁,龜類,它的外殼可製裝飾品。這是説想送給他一根兩頭掛珠子的瑇瑁簪子。

〔4〕紹繚,纏繞。

〔5〕拉雜,雜亂不整齊,使動用法。摧,折。南、簪、心,押韻。繚、燒,押韻。

〔6〕這是回憶過去兩人相會時的情況,估計兄嫂已經知道。

〔7〕妃呼狶(xī),表聲的字,無意義。

〔8〕肅肅，風聲。晨風，即鸇（zhān），鷂子一類的鳥。颸（sī），快。

〔9〕高，通“皜”（hào），白。這是説一夜也没打定主意，再想一會兒天亮了該會知道辦法的。之、灰、思、之、颸、之，押韻。

上　邪[1]

上邪！我欲與君相知[2]，長命無絶衰[3]。山無陵[4]，江水爲竭，冬雷震震[5]，夏雨雪[6]，天地合，乃敢與君絶[7]。

〔1〕上，指天。邪，通“耶”。上邪，天啊！本篇也是《鐃歌十八曲》中的一篇，是一個女子表示堅決跟她的情人相愛的誓辭。

〔2〕相知，等於説相親相愛。

〔3〕命，等於説令、使。這是説使愛永遠不斷絶、不衰減。知、衰，押韻。

〔4〕陵，指山峯。

〔5〕震震，雷聲。

〔6〕雨雪，降雪。

〔7〕竭、雪、絶，押韻。

孤 兒 行[1]

孤兒生，孤子遇生[2]，命獨當苦。父母在時，乘堅車，駕駟馬。父母已去[3]，兄嫂令我行賈[4]。南到九江[5]，東到齊與魯。臘月來歸，不敢自言苦。頭多蟣蝨[6]，面目多塵[7]。大兄言辦飯[8]，大嫂言視馬[9]。上高堂，行取殿下堂[10]，孤兒淚下如雨[11]。

使我朝行汲[12]，暮得水來歸。手爲錯[13]，足下無菲[14]。愴愴履霜[15]，中多蒺藜。拔斷蒺藜腸肉中[16]，愴欲悲。淚下渫渫[17],清涕纍纍[18]。冬無複襦[19],夏無單衣[20]。居生不樂[21],不如早去,下從地下黄泉[22]。

春氣動,草萌芽,三月蠶桑,六月收瓜。將是瓜車[23],來到還家[24]。瓜車反覆[25],助我者少,啗瓜者多[26]。願還我蒂[27]。兄與嫂嚴,獨且急歸[28],當興校計[29]。

亂曰[30]:里中一何譊譊[31]!願欲寄尺書[32],將與地下父母[33]:兄嫂難與久居[34]。

〔1〕本篇屬《相和歌辭·瑟調曲》,寫一個孤兒遭受兄嫂虐待的情況,反映了當時的社會問題。

〔2〕遇生,偶然碰上生到世上來。"遇"是"偶"的假借字。

〔3〕去,指死。

〔4〕行賈(gǔ),往來經商。《史記·貨殖列傳》:"行賈,丈夫賤行也。"

〔5〕九江,漢時郡名,包括今江蘇、安徽長江北岸和江西全省之地。

〔6〕蟣(jǐ),蝨卵。

〔7〕這句的末尾可能脱一"土"字。

〔8〕辦飯,準備飯。

〔9〕視馬,照顧馬匹。

〔10〕取,通"趣",即趨,快步走。殿,高大的房屋,即上句的高堂。殿下堂,指高堂下的另一房屋。這兩句是説叫孤兒做些家務事,一會兒上高堂,一會兒下高堂,就這樣上下奔走。

〔11〕苦、馬、賈、魯、苦、〔土〕、馬、雨,押韻。

〔12〕行汲,出去打水。

〔13〕錯,一種較粗糙的磨刀石。手爲錯,手裂得簡直成了粗糙的磨刀石。

〔14〕菲,通"扉"(fèi),草鞋。

〔15〕愴愴,悲傷的樣子。

〔16〕腸,指腓(féi)腸,脛骨後的肉,即小腿肚子。月,古肉字。腸月,小腿肚子

的肉。

〔17〕渫渫(xièxiè),水波連續的樣子,這裏是指淚落不斷的樣子。

〔18〕纍纍,連續不絶的樣子。

〔19〕複襦,短袂襖。

〔20〕歸、菲、藜、悲、纍、衣,押韻。

〔21〕居生,等於説在世上活着。

〔22〕從,指跟隨父母。

〔23〕將,等於説拉。

〔24〕還家,指回家的路。

〔25〕反覆,翻倒。

〔26〕芽、瓜、車、家、多,押韻。

〔27〕蒂,瓜和瓜蔓相接的部分。

〔28〕且,將。

〔29〕興,起,這裏有惹起的意思。校計,即計較。興校計,等於説惹起糾紛。蒂、計,押韻。

〔30〕亂,樂歌的末章。

〔31〕譊譊(náonáo),爭辯聲,喧鬧嘈雜聲。

〔32〕尺書,指信札。古代書信都寫在一尺一寸長的木板或絹帛上,木叫牘,帛叫素,所以稱書信爲"尺書"。

〔33〕將與,帶給。

〔34〕書、居,押韻。

隴西行〔1〕

天上何所有?歷歷種白榆〔2〕,桂樹夾道生〔3〕,青龍對道隅〔4〕。鳳凰鳴啾啾〔5〕,一母將九雛〔6〕。顧視世間人,爲樂甚獨殊。好婦出迎客,顔色正敷愉〔7〕,伸腰再拜跪,問客平安不〔8〕。請客北堂上,坐客氈氍毹〔9〕。清白各異樽[10],酒上正華疏[11]。酌酒持與客,客言主人持[12]。卻略再拜跪[13],然後持一杯。談笑未及竟,左顧勑中廚[14],促令辦麤飰[15],慎莫使稽留[16]。廢禮送客出[17],盈盈府中趨[18]。送客亦不遠,足不過門樞[19]。取婦得如此,齊姜亦不如[20]。健婦持門户[21],亦勝一丈夫。

〔1〕本篇屬《相和歌辭·瑟調曲》,寫一個婦女招待賓客,從容大方,送迎有禮。

〔2〕歷歷,分明的樣子。白榆,星名。

〔3〕桂樹,星名。道,指黄道,是古人想像太陽周年運行的軌道。詳見古漢語通論(十九)。

〔4〕青龍,也叫蒼龍,是東方七宿的總稱。詳見古漢語通論(十九)。

〔5〕鳳凰,指朱鳥,也叫朱雀。朱雀是南方七宿的總稱。詳見古漢語通論(十九)。啾啾(jiūjiū),蟲鳥的細碎的鳴聲。

〔6〕一母,指上文的鳳凰。將,率領。九雛,指附近的若干小星。

〔7〕敷愉,疊韻聯緜字,和悦的樣子。

〔8〕不,讀 fōu。

〔9〕坐客,使客坐。氍毹(qúshū),毛織的地毯,隴西(今甘肅東南部)一帶多用以鋪地。

〔10〕清白,指清酒白酒。

〔11〕上,動詞,送上。華疏,一種柄首雕花的酒勺。正華疏,扶正華疏。

〔12〕這是説客人也請主人舉杯飲酒。

〔13〕卻略,稍稍退後。

〔14〕勑(chì),同"敕",告誡,吩咐。

〔15〕麤,同"粗"。飰,同"飯"。

〔16〕稽留,停留。

〔17〕廢禮,等於説終禮。

〔18〕盈盈,儀態美好的樣子。

〔19〕樞,門臼。

〔20〕齊姜，齊國的姜姓女，這裏指能幹的婦女。《詩經·陳風·衡門》："豈其取妻，必齊之姜？"

〔21〕健婦，剛健能自立的婦人。持，主管，料理。榆、隅、雛、殊、愉、不、毹、疏、持、杯、廚、留、趨、樞、如、夫，押韻。

上山采蘼蕪[1]

上山采蘼蕪，下山逢故夫。長跪問故夫[2]："新人復何如？""新人雖言好，未若故人姝[3]。顔色類相似，手爪不相如[4]。""新人從門入，故人從閤去[5]。""新人工織縑[6]，故人工織素[7]。織縑日一匹[8]，織素五丈餘。將縑來比素，新人不如故。"

〔1〕蘼蕪，一種香草，可做香料。這首詩屬《雜曲》，通過一個棄婦和故夫重逢時的對話，反映出婦女在封建社會所處的被壓迫的地位。

〔2〕長跪，伸直了腰跪着。這是表示恭敬。

〔3〕姝(shū)，好，這裏不專指容貌，泛指各個方面都好。

〔4〕手爪，指紡織、縫紉等技巧。

〔5〕閤，小門。

〔6〕縑(jiān)，帶黄色的絹。

〔7〕素，白色的細絹，價比縑貴。

〔8〕一匹，長四丈。蕪、夫、如、姝、如、去、素、餘、故，押韻。

漢魏六朝詩

古詩十九首

"古詩十九首"是東漢末葉中下層知識分子學習民歌所寫的五言詩。不是一人所作，也不是一時之作。原數不衹十九首，梁蕭統選了十九首收入《文選》，題爲"古詩"。十九首的内容主要是反映中小地主知識分子階層的思想感情。有的表達遊子思婦的離情別緒,有的抒發仕途失意的感慨悲哀,從而曲折地表達了他們對當時那種動蕩社會的不滿,更有些是感歎人生無常和宣揚及時行樂的消極頹廢思想的。風格自然樸素,語言生動凝煉,對後世尤其是建安時代的文人五言詩的發展有較大的影響。這裏衹選了三首。

行行重行行〔1〕

行行重行行,與君生別離〔2〕。相去萬餘里,各在天一涯〔3〕。道路阻且長〔4〕,會面安可知?胡馬依北風,越鳥巢南枝〔5〕。相去日已遠,衣帶日已緩〔6〕。浮雲蔽白日〔7〕,遊子不顧反〔8〕。思君令人老,歲月忽已晚。棄捐勿復道〔9〕,努力加餐飯〔10〕。

〔1〕行行重行行,即走個不停的意思。這首詩寫一個婦女對遠離家鄉的丈夫的思念。

〔2〕生別離,《楚辭·九歌·少司命》:"悲莫悲兮生別離。"

〔3〕涯,讀 yí,邊。

〔4〕阻且長,《詩經·秦風·蒹葭》:"遡洄從之,道阻且長。"參看第二册第486頁注〔6〕。

〔5〕胡馬,指北方胡地所産之馬。依,依傍。越鳥。指南方越地的鳥。這是説鳥獸尚且懷戀故土,難道遊子就不思念故鄉嗎?李善注引《韓詩外傳》:"代(今山西東北部)馬依北風,飛鳥棲故巢。"(今本《韓詩外傳》無。)離、涯、知、枝,押韻。

〔6〕緩,寬鬆。這句是説一天天瘦下去。古樂府:"離家日趍(趨)遠,衣帶日趍緩。"

〔7〕比喻遊子心有所惑,是婦人設想丈夫另有所歡。

〔8〕顧反,回來。反,返。

〔9〕勿復道，不要再説了。

〔10〕緩、反、晚、飯，押韻。

庭中有奇樹〔1〕

庭中有奇樹，緑葉發華滋〔2〕。攀條折其榮〔3〕，將以遺所思。馨香盈懷袖，路遠莫致之〔4〕。此物何足貢〔5〕，但感别經時〔6〕。

〔1〕奇，珍奇。這首詩寫思婦面對庭中奇樹而引起對遠方愛人的懷念。

〔2〕滋，繁盛。發華滋，等於説開花開得很茂盛。

〔3〕榮，花。

〔4〕致，送到。

〔5〕貢，獻。一作"貴"。

〔6〕大意是：衹因感到離别很久了，想藉這花把我的懷念之情帶給你罷了。滋、思、之、時，押韻。

迢迢牽牛星〔1〕

迢迢牽牛星，皎皎河漢女〔2〕。纖纖擢素手〔3〕，札札弄機杼〔4〕。終日不成章〔5〕，泣涕零如雨〔6〕。河漢清且淺，相去復幾許〔7〕？盈盈一水間，脈脈不得語〔8〕。

〔1〕迢迢，遥遠的樣子。牽牛星，又名河鼓，在天河南，與天河北的織女星相對。這首詩借織女牽牛的故事，寫出了夫婦因受人爲的阻隔而久别的愁苦心情。

〔2〕皎皎，明亮的樣子。河漢，天河。女，指織女星。

〔3〕纖纖，細的樣子。擢，引，指從袖中伸出來。

〔4〕札札，織布時織布機發出的聲音。杼(zhù)，織布機上理緯綫的工具，即織布梭(不同於現在織布機上的杼)。

〔5〕章，指布上的經緯文理。不成章，即織不出布的意思。

〔6〕零，落。

〔7〕幾許，多少，這裏指多遠。許，表約數的量詞。

〔8〕大意是：端莊美麗的織女隔着一條水，仔細地看着牛郎而不得跟他談話。盈盈，水清淺的樣子。脈脈（mòmò），同"眽眽"，仔細看的樣子。女、杼、雨、許、語，押韻。

曹　操

曹操（公元155—220年），字孟德，沛國譙（qiáo，今安徽亳縣）人。漢獻帝建安初年，拜大將軍及丞相，後又封爲魏王。曹丕稱帝後，追尊爲武帝。他是東漢末年的大政治家、軍事家，也是一位傑出的詩人。他在詩歌的創作上，擺脱了古典詩歌的束縛，從民間文學吸取營養，寫出了語言質樸、民歌化的五言詩，並創作了一些四言詩，打破了《詩經》以來四言詩衰落的局面，被稱爲復興四言詩的作家。現存他的詩歌二十多首，有近人黄節的注本。

步出夏門行〔1〕

觀滄海〔2〕

東臨碣石〔3〕，以觀滄海。水何澹澹〔4〕，山島竦峙〔5〕。樹木叢生，百草豐茂〔6〕。秋風蕭瑟〔7〕，洪波湧起。日月之行，若出其中；星漢粲爛〔8〕，若出其裏〔9〕。幸甚至哉，歌以詠志〔10〕。

〔1〕《步出夏門行》，一名《隴西行》，屬古樂府《相和歌辭・瑟調曲》。曹操是借舊調舊題來寫時事。全篇由五部分組成，開頭是"豔"，即序曲，下面有《觀滄海》《冬十月》《土不同》《龜雖壽》四解（解相當於章）。各解的内容都可以獨立。這裏衹選了《觀滄海》。

〔2〕滄,通“蒼”。滄海,海水青蒼色,所以叫滄海。這首詩是建安十二年(公元207年)曹操遠征烏桓(部落名,當時散居在今河北、山西二省之北)經過碣石山時所寫的,把登高望海所見的初秋自然景色特别是大海的壯闊真實地描繪出來。

〔3〕碣石,山名,原在今河北樂亭縣西南,後世沈陷到海裏。

〔4〕澹澹(dàndàn),水波摇動的樣子。

〔5〕竦,通“聳”。竦峙(zhì),高高地立着。

〔6〕藂,同“叢”。這兩句寫島上的景物。

〔7〕蕭瑟,参看第三册第1147頁《哀江南賦序》注〔3〕。

〔8〕星漢,天河。

〔9〕從“日月”到“其裏”,寫滄海的廣闊浩大。

〔10〕從“幸甚”到“詠志”,是配合樂曲時所加的,和正文無關。海、峙、茂、起、裏、志,押韻。

曹　丕

曹丕(公元187—226年),字子桓,曹操次子。公元220年,他迫使漢獻帝禪位,自立爲皇帝,都洛陽。文帝是他的謚號。他是以三曹爲中心的鄴下文人集團的實際首領,自己也致力於創作實踐,不過他創作上的成就不如曹操和曹植。較好的詩歌多半是寫離情别緒的。他的《典論·論文》是我國最早的文學批評的論著。他原有詩歌百餘首,現存約四十首,辭賦約三十篇,有近人黄節的注本。

燕歌行〔1〕

秋風蕭瑟天氣涼,草木摇落露爲霜〔2〕。羣燕辭歸雁南翔,念君客游思斷腸〔3〕。慊慊思歸戀故鄉〔4〕,君何淹留寄他方〔5〕？賤妾煢煢守空房〔6〕，憂來思君不敢忘，不覺淚下霑衣裳。援琴鳴弦發清商〔7〕，短歌微吟不能長。明月皎皎照我牀，星漢西流夜未央〔8〕。牽牛織女遥相望，爾獨何辜限河梁〔9〕？

〔1〕《燕歌行》屬《相和歌辭·平調曲》。樂府詩題目上冠以地名，是表示曲調的地方特點，後來曲調失傳，於是衹用來歌詠各地的風土。"燕"是北方邊地，征戍不絶，所以《燕歌行》多寫離别之情。這首詩寫一個婦女在秋夜懷念客居異鄉的丈夫。

〔2〕摇落，零落。

〔3〕雁，一本作"鵠"。思斷腸，一本作"多思腸"。

〔4〕慊慊(qiànqiàn)，心中不滿足的樣子。這句是婦女設想丈夫在外思歸。

〔5〕君何，一本作"何爲"。淹留，久留。

〔6〕煢煢(qióngqióng)，孤單的樣子。

〔7〕清商，曲調名。其節短促，其音纖微，所以下句説"短歌微吟不能長"。

〔8〕西流，向西移動。初秋黄昏時，牽牛織女之間的一段銀河正在中天，等到深夜時，已經移到西天了。央，盡。

〔9〕爾，指牽牛、織女星。何辜，何罪。河梁，河上的橋梁。這是爲牛郎織女抱不平。涼、霜、翔、腸、鄉、方、房、忘、裳、商、長、牀、央、望(wáng)、梁，押韻。

陳　琳

陳琳(公元？—217年)字孔璋，廣陵(今江蘇江都縣)人。先爲袁紹掌書記，後歸曹操。他和孔融、王粲、劉楨、阮瑀、徐幹、應瑒被稱爲建安七子。他的詩歌流傳下來的衹有四篇。

飲馬長城窟行[1]

飲馬長城窟,水寒傷馬骨。往謂長城吏:"慎莫稽留太原卒[2]!""官作自有程[3],舉築諧汝聲[4]!""男兒寧當格鬭死[5],何能怫鬱築長城[6]!"長城何連連[7],連連三千里。邊城多健少,内舍多寡婦[8]。作書與内舍[9]:"便嫁莫留住!善侍新姑嫜[10],時時念我故夫子。"報書往邊地:"君今出語一何鄙[11]!""身在禍難中,何爲稽留他家子[12]?生男慎莫舉[13],生女哺用脯[14]。君獨不見長城下,死人骸骨相撐拄[15]?""結髮行事君[16],慊慊心意關[17],明知邊地苦,賤妾何能久自全[18]!"

〔1〕窟,流出泉水的土穴,即今所謂"泉眼"。本篇屬《相和歌辭·瑟調曲》,寫繁重的徭役給人民帶來的痛苦。

〔2〕稽留,久留。太原,郡名,約在今山西中部地。這句話是太原卒向長城吏提出的要求。窟、骨、卒,押韻。

〔3〕官作,官家的工程。程,期限。

〔4〕築,築土的杵,相當於現在的夯(hāng)。諧汝聲,使你們的夯歌諧和,即唱齊你們的夯歌,意思是叫人們努力築城。這是長城吏的話。

〔5〕格,擊。格鬭,指作戰。

〔6〕怫(fú)鬱,心情不舒暢。這是太原卒的話。程、聲、城,押韻。

〔7〕連連,連緜不斷的樣子。

〔8〕寡婦,古代凡獨居的婦女都可叫寡婦。里、婦,押韻。

〔9〕這句的主語是太原卒。舍、住,押韻。

〔10〕侍,一本作"事"。姑嫜(zhāng),婦人稱丈夫的母爲姑,稱丈夫的父爲嫜。

〔11〕鄙,鄙陋,見識淺薄。這是太原卒之妻的話。

〔12〕子,這裏指女子。他家子,實指太原卒自己的妻子。子、鄙、子,押韻。

〔13〕舉,小兒初生時,其母給他洗澡吃奶,叫做舉。莫舉,就是抛棄了他或者弄死了他(溺嬰)。

〔14〕哺,喂。脯,乾肉。

〔15〕撑拄,支撑。從“身在”到“撑拄”,是太原卒再答妻的話。“生男”以下可能是借用現成的歌謡而稍有變動。楊泉《物理論》載:秦築長城,又起驪山之冢,民間有個歌謡:“生男慎勿舉,生女哺用脯。不見長城下,尸骸相支拄。”舉、脯、拄,押韻。

〔16〕結髮,指男女初成年時。男年二十結髮加冠,女年十五結髮加笄,表示已長大成人,可以結婚了。行,指女子出嫁。

〔17〕慊慊,參看本册第1366頁《燕歌行》注〔4〕。關,關聯,牽繫。

〔18〕自全,自己保全自己,即活下去的意思。從“結髮”到“自全”,是妻再答太原卒的話。君、關、全,押韻。

曹　植

曹植(公元192—232年),字子建,曹丕同母弟,封陳王,謚思,所以世稱“陳思王”。他受到曹丕和曹叡(明帝,曹丕的兒子)的猜忌與壓抑,因而常抑鬱不歡,四十一歲便死去了。

曹植早期具有强烈的功名事業心,因此他的詩歌充滿了昂揚奮發的精神。後期因在政治上受迫害,壯志受挫折,寫下了許多慷慨不平的詩篇。這些詩反映了統治階級的矛盾,反映了時代的面貌。他是建安時期的代表詩人,成就在一般作家之上。有《曹子建集》,近人黄節有注本。

白馬篇〔1〕

白馬飾金羈,連翩西北馳〔2〕。借問誰家子?幽并游俠兒〔3〕。少小去鄉邑,揚聲沙漠垂〔4〕。宿昔秉良弓〔5〕,楛矢何參差〔6〕。控弦破左的〔7〕,右發摧月支〔8〕。仰手接飛猱〔9〕,俯身散馬蹄〔10〕。狡捷過猴猿,勇剽若豹螭〔11〕。邊城多警急,胡虜數遷移。羽檄從北來〔12〕,厲馬登高堤〔13〕。長驅蹈匈奴,左顧凌鮮卑〔14〕。棄身鋒刃端,性命安可懷。父母且不顧,何言子與妻。名編壯士籍〔15〕,不得中顧私〔16〕。捐軀赴國難,視死忽如歸〔17〕。

〔1〕本篇屬樂府《雜曲歌辭・齊瑟行》,用篇首兩字作篇名。作者在這首詩裏歌頌了一位少年的英勇敢戰、視死如歸的精神。

〔2〕連翩,飛跑不停的樣子。

〔3〕幽、并(bīng),二州名。幽州,今河北東北部及遼寧西南部一帶地方。并州,今山西北部、陝西北部及河套地區。相傳幽、并多出游俠之士。

〔4〕垂,通"陲",邊疆。一本作"陲"。

〔5〕宿昔,向來。秉,持。

〔6〕楛(hù)矢,用楛木做桿的箭。參差,這裏用來形容多。

〔7〕控弦,等於説拉弓。的,箭靶的中心部分。

〔8〕月支,箭靶的名稱,又叫素支。

〔9〕接,射擊迎面飛來的東西。飛猱(náo),猱是猿類動物,身體矮小,行動便捷,攀援樹木,輕捷如飛,所以稱"飛猱"。

〔10〕散,碎散,使動用法。馬蹄,箭靶的名稱。

〔11〕剽(piāo),行動疾速輕捷。螭(chī),傳説中的一種猛獸,像龍而色黄。

〔12〕羽檄,徵兵的文書。有緊急的事,就在上面插上羽毛,所以叫做羽檄。

〔13〕厲,奮起,使動用法。厲馬,指策馬。

〔14〕蹈,踐踏。凌,凌駕,壓倒。鮮卑,我國古代東北方的一個民族。

〔15〕籍,名册。

〔16〕中,指心中。

〔17〕羈、馳、兒、垂、差(cī)、支、蹄、螭、移、堤、卑、懷、妻、私、歸,押韻。

左　思

左思(公元 250? —305 年?),字太沖,齊國臨淄(今山東淄博市)人。由於出身寒門,一生仕進不得意。曾因創作《三都賦》而聞名於世。他是西晉太康時期傑出的詩人。《詠史》是他的代表作。

詠　史〔1〕

鬱鬱澗底松〔2〕

鬱鬱澗底松,離離山上苗〔3〕。以彼徑寸莖,蔭此百尺條〔4〕。世胄躡高位〔5〕,英俊沈下僚〔6〕。地勢使之然,由來非一朝。金、張籍舊業〔7〕,七葉珥漢貂〔8〕。馮公豈不偉〔9〕,白首不見招。

〔1〕《詠史》共八首,都是借詠古人古事來寫個人的懷抱的。這裏選了兩首,每首的小標題是編者加的。

〔2〕鬱鬱,茂盛的樣子。澗底松,比喻有才能而屈居下位的人。這首詩揭露了當時封建門閥制度的不合理,抨擊了由於這種制度所造成的社會不平現象。

〔3〕離離,下垂的樣子。苗,初生的草木。山上苗,比喻無能而居高位的世族。

〔4〕彼,指山上苗。蔭,遮蓋。此,指澗底松。

〔5〕世胄,世家子弟。躡(niè),踩。躡高位,等於説居高位。

〔6〕下僚,低下的職位。

〔7〕金、張,指金日磾和張安世(參看第三册第 750 頁《霍光傳》注〔12〕及本册第 1241 頁《解嘲》注〔33〕)的子孫。籍,通"借",憑藉。舊業,指先人的功業。金日磾和張安世的子孫幾代都因先人有功而做大官。

〔8〕七葉,七世,指從漢武帝到漢平帝。珥(ěr),插戴。貂(diāo),指貂尾。漢

代侍中、中常侍等官，冠上都插戴貂尾做裝飾。《漢書・金日磾傳贊》："七世内侍，何其盛也。"又《漢書・張安世傳》："安世子孫相繼，自宣、元以來，爲侍中、中常侍、諸曹、散騎、列校尉者，凡十餘人。功臣之世，唯有金氏張氏親近貴寵，比於外戚。"

〔9〕馮公，指西漢馮唐，參看第三册第1159頁《滕王閣序》注〔14〕。偉，指才識卓越。苗、條、僚、朝、貂、招，押韻。

吾希段干木〔1〕

吾希段干木，偃息藩魏君〔2〕。吾慕魯仲連〔3〕，談笑卻秦軍。當世貴不羈〔4〕，遭難能解紛。功成恥受賞，高節卓不羣〔5〕。臨組不肯緤，對珪寧肯分〔6〕？連璽燿前庭〔7〕，比之猶浮雲〔8〕。

〔1〕希，仰慕。段干木，參看第三册第910頁《報孫會宗書》注〔3〕。這首詩用段干木和魯仲連有功於國而不要利禄的故事來表達自己救世濟人的遠大抱負。

〔2〕偃，臥。偃息，這裏指不做官。藩，屏障。班固《幽通賦》："〔干〕木偃息以藩魏兮。"《吕氏春秋・期賢》載：秦要攻魏，司馬唐諫秦君説："段干木，賢者也，而魏禮之，天下莫不聞，無乃不可加兵乎？"秦君以爲然，於是罷攻魏之兵，魏國因而免受兵禍。

〔3〕從此句以下都是談的魯仲連，參看第一册第115—125頁。

〔4〕不羈，參看第三册第896頁《報任安書》注〔1〕。

〔5〕卓，高超。不羣，不同一般人。

〔6〕組，繫印璽的絲縧。緤（xiè），繫。珪，瑞玉，上圓下方。寧，豈。古代封賜爵位時，不同的爵位頒發給不同的珪。"緤組""分珪"都指接受官爵。

〔7〕連璽，魯仲連拒絕了平原君的封爵，後來燕攻齊，仲連爲齊寫信給燕將，燕將自殺。田單要封他，他又拒絕而逃隱於海上。由於兩次要封他，而封爵必授印璽，所以説"連璽"。燿，或作"曜""耀"。

〔8〕浮雲,比喻不值得關心的東西。《論語·述而》:"子曰:'不義而富且貴,於我如浮雲。'"君、軍、紛、羣、分、雲,押韻。

陶 潛

飲 酒〔1〕

結廬在人境〔2〕

結廬在人境,而無車馬喧。問君何能爾〔3〕,心遠地自偏〔4〕。採菊東籬下,悠然見南山〔5〕。山氣日夕佳〔6〕,飛鳥相與還。此中有真意,欲辯已忘言〔7〕。

〔1〕《飲酒》共二十首,詩前有序。這都是酒後偶然的題詠,不是一時所作。這裏選了兩首,每首的小標題是編者加的。

〔2〕結廬,構室,即蓋房子。人境,世人所居的地方。這首詩寫他退隱後心境的恬靜,能使自己的精神與自然景物相契合,也流露出隨順自然與世無爭的消極思想。

〔3〕爾,如此。

〔4〕大意是:衹要心遠遠離開塵俗,便覺得所住的地方遠隔塵世了。偏,偏僻。

〔5〕悠然,悠閑的樣子。見,一本作"望"。

〔6〕日夕,黄昏。

〔7〕辯,一本作"辨"。這兩句是説從大自然的景色中領悟到一種人生的真意,本想辯説一下這真意究竟是什麼,可是又忘記了要説的話。《莊子·齊物論》:"大辯不言。"又《外物》:"言者所以在意也,得意而忘言。"喧、偏、山、還、言,押韻。

清晨聞叩門〔1〕

清晨聞叩門,倒裳往自開〔2〕。問子爲誰與〔3〕,田父有好懷〔4〕。壺漿遠見候〔5〕,疑我與時乖〔6〕。"繿縷茅簷下〔7〕,未足爲高栖〔8〕。一世皆尚同〔9〕,願君汨其泥〔10〕。”深感父老言，稟氣寡所諧〔11〕。紆轡誠可學〔12〕，違己詎非迷〔13〕！且共歡此飲，吾駕不可回〔14〕。

〔1〕這首詩寫自己不再出仕的決心和不願與世同流合汙的堅定意志，也表現了封建文人的消沈、孤獨、逃避現實的思想。

〔2〕裳，下衣，類似裙子。《詩經·齊風·東方未明》：“東方未明，顛倒衣裳。”本篇即用“顛倒衣裳”之意，是説匆匆忙忙，把衣裳穿倒了。

〔3〕與，疑問語氣詞，後來寫作“歟”。

〔4〕田父，等於説老農。好懷，好的心意。

〔5〕漿，指酒。候，問候。見候，等於説相候，參看第三册第911頁《陳情表》注〔5〕。

〔6〕乖，違背，不合。

〔7〕繿縷(lánlǚ)，同“襤褸”，雙聲聯緜字，衣服破爛的樣子。

〔8〕高栖，指隱居。

〔9〕尚同，以同於流俗爲尚。

〔10〕汩(gǔ)，通“淈”，混濁，使動用法。汩其泥，比喻跟世人同濁。《楚辭·漁父》：“世人皆濁，何不淈其泥而揚其波？”參看第二册第568頁。

〔11〕稟氣，稟受的天然氣質，即天性。寡所諧，少有能合得來的。

〔12〕紆，回。紆轡，等於説回車，比喻改變本意，曲道而行，也即指出仕。

〔13〕違己，指違背了自己的本意。詎，豈。迷，指走入迷途。

〔14〕回，轉，即上文“紆轡”的意思。開、懷、乖、栖、泥、諧、迷、回，押韻。

讀山海經〔1〕

孟夏草木長〔2〕

孟夏草木長，繞屋樹扶疏〔3〕。衆鳥欣有託，吾亦愛吾廬。既耕亦已種，時還讀我書。窮巷隔深轍〔4〕，頗迴故人車〔5〕。歡言酌春酒〔6〕，摘我園中蔬。微雨從東來，好風與之俱。泛覽周王傳〔7〕，流觀山海圖〔8〕。俯仰終宇宙〔9〕，不樂復何如〔10〕？

〔1〕《山海經》，共十八卷，記述古代神話傳説和海内外山川異物。舊日相傳爲大禹命伯益記述的，都是治水時的所見所聞，不可信。漢劉歆校定，晉郭璞作注和圖贊。《讀山海經》是陶潛隱居中觀覽《山海經》所寫的一組詩，共十三首。第一首是發端，其餘每首都是歌詠《山海經》所載的事物。這裏衹選了第一首。

〔2〕這個標題是編者加的。這首詩寫隱居中於耕種之餘泛覽圖書的樂趣。

〔3〕扶疏，枝葉四布的樣子。

〔4〕窮巷，隱僻的里巷。《漢書·陳平傳》："負（張負）隨平至其家，家迺負郭窮巷，以席爲門。然門外多長者車轍。"隔，隔絶。深轍，深的車轍，表示經常有車來往。

〔5〕頗，甚，等於説多。迴，回轉，使動用法。這是説很少和故人來往。

〔6〕春酒，《詩經·豳風·七月》："爲此春酒，以介眉壽。"參看第二册第494頁注〔4〕。

〔7〕周王傳，指《穆天子傳》。晉太康間汲郡人不準盜發魏襄王墓（或言安釐王冢）得竹書數十車，其中有《穆天子傳》五篇，記周穆王西遊故事，多爲神怪傳説，是我國最古的神怪小説之一。郭璞給它作了注。

〔8〕山海圖，《山海經》的圖，這裏指《山海經》。

〔9〕俯仰，一俯一仰，表示時間很短。終，窮盡。宇宙，這裏指宇宙間的事。注意：這裏的宇宙，與現代漢語的宇宙含義不同。

〔10〕疏、廬、書、車（jū）、蔬、俱、圖、如，押韻。

詠荆軻〔1〕

燕丹善養士〔2〕，志在報强嬴〔3〕。招集百夫良〔4〕，歲暮得荆卿〔5〕。君子死知己〔6〕，提劍出燕京。素驥鳴廣陌〔7〕，慷慨送我行。雄髪指危冠〔8〕，猛氣衝長纓。飲餞易水上〔9〕,四座列羣英。漸離擊悲筑,宋意唱高聲〔10〕。蕭蕭哀風逝〔11〕,淡淡寒波生〔12〕。商音更流涕,羽奏壯士驚〔13〕。心知去不歸,且有後世名。登車何時顧〔14〕,飛蓋入秦庭〔15〕。凌厲越萬里〔16〕,逶迤過千城〔17〕。圖窮事自至〔18〕,豪主正怔營〔19〕。惜哉劍術疎〔20〕,奇功遂不成。其人雖已没,千載有餘情〔21〕。

〔1〕荆軻,參看第三册第878頁《獄中上梁王書》注〔2〕。這首詩贊美荆軻刺秦王的俠義行爲,並惋惜他的失敗。

〔2〕燕丹,即燕太子丹,燕王喜的兒子。

〔3〕報,指報仇。强嬴,指秦國,因秦王姓嬴。

〔4〕百夫良,百人中最傑出的人。這是從《詩經·秦風·黄鳥》"百夫之特""殲我良人"來的。參看第二册第487頁。

〔5〕荆卿,即荆軻。

〔6〕死知己,爲知己而死。

〔7〕素驥,白色良馬。據史傳所載,太子丹及賓客在易水上穿戴着白衣冠爲荆軻送行,並没説有白馬,這是作者推想的。廣陌,寬廣的路。

〔8〕危冠,高冠。雄髮指危冠,等於説"怒髮衝冠"。

〔9〕易水,燕國的一條河,源出今河北易縣。

〔10〕漸離,姓高,燕人,善擊筑,是荆軻的好友。筑(zhú),古代的一種樂器。宋意,太子丹的門客(依《淮南子·泰族》高誘注)。《淮南子·泰族》:"荆軻西刺秦王,高漸離、宋意爲擊筑而歌於易水之上,聞者莫不瞋目裂眦,髮植穿冠。"

〔11〕蕭蕭,風聲。荆軻《易水歌》:"風蕭蕭兮易水寒,壯士一去兮不復還。"

〔12〕淡淡,水動蕩的様子。

〔13〕商,指商調式的樂曲。羽,指羽調式的樂曲。調式不同,音樂效果不同,所以這樣説。參看古漢語通論(十九)古代文化常識之樂律部分。

〔14〕何時顧,意思是不曾回顧。

〔15〕蓋，指車蓋，即古代車上的圓傘形物，用以禦雨遮陽。飛蓋，指疾馳如飛的車。

〔16〕凌厲，意氣昂揚、奮往直前的樣子。

〔17〕逶迤（wēiyí），曲折而長的樣子，這裏指路途逶迤。

〔18〕圖，指燕國督亢的地圖。事，指行刺的事。燕人以獻督亢之地爲名，把匕首藏在地圖中。荆軻在秦庭展獻地圖時，圖盡而匕首見，遂刺秦王。

〔19〕豪主，指秦王。怔（zhēng）營，惶恐不安的樣子。怔，一本作"征"。

〔20〕疎，不精。《史記·刺客列傳》："魯句踐已聞荆軻之刺秦王，私曰：'嗟乎！惜哉，其不講於刺劍之術也！'"

〔21〕嬴、卿、京、行、纓、英、聲、生、驚、名、庭、城、營、成、情，押韻。

謝　靈　運

謝靈運（公元385—433年），陳郡陽夏（今河南太康縣北）人，東晉車騎將軍謝玄的孫子。他早年就襲封了祖父的爵位康樂公，所以人們稱他爲"謝康樂"。南朝宋時，曾做過永嘉太守、秘書監、臨川内史等官。文帝元嘉十年，因有人告他謀反，被殺。他好遊山玩水，寫了很多山水詩，打破了東晉玄言詩佔統治地位的局面，並開後世山水詩的先河，同時也開了齊梁雕琢之風。他出身世族，政治上又不得意，更受了玄言詩的影響，所以有不少的詩表現出没落頽廢的感情和樂天安命的思想。有《謝康樂集》，近人黄節有注本。

登池上樓〔1〕

潛虯媚幽姿，飛鴻響遠音〔2〕。薄霄愧雲浮〔3〕，棲川怍淵沈〔4〕。進德智所拙〔5〕，退耕力不任。徇禄反窮海〔6〕，臥痾對空林〔7〕。衾枕昧節候〔8〕，褰開暫窺臨〔9〕。傾耳聆波瀾〔10〕，舉目眺嶇嶔〔11〕。初景革緒風〔12〕,新陽改故陰〔13〕。池塘生春草,園柳變鳴禽〔14〕。祁祁傷豳歌,萋萋感楚吟〔15〕。索居易永久,離羣難處心〔16〕。持操豈獨古,無悶徵在今〔17〕。

〔1〕池上樓,在永嘉郡治(今浙江永嘉縣)。這首詩是作者做永嘉太守時久病初愈後登池上樓寫的。詩中抒發了自己官場失意的頽喪心情,並表示決心退隱。

〔2〕虬(qiú),傳説中有角的龍。媚,喜愛。幽姿,指隱居不現的姿態。響遠音,叫出傳得很遠的聲音。這是説虬與鴻都能各得其所。

〔3〕薄,迫近。雲浮,指在雲霄中浮游的鴻。

〔4〕怍(zuò),慚愧。淵沈,指在深淵中潛藏的虬。

〔5〕進德,增進品德,這裏指做一番事業。《周易》乾卦:“君子進德脩業,欲及時也。”

〔6〕徇(xùn),從。徇禄,指做官。反,返。一本作“及”。窮海,邊遠的海濱,指永嘉郡。這是説到永嘉做太守。

〔7〕痾(ē),病。空林,僻靜的樹林。

〔8〕衾,被子。衾枕,指臥病於衾枕。昧,不明,分不清。節候,季候。

〔9〕褰(qiān),揭起。褰開,指揭起窗帷打開窗户。窺臨,臨窗窺看。

〔10〕聆(líng),聽。波瀾,指波瀾的聲音。

〔11〕嶇嶔(qīn),山高峻的樣子,這裏指高山。

〔12〕景,日光。初景,指初春的日光。革,革除。緒風,餘風,指冬天殘餘的風。

〔13〕陽,古代以春夏爲陽,這裏專指春。陰,古代以秋冬爲陰,這裏專指冬。

〔14〕變鳴禽,鳴禽隨季節而换了種類。

〔15〕祁祁,《詩經·豳風·七月》:“春日遲遲,采蘩祁祁。”參看第二册第491頁。豳歌,即指《豳風》。萋萋,草木茂盛的樣子。淮南小山《招隱士》:“王孫遊兮不歸,春草生兮萋萋。”楚吟,即指《招隱士》,《招隱士》是楚辭,所以説“楚吟”。這表示因春景引起了感傷。

〔16〕索居,散居,獨居。易永久,指容易感到時間長久。羣,指朋友。難處心,

指難以安排孤寂的心情。《禮記·檀弓上》:"吾離羣索居,亦已久矣。"

〔17〕大意是:保持節操,遯世無悶,難道祇有古人能做到?今天也可以在我身上來證明。持操,保持節操。無悶,没有煩悶。《周易》乾卦:"潛龍勿用,何謂也?子曰:'龍德而隱者也。不易乎世(不爲世俗所移易),不成乎名,遯世無悶。'"(遯:音 dùn,逃。遯世:避世。)徵,驗,證明。音、沈、任(rén)、林、臨、嶔、陰、禽、吟、心、今,押韻。

鮑　照

鮑照(公元?—466 年),字明遠,南朝宋東海(故治在今江蘇漣水縣北)人。宋文帝時官中書舍人,後任臨海王劉子頊(xū)的參軍,所以稱爲"鮑參軍"。子頊作亂失敗,鮑照爲亂兵所殺。他有遠大的抱負,想做一番事業,但因出身寒微,受到門閥制度的限制,以致屈居下位;又正當南北分立,民族矛盾十分尖鋭,所以他的詩表現了對當時社會的不滿和恢復中原的願望。詩的語言精煉,風格俊拔,是劉宋詩人中最突出的一人,對後世有較大影響。有《鮑參軍集》,近人黄節有注本。

擬行路難〔1〕

瀉水置平地〔2〕

瀉水置平地,各自東西南北流〔3〕。人生亦有命,安能行歎復坐愁〔4〕?酌酒以自寬,舉杯斷絶歌路難〔5〕。心非木石豈無感?吞聲躑躅不敢言〔6〕。

〔1〕《行路難》本是漢代歌謡,後已失傳。《樂府解題》説:"《行路難》備言世路艱難及離别悲傷之意。"鮑照依照它的本旨,共寫了十九首。這裏選了兩首,每首的小標題是編者加的。

〔2〕瀉,傾倒(dào)。這首詩表達了作者在門閥制度壓抑下内心的矛盾和無

可奈何的不平心情。

〔3〕比喻同樣是人,而門第高下,貧富貴賤不齊,使得每人的遭遇各有不同。

〔4〕流、愁,押韻。

〔5〕因舉杯飲酒而中斷了唱《行路難》的歌。

〔6〕吞聲,聲音要發出又吞回去。躑躅(zhízhú),徘徊不進的樣子,這裏是想說不說的樣子。寬、難、言,押韻。

對案不能食〔1〕

對案不能食,拔劍擊柱長歎息。丈夫生世會幾時,安能蹀躞垂羽翼〔2〕?棄置罷官去〔3〕,還家自休息。朝出與親辭,暮還在親側。弄兒牀前戲,看婦機中織。自古聖賢盡貧賤,何況我輩孤且直〔4〕。

〔1〕案,古代進食用的有短足的托盤。這首詩表現了强烈的不平與憤慨。

〔2〕蹀躞(diéxiè),疊韻聯緜字,小步走路的樣子。垂羽翼,形容失意喪氣的樣子。

〔3〕棄置,一作"棄檄",指扔下公文。

〔4〕孤,寒微勢孤。食、息、翼、息、側、織、直,押韻。

謝　脁

謝脁(公元464—499年),字玄暉,陳郡陽夏(今河南太康縣北)人。南朝齊時,累官中書郎、尚書吏部郎,又曾做過宣城太守,所以人稱"謝宣城"。他和謝靈運是同族,因而又有"小謝"之稱。東昏侯永元元年,由於受人誣陷,下獄死。

他是永明體詩派的代表人物之一,寫了很多山水詩,比較徹底地擺脱了玄言詩的影響,使山水詩在謝靈運之後得到進一步的發展。有《謝宣城集》。

晚登三山還望京邑[1]

灞涘望長安,河陽視京縣[2]。白日麗飛甍[3],參差皆可見。餘霞散成綺[4],澄江靜如練[5]。喧鳥覆春洲[6],雜英滿芳甸[7]。去矣方滯淫[8],懷哉罷歡宴[9]。佳期悵何許[10],淚下如流霰[11]。有情知望鄉,誰能縝不變[12]?

〔1〕三山,山名,在今南京市西南。還望,回頭眺望。京邑,指建業,即今南京。這首詩寫登三山所見美景和遥望京師而引起的故鄉之思。

〔2〕灞,水名,流經長安城東。涘(sì),岸。王粲《七哀詩》:"南登灞陵岸,迴首望長安。"河陽,故城在今河南孟縣西。京縣,指洛陽。晉潘岳《河陽縣詩》:"引領望京室。"這裹以王粲、潘岳的望京師比喻自己還望京邑。

〔3〕白日,指太陽。麗,使動用法。甍(méng),屋脊。飛甍,高聳如飛的屋脊。

〔4〕綺,有花紋的絲織品。

〔5〕澄江,清澈的江水。練,潔白的熟絹。

〔6〕覆,蓋。覆春洲,這是極言鳥多。

〔7〕雜英,各色的花。甸,郊外。

〔8〕大意是:我要離開京邑了,將久留在外。方,將。滯淫,久留。

〔9〕大意是:想念啊,那停止了的故鄉的歡宴。

〔10〕大意是:爲了歸期,惆悵到什麽地步啊!佳期,指歸期。何許,等於説何所。

〔11〕霰(xiàn),雪珠。

〔12〕縝(zhěn),通"鬒",墨髮,一本作"鬒"。變,指變白。

庾　信

擬詠懷[1]

楚材稱晉用[2]

楚材稱晉用,秦臣即趙冠[3]。離宫延子産[4],羈旅接陳完〔5〕。寓衛非所寓〔6〕,安齊獨未安〔7〕。雪泣悲去魯〔8〕,悽然憶相韓〔9〕。惟彼窮途慟,知余行路難〔10〕。

〔1〕《擬詠懷》,倪璠注《庾子山集》説這是擬阮籍《詠懷》而成,但《藝文類聚》無"擬"字。《擬詠懷》共二十七首,大都是寫身世之感和鄉關之思的。這裏衹選一首。

〔2〕這個標題是編者加的。楚材,楚國的人材。稱(chèn),適合。用,使用。《左傳・襄公二十六年》:"雖楚有材,晉實用之。"杜預注:"言楚亡臣多在晉。"

〔3〕即趙冠,等於説戴趙國的冠。《後漢書・輿服志》:"武冠……謂之趙惠文冠。胡廣説曰:'趙武靈王效胡服,以金璫飾首、前插貂尾爲貴職。秦滅趙,以其君冠賜近臣。'"

〔4〕離宫,行宫,這裏指招待外賓的賓館。延,引進。這句是用子産壞垣的故事。《左傳・襄公三十一年》載:子産佐鄭伯到晉國,晉侯不接見。子産使人毁掉賓館的牆,把車馬趕進去。這裏用以表示出使的意思。

〔5〕覊旅,參看第三册第1146頁《哀江南賦序》注〔26〕。接,接待。陳完,春秋時陳國的公子。《左傳・莊公二十二年》載:陳公子完奔齊,齊侯想使他爲卿,他自稱"覊旅之臣",不肯接受。這裏是説自己出使西魏,成爲覊旅之臣。

〔6〕寓衛,《詩經・邶風・式微》序:"黎侯寓於衛,其臣勸以歸也。"當時黎侯爲狄人所逐,黎侯棄其國而寄寓在衛國。

〔7〕安齊,《左傳・僖公二十三年》載:重耳出亡到齊國,齊桓公把女兒嫁給他,他於是有安居的意思,不再圖謀復國。這裏是説自己並不甘心樂意留在北朝。

〔8〕雪泣,拭淚。去魯,《韓詩外傳》卷三:"孔子去魯,遲遲乎其行也。"

〔9〕相韓,《史記・留侯世家》載:韓國亡後,張良用全部家財訪求刺客,要刺殺秦始皇,爲韓報仇,"以大父、父五世相韓故"。庾信和他父親庾肩吾都在梁做官,所以用張良五世相韓作比。這裏寫懷念故國。

〔10〕窮途，參看第三册1161頁《滕王閣序》注〔27〕。這裏是説自己有無路可走之悲。冠、完、安、韓、難，押韻。

唐宋五言古體詩

王　維

王維（公元701—761年），字摩詰，原籍太原祁州（今山西祁縣）人，後來，他父親遷居於蒲（今山西永濟縣），於是爲蒲人。王維少年即有文才，唐玄宗開元九年（公元721年）中進士，累官至給事中。安史之亂，長安失陷，王維被俘，後來接受了安禄山封給他的官職。亂平之後，貶官爲太子中允，後來官至尚書右丞，所以世人又稱他爲王右丞。

王維以田園山水詩著稱，文筆清雅。著有《王右丞集》，最流行的注本是清趙殿成的《王右丞集箋注》。

渭川田家〔1〕

斜光照墟落〔2〕，窮巷牛羊歸。野老念牧童，倚杖候荆扉〔3〕。雉雊麥苗秀〔4〕，蠶眠桑葉稀。田夫荷鋤立，相見語依依〔5〕。即此羡閒逸，悵然吟式微〔6〕。

〔1〕渭川，即渭水，在今陝西省境内。

〔2〕斜光，斜陽，夕陽。墟落，等於説村落。

〔3〕扉，門扇。

〔4〕雉，即野雞。雊（gòu），雉鳴。秀，〔禾黍〕開花。潘岳《射雉賦》："麥漸漸以擢芒，雉鷕鷕（yǎo）而朝雊。"

〔5〕依依，情意深的樣子。

〔6〕吟，一本作"歌"。式微，《詩經·邶風》的一篇，裏面有"式微，式微（式，語氣詞。微，衰微），胡不歸？"等語。這裏借用其意，指歸隱。歸、扉、稀、依、

微,押韻(微韻)。

李　白

李白(公元 701—762 年),字太白。祖籍隴西成紀(在今甘肅天水縣附近),先世流入西域,李白即出生於中亞細亞的碎葉城。後隨父遷徙入蜀,居住在綿州昌明縣青蓮鄉(今四川綿陽縣北),因而自號青蓮居士。青年時期,出外漫遊。四十二歲時,唐玄宗召他入京,命他供奉翰林。不到三年,由於受到排擠而離開長安,遊河南、山東及東南各地。天寶十四年(公元 755 年),安禄山發動叛亂,他隱居在廬山。後來永王李璘以抗敵爲名,起兵於東南,李白參加李璘的幕府。不久,李璘兵敗被肅宗所殺,李白也被判流放夜郎(今貴州桐梓縣一帶)。乾元二年(公元 759 年),在途中遇赦。李白晚年來往於金陵、宣城(今安徽宣城縣)一帶。肅宗寶應元年(公元 762 年),死在當塗(今安徽當塗縣)。

李白的詩很豪放,充滿了浪漫主義特色。注釋比較完善的詩文集,有清王琦輯注的《李太白全集》。

古風五十九首

大車揚飛塵〔1〕

大車揚飛塵,亭午暗阡陌〔2〕。中貴多黄金〔3〕,連雲開甲宅〔4〕。路逢鬭雞者〔5〕,冠蓋何輝赫〔6〕！鼻息干虹蜺〔7〕,行人皆怵惕〔8〕。世無洗耳翁〔9〕,誰知堯與跖〔10〕?

〔1〕唐玄宗晚年,沈於聲色,寵信宦官佞臣,濫施賞賜。這首詩揭露了宦官佞臣的囂張氣焰,並進行了辛辣的諷刺。標題爲編者所加。

〔2〕亭午，正午。暗，使動用法。阡，南北的路。陌，東西的路。

〔3〕中貴，皇帝寵愛的宦官。

〔4〕甲宅，頭等大宅。這是説甲宅像層層相連的雲彩一樣地鋪陳着。

〔5〕唐玄宗酷好鬭雞遊戲，在兩宮間築起雞坊，養雄雞數千。當時善於鬭雞的人都得到玄宗的寵幸，烜赫一時。

〔6〕輝赫，光彩奪目的樣子。

〔7〕干，犯。虹蜺（ní），即虹霓。這是説鬭雞者氣焰沖天。

〔8〕怵（chù）惕，恐懼。

〔9〕洗耳翁，指堯時的高士許由。參看本册第1251頁《北山移文》注〔1〕。

〔10〕跖，盜跖。陌、宅、赫、惕、跖，押韻（陌錫通韻）。

俠客行

趙客縵胡纓〔1〕，吴鈎霜雪明〔2〕。銀鞍照白馬，颯沓如流星〔3〕。十步殺一人，千里不留行〔4〕。事了拂衣去，深藏身與名。閑過信陵飲〔5〕，脱劍膝前横。將炙啖朱亥〔6〕，持觴勸侯嬴〔7〕。三杯吐然諾〔8〕，五岳倒爲輕〔9〕。眼花耳熱後〔10〕，意氣素霓生〔11〕。救趙揮金槌，邯鄲先震驚〔12〕。千秋二壯士〔13〕，烜赫大梁城〔14〕。縱死俠骨香，不慚世上英。誰能書閤下，白首太玄經〔15〕？

〔1〕趙客，《莊子·説劍》："昔趙文王好劍，劍士夾門而客三千餘人。"縵胡纓，没有文理的粗纓。《莊子·説劍》："吾王所見劍士，皆蓬頭突鬢，垂冠，曼胡（即縵胡）之纓，短後之衣。"

〔2〕吴鈎，寶刀名。《吴越春秋》："闔廬既寶莫邪，復命於國中作金鈎。令曰：'所爲善鈎者賞之百金。'吴作鈎者甚衆。而有人貪王之重賞也，殺其二子，以血釁金，遂成二鈎，獻於闔廬。"這裏泛指寶刀。

〔3〕颯沓（sàtà），羣飛的樣子，這裏形容馬跑得快。

〔4〕《莊子・説劍》:"臣之劍十步一人,千里不留行。"《莊子》原意是説劍很銳利,殺到千里之外劍刃不鈍。這裏是指俠客劍術高强,而且勇敢。

〔5〕信陵,信陵君,戰國時魏昭王少子,魏安釐王異母弟,名無忌。安釐王即位後,封爲信陵君。爲人禮賢下士,門下食客三千多人,是當時有名的四公子之一。

〔6〕將,持。炙,烤肉。啖,吃,這裏是使動用法。朱亥,魏國的俠士,本是一個屠夫,後來受到信陵君的禮遇。

〔7〕勸,指勸酒。侯嬴,參看本册第1235頁《解嘲》注〔3〕。

〔8〕然、諾,都是答應的聲音,這裏構成雙音詞,指諾言。

〔9〕俠客重信義,把許下的諾言看得比五嶽還重。

〔10〕眼花耳熱,指酒酣耳熱,醉眼昏花。

〔11〕素霓,即白虹。這是説,他們誓死如歸的精神,使得上天感動而出現素霓。古人迷信,認爲凡有什麽驚天動地的大事,就會出現不尋常的天象。鄒陽《獄中上梁王書》裏所説"白虹貫日""太白食昴"即屬於這一類。參看第三册第878頁。

〔12〕金槌,鐵椎。邯鄲,趙國國都,故城在今河北邯鄲縣西南。秦軍圍邯鄲,趙向魏求救。魏王先派晉鄙帥兵救趙,隨後因受到秦王恐嚇,又命令晉鄙按兵不動。信陵君用侯嬴計,串通魏王寵姬,盜得兵符,去到晉鄙軍中,假託魏王命令代晉鄙。晉鄙很懷疑,隨同信陵君前往的朱亥,從袖中掏出四十斤重的鐵椎,將晉鄙打死。信陵君奪得晉鄙軍後,進擊秦兵,解救了邯鄲的危急。

〔13〕二壯士,指朱亥與侯嬴。

〔14〕烜(xuǎn)赫,指聲名顯揚。

〔15〕書閣下,揚雄曾在皇帝藏書的天禄閣擔任校勘工作。白首太玄經,等於説老於太玄經。太玄經,參看本册第1230頁《解嘲》注〔17〕。纓、明、星、行、名、横、嬴、輕、生、驚、城、英、經,押韻(庚青通韻)。

杜　甫

杜甫(公元712—770年),字子美,原籍襄陽(今湖北襄陽市),

曾祖時,遷居河南鞏縣。祖父杜審言是武則天時著名詩人,父親杜閑曾任兗州司馬和奉天縣令。杜甫早年刻苦學習,三十五歲以前在江南和山東等地過了十年遊歷生活,後來在長安住了十年,在仕途上很不得志,一直到四十四歲時纔做上了右衛率府胄曹參軍(太子屬官,掌軍器儀仗公廨營造等事)。安禄山作亂,杜甫由鄜州往靈武投奔肅宗,途中被安禄山部下俘獲押解到長安,過了一年俘虜生活。肅宗至德二年(公元757年),他由長安逃到鳳翔,做了肅宗的左拾遺。不久,因上疏救房琯,被貶爲華州(在陝西鄭縣一帶)司功參軍。後來,他棄官入蜀,在成都築了一所草堂,安家定居。兩年以後,西川節度使嚴武任他爲節度參謀,並舉薦他爲檢校工部員外郎,因此,後人又稱爲杜工部。嚴武死後,他便東下夔州(今四川奉節一帶),住了三年。代宗大曆三年(公元768年),他帶領全家去湖南,大曆五年,在去郴州的途中,病死在由岳陽到長沙的一條小船上。

杜甫是一位偉大的現實主義詩人,他出身寒微,一生不得志,在動蕩和戰亂中,流離失所,東西漂泊。他在現實生活中看到了社會的黑暗、人民的疾苦。他的整個詩歌創作,就是那個時代的一面鏡子,因此,後人把他具有强烈的民主性和現實主義、愛國主義精神的詩篇稱爲"詩史"。杜詩最通行的注本有清代錢謙益的《草堂詩箋》,仇兆鰲的《杜少陵集詳注》,楊倫的《杜詩鏡銓》,浦起龍的《讀杜心解》。

自京赴奉先縣詠懷五百字〔1〕

杜陵有布衣〔2〕,老大意轉拙〔3〕。許身一何愚〔4〕,竊比稷與契〔5〕!居然成濩落〔6〕,白首甘契闊〔7〕。蓋棺事則已，此志常覬豁[8]。窮年憂黎元[9]，歎息腸内熱。取笑同學翁[10]，浩歌彌激烈[11]。非無江海志，蕭灑送日月[12]。生逢堯舜君[13]，不忍便永訣[14]。當今廊廟具，構厦豈云缺[15]？葵藿傾太陽，物性固莫奪[16]。顧惟螻蟻輩[17]，但自求其穴。胡爲慕大鯨，輒擬偃溟渤[18]？以兹悟生理[19]，獨恥事干謁[20]。兀兀遂至今[21]，忍爲塵埃没。終愧巢與由[22]，未能易其節[23]。沈飲聊自遣[24]，放歌頗愁絶[25]。

〔1〕奉先縣，今陜西蒲城縣。天寶十四載，杜甫在受任右衛率府胄曹參軍前，回到奉先縣探望家屬。這時社會已極窮困動蕩，統治階級仍然過着醉生夢死的奢侈生活。這首詩是他回到奉先後寫的，詩中寫了自己的抱負，途中的見聞以及家中的不幸，從而譴責了統治階級的荒淫，反映了人民的苦難，表達了自己憂國憂民的思想。

〔2〕杜陵，地名，在今陜西長安縣東南，秦時爲杜縣，漢宣帝葬在這裏，因此叫杜陵。東南爲宣帝許皇后墓地，叫少陵。杜甫的遠祖是杜陵人，他自己早年曾在少陵附近住過，因此常自稱爲“杜陵布衣”或“少陵野老”。

〔3〕意，指對生活的看法。拙，笨拙，不靈活，這是謙詞，實際上是表示自己的意志更堅定了。

〔4〕許身，準備把自己貢獻給國家。愚，謙詞，實際上是説自己懷着忠心。

〔5〕稷，后稷，見第一册第305頁《許行》注〔1〕。契（xiè），見第一册第305頁《許行》注〔6〕。

〔6〕濩落，即瓠落，參看第二册第383頁《不龜手之藥》注〔6〕。這裏指大而無用之物。這句是説竟然成了志大材疏的無用之人。按：這也是謙詞，實際是説皇帝没有用他。

〔7〕契闊，勞苦。

〔8〕覬（jì），希望。豁，通達。這一聯是説，死了就算了，如果不死，就常希望這

個志願能够實現。

〔9〕窮年,一年到頭。黎元,老百姓。

〔10〕取笑,引起(别人的)嗤笑。同學,同師爲同學。翁,尊稱。取笑同學翁,等於説見笑於同學翁。

〔11〕浩歌,大聲地歌唱。

〔12〕江海志,放浪江海的志願,即隱居的志願。蕭灑,雙聲聯緜字,無拘束的樣子。這裏十字爲一句,等於説豈無放浪江海,過着蕭灑生活的志願。

〔13〕堯舜君,指玄宗。這是恭維的話。

〔14〕不忍便和堯舜君永遠分别。

〔15〕廊廟,指朝廷。廊廟具,等於説廊廟器,即朝廷的棟梁。這裏十字爲一句,大意是説,當今難道缺乏朝廷的棟梁嗎?

〔16〕這句本曹植《求通親親表》:"若葵藿之傾葉,太陽雖不爲之迴光,然終向之者,誠也。"葵向日,藿是豆葉,並無向日的特徵。《詩經·豳風·七月》有"七月亨葵及菽",這個菽就是藿,曹植因而連用葵藿以配成雙音節。葵藿,杜甫自比。太陽,比皇帝。莫,一本作"難"。

〔17〕螻蟻輩,比喻追求名利的小人。

〔18〕大鯨,比喻有遠大抱負的人。擬,度,考慮。偃,偃臥。溟渤,海。這兩聯是説,人們都衹顧自己營求名利,我爲什麽要羨慕那些有遠大抱負的人呢?這是反話,杜甫正是有遠大抱負的。

〔19〕悟生理,指從螻蟻、大鯨悟出人生的道理。悟,一本作悮。

〔20〕干謁,以私事請求,這裏指依附權貴,營求名利。

〔21〕兀兀,勤勞困苦的樣子。

〔22〕巢,巢父。由,許由。兩人都是堯時的高士。參看本册第1251頁《北山移文》注〔1〕。這句是説自己對巢由很慚愧,這是委婉語,也就是説自己不願學巢、由隱居。

〔23〕節,節操,即學習稷與契的志向。

〔24〕沈飲,沈溺於飲酒。

〔25〕頗,甚。愁絶,等於説愁極。頗,一本作"破"。

歲暮百草零,疾風高崗裂。天衢陰崢嶸[1],客子中夜發[2]。嚴霜衣帶斷,指直不能結[3]。凌晨過驪山[4],御榻在嵽嵲[5]。蚩尤塞寒空[6],蹴踏崖谷滑[7]。瑶池氣鬱律[8],羽林相摩戛[9]。君臣留懽娱[10],樂動殷膠葛[11]。賜浴皆長纓[12],與宴非短褐。彤庭所分帛[13],本自寒女出。鞭撻其夫家,聚斂貢城闕。聖人筐篚恩,實欲邦國活[14]。臣如忽至理,君豈棄此物?多士盈朝廷,仁者宜戰慄[15]。況聞内金盤[16],盡在衛霍室[17]。中堂有神仙[18],煙霧蒙玉質[19]。煖客貂鼠裘,悲管逐清瑟。勸客駝蹄羹[20],霜橙壓香橘。朱門酒肉臭[21],路有凍死骨。榮枯咫尺異[22],惆悵難再述。

〔1〕天衢,指天空。陰崢嶸,陰寒之氣很盛。

〔2〕客子,杜甫自稱。發,出發。

〔3〕結,指結帶。這一聯意思是説:由於嚴寒,手指凍僵了,連衣帶斷了都不能結起來。

〔4〕凌晨,天剛亮的時候。

〔5〕嵽嵲(dìniè),山高峻的樣子。這裏指驪山高處。唐玄宗每年十二月即往驪山過冬,歲盡纔回長安。

〔6〕蚩尤,古代傳説中的人物,據説他與黄帝作戰時,曾興起大霧,黄帝發明指南車辨明方向,纔擒住了他。這裏作爲霧的代稱。

〔7〕蹴(cù),踢。

〔8〕瑶池,仙境,相傳爲西王母所居。這裏指驪山上的華清池。鬱律,疊韻聯緜字,煙氣上昇很盛的樣子。

〔9〕羽林,皇帝的禁衛軍。摩戛(jiá),摩擦。這句是形容衛兵很多,兵仗互相摩擦。

〔10〕留,留連,留戀。

〔11〕殷(yǐn),雷聲。《詩經·召南·殷其雷》:"殷其雷,在南山之陽。"這裏指震動。膠葛,雙聲聯緜字,曠遠的樣子,這裏指天空。

〔12〕長纓,指達官貴族。

〔13〕彤,朱紅色。彤庭,指朝廷,皇帝的宫殿多用朱紅塗飾。

〔14〕聖人,唐人對天子的習慣稱呼。筐篚,都是竹器,圓形叫筐,方形叫篚,古代用來盛幣帛。筐篚恩,承"彤庭所分帛"而來,是用《詩經·小雅·鹿鳴》小序"鹿鳴,燕羣臣嘉賓也,既飲食之,又實幣帛筐篚,以將其厚意,然後忠臣嘉賓得盡其心矣"的語意。欲,一本作"願"。

〔15〕仁者,指"多士"中的"仁者"。這句是説,仁者看到上述情況,應該爲之恐懼戰慄。

〔16〕内,指宫内。内金盤,這裏泛指宫内的珍寶器物。

〔17〕衛,指衛青。霍,指霍去病。兩人都是漢武帝的外戚,深得寵幸。這裏影射楊國忠兄弟姊妹。

〔18〕神仙,指歌姬舞妓。

〔19〕煙霧,形容衣裳的輕薄飄舉。玉質,指潔美的肌膚。

〔20〕駝蹄羹,指最珍貴的食品。

〔21〕朱門,古代王侯以朱塗户。這裏指貴族之家。

〔22〕榮,開花,茂盛,與"枯"相對。

北轅就涇渭〔1〕,官渡又改轍〔2〕。羣水從西下,極目高崒兀〔3〕。疑是崆峒來〔4〕,恐觸天柱折〔5〕。河梁幸未坼〔6〕,枝撐聲窸窣〔7〕。行旅相攀援〔8〕,川廣不可越。老妻寄異縣〔9〕,十口隔風雪。誰能久不顧,庶往共饑渴。入門聞號咷,幼子餓已卒。吾寧捨一哀,里巷亦嗚咽〔10〕?所愧爲人父,無食致夭折。豈知秋禾登〔11〕,貧窶有倉卒〔12〕?生常免租税,名不隸征伐〔13〕。撫迹猶酸辛,平人固騷屑〔14〕。默思失業徒,因念遠戍卒。憂端齊終南〔15〕,

澒洞不可掇〔16〕。

〔1〕北轅，轅向北，即車向北走。

〔2〕官渡，指官家在昭應縣（即今臨潼縣）北涇渭二水交會處所設立的渡口。改轍，改道。這個渡口唐代遷徙無常，所以説"又改轍"。

〔3〕崒（zú）兀，高峻而危險的樣子。涇渭二水源出隴西，這是説它們從上流洶湧而來的水勢好像高山。

〔4〕崆峒，山名，在今甘肅省境。

〔5〕天柱，《淮南子·天文》載：共工怒觸不周山，"天柱折，地維絶。"

〔6〕梁，橋。坼，裂開，分裂。這句是説橋未被水沖散。

〔7〕枝撑，指橋的支柱。窸窣（xīsū），象聲詞，這裏形容橋柱動摇所發出的聲音。

〔8〕行旅，行人。一本作"行李"。

〔9〕寄，託身。異縣，指奉先。

〔10〕這一聯是説，連鄰居都悲傷，難道我不悲傷嗎？

〔11〕登，指成熟。

〔12〕貧窶（jù），貧窮。倉卒（cù），雙聲聯緜字，匆忙的樣子。這裏指突然發生的事情，即幼子夭折。

〔13〕封建時代，士大夫可以免繳租税和免服兵役。

〔14〕撫迹，指追念家中的慘況。酸辛，等於説悲苦。平人，平民，即下文所説的"失業徒"和"遠戍卒"。騷屑，雙聲聯緜字，本義是形容風聲，這裏表示騷動不安的樣子。

〔15〕憂端，憂思的端緒。終南，終南山。

〔16〕澒（hòng）洞，疊韻聯緜字，水浩大的樣子，指憂思之多如水汗漫無邊。掇（duō），收拾。全詩一韻到底，質物月曷黠屑六韻通爲一韻：出、慄、室、質、瑟、橘、述、卒（餓已卒），質韻；物，物韻；月、謁、没、發、闕、骨、兀、窣、越、卒（遠戍卒）、卒（倉卒）、伐，月韻；闊、豁、奪、渤、葛、褐、活、渴、掇，曷韻；滑、戛，黠韻；拙、契、熱、烈、訣、缺、穴、節、絶、裂、結、嵲、轍、折（天柱

折）、雪、咽、折（夭折）、屑，屑韻。按：此詩兩用“折”字，三用“卒”字，都不同音。“天柱折”的“折”讀常列切（shé），“夭折”的“折”讀旨熱切（zhé）；“餓已卒”的“卒”讀子律切（zú），“遠戍卒”的“卒”讀臧没切（今音與子律切無别），“倉卒”的“卒”讀千忽切（cù）。

潼關吏〔1〕

士卒何草草，築城潼關道〔2〕。大城鐵不如，小城萬丈餘〔3〕。借問潼關吏：“修關還備胡〔4〕？”要我下馬行〔5〕，爲我指山隅〔6〕：“連雲列戰格〔7〕，飛鳥不能踰。胡來但自守，豈復憂西都〔8〕？丈人視要處〔9〕，窄狹容單車〔10〕。艱難奮長戟，千古用一夫〔11〕。”哀哉桃林戰，百萬化爲魚〔12〕。請囑防關將，慎勿學哥舒〔13〕！

〔1〕潼關，在今陝西潼關縣。

〔2〕草草，勞苦的樣子。草、道，押韻（皓韻）。

〔3〕大城、小城，都是指潼關。鐵不如，指潼關堅固。萬丈餘，指潼關高峻，因關在山上。這兩句互文見義，是説潼關上的城牆既堅又高。

〔4〕這句是杜甫問潼關吏的話。

〔5〕要（yāo），邀。

〔6〕從“連雲”到“一夫”，是潼關吏對杜甫説的話。

〔7〕戰格，作戰時用以防禦的栅欄。連雲列戰格，形容戰格像連緜的雲那樣排列着。

〔8〕西都，指長安。

〔9〕丈人，等於説長者，潼關吏對杜甫的敬稱。

〔10〕指不能兩車並行。

〔11〕千，一本作“萬”。這句極言潼關的險要，衹要一人守關，敵人就攻不進來。

〔12〕桃林，地名。由靈寶（在今河南靈寶縣北）以西至潼關，統稱爲桃林塞。安

禄山舉兵西進時,潼關守將哥舒翰率兵二十萬出關迎敵,在靈寶以西被安禄山擊敗,部下互相踐踏推擠,有幾萬人掉進黄河淹死,所以這裏説"百萬化爲魚"。

〔13〕哥舒,即哥舒翰,突厥族的後裔。因破吐蕃有功,封隴右節度副大使,進封西平郡王。安禄山反時,召拜爲兵馬元帥,後來被安禄山俘獲並殺死。據《新唐書・哥舒翰傳》載:安禄山進逼潼關時,郭子儀、李光弼等都主張固守潼關,不要輕易出戰。但唐玄宗聽信楊國忠的話,一再下令催促哥舒翰出關迎戰,以致大敗。杜甫在這裏明裏是指責哥舒翰,暗裏卻是警戒朝廷吸取前次失敗的教訓。如、餘、胡、隅、踰、都、車、夫、魚、舒,押韻(魚虞通韻)。

新婚别

兔絲附蓬麻,引蔓故不長〔1〕。嫁女與征夫,不如棄路旁。結髮爲君妻〔2〕,席不煖君牀。暮婚晨告别,無乃太匆忙!君行雖不遠,守邊赴河陽〔3〕。妾身未分明〔4〕,何以拜姑嫜〔5〕?父母養我時,日夜令我藏〔6〕。生女有所歸〔7〕,雞狗亦得將〔8〕。君今往死地,沈痛迫中腸。誓欲隨君去,形勢反蒼黄〔9〕。勿爲新婚念,努力事戎行〔10〕。婦人在軍中,兵氣恐不揚〔11〕。自嗟貧家女,久致羅襦裳〔12〕。羅襦不復施〔13〕,對君洗紅妝。仰視百鳥飛,大小必雙翔。人事多錯迕〔14〕,與君永相望〔15〕。

〔1〕兔絲,即菟絲子,一種蔓生的草,多纏繞在别的植物上生長。蓬和麻都是短小的植物,所以説"引蔓不長"。這裏是起興,意在引起下文,即女子嫁與征夫,就好像兔絲之附蓬麻,不可依靠。

〔2〕結髮,參看本册第1361頁《飲馬長城窟行》注〔16〕。

〔3〕河陽,故城在今河南孟縣南。赴,一本作"戍"。

〔4〕身,身分,名分。古禮:婦人嫁三日,告廟上墳,謂之成婚(依仇兆鰲引夢弼説)。婚禮未完備時丈夫就走了,所以説"妾身未分明"。

〔5〕姑嫜,丈夫的母親爲姑,父親爲嫜。

〔6〕藏,指藏在閨閣之中,不讓人看見。

〔7〕歸,參看第二册第471頁《桃夭》注〔4〕。

〔8〕這是説,父母連雞狗都陪送給我(依趙彦材、仇兆鰲説)。《詩經·召南·鵲巢》:"之子于歸,百兩將之。"這裏借用這個"將"字表示"送嫁"的意思。

〔9〕蒼黄,參看本册第1252頁《北山移文》注〔16〕。

〔10〕戎行(háng),參看第一册34頁《齊晉鞌之戰》注〔13〕。

〔11〕不揚,即不振。《漢書·李廣蘇建傳》載:李陵發現士氣不振,懷疑軍中藏有女子,後來果然查得許多士卒的妻子,於是把她們全部殺掉。

〔12〕致,等於説弄到。久致,一本作"致此"。襦(rú),短衣。羅襦裳,這裏泛指用絲織品裁製的衣裳,也就是指出嫁時穿的衣裳。這是説,父母很久纔爲她準備好出嫁時穿的衣裳。

〔13〕施,等於説用。

〔14〕事,一本作"生"。錯迕(wǔ),對不上,即不順利的意思。

〔15〕這句表示自己對愛情的堅貞。長、旁、牀、忙、陽、嫜、藏、將、腸、黄、行、揚、裳、妝、翔、望(wáng),押韻(陽韻)。

白居易

白居易(公元772—846年),字樂天,晚年自號香山居士。原籍太原,曾祖時遷居下邽(guī,今陝西渭南縣)。他出身於没落的小官僚家庭,在藩鎮作亂、社會動蕩不安的歲月裏成長起來。青少年時期因爲避亂,過着顛沛流離的生活,體會到廣大人民的疾苦,這對他後來的創作是有影響的。德宗貞元十六年(公元800年)中進士。憲宗元和三年(公元808年)任左拾遺,由於直言敢諫,又寫了些諷諭詩,深爲權貴所不滿。元和九年,改任贊善大夫(東宮屬官,職責是諷諫太子過失），十年，因越職言事，被貶爲江州（故治在今江西九江）司馬。以後，做過杭州、蘇州刺史，累官至太子少傅，武宗會昌二年（公元842年），以刑部尚書退休。會昌六年，在洛陽逝世。

白居易是一位偉大的現實主義詩人，他前期的作品戰鬥性很强，流傳很廣，影響很深。現存有《白氏長慶集》共七十一卷。

秦中吟〔1〕

輕　肥〔2〕

意氣驕滿路，鞍馬光照塵。借問何爲者，人稱是内臣〔3〕。朱紱皆大夫，紫綬悉將軍〔4〕。誇赴軍中宴〔5〕，走馬去如雲〔6〕。罇罍溢九醖〔7〕，水陸羅八珍〔8〕。果擘洞庭橘，膾切天池鱗〔9〕。食飽心自若〔10〕，酒酣氣益振〔11〕。是歲江南旱，衢州人食人〔12〕！

〔1〕秦中。即關中，秦國故地，即今陝西省一帶。在《秦中吟》中，作者深刻地揭露了現實的黑暗，反映了秦中人民的疾苦。作者在序中説："貞元、元和之際，予在長安，聞見之間，有足非者。因直歌其事，命爲《秦中吟》。"共十首，這裏衹選了一首。

〔2〕輕肥，指輕裘肥馬，這裏指奢侈豪華的生活。中唐以後，朝廷寵任宦官，肅宗時宦官可任將軍，以後代宗德宗都派宦官到各地去做監軍使，掌軍權，於是宦官驕縱一時。這首詩就是揭露宦官的驕縱與奢侈。

〔3〕内臣，宦官。

〔4〕紱，組綬，繫印的絲帶。朱紱、紫綬都是官位高者所佩帶的。

〔5〕誇，誇耀，這裏含有耀武揚威的意思。

〔6〕如雲，這裏形容車馬騶從之多。

〔7〕罇、罍，都是盛酒器。九醖（yùn），最醇的酒。酒釀的次數越多越醇，九醖（九釀）最醇。《抱朴子・金丹》："猶一酘之酒，不可以方九醖之醇耳。"

（酘：讀 tóu，釀兩次。方，比。）

〔8〕羅，擺。八珍，八種美味，説法不一，這裏指最上等的美食。這句是"羅水陸八珍"的倒裝。

〔9〕擘（bò），分剖。膾，這裏指切得很細的魚肉。天池，海的别名。鱗，指魚。

〔10〕自若，自如，這裏有稱心如意的意思。

〔11〕振（zhēn），盛。

〔12〕江南旱，據史書記載，元和三年冬至四年春，江淮一帶大旱。衢州，今浙江省衢縣一帶。塵、臣、軍、雲、珍、鱗、振、人，押韻（真文通韻）。

唐宋七言古體詩

王　勃

滕王閣〔1〕

滕王高閣臨江渚，佩玉鳴鸞罷歌舞〔2〕。畫棟朝飛南浦雲，珠簾暮捲西山雨〔3〕。閒雲潭影日悠悠，物换星移幾度秋〔4〕？閣中帝子今何在？檻外長江空自流〔5〕。

〔1〕參看第三册第1153頁《滕王閣序》注〔1〕。

〔2〕珮玉，古人佩帶在腰間的玉飾，走路時則相撞擊發出響聲。鸞，安在車衡上的鈴，車行則摇動發出響聲。《禮記·玉藻》："故君子在車則聞鸞和之聲，行則鳴佩玉。"佩玉鳴鸞，指鳴佩玉鳴鸞，就是説宴畢人散。

〔3〕南浦，地名，在南昌西南。西山，在南昌西北，又叫南昌山。渚、舞、雨，押韻（語麌通韻）。

〔4〕潭影，這裏指閒雲在潭中的陰影。日，日日，天天。悠悠，等於説悠然，悠閒的樣子。"悠悠"與"閒"相應。星移，天上星宿移動。

〔5〕帝子，指滕王。悠、秋、流，押韻（尤韻）。

李　白

蜀道難〔1〕

噫吁嚱〔2〕！危乎高哉！蜀道之難，難於上青天。蠶叢及魚鳧[3]，開國何茫然[4]。爾來四萬八千歲，不與秦塞通人煙[5]。西當太白有鳥道，可以橫絶峨眉巔[6]。地崩山摧壯士死，然後天梯石棧相鉤連[7]。上有六龍回日之高標[8]，下有衝波逆折之回川[9]。黄鶴之飛尚不得過[10]，猨猱欲度愁攀緣[11]。青泥何盤盤[12]，百步九折縈巖巒[13]。捫參歷井仰脅息[14]，以手撫膺坐長歎[15]。問君西遊何時還，畏途巉巖不可攀[16]。但見悲鳥號古木，雄飛雌從繞林間。又聞子規啼夜月[17]，愁空山。蜀道之難，難於上青天，使人聽此凋朱顏[18]。連峯去天不盈尺，枯松倒挂倚絶壁[19]。飛湍瀑流爭喧豗[20]，砯崖轉石萬壑雷[21]。其險也若此，嗟爾遠道之人胡爲乎來哉！劍閣崢嶸而崔嵬[22]，一夫當關，萬夫莫開。所守或匪親，化爲狼與豺[23]。朝避猛虎，夕避長蛇，磨牙吮血[24]，殺人如麻。錦城雖云樂[25]，不如早還家。蜀道之難，難於上青天，側身西望長咨嗟[26]！

〔1〕樂府相和歌辭的瑟調曲三十八曲裏有《蜀道難》。《樂府詩集》引《樂府古題要解》："《蜀道難》備言玉壘、銅梁（都是蜀中山名）之阻。"梁陳間已經有人擬作。李白在這首詩中，用誇張的筆調，描寫蜀中地勢的險要，最後結合時局，抒發無限的感慨。

〔2〕噫吁嚱（yīxūxī），蜀地方言，驚異聲。

〔3〕蠶叢、魚鳧，都是傳説中古蜀國國王的祖先。

〔4〕茫然，模糊不清的樣子。這是説蜀國祖先如何開國，已經不清楚了。

〔5〕爾來，等於説從此以後。秦塞，指秦國，秦地多險阻，古代稱爲"四塞之國"。通人煙，指人民互相往來。秦惠王滅蜀以後，蜀纔和秦發生關係。四萬八千歲，衹是極言時間之長，並不是確數。

〔6〕太白，山名，在陝西省眉縣南。鳥道，指連山高峻，衹有鳥纔能在低缺處飛過的道（這裏是誇張）。横絶，横度。這一聯是説，從秦入蜀，隔着太白山，衹有鳥道可以横度到峨嵋山頂。

〔7〕這是古代神話傳説。秦惠王想滅蜀，知道蜀王好色，許嫁五美女於蜀，蜀王遣五個力士前往迎接。回來時路過梓潼（今四川梓潼縣），見一條大蛇鑽入山穴中，一力士拉蛇尾，拉不出來，於是其餘四人也來協助，結果山崩塌，壓死五力士，而山也分爲五嶺。天梯，上山的道路又高又陡，像上天的梯子。棧，棧道，在懸崖絶壁上，將木頭嵌入絶壁中架成的道路。石棧，石崖上的棧道。

〔8〕古代神話傳説，太陽坐着六條龍拉的車，由羲和駕馭着，在空中行駛。這一聯是説蜀中的山峯非常高，連太陽坐的六龍車也過不去。回，回轉。高標，指蜀山中最高而成爲一方標識的山峯。

〔9〕逆折，回旋。回川，有漩渦的水流。

〔10〕黄鶴，即黄鵠，又叫天鵝，能飛得很高。

〔11〕猨，同"猿"。猱（náo），猿類。緣，一本作援。天、然、煙、巔、連、川、緣，押韻（先韻）。

〔12〕青泥，山嶺名，在陝西略陽縣西北，嶺上有入蜀的要道。盤盤，曲折的樣子。

〔13〕縈，旋繞。

〔14〕捫（mén），摸。參、井，都是星宿名，參爲益州（今四川）的分星（分野），井爲雍州（今陝西甘肅大部分）的分星（分野）。脅息，屏住氣。這一聯是説入蜀的道路處在極高的山上，人要仰着頭用手摸着天上的星宿走過，連氣都不敢喘。

〔15〕膺，胸。盤、巒、歎（tān），押韻（寒韻）。

〔16〕巉巖，山石險峻的樣子。

〔17〕子規，即杜鵑。

〔18〕還、攀、間、山、顔，押韻（删韻）。

〔19〕尺、壁，押韻（陌錫通韻）。

〔20〕湍(tuān),急流的水。瀑,瀑布。喧豗(huī),雙聲聯緜字,等於説喧闐。

〔21〕砯(pēng),水撞擊巖石發出的聲音,這裏用如動詞。轉石,激流使大石轉動。

〔22〕劍閣,在四川劍閣縣北。大小劍山之間,相離三十里,連山絶險,古代築有棧道,叫劍閣,也叫劍門關。崢嶸、崔嵬,都是高峻的樣子。按:劍閣是歷代軍事上防守要地,所以下文説"一夫當關,萬夫莫開"。

〔23〕這是説,假如不是親信的人防守,他就會據險叛亂,成爲國家的禍害。晉張載《劍閣銘》:"一人荷戟,萬夫趑趄,形勝之地,匪親勿居。"豗、雷、哉、嵬、開、豺,押韻(灰佳通韻)。

〔24〕吮(shǔn),吸。

〔25〕錦城,即錦官城,指成都。

〔26〕咨嗟(jiē),歎息。蛇、麻、家、嗟,押韻(麻韻)。

夢遊天姥吟留别〔1〕

海客談瀛州〔2〕,煙濤微茫信難求〔3〕;越人語天姥〔4〕,雲霞明滅或可覩〔5〕。天姥連天向天横,勢拔五岳掩赤城〔6〕。天台四萬八千丈〔7〕,對此欲倒東南傾〔8〕。我欲因之夢吴越,一夜飛度鏡湖月〔9〕。湖月照我影,送我至剡溪〔10〕。謝公宿處今尚在〔11〕,渌水蕩漾清猿啼〔12〕。脚著謝公屐〔13〕,身登青雲梯〔14〕。半壁見海日〔15〕,空中聞天雞〔16〕。千巖萬轉路不定,迷花倚石忽已暝〔17〕。熊咆龍吟殷巖泉〔18〕,慄深林兮驚層巔。雲青青兮欲雨,水澹澹兮生煙〔19〕。列缺霹靂〔20〕,丘巒崩摧。洞天石扇〔21〕,訇然中開〔22〕。青冥浩蕩不見底〔23〕,日月照耀金銀臺〔24〕。霓爲衣兮風爲馬,雲之君兮紛紛而來下〔25〕。虎鼓瑟兮鸞回車[26],仙之人兮列如麻。忽魂悸以魄動[27],怳驚起而長嗟[28],惟覺時之枕席,失向來之煙霞[29]。世間行樂亦如此,古來萬事東流水[30]。别君去兮何時還?且放白鹿青崖間[31],須行即騎訪名山。安能摧眉折腰事權貴,使我不得開心顔[32]!

〔1〕天姥(mǔ),山名,在今浙江新昌縣東。吟,詩歌名稱的一種。這首詩又題爲《别東魯諸公》。天寶四年(公元745年),李白將離開東魯,南遊吴越,作此詩向朋友告别。詩中表現了詩人恥事權貴,嚮往仙境,以求解脱的思想感情。

〔2〕海客,指航海者。瀛州,傳説中的仙山。《史記·秦始皇本紀》:"海中有三神山,名曰蓬萊、方丈、瀛州,仙人居之。"

〔3〕微茫,等於説迷茫。州、求,押韻(尤韻)。

〔4〕越,今浙江省一帶地方。

〔5〕霞,一本作"霓"。姥、覩,押韻(麌韻)。

〔6〕拔,超出。掩,遮蔽。赤城,山名,在今浙江天台縣北。

〔7〕天台,山名,在今浙江天台縣北。四,當作"一"。《雲笈七籤》:"天台山高一萬八千丈。"

〔8〕横、城、傾,押韻(庚韻)。

〔9〕鏡湖,又名鑑湖,在今浙江紹興縣南。這是説在月光下飛度鏡湖。越、月,押韻(月韻)。

〔10〕剡(shàn)溪,在今浙江嵊縣南,即曹娥江的上游。

〔11〕謝公,指謝靈運。謝靈運喜歡遊山玩水,常在浙東會稽一帶遊玩,天姥山也是他常去的地方。他遊天姥時,曾在剡溪住宿。謝靈運《登臨海嶠詩》:"暝投剡中宿,明登天姥岑。"

〔12〕渌水,清水。

〔13〕謝公屐,謝靈運遊山,必到最高峻深幽的地方。他備有一種特製的木屐,屐底裝有活動木齒,上山則去掉前齒,下山則去掉後齒。

〔14〕青雲梯，比喻高出雲霄的峻嶺。謝靈運《登石門最高頂》："惜無同懷客，共登青雲梯。"

〔15〕壁，指石壁。

〔16〕天雞，古代神話傳説，東南有桃都山，山上有棵大樹叫桃都，樹枝之間相隔三千里，上有天雞，太陽剛出來照耀這棵樹的時候，天雞就叫起來，天下的雞也都跟着它叫（見《述異記》）。溪、啼、梯、雞，押韻（齊韻）。

〔17〕定、瞑（mìng），押韻（徑韻）。

〔18〕殷（yǐn），象聲詞，雷聲。這裏用如動詞。殷巖泉，像雷一樣地在巖泉間震響。

〔19〕泉、巔、煙，押韻（先韻）。

〔20〕列缺，疊韻聯緜字，指閃電。霹靂，疊韻聯緜字，指雷聲。揚雄《羽獵賦》："霹靂烈缺，吐火施鞭。"（烈：《漢書》作"列"。）

〔21〕洞天，道家對神仙所居的山中洞府的稱呼，是洞中別有天地的意思。扇，門扇，一本作"扉"。

〔22〕訇（hōng），象聲詞。

〔23〕青冥，指天空。浩蕩，廣大。

〔24〕金銀臺，《漢書・郊祀志》："自威宣（齊威王、齊宣王）燕昭（燕昭王）使人入海求蓬萊方丈瀛州……蓋嘗有至者，諸僊（仙）人及不死之藥皆在焉。其物禽獸盡白，而黃金銀爲宮闕。"郭璞《遊仙詩》："神仙排雲出，但見金銀臺。"摧、開、臺，押韻（灰韻）。

〔25〕雲之君，雲神。《楚辭・九歌》有《雲中君》篇。馬、下，押韻（馬韻）。

〔26〕鸞，傳説中的一種神鳥。回，這裏指轉運，運行。傳説仙人乘鸞車。

〔27〕悸，驚懼。

〔28〕怳，同"恍"，恍惚。

〔29〕向來，指夢中。車、麻、嗟、霞，押韻（麻韻）。

〔30〕此、水，押韻（紙韻）。

〔31〕白鹿，隱者的坐騎。《楚辭・哀時命》："浮雲霧而入冥兮，騎白鹿而容與。"

〔32〕摧眉，低眉順眼。還、間、顏，押韻（刪韻）。

杜甫

哀江頭[1]

少陵野老吞聲哭,春日潛行曲江曲[2]。江頭宫殿鎖千門,細柳新蒲爲誰緑[3]? 憶昔霓旌下南苑[4],苑中萬物生顔色。昭陽殿裏第一人[5],同輦隨君侍君側。輦前才人帶弓箭[6],白馬嚼齧黄金勒。翻身向天仰射雲,一笑正墜雙飛翼[7]。明眸皓齒今何在[8]? 血汙遊魂歸不得[9]。清渭東流劍閣深[10],去住彼此無消息[11]。人生有情淚霑臆,江草江花豈終極[12]? 黄昏胡騎塵滿城,欲往城南望城北[13]。

〔1〕江,指曲江,在長安城東南,秦時爲宜春苑,漢時爲樂遊原。唐玄宗開元年間加以整頓,成爲當時遊覽勝地。唐玄宗和楊貴妃經常到這裏來遊玩。這首詩是肅宗至德二年(公元757年)杜甫被安禄山拘留在長安時所寫。作者面對着荒凉的景象,回想起當年的盛況,不禁引起無限感慨,因而寫成這首詩,抒發了國破家亡的悲痛。

〔2〕吞聲,不敢出聲。曲江曲,指曲江邊背人的角落。

〔3〕哭、曲、緑,押韻(屋沃通韻)。

〔4〕霓旌,綴着五色羽毛看起來像虹霓的旗子,這裏指天子的儀仗。南苑,指曲江南的芙蓉苑。

〔5〕昭陽殿,漢宫殿名。漢成帝的寵姬趙昭儀(趙飛燕的妹妹)居昭陽殿。昭陽殿裏第一人,指楊貴妃。

〔6〕才人,宫中女官名。

〔7〕一笑,指楊貴妃笑,一本作"一箭"。

〔8〕明眸皓齒,指楊貴妃。

〔9〕指楊貴妃縊死馬嵬驛(在今陝西興平縣西)事。

〔10〕清渭,渭水,馬嵬驛即在渭水北岸。劍閣,見本册第1399頁《蜀道難》注〔22〕。楊貴妃死後,玄宗將她草草安葬,倉皇由劍閣逃入四川。

〔11〕去,指唐玄宗由劍閣入川。住,指楊貴妃長眠渭濱。彼此,指唐玄宗和楊貴妃。

〔12〕臆,胸。終極,等於説窮盡。草,一本作"水"。這兩句是説,有情人看到江頭景色便觸景生情,淚流霑臆;而江草江花年年依舊,哪有窮盡?因而人們亡國之恨也將年年因江花江草而生,永無絶期。

〔13〕當時杜甫住在城南,"欲往城南"是説準備回住所。望城北,一本作"忘城北",或作"忘南北"。這是説,由於極度的悲痛,自己心情迷惘,已經分不清東西南北了。色、側、勒、翼、得、息、臆、極、北,押韻(職韻)。

歲晏行〔1〕

歲云暮矣多北風〔2〕,瀟湘洞庭白雪中〔3〕。漁父天寒網罟凍,莫徭射雁鳴桑弓〔4〕。去年米貴闕軍食,今年米賤大傷農。高馬達官厭酒肉,此輩杼柚茅茨空〔5〕。楚人重魚不重鳥〔6〕,汝休枉殺南飛鴻〔7〕。況聞處處鬻男女〔8〕,割慈忍愛還租庸〔9〕。往日用錢捉私鑄〔10〕,今許鉛錫和青銅〔11〕。刻泥爲之最易得〔12〕,好惡不合長相蒙〔13〕。萬國城頭吹畫角,此曲哀怨何時終〔14〕?

〔1〕歲晏,歲暮,歲末。這首詩是大曆三年(公元768年)或四年在湖南時寫的,詩中反映了洞庭湖濱的勞動人民的痛苦生活。

〔2〕云,句中語氣詞。《詩經・小雅・小明》:"歲聿云暮。"《左傳・僖公十五年》:"歲云秋矣。"

〔3〕瀟湘,二水名,在湖南零陵縣合流,入洞庭湖。雪,一本作"雲"。

〔4〕罟(gǔ),網。莫徭,居住在長沙一帶的少數民族,自稱祖先有功,常免徭役,所以自名爲"莫徭"。桑弓,桑木做成的弓。

〔5〕此輩,指上述的漁父、獵户和農夫。杼柚(zhùzhú),織布機,又作“杼軸”。《詩經·小雅·大東》:“杼柚其空。”茨,草蓋的屋頂。茅茨,即茅屋。杼柚茅茨空,是説吃穿皆空。

〔6〕《風俗通》:“吴楚之人嗜魚鹽,不重禽獸之肉。”

〔7〕汝,指莫徭。這句是説,楚人不喜歡禽獸的肉,即使射到鴻雁,也没人買,不能解决生活問題。

〔8〕鬻(yù),賣。

〔9〕租庸,唐制:每丁每年納定量的粟稻叫做租;每丁每年爲公家服一定天數的勞役,不服役者,每天繳納絹三尺,叫做庸。

〔10〕私鑄,指私自鑄錢的人。《唐書·食貨志上》:“敢有盜鑄者身死,家口配没。”

〔11〕和,指攙和。鑄錢本應用青銅,現在私鑄者攙和鉛鐵,官府也不加干涉。

〔12〕刻泥,指刻泥爲錢模。

〔13〕好,指官錢。惡,指私人鑄的錢。不合,不該。蒙,欺。這句是説,不該總是把壞錢當好錢用來欺騙人。

〔14〕萬國,等於説各地。畫角,軍中樂器,作用相當於現在的軍號。吹畫角,暗指兵革未息,一本作“畫吹角”。哀怨,一本作“哀悲”。這兩句意思是説,人民窮困是由於兵革未息所致,而人民窮困到了極點,又將造成新的戰亂,因而畫角吹出的哀怨聲,將永無終止。風、中、弓、農、空、鴻、庸、銅、蒙、終,押韻(東冬通韻)。

韓　愈

山　石〔1〕

山石犖确行徑微〔2〕,黄昏到寺蝙蝠飛。昇堂坐階新雨足,芭蕉葉大支子肥〔3〕。僧言古壁佛畫好,以火來照所見稀。鋪牀拂席置羹飯,疎糲亦足飽我飢〔4〕。夜深静卧百蟲絶〔5〕,清月出嶺光入扉。天明獨去無道路,出入高下窮煙霏[6]。山紅澗碧紛爛漫，時見松櫪皆十圍[7]。當流赤足蹋澗石，水聲激激風吹衣。人生如此自可樂，豈必局束爲人鞿[8]？嗟哉吾黨二三子，安得至老不更歸[9]！

[1]這首詩可能作於貞元十七年（公元801年）。這年七月二十二日，韓愈曾與朋友到洛水釣魚，夜宿洛北惠林寺。這時韓愈在政治上很不得意，因而詩中流露出憤懣的情緒。

[2]犖确（luòquè），疊韻聯緜字，險峻不平的樣子。

[3]支子，即梔子，一本即作"梔子"，植物名。這裏指梔子的果實，可以入藥，又可以作染料用。

[4]糲，糙米。疏糲，等於説粗糲。

[5]百蟲絶，各種蟲子都停止了鳴叫。

[6]出入，指出入山谷。煙霏，等於説煙雲。

[7]櫪，通"櫟"，一本即作"櫟"，樹名。

[8]局束，同"局趣、偈促"，參看第三册第734頁《魏其武安侯列傳》注[17]。鞿（jī），馬口上的韁繩，這裏用如動詞，指管束。

[9]《論語·公冶長》："歸與！歸與！吾黨之小子狂簡。"《論語·述而》："二三子以我爲隱乎？"歸，即用"歸與"之意，這裏指歸隱。微、飛、肥、稀、飢、扉、霏、圍、衣、鞿、歸，押韻（十字屬微韻，衹有"飢"屬支韻，因"飢""饑"常通用，而"饑"在微韻）。

白　居　易

長　恨　歌[1]

漢皇重色思傾國[2]，御宇多年求不得[3]。楊家有女初長成，養在深閨人未識[4]。天生麗質難自棄，一朝選在君王側。迴眸一笑百媚生[5]，六宫粉黛無顔色[6]。春寒賜浴華清池[7]，温泉水滑洗凝脂[8]；侍兒扶起嬌無力，始是新承恩澤時[9]。雲鬢花顔金步搖[10]，芙蓉帳暖度春宵。春宵苦短日高起，從此君王不早朝[11]。承歡侍宴無閒暇，春從春遊夜專夜[12]。後宫佳麗三千人，三千寵愛在一身。金屋妝成嬌侍夜[13]，玉樓宴罷醉和春[14]。姊妹兄弟皆列土[15]，可憐光彩生門户[16]。遂令天下父母心，不重生男重生女[17]。驪宫高處入青雲[18]，仙樂風飄處處聞[19]。緩歌謾舞凝絲竹[20]，盡日君王看不足。漁陽鞞鼓動地來[21]，驚破霓裳羽衣曲[22]。

〔1〕這首詩取材於唐玄宗和楊貴妃的愛情故事，大膽地揭露了統治者的荒淫無恥，譴責了他們禍國殃民的罪行。但由於作者思想的局限性，詩中對李楊悲劇性的結局，充滿了同情和憐憫。白居易的朋友陳鴻另外寫了《長恨歌傳》，所述較詳，可與此詩互爲表裏。

〔2〕漢皇，指漢武帝，這裏借指唐玄宗。傾國，指絶色女子，即絶代佳人。漢代倡樂人李延年，有一次在武帝面前唱歌，歌辭爲："北方有佳人（暗指他的妹妹），絶世而獨立。一顧傾人城，再顧傾人國。寧不知傾城與傾國？佳人難再得！"武帝聽了很感歎。後來打聽到他有個妹妹，長得很美，便召入宫中爲妃，是爲李夫人。後代就用"傾城傾國"來形容女子的美貌。

〔3〕御，駕馭，控制。宇，即宇内，指中國。賈誼《過秦論》："振長策而御宇内。"御宇，這裏指即位當皇帝。

〔4〕楊家有女，指揚貴妃。楊貴妃爲蒲州永樂（在今山西芮城縣境）人，幼時養在叔父楊玄珪家。開元二十三年，爲壽王（玄宗的兒子李瑁）妃，二十八年，玄宗將她召入宫中，先度（使脱離世俗，即出家）爲女道士，號太真。天寶四年，册封爲貴妃。作者因爲有所諱忌，所以説她"養在深閨人未識"。未識，不知道。

〔5〕眸，瞳子，這裏指眼珠。迴眸，轉動眼珠。

〔6〕六宫，古代天子立六宫，是后妃居住的地方。粉黛，婦女施脂粉，以黛（青

黑色的顔料)畫眉,這裏用爲婦女的代稱。無顔色,顯得不美了。國、得、識、側、色,押韻(職韻)。

〔7〕華清池,陝西臨潼縣驪山上有温泉,唐玄宗在山上建温泉宫(後改名爲華清宫),就温泉建爲池,叫華清池,每年冬季和初春,便到這裏來居住。

〔8〕滑,柔和潤澤。凝脂,凝凍的脂肪,這裏比喻潔白細膩的皮膚。《詩經・衛風・碩人》:"膚如凝脂。"

〔9〕池、脂、時,押韻(支韻)。

〔10〕步摇,古代的一種首飾,上有垂珠,走起路來就摇動,所以叫步摇。

〔11〕摇、宵、朝,押韻(蕭韻)。

〔12〕暇、夜,押韻(禡韻)。

〔13〕金屋,參看本册第1268頁《春賦》注〔1〕。這裏指楊貴妃的寢宫。全句大意是楊貴妃在寢宫妝扮了來侍寢。

〔14〕玉樓,泛指美麗的樓閣。醉和春,春是良辰美景,醉是樂事,醉與春相和,是雙美。人、身、春,押韻(真韻)。

〔15〕列,通"裂"。列土,天子把土地分封給王侯,這裏兼指封爵封官。楊貴妃得寵後,父玄琰追贈爲太尉、齊國公;叔父玄珪提昇爲光禄卿;宗兄銛爲鴻臚卿,錡爲侍御史,釗(國忠)也逐漸顯貴起來;三個姐姐分别封爲韓國夫人、虢國夫人和秦國夫人。

〔16〕可憐,等於説可羨。

〔17〕當時民間有這樣的歌謡:"生女勿悲酸,生男勿喜歡。"又有:"男不封侯女作妃,看女卻爲門上楣(門上横梁)。"均見《長恨歌傳》。土、户、女,押韻(語麌通韻)。

〔18〕驪宫,即華清宫。

〔19〕雲、聞,押韻(文韻)。

〔20〕謾,通"慢",一本即作"慢"。凝,慢慢拉長聲音,這裏指樂器奏出緩慢的旋律。這句是由三個偏正詞組組成,意思是:緩歌謾舞,配上奏出緩慢旋律的絲竹。

〔21〕漁陽,郡名,屬范陽節度使管轄,在北京平谷、天津薊縣一帶。鞞(pí)鼓,

同“鞞鼓”,騎兵用的小鼓。天寶十四載十一月,安禄山在范陽(今北京市)以討伐楊國忠爲名,起兵反唐。這裏説漁陽而不説范陽,是用後漢彭寵據漁陽反漢的典故。

〔22〕霓裳羽衣曲,又名婆羅門曲,開元年間由印度傳入中國的舞曲。《長恨歌傳》:“進見之日,奏霓裳羽衣曲以導之。”竹、足、曲,押韻(屋沃通韻)。

九重城闕煙塵生,千乘萬騎西南行〔1〕。翠華摇摇行復止〔2〕,西出都門百餘里。六軍不發無奈何,宛轉蛾眉馬前死〔3〕。花鈿委地無人收,翠翹金雀玉搔頭〔4〕。君王掩面救不得,回看血淚相和流〔5〕。黄埃散漫風蕭索,雲棧縈紆登劍閣〔6〕。峨眉山下少人行〔7〕,旌旗無光日色薄〔8〕。蜀江水碧蜀山青,聖主朝朝暮暮情。行宫見月傷心色〔9〕,夜雨聞鈴斷腸聲〔10〕。

〔1〕九重城闕,指京城長安,古代天子居住的地方有九道門,所以説“九重城闕”。天寶十五年(公元756年),安禄山攻破潼關,進逼長安。唐玄宗於是帶着楊貴妃、楊國忠等在少數騎兵的護衛下,向四川逃跑。這裏説“千乘萬騎”,是誇張之辭。生、行,押韻(庚韻)。

〔2〕翠華,天子的旌旗,用翠羽裝飾而成。

〔3〕六軍,周代制度,天子六軍,諸侯大國三軍,次國二軍,小國一軍。這裏指皇帝的警衛部隊。蛾眉,見第二册第554頁《離騷》注〔2〕,這裏指楊貴妃。玄宗逃到馬嵬驛時,發生了兵變。將士們殺了楊國忠,並請玄宗殺楊貴妃。玄宗爲了安定軍心,便令高力士將楊貴妃縊死。止、里、死,押韻(紙韻)。

〔4〕鈿,用金片做成的首飾,形狀像花。委,棄。翠翹,一種首飾,形狀像翡翠鳥尾上的長羽。金雀,即金爵釵,又叫鳳頭釵。玉搔頭,玉簪。這一聯是説:金鈿、翠翹、金雀、玉搔頭都委地無人收。

〔5〕收、頭、流,押韻(尤韻)。

〔6〕雲棧，高入雲霄的棧道。縈紆，環繞曲折。

〔7〕峨眉山在成都西南，唐玄宗去成都的道路根本不經過峨眉山，這裏是泛指蜀山。

〔8〕索、閣、薄，押韻（藥韻）。

〔9〕行宫，京城以外供帝王出行時居住的宫室。

〔10〕《明皇雜録補遺》："明皇既幸蜀，西南行。初入斜谷，屬霖雨涉旬，於棧道雨中聞鈴音與山相應。上既悼念貴妃，採其聲爲《雨霖鈴曲》以寄恨焉。"這句暗指此事。青、情、聲，押韻（青庚通韻）。

天旋日轉回龍馭〔1〕，到此躊躇不能去。馬嵬坡下泥土中，不見玉顔空死處〔2〕。君臣相顧盡沾衣，東望都門信馬歸〔3〕。歸來池苑皆依舊，太液芙蓉未央柳〔4〕。芙蓉如面柳如眉，對此如何不淚垂？春風桃李花開日，秋雨梧桐葉落時〔5〕。西宫南内多秋草〔6〕，落葉滿堦紅不掃。梨園弟子白髮新〔7〕，椒房阿監青娥老〔8〕。夕殿螢飛思悄然〔9〕，孤燈挑盡未成眠〔10〕，遲遲鐘鼓初長夜〔11〕，耿耿星河欲曙天〔12〕。鴛鴦瓦冷霜華重〔13〕，翡翠衾寒誰與共〔14〕？悠悠生死别經年〔15〕，魂魄不曾來入夢〔16〕。

〔1〕天旋日轉，比喻局勢轉變。龍馭，指天子的車駕。肅宗至德二年（公元757年）九月，郭子儀收復長安，十二月，玄宗由蜀返長安。

〔2〕空死處，等於説"空見死處"。馭、去、處，押韻（御韻）。

〔3〕信馬，任隨馬。衣、歸，押韻（微韻）。

〔4〕太液，漢時宫中的池名，故址在今陜西長安縣西北，這裏借指唐宫中的池苑。未央，漢宫名，故址在今陜西長安縣西北，這裏借指唐宫。舊、柳，押韻（宥有去上通韻）。

〔5〕眉、垂、時，押韻（支韻）。

〔6〕天子宫禁叫大内，簡稱内。西宫，即太極宫，又稱西内。南内，興慶宫。玄

宗從四川回長安後，住在南内。

〔7〕梨園，故址在今陝西長安縣。梨園弟子，唐玄宗通曉音律，他從坐部伎（唐玄宗把在堂下站着奏樂的叫立部伎，堂上坐着奏樂的叫坐部伎，另有學習雅樂的，叫雅樂部）子弟中選出三百多人，親自教於梨園，號爲皇帝梨園弟子。另有宫女幾百人，也作爲梨園弟子。白髮新，指剛進入老年。

〔8〕椒房，參看第三册第754頁《霍光傳》注〔10〕。阿監，宫中女官。青娥，指宫女。草、掃、老，押韻（皓韻）。

〔9〕悄然，憂愁的樣子。

〔10〕古代富貴人家夜點蠟燭，不點燈，皇宫更是如此。這裏説"孤燈挑盡"，衹不過是對唐玄宗的孤寂與淒涼加以渲染。

〔11〕鐘鼓，用以報時辰。初長夜，指秋夜，秋夜開始長起來，所以説初長夜。

〔12〕耿耿，明亮的樣子。然、眠、天，押韻（先韻）。

〔13〕鴛鴦瓦，一俯一仰，配合在一起的瓦。霜華，即霜花。重，厚。

〔14〕衾，被子。翡翠衾，繡有翡翠的被子。

〔15〕悠悠，漫長的樣子。經年，經過一年以上的時間。《長恨歌傳》説，明皇於貴妃死後，"三載一意，其念不衰"。

〔16〕重、共、夢，押韻（腫宋送上去通韻）。

臨邛道士鴻都客〔1〕，能以精誠致魂魄。爲感君王展轉思〔2〕，遂教方士殷勤覓〔3〕。排雲馭氣奔如電，升天入地求之遍。上窮碧落下黄泉〔4〕，兩處茫茫皆不見〔5〕。忽聞海上有仙山，山在虚無縹緲間〔6〕。樓閣玲瓏五雲起〔7〕，其中綽約多仙子〔8〕。中有一人字太真，雪膚花貌參差是〔9〕。金闕西廂叩玉扃〔10〕，轉教小玉報雙成〔11〕。聞道漢家天子使，九華帳裏夢魂驚〔12〕。攬衣推枕起徘徊，珠箔銀屏迤邐開〔13〕。雲髻半偏新睡覺〔14〕，花冠不整下堂來〔15〕。風吹仙袂飄飖舉，猶似霓裳羽衣舞。玉容寂寞淚闌干,梨花一枝春帶雨〔16〕。含情凝睇謝君王〔17〕,一别音容兩渺茫。昭陽殿裏恩愛絶〔18〕,蓬萊宫中日月長〔19〕。回頭下望人寰處〔20〕,不見長安見塵霧。唯將舊物表深情,鈿合金釵寄將去〔21〕。釵留一股合一扇〔22〕,釵擘黄金合分鈿〔23〕。但教心似金鈿堅,天上人間會相見〔24〕。臨别殷勤重寄詞,詞中有誓兩心知,七月七日長生殿〔25〕,夜半無人私語時:在天願作比翼鳥〔26〕,在地願爲連理枝〔27〕。天長地久有時盡,此恨綿綿無盡期〔28〕!

〔1〕臨邛(qióng),今四川邛崍縣。鴻都,東漢都城洛陽的宫門名,是藏書和設太學的地方,這裏借指長安。鴻都客,這裏説道士是寓居長安的客人。

〔2〕展轉,用《詩經·周南·關雎》"輾轉反側"語意。

〔3〕教(jiāo),使,致令。方士,專門講求仙、煉丹等事的人,這裏指臨邛道士。客、魄、覓,押韻(陌錫通韻)。

〔4〕碧落,道家稱天空爲碧落。

〔5〕電、遍、見,押韻(霰韻)。

〔6〕山、間,押韻(删韻)。

〔7〕五雲,五色雲彩。

〔8〕綽約,疊韻聯緜字,嫵媚的樣子。這句等於説其中多綽約仙子。《莊子·逍遥遊》:"淖約若處子。"綽約與淖約同。

〔9〕參差(cēncī),這裏有大約、大概的意思。起、子、是,押韻(紙韻)。

〔10〕金闕,道家謂天上有黄金闕白玉京,爲天帝所居。

〔11〕小玉,吴王夫差的女兒。雙成,董雙成,西王母的侍女。二人都借指楊貴妃在仙境的侍女。

〔12〕扃、成、驚,押韻(青庚通韻)。

〔13〕珠箔,珠簾。迤邐(yǐlǐ),這裏有相繼的意思。

〔14〕覺(jiào),睡醒。

〔15〕徊、開、來,押韻(灰韻)。

〔16〕闌干,疊韻聯緜字,縱横的様子。這一聯是説:掛滿淚水的面容,就像春天裏帶着雨水的梨花。舉、舞、雨,押韻(語麌通韻)。

〔17〕睇,參看第二册第557頁《山鬼》注〔4〕。凝睇,等於説凝視。

〔18〕昭陽殿,參看本册第1402頁《哀江頭》注〔5〕。

〔19〕蓬萊,傳説中的仙山名。蓬萊宫,泛指仙宫。王、茫、長,押韻(陽韻)。

〔20〕寰,廣大的地區。人寰,指人間。

〔21〕鈿合,即鈿盒,用金花鑲飾的盒子。《長恨歌傳》:"定情之夕,授金釵鈿合以固之。"所以這裏説是"舊物"。處、霧、去,押韻(御遇通韻)。

〔22〕合一扇,指盒的一半,即盒蓋或盒底。

〔23〕擘,分開。這句實際上是"擘黄金釵分鈿合"的倒裝。

〔24〕扇、鈿(diàn)、見,押韻(霰韻)。

〔25〕長生殿,在驪山華清宫内,天寶元年十月造,又名爲集靈臺,以祀神。

〔26〕比翼鳥,古代傳説中的鳥,叫鶼鶼,據説這種鳥衹有一目一翅,雌雄並在一起纔能飛。

〔27〕連理枝,異本的樹木,其枝連生在一起,古人以爲祥瑞。

〔28〕綿綿,連綿不斷的様子。詞、知、時、枝、期,押韻(支韻)。

蘇　軾

荔支歎〔1〕

十里一置飛塵灰,五里一堠兵火催〔2〕。顛阬仆谷相枕藉〔3〕,知是荔支龍眼來〔4〕。飛車跨山鶻横海〔5〕,風枝露葉如新採。宫中美人一破顔,驚塵濺血流千載〔6〕。永元荔支來交州,天寶歲貢取之涪〔7〕。至今欲食林甫肉,無人舉觴酹伯游〔8〕。我願天公憐赤子〔9〕,莫生尤物爲瘡痏〔10〕。雨順風調百穀登,民不飢寒爲上瑞〔11〕。君不見武夷溪邊粟粒芽〔12〕,前丁後蔡相籠加〔13〕。爭新買寵各出意,今年鬭品充官茶〔14〕。吾君所乏豈此物?致養口體何陋耶!洛陽相君忠孝家,可憐亦進姚黄花〔15〕。

〔1〕這首詩是宋哲宗紹聖二年(公元1095年)作者被貶在惠州(故治在今廣東惠陽縣西)時寫的。

〔2〕置,驛站。堠,關隘上用於瞭望的土堡,也寫作"候"。參看本册第1232頁《解嘲》注〔6〕。

〔3〕阬,通"坑"。顛阬,跌倒在坑裏。仆谷,仆倒在山谷裏。相枕藉,指死人屍體相枕藉。

〔4〕龍眼,水果名,其乾果稱桂圓,産荔支的地方都兼産龍眼。灰、催、來,押韻(灰韻)。

〔5〕鶻(hú),又名隼,一種猛禽,飛起來很快。這句是説:載荔支的車子跨山越嶺快得像横渡大海的鶻。

〔6〕《國史補》上:"楊貴妃生於蜀,好食荔枝,南海所生尤勝蜀者,故每歲飛馳以進。"按:蘇軾認爲取自四川涪陵。以上四聯用杜牧《過華清宫》詩"一騎紅塵妃子笑,無人知是荔支來"語意。載,讀zǎi。海、採、載,押韻(賄韻)。

〔7〕永元,東漢和帝年號。交州,今廣東廣西一帶。涪(fú),涪州,即今重慶市涪陵縣。

〔8〕林甫,李林甫,唐玄宗的宰相,專事諂媚,是當時的大奸臣。酹(lèi),以酒灑地祭神。蘇軾自注:"漢永元中,交州進荔支、龍眼,十里一置,五里一堠,奔騰死亡,罹猛獸毒蟲之害者無數。唐羌,字伯游,爲臨武長,上書言狀,和帝罷之。唐天寶中,蓋取涪州荔支,自子午谷(在陝西秦嶺中)路進入。"州、涪(本音fóu)、游,押韻(尤韻)。

〔9〕赤子,指老百姓。

〔10〕尤物,奇異、珍貴的物品,這裏指荔支以及下面所説的武夷茶、姚黄花。痏(wěi),瘡有瘢痕者。瘡痏,這裏比喻民間疾苦。

〔11〕子、痏、瑞,押韻(紙寘上去通押)。

〔12〕武夷，武夷山，在福建省，是我國著名的産茶區。粟粒芽，武夷茶的最上品，因嫩芽形似粟粒，故名。

〔13〕丁，指丁謂，字謂之，宋真宗的宰相。蔡，指蔡襄，字君謨，累官至知諫院，曾知福州，是宋代四大書法家之一，也是茶事專家，著有《茶録》。籠加，是加籠的倒裝，等於説裝到籠子裏，這裏表示進貢。蘇軾自注："大小龍茶，始於丁晉公，成於蔡君謨。歐陽永叔聞君謨進小龍團，驚歎曰：'君謨士人，何至作此事！'"

〔14〕鬬品，當時有比賽茶葉優劣的會，叫"茗戰"，鬬品指用以比賽的茶葉。官茶，貢給朝廷的茶。

〔15〕洛陽相(xiàng)君，指錢惟演，字希聖，是五代吴越王錢俶的兒子，隨俶歸宋，累官至樞密副使。宋太宗曾稱贊錢俶"以忠孝而保社稷"，所以這裏説錢惟演是"忠孝家"。姚黄，牡丹的一種，人們稱爲牡丹之王。蘇軾自注："洛陽貢花，自錢惟演始。"芽、加、茶、耶、家、花，押韻(麻韻)。

五言律詩

王　維

輞川閒居贈裴秀才迪〔1〕

寒山轉蒼翠，秋水日潺湲〔2〕。倚仗柴門外，臨風聽暮蟬。渡頭餘落日，墟里上孤煙〔3〕。復值接輿醉〔4〕，狂歌五柳前〔5〕。

〔1〕輞(wǎng)川，在陝西藍田縣。王維在此有别墅。裴迪，王維的朋友，與王維遊於輞川，互相唱和。

〔2〕潺湲(chányuán)，水流動的樣子。

〔3〕墟里，等於説村落。陶潛《歸田園居》："曖曖(àiài)遠人村，依依墟里煙。"

〔4〕值，當，碰上。接輿，楚國的隱者，參看第一册第200頁《微子》注〔1〕。這裏喻裴迪。

〔5〕五柳，陶潛宅邊有五柳樹，自號五柳先生。湲、蟬、煙、前，押韻(先韻)。

終南山〔1〕

太乙近天都〔2〕,連山到海隅〔3〕。白雲迴望合,青靄入看無〔4〕。分野中峯變〔5〕,陰晴衆壑殊〔6〕。欲投人處宿,隔水問樵夫。

〔1〕終南山,又叫南山,在今陝西省眉縣南,不是指今長安縣東南的終南山。

〔2〕太乙,山名,又作"太一",即今太白山,在陝西省眉縣南。按:古人或以爲終南太一爲二山,太一在終南之南二十里。王維這裏則以太乙爲終南的别稱。天都,帝都,這裏指長安。

〔3〕海隅,海邊。這是説終南山與别的山連接不斷,一直到海邊。

〔4〕迴望,回頭看。靄(ǎi),雲霧。入看(kān),等於説入眼。這是説,遠看白雲層層聚合,近看什麽也没有。

〔5〕分野,古人把天上的星宿分别指配於地上的州國,使它們互相對應,説某某星宿是某某州國的分野,或説某某州國是某某星宿的分野。這裏指後者而言。參看《古漢語通論》(十九)古代文化常識之天文部分。中峯變,是説到了中峯就變换了另一個分野,極言終南山之大。

〔6〕這是説,由於終南山處地遼闊,因而衆山壑陰晴的變化也都不同。都、隅、無、殊、夫,押韻(虞韻)。

送梓州李使君〔1〕

萬壑樹參天,千山響杜鵑〔2〕。山中一夜雨〔3〕,樹杪百重泉〔4〕。漢女輸橦布〔5〕,巴人訟芋田〔6〕。文翁翻教授〔7〕,不敢倚先賢?

〔1〕梓(zǐ)州,故治在今四川三台縣。使君,參看第三册第1028頁《永州韋使君新堂記》注〔1〕。

〔2〕杜鵑,鳥名,相傳爲古蜀帝杜宇的魂所化。

〔3〕夜,一本作“半”。

〔4〕樹杪(miǎo),樹梢。這是説一夜下雨,就見高山上飛泉直瀉,遠遠望去,就像從層層樹梢之上流下來。以上兩聯描寫巴蜀的景物特點。

〔5〕漢女,泛指蜀中婦女。輸,納税,進貢。橦(tǒng),樹名,花可以織布,劍南道巂(xī)州(今四川越西縣)出産橦布。一本作賨(cóng)布(賨布是南蠻所進貢的)。

〔6〕巴,古國名,故都在今重慶市,後爲秦所滅,這裏泛指蜀地。訟,打官司。芋田,種芋頭的田。訟芋田,因爭奪芋田而打官司。以上一聯描寫巴蜀的風俗特點。

〔7〕文翁,西漢廬江舒(今安徽舒縣)人,景帝末,舉爲蜀郡守。他見蜀郡僻陋,想推行教化,於是選聰明而有才幹的郡縣小吏十多人,派往京都學習,學成回來,都派任官職。又在成都設學官,招各縣子弟入學,從此教化大行。翻,副詞,倒反。這句贊揚西漢的文翁知道推行教化。倚先賢,指向文翁學習。不敢倚先賢,這是反問句,是説李使君敢於學文翁。天、鵑、泉、田、賢,押韻(先韻)。

觀　獵

風勁角弓鳴〔1〕,將軍獵渭城〔2〕。草枯鷹眼疾〔3〕,雪盡馬蹄輕〔4〕。忽過新豐市〔5〕,還歸細柳營〔6〕。迴看射鵰處〔7〕,千里暮雲平〔8〕。

〔1〕角弓,鑲有牛角的弓。

〔2〕渭城,參看第三册第736頁《魏其武安侯列傳》注〔14〕。

〔3〕冬季草枯,動物没有藏身的地方,容易被獵鷹發現。

〔4〕地上没有積雪,馬蹄跑起來特别輕快。

〔5〕新豐,在今陝西臨潼縣東。新豐市以美酒著名,這是説將軍射獵後經過鬧市去喝酒,不一定實指新豐。

〔6〕細柳營,漢代名將周亞夫駐兵的地方,在今咸陽市西南。周亞夫軍令森

嚴。漢文帝到霸上及棘門兩處軍營勞軍，都直馳而入，但到了細柳營不得入。這裏衹是説射獵的將軍回到了自己的駐地，借用"細柳"二字來頌揚他。

〔7〕鵰，又名鷲，比鷹還兇猛强健，不容易捕獲。北齊斛律光在出獵時射得一隻鵰，被譽爲"射雕手"。射鵰處，指將軍打獵處。

〔8〕這是説將軍離開打獵的地方已經很遠，遠處的暮雲已和視綫相平了。鳴、城、輕、營、平，押韻（庚韻）。

李　白

贈孟浩然〔1〕

吾愛孟夫子，風流天下聞〔2〕。紅顔棄軒冕〔3〕，白首臥松雲〔4〕。醉月頻中聖〔5〕，迷花不事君。高山安可仰？徒此揖清芬〔6〕。

〔1〕孟浩然，唐代詩人，襄陽（今湖北襄陽市）人。少年時好節義，喜歡拯人患難，隱居在鹿門山（在今襄陽東南三十里）。四十歲時進京應試，落第。後來山南采訪使韓朝宗想把他推薦給朝廷，約他同至京師，他因與故人飲酒負約，失去了這次機會，但他也並不後悔。晚年仍隱居鹿門山。開元二十八年（公元 740 年），因得疽病，死在襄陽。

〔2〕風流，品格清高。

〔3〕紅顔，指少年時代。棄軒冕，是説不求官職。

〔4〕臥松雲，是説隱居。

〔5〕醉月，指醉於月下。頻，連續。中（zhòng）聖，等於説中酒，即喝醉了酒。因平仄格律的關係，"中"在這裏仍應讀爲平聲。《三國志・魏書・徐邈傳》："魏國初建，（邈）爲尚書郎。時科禁酒，而邈私飲，至於沈醉，校事趙達問以曹事（衙門裏的事務），邈曰：'中聖人。'達白之太祖（曹操），太祖甚怒。度遼將軍鮮于輔進曰：'平日醉客謂酒清者爲聖人，濁者爲賢人，邈性脩慎，偶醉言耳。'"

〔6〕高山,指其高如山之德。仰,仰慕。《詩經·小雅·車舝》:"高山仰止,景行行止。"揖,拱手爲禮,這裏表示敬仰。清芬,清美芬芳之德。這一聯是説,我怎能企及(仰)你的高尚的道德呢?我衹能用這首詩來表示敬仰了。聞、雲、君、芬,押韻(文韻)。

送友人

青山横北郭,白水遶東城。此地一爲别,孤蓬萬里征〔1〕。浮雲遊子意〔2〕,落日故人情〔3〕。揮手自兹去,蕭蕭班馬鳴〔4〕。

〔1〕孤蓬,這裏比喻即將孤身遠征的友人。蓬草容易隨風飛轉,所以古人稱流浪生活爲"轉蓬"。

〔2〕《古詩十九首》:"浮雲蔽白日,遊子不顧反。"浮雲一往而無定處,所以用來比喻遊子的心情。

〔3〕故人,指自己。

〔4〕蕭蕭,馬鳴聲。班,别。班馬,將要離别的馬。《詩經·小雅·車攻》:"蕭蕭馬鳴,悠悠旆旌。"《左傳·襄公十八年》:"有班馬之聲。"城、征、情、鳴,押韻(庚韻)。

杜 甫

春 望〔1〕

國破山河在,城春草木深〔2〕。感時花濺淚,恨别鳥驚心〔3〕。烽火連三月,家書抵萬金〔4〕。白頭搔更短〔5〕,渾欲不勝簪〔6〕。

〔1〕這首詩與《哀江頭》作於同時。

〔2〕這兩句點題。國,國都,和"城"皆指長安。

〔3〕濺,驚,都是使動用法。這一聯是説,因感傷國事,春花使我的淚飛濺;因

恨别之苦,鳥聲使我心驚。

〔4〕烽火,指戰事。三月,指正月、二月、三月。抵,當,相當。這三個月中,各方戰事緊張,杜甫家在鄜州,音信稀少。"烽火"句承"感時"句,"家書"句承"恨别"句。

〔5〕白頭,指白髮。

〔6〕渾,副詞,簡直。欲,將要。簪(zān),簪子,古代男女用來綰髮的首飾,古代男子也留長髮。鮑照《行路難》:"白頭零落不勝簪。"深、心、金、簪,押韻(侵韻)。

天末懷李白〔1〕

涼風起天末,君子意如何?鴻雁幾時到〔2〕?江湖秋水多〔3〕。文章憎命達〔4〕,魑魅喜人過〔5〕。應共冤魂語〔6〕,投詩贈汨羅〔7〕。

〔1〕天末,天的盡頭,這裏指秦州(故治在今甘肅秦安縣東),因杜甫與李白天各一方,所以説"天末"。肅宗乾元二年(公元759年),杜甫在秦州得知李白流放夜郎,便寫了這首詩懷念他。詩中設想李白在流放途中的情形。

〔2〕鴻雁,《漢書·李廣蘇建傳》載漢使詭稱天子在上林射雁得蘇武書。後人就以鴻雁爲書信的代稱。

〔3〕這句是擔心李白遭遇風險。

〔4〕這句是説,文人多遭厄運,好像文章討厭人的命運通達似的。

〔5〕魑(chī)魅,山精水怪。魑魅吃人,所以喜歡有人經過。

〔6〕冤魂,指屈原的魂靈。

〔7〕何、多、過(guō)、羅,押韻(歌韻)。

别房太尉墓〔1〕

他鄉復行役〔2〕,駐馬别孤墳。近淚無乾土〔3〕,低空有斷雲。對碁陪謝傅〔4〕,把劍覓徐君〔5〕。惟見林花落,鶯啼送客聞〔6〕。

〔1〕房太尉,房琯,字次律,唐玄宗入蜀,拜爲相。肅宗乾元元年(公元758年),貶爲邠州刺史,肅宗寶應二年(即代宗廣德元年,公元763年),拜特進刑部尚書,在途中得病,後來死在閬州(故治在今四川閬中縣),死後追贈太尉。杜甫和房琯交誼頗深,房琯被罷相時,杜甫爲左拾遺,曾上疏營救,自己也因而遭貶。這首詩寫於代宗廣德二年(公元764年),當時蜀中亂平,杜甫將由閬州回成都。

〔2〕行役,行旅,這裏指離開閬州回成都。

〔3〕近淚,指淚落之處的附近。

〔4〕碁,同"棋"。謝傅,指謝安。謝安,晉陽夏(今河南太康縣)人,晉孝武帝時爲尚書僕射,領中書令。平時喜歡下圍棋。淝水戰中,謝玄大破秦苻堅,捷書送來的時候,他正與客人下圍棋。他看了捷書後,放在几上,臉上毫無喜色。客人問他,他纔慢慢答道:"小兒輩遂已破賊。"於是傳爲佳話。死後追贈太傅,世稱謝太傅。這裏的"謝傅"和下文的"徐君",都是比喻房琯。

〔5〕把,握,持。據《史記·吴太伯世家》載,吴國的季札去晉國訪問,經過徐國,心知徐君喜歡他所佩的寶劍,但因爲要訪問大國,没有把劍送給他。等回來經過徐國時,徐君已死,於是他便繫劍於徐君墓旁的樹上而去。

〔6〕這一聯是説,别時唯有落花啼鳥,不見有送客之人。墳、雲、君、聞,押韻(文韻)。

李 商 隱

李商隱(公元812—858年),字義山,號玉谿生,懷州河内(今河南沁陽縣)人,唐文宗開成二年(公元837年)中進士,授秘書省校書郎。當時朝廷内部有所謂牛李(牛僧孺、李德裕)黨爭。李商隱早年被牛黨令狐楚、令狐綯父子賞識,後來在李黨涇原節度使王茂元幕府,並娶王茂元的女兒爲妻,因此爲牛黨所排擠,在政治上一直受到壓抑。他長期在各藩鎮作幕僚,宣宗大中六年(公元852年)纔補太學博士。大中十二年,死在滎陽。

李商隱是晚唐藝術成就很高的詩人,他的作品現存有《樊南文集詳注》八卷,《玉谿生詩詳注》三卷,清人馮浩注。

蟬

本以高難飽,徒勞恨費聲〔1〕。五更疎欲斷,一樹碧無情〔2〕。薄宦梗猶泛〔3〕,故園蕪已平〔4〕。煩君最相警〔5〕,我亦舉家清〔6〕。

〔1〕《吴越春秋》:"秋蟬登高樹,飲清露,隨風撝(揮)撓,長吟悲鳴。"這一聯是說:蟬本來因爲在高樹飲清露而難飽,現在發出怨恨的聲音也是徒勞的。明是寫蟬,實際上是說自己因爲清高而境遇困厄。

〔2〕疎欲斷,指蟬聲漸漸稀疏而幾乎要斷絶了。這一聯是說:儘管蟬叫唤到天亮,連聲音幾乎要斷絶了,可是全樹的顔色照舊碧緑而無動於衷。這裏暗指統治者不了解他的懷抱,不同情他的境遇。

〔3〕薄宦,指小官。梗,指桃梗。《戰國策・齊策》載,孟嘗君要到秦國去,蘇秦就用土偶人與桃梗的寓言來勸諫他:"今者臣來,過於淄上,有土偶人與桃梗相與語。桃梗謂土偶人曰:'子西岸之土也,挻子以爲人,至歲八月,降雨下,淄水至,則汝殘矣。'土偶曰:'不然,吾西岸之土也,土則復西岸耳。今子東國之桃梗也,刻削子以爲人,降雨下,淄水至,流子而去,則子漂漂者將何如耳?'"這句是說,爲了做個小官,也像桃梗那樣到處漂泊。

〔4〕蕪,草。平,指草長得一般齊,也就是草茂盛的意思。這裏化用陶淵明《歸去來辭》"歸去來兮!田園將蕪胡不歸"的語意,意思是說自己將要歸隱。

〔5〕君,指蟬。

〔6〕舉,全。清,清白,清高。聲、情、平、清,押韻(庚韻)。

晚　晴〔1〕

深居俯夾城〔2〕,春去夏猶清。天意憐幽草,人間重晚晴。併添高閣迥〔3〕,微注小窗明〔4〕。越鳥巢乾後,歸飛體更輕〔5〕。

〔1〕這首詩是作者旅居桂林時寫的,寫的是黄昏後雨過天晴的景色。

〔2〕夾城,指城門内的甕城。

〔3〕這句是説:晴後登高閣,眺望更遠。

〔4〕注,等於説照射。這句是説:夕陽的光微微照射,小窗顯得分外明亮。

〔5〕越鳥,越地的鳥。《古詩十九首》:"越鳥巢南枝。"桂林爲百越故地,所以這裏説"越鳥"。"巢乾"點明"晴","歸飛"點明"晚"。城、清、晴、明、輕,押韻(庚韻)。

五言長律

韓　愈

學諸進士作精衛銜石填海〔1〕

鳥有償冤者〔2〕,終年抱寸誠〔3〕。口銜山石細,心望海波平。渺渺功難見,區區命已輕〔4〕。人皆譏造次〔5〕,我獨賞專精。豈計休無日〔6〕?惟應盡此生。何慚刺客傳,不著報讎名〔7〕?

〔1〕精衛填海,《山海經》載,古炎帝的少女女娃,溺死東海,化而爲鳥,名叫精衛,常銜西山的木石填東海。填東海所以報冤,所以又名冤禽。

〔2〕償冤,報冤,報仇。

〔3〕寸誠,等於説微忱,即微小的心意。

〔4〕命已輕,與功難見的填海相比,精衛的區區生命自然顯得輕微。

〔5〕造次,輕率。

〔6〕計，計較。休，止息。

〔7〕刺客傳，指《史記・刺客列傳》。著，著録，記載。這一聯是説，《刺客傳》不記載精衛的名字，並不能使精衛感到慚愧。誠、平、輕、精、生、名，押韻（庚韻）。

七言律詩

杜　甫

客　至〔1〕

舍南舍北皆春水，但見羣鷗日日來〔2〕。花徑不曾緣客掃，蓬門今始爲君開〔3〕。盤飧市遠無兼味〔4〕，樽酒家貧祇舊醅〔5〕。肯與鄰翁相對飲，隔籬呼取盡餘杯〔6〕。

〔1〕這首詩是肅宗上元二年（公元761年）寫的。當時杜甫居住在成都草堂。杜甫自注："喜崔明府相過。"唐時人稱縣令爲明府。

〔2〕這一聯是説自己交游冷淡，祇有鷗鳥每天來和他作伴。

〔3〕緣，因。客是泛指，君指崔明府。這一聯是互文見義，整個意思是説自己不輕易接待客人，祇對崔的來訪表示歡迎："花徑不曾緣客掃，今始爲君掃；蓬門不曾爲客開，今始爲君開。"

〔4〕飧（sūn），熟食。兼味，不止一味，即多樣的菜肴。

〔5〕醅（pēi），未經過濾的酒。

〔6〕取，等於説得（依張相説）。"取"在這裏用作補語。杜甫這時以務農爲生，來往的多是野老田父。這一聯是説，徵得客人的同意後，便邀請鄰居的田父共同飲酒。來、開、醅、杯，押韻（灰韻）。

登　樓〔1〕

花近高樓傷客心，萬方多難此登臨〔2〕。錦江春色來天地〔3〕，玉壘浮雲變古今〔4〕。北極朝廷終不改，西山寇盜莫相侵〔5〕。可憐後主還祠廟,日暮聊爲梁甫吟〔6〕。

〔1〕這首詩大約是代宗廣德二年(公元764年)杜甫由閬州回成都以後寫的。

〔2〕萬方多難,指吐蕃之亂。廣德元年冬,吐蕃曾攻陷京師,後來郭子儀收復長安,代宗回長安復位。這年十二月,吐蕃又侵佔了松、維、保三州(都在四川省)。

〔3〕錦江,是岷江的支流,由四川郫(pí)縣流經成都西南。來天地,來自天地。

〔4〕玉壘,山名,在四川灌縣西北。這一聯寫登樓所見。

〔5〕北極,北天極,又名北辰。終不改,北極的位置是永不改變的,比喻朝廷不可動摇。西山寇盜,指吐蕃。這一聯是對吐蕃的警告,意思是説吐蕃想推翻唐室是不可能的。

〔6〕後主,劉備的兒子劉禪。祠,指舉行祀禮。梁甫吟,樂府篇名,相傳諸葛亮隱居時好爲梁甫吟。這一聯是説,後主尚且能祠其宗廟三十餘年,全賴諸葛亮的輔佐。這是感傷當世的無人。心、臨、今、侵、吟,押韻(侵韻)。

詠懷古迹五首〔1〕

支離東北風塵際,飄泊西南天地間〔2〕。三峽樓臺淹日月〔3〕,五溪衣服共雲山〔4〕。羯胡事主終無賴〔5〕,詞客哀時且未還〔6〕。庾信平生最蕭瑟,暮年詩賦動江關〔7〕。

〔1〕這五首詩是作者在夔州(今四川奉節一帶)時寫的。第一首自叙兼懷庾信,第二首懷宋玉,第三首懷王昭君,第四首懷劉備,第五首懷諸葛亮。作者通過懷古,表達了對自己身世的感歎。

〔2〕支離,等於説流離。風塵,指安史之亂。西南,指蜀中。這兩句是説自己避安史之亂,由長安展轉流離,逃至蜀地,又在蜀地到處漂泊。

〔3〕三峽,這裏指蜀東夔州一帶地方。樓臺,這裏指夔州人民的住處。淹,久留。大曆元年(公元766年),杜甫由成都移居夔州,一共住了兩年,這句是説在夔州滯留的日子很久。

〔4〕五溪,雄溪、樠溪、無溪、酉溪、辰溪,在今湖南沅陵縣一帶,正在夔州之南。在這裏,古代居住着五溪蠻。據《後漢書·南蠻傳》載,五溪蠻的服色與漢人不同,喜歡穿五色衣服。五溪衣服,這裏指夔州一帶的少數民族。這句是説在夔州與少數民族雜居。

〔5〕羯胡,指梁朝造反的侯景,兼指安禄山。無賴,不可靠。

〔6〕詞客,指庾信,兼指自己。庾信留居北周而思江南,和杜甫漂泊西南而思故鄉相似。

〔7〕動,指轟動。江關,長江流經湖北省荆門虎牙二山之間,叫江關,這裏泛指江南。庾信晚年,常常思念故鄉,作《哀江南賦》。參看第三册第1143頁《哀江南賦序》。間、山、還、關,押韻(删韻)。

摇落深知宋玉悲〔1〕,風流儒雅亦吾師〔2〕。悵望千秋一灑淚〔3〕,蕭條異代不同時〔4〕。江山故宅空文藻〔5〕,雲雨荒臺豈夢思〔6〕?最是楚宫俱泯滅,舟人指點到今疑〔7〕。

〔1〕宋玉《九辯》:"悲哉秋之爲氣也,蕭瑟兮草木摇落而變衰。"

〔2〕儒雅,氣度雍容、學問深湛,這裏指宋玉的文才。

〔3〕悵,失意。

〔4〕我和宋玉蕭條的景況是一樣的,衹是時代不同罷了。

〔5〕故宅,相傳江陵、歸州(今湖北秭歸縣)有宋玉故宅,這裏指歸州的故宅。秭歸靠長江,地處三峽,所以説"江山故宅"。空文藻,指其人已殁,空留文藻。

〔6〕雲雨荒臺,指楚懷王夢見"旦爲朝雲,暮爲行雨"之神女的高唐臺。宋玉《高唐賦》:"昔者,先王(楚懷王)嘗遊高唐,怠而晝寢,夢見一婦人曰:'妾,巫山之女也,爲高唐之客,聞君遊高唐,願薦枕席。'王因幸之,去而辭曰:'妾在巫山之陽,高丘之阻,旦爲朝雲,暮爲行雨,朝朝暮暮,陽臺之下。'旦朝視之,如言,故爲立廟,號曰朝雲。"

〔7〕以上兩聯大意是:宋玉的故宅雖在,而其人已殁,空留文章於後世。《高唐

賦》所寫的巫山雲雨之事,本爲諷諫,難道真是夢思嗎?最令人痛心的是,直到楚宫全部湮滅了的今天,船夫還向過客指點,疑實有其事,使宋玉諷諫的真意反而隱晦了。悲、師、時、思、疑,押韻(支韻)。

羣山萬壑赴荆門〔1〕,生長明妃尚有村〔2〕。一去紫臺連朔漠〔3〕,獨留青塚向黄昏〔4〕。畫圖省識春風面,環珮空歸月夜魂〔5〕。千載琵琶作胡語,分明怨恨曲中論〔6〕。

〔1〕荆門,山名,在今湖北宜都縣西北。赴,形容羣山相連,像奔赴一樣。

〔2〕明妃,即王昭君,名嫱,湖北秭歸人,漢元帝宫女。竟寧元年(公元前33年),元帝和匈奴和親,將王昭君嫁給呼韓邪單于,號寧胡閼氏。晉時爲避司馬昭諱,改稱明君,也稱明妃。昭君村在秭歸東北四十里。

〔3〕紫臺,紫宫,就是皇宫。朔漠,北方的沙漠地帶。

〔4〕青塚,指王昭君墓,在今内蒙古自治區呼和浩特城南二十里。相傳邊地多白草,獨昭君墓呈青色,所以叫青塚。

〔5〕省(xǐng),察。省識,等於説辨認。春風面,指美麗的容貌。環珮,婦女戴的佩玉,這裏借指王昭君。這兩句是譏諷漢元帝。大意是説:由於元帝衹憑藉畫像來辨認美人的容貌,因而使王昭君遠嫁匈奴,衹有死後的魂靈在月夜歸來。《西京雜記》載,元帝按畫像召見宫人,宫人都賄賂畫工,獨王昭君自恃貌美,不肯行賄,畫工將她的像畫得很醜,因而始終没能見到元帝。後來匈奴與漢和親,元帝就將她嫁給匈奴。臨别之前,元帝召見她,發現她的美麗爲後宫第一,悔恨異常,便將畫工毛延壽殺了。

〔6〕作胡語,琵琶原是西北少數民族的樂器,昭君彈琵琶所伴奏的歌曲當是胡曲,所以説"作胡語"。曲中論,等於説在曲中表達出來。傳説昭君在匈奴作有思怨的歌曲,今琵琶曲和琴曲中都有《昭君怨》。這一聯是説,王昭君雖已死去,但她的怨恨卻流傳千載,人們常常用琵琶彈奏《昭君怨》。門、村、昏、魂、論,押韻(元韻)。

蜀主窺吴幸三峽,崩年亦在永安宫〔1〕。翠華想像空山裏〔2〕,玉殿虚無野寺中〔3〕。古廟杉松巢水鶴〔4〕,歲時伏臘走村翁〔5〕。武侯祠屋長鄰近〔6〕,一體君臣祭祀同〔7〕。

〔1〕蜀主,指劉備,史稱先主。孫權破荆州殺關羽後,劉備率軍伐吴,駐軍秭歸。章武二年(公元222年)被吴擊敗,退還魚復縣(在今四川奉節縣東),並將魚復改爲永安。章武三年,死於永安宫(在永安西七里)。這一聯是追溯先主廟的由來。

〔2〕翠華,參看本册第1408頁《長恨歌》注〔2〕。這句是説:劉備當年的儀仗早已滅迹,現在衹能在空山裏想像而已。

〔3〕玉殿,劉備當年在永安建造的宫殿,後來改爲卧龍寺。

〔4〕水鶴,鶴是水鳥,故又稱水鶴。《抱朴子·對俗》:"千歲之鶴,隨時而鳴,能登於木。其未千載者,終不集於樹上也。"這句形容廟的古老。

〔5〕歲時伏臘,參看第三册第909頁《報孫會宗書》注〔5〕。這句是説:村民按季節前往祭祀。

〔6〕武侯,諸葛亮死後謚爲忠武,故稱武侯。武侯祠在先主廟西。

〔7〕君爲元首,臣爲肱股,所以説"一體君臣"。宫、中、翁、同,押韻(東韻)。

諸葛大名垂宇宙,宗臣遺像肅清高〔1〕。三分割據紆籌策〔2〕,萬古雲霄一羽毛〔3〕。伯仲之間見伊吕〔4〕,指揮若定失蕭曹〔5〕。運移漢祚終難復〔6〕,志决身殲軍務勞〔7〕。

〔1〕宗臣,爲後世所尊仰的大臣。

〔2〕紆,屈,即不得施展的意思。籌策,謀略。這句是説:在三分割據的形勢下,諸葛亮不能施展他的謀略。

〔3〕萬古,永世。羽毛,指飛鳥。淩霄之鳥,比喻諸葛亮絶世獨立的高尚品德。

〔4〕伯仲之間,等於説不相上下。伊,殷代的伊尹。吕,周代的吕尚。這句是説,諸葛亮的品德和才能和伊尹吕尚不相上下。

〔5〕指揮若定,指處理國事時胸有成竹、從容不迫。蕭,蕭何。曹,曹參。這句是説,指揮若定的本領,蕭曹猶有所失,也就是説蕭曹不如諸葛亮。

〔6〕祚,皇位。

〔7〕殲,盡、滅。身殲,身死,這裏指以身殉職。高、毛、曹、勞,押韻(豪韻)。

登　高

風急天高猿嘯哀,渚清沙白鳥飛迴[1]。無邊落木蕭蕭下[2],不盡長江滾滾來。萬里悲秋常作客,百年多病獨登臺[3]。艱難苦恨繁霜鬢[4],潦倒新停濁酒杯[5]。

〔1〕飛迴,旋轉地飛翔。

〔2〕落木,指落葉。

〔3〕百年,等於説一生。

〔4〕苦恨,等於説非常恨。繁,多。霜鬢,指白髮。

〔5〕潦倒,衰頽。新停濁酒杯,當時杜甫因肺病而戒酒。哀、迴、來、臺、杯,押韻(灰韻)。

韓　愈

左遷至藍關示姪孫湘[1]

一封朝奏九重天[2],夕貶潮州路八千[3]。欲爲聖明除弊事[4],肯將衰朽惜殘年[5]?雲横秦嶺家何在?雪擁藍關馬不前[6]。知汝遠來應有意,好收吾骨瘴江邊[7]。

〔1〕左遷,貶官。藍關,藍田關,又叫嶢(yáo)關,在陝西藍田縣東南。湘,韓愈姪韓老成的兒子,字北渚,唐穆宗長慶三年(公元823年)中進士,爲大理丞。唐憲宗元和十四年,韓愈爲刑部侍郎,因諫迎佛骨,被貶爲潮州刺史。

〔2〕一封,指《諫迎佛骨表》。九重天,指宫闕。《楚辭·九辯》:"君之門以九重。"

〔3〕潮州,故治在今廣東潮安縣,一本作"潮陽"。

〔4〕欲,一本作"本"。聖明,指皇帝。弊事,指迎佛骨事。

〔5〕肯,等於説豈肯,一本作"豈"。將,拿。惜殘年,愛惜殘年的生命。當時韓愈已五十二歲,所以説"殘年"。

〔6〕擁,阻塞。

〔7〕瘴江,泛指嶺南河流,舊説嶺南多瘴氣,人碰上就要生病。潮州地處嶺南,所以韓愈這樣説。天、千、年、前、邊,押韻(先韻)。

李商隱

安定城樓〔1〕

迢遞高城百尺樓〔2〕,緑楊枝外盡汀洲〔3〕。賈生年少虚垂涕〔4〕,王粲春來更遠遊〔5〕。永憶江湖歸白髮,欲迴天地入扁舟〔6〕。不知腐鼠成滋味,猜意鵷雛竟未休〔7〕。

〔1〕唐文宗開成三年(公元838年),李商隱應宏詞科試,不中選,到涇源作節度使王茂元的幕僚,寫了這首詩抒發自己的憤懣心情。安定,即涇州(故治在今甘肅涇川縣北五里),是涇源節度使的衙門所在地。

〔2〕迢遞,高峻的樣子。

〔3〕汀洲,平坦的沙洲。

〔4〕賈生,指賈誼,這裏作者用來自比,感歎不爲世用。垂涕,賈誼《治安策序》裏有"臣竊惟事勢可爲痛哭者一"等語,參看第三册第1039頁注〔6〕。

〔5〕王粲,字仲宣,東漢末年人,因避西京(長安)之亂,往荆州投靠劉表,未被重用。後曾登湖北當陽城樓,作《登樓賦》,裏面有這樣的話:"雖信美而非吾土兮,曾何足以少留。"作者在這裏借詠歎王粲的身世,抒發自己仕途不得志,寄人籬下的感慨。

〔6〕迴天地,即扭轉乾坤的意思,指幹一番大事業。這一聯是説,自己長久想着的是,將來幹了一番扭轉乾坤的大事業之後,乘着一葉扁舟,帶着滿頭的白髮,歸隱江湖。春秋時,范蠡輔佐越王勾踐滅吴之後,即辭官浮海而去。這裏暗用其事。

〔7〕“腐鼠”“鵷雛”的故事,參看第二册第392頁《惠子相梁》。在這裏,“腐鼠”比喻功名富貴,“鵷雛”是作者自比。意,也是猜。這一聯大意是:自己營求官職,是爲了實現救國濟民的大志,並不是爲了功名富貴,没有想到有些人把功名富貴當作好東西,竟無休止地猜疑我也和他們一樣。樓、洲、遊、舟、休,押韻(尤韻)。

無　題〔1〕

相見時難别亦難,東風無力百花殘〔2〕。春蠶到死絲方盡,蠟炬成灰淚始乾〔3〕。曉鏡但愁雲鬢改〔4〕,夜吟應覺月光寒。蓬山此去無多路〔5〕,青鳥殷勤爲探看〔6〕。

〔1〕李商隱把一些不便標題和難於標題的詩,都標以“無題”,這類詩大多含義隱晦。

〔2〕這句點明分别時的季節是“百花殘”的暮春。

〔3〕蠟炬,蠟燭。淚,指蠟燭燃燒時流下的蠟油。

〔4〕鏡,用如動詞,照鏡子。改,指改變顔色(由黑變白)。這句是感歎年華易逝。

〔5〕蓬山,指蓬萊山。

〔6〕青鳥,《漢武故事》:“王母遣使謂帝曰:‘七月七日,我當暫來。’帝至日,掃宫内,燃九華燈,於承華殿齋。日正中,忽見有青鳥從西方來集殿前,上問東方朔,朔對曰:‘西王母暮必降尊像,上宜灑掃以待之。’”後代因此用青鳥比作傳遞消息的人。難、殘、乾、寒、看(kān),押韻(寒韻)。

馬　嵬(二首選一)

海外徒聞更九州〔1〕,他生未卜此生休〔2〕。空聞虎旅鳴宵柝,無復雞人報曉籌〔3〕。此日六軍同駐馬〔4〕,當時七夕笑牽牛〔5〕。如何四紀爲天子〔6〕,不及盧家有莫愁〔7〕。

〔1〕更九州,《史記・孟子荀卿列傳》:"中國名爲赤縣神州。赤縣神州内自有九州,禹之序九州是也,不得爲州數。中國外如赤縣神州者九,乃所謂九州也。"這句是説,海外復有九州的傳説,是不可靠的,也就是説,楊貴妃死後成爲神仙居於海外的説法是荒謬的。

〔2〕未卜,等於説未知。這句大意是:他生的情況無法知道,而這一輩子也已經完了。

〔3〕旅,軍隊。虎旅,指保護玄宗入蜀的警衛部隊。柝(tuò),巡夜時敲打的木梆子。雞人,古官名,見《周禮・春官》。雞人職掌之一是夜呼旦以警起百官。籌,指漏壺中箭形的立柱。這一聯是寫楊貴妃死後唐玄宗的悽涼情況。

〔4〕這句指馬嵬驛兵變事,參看本册第1408頁《長恨歌》注〔3〕。

〔5〕《長恨歌傳》:"秋七月,牽牛織女相見之夕……時夜殆半,休侍衛于東西廂,獨侍上。上憑肩而立,因仰天感牛女事,密相誓心,願世世爲夫婦。言畢,執手各嗚咽。"笑牽牛,意思是説唐玄宗和楊貴妃認爲牽牛織女一年相會一次,不如自己幸福。這一聯是倒敘法,先説此日,再説當時。

〔6〕古代以十二年爲一紀。唐玄宗在位共四十四年,將近四紀。

〔7〕莫愁,洛陽女子,嫁與盧家爲婦,婚後生活很幸福。梁武帝《河中之水歌》:"河中之水向東流,洛陽女兒名莫愁。十五嫁作盧家婦,十六生子字阿侯。"州、休、籌、牛、愁,押韻(尤韻)。

蘇　軾

新城道中〔1〕(二首選一)

東風知我欲山行,吹斷簷間積雨聲。嶺上晴雲披絮帽〔2〕,樹頭初日掛銅鉦〔3〕。野桃含笑竹籬短,溪柳自摇沙水清。西崦人家應最樂〔4〕,煮葵燒筍餉春耕〔5〕。

〔1〕新城,在杭州西南,原是杭州的屬縣,現爲富春縣新登鎮。作者知杭州時,

曾於神宗熙寧六年(公元1073年)巡行屬縣,在由富陽至新城的途中寫了這首詩。

〔2〕絮帽,棉絮做成的帽。嶺上浮着晴雲像披着絮帽,比喻晴雲既白又厚。

〔3〕鉦,樂器,似鈴,無舌,柄半在上,半在下,稍稍寬其孔,執柄搖之,使與體相擊爲聲(據段玉裁説)。樹頭昇起的初日像掛着的銅鉦,比喻初日圓而微紅。

〔4〕西崦(yǎn),等於説西山。

〔5〕葵,一本作"芹"。餉,把食物送給……吃。行、聲、鉦、清、耕,押韻(庚韻)。

有美堂暴雨〔1〕

遊人腳底一聲雷,滿座頑雲撥不開。天外黑風吹海立,浙東飛雨過江來〔2〕。十分瀲灩金樽凸〔3〕,千杖敲鏗羯鼓催〔4〕。唤起謫仙泉灑面〔5〕,倒傾鮫室瀉瓊瑰〔6〕。

〔1〕有美堂,在杭州城内吴山的最高處。嘉祐初,梅摯知杭州,仁宗特地寫了一首詩賜給他,詩中有"地有吴山美,東南第一州"兩句。梅摯到任後,便在吴山上建立了"有美堂"。

〔2〕江,指錢塘江。

〔3〕瀲灩(liànyàn),水溢出的樣子。樽,盛酒器。這句是形容海立,是説波浪湧起,海面就像裝得過滿的酒從酒器中鼓出來。

〔4〕杖,指鼓槌。鏗,也是敲。這裏"敲鏗"連用,成爲雙聲,使與上聯疊韻聯緜字"瀲灩"爲對仗。羯鼓,又叫兩杖鼓,是用兩個鼓槌同時打的鼓。這句是形容"飛雨",是説飛雨落得像千杖敲打着羯鼓。

〔5〕謫仙,從天上謫貶到人世的仙人,指李白。《唐書·李白傳》:"〔賀〕知章見其文,歎曰:'子,謫仙人也!'"唐玄宗有一次召李白填寫樂府新詞,李白已醉臥酒肆。入宫後,宫人用水灑他的臉,纔清醒過來,玄宗叫他做詩,他馬上就寫成了十餘章。這一句應上文"金樽凸"。

〔6〕鮫室,《述異記》載,南海中有鮫人室,鮫人哭泣時,眼中就流出珠子。瓊,

美玉。瑰(guī),美石。《左傳·成公十七年》:"初,聲伯夢涉洹,或與己瓊瑰食之,泣而爲瓊瑰盈其懷。""傾鮫室""瀉瓊瑰",這裏都用來比喻做出好詩。這一句應上文"羯鼓催"(催出詩來)。雷、開、來、催、瑰,押韻(灰韻)。

陸　游

陸游(公元1125—1210年),字務觀,號放翁,越州山陰(今浙江紹興)人。早年因主張恢復中原,深爲秦檜所嫉,政治上很不得志。秦檜死後,高宗紹興二十八年(公元1158年),纔被任爲寧德(今福建寧德縣)主簿。公元1163年,孝宗即位,賜他進士出身,任爲樞密院編修。不久,受到當權的主和派的排擠,被貶爲鎮江通判。從此遷徙頻繁,不被朝廷重用。公元1190年,光宗即位,召入朝中,任爲朝議大夫禮部郎中。次年,又被劾去官。晚年居住在山陰故居,過着窮困的生活,一直到死。

陸游是南宋時代的一位偉大的愛國詩人,他以大量的愛國詩篇,譴責了敵人入侵的罪行,揭露了統治者投降賣國的勾當,表達了中原人民光復神州的願望。他留下的作品有《渭南文集》五十卷,《劍南詩稿》八十五卷。

觀長安城圖

許國雖堅鬢已斑〔1〕,山南經歲望南山〔2〕。横戈上馬嗟心在〔3〕,穿塹環城笑虜孱〔4〕。日暮風煙傳隴上〔5〕,秋高刁斗落雲間〔6〕。三秦父老應惆悵〔7〕,不見王師出散關〔8〕。

〔1〕許國,以身許國。

〔2〕經歲,常年。南山,即終南山。當時作者在四川,在終南山南。

〔3〕心,指報國的心。

〔4〕塹(qiàn),護城的濠溝。孱(chán),弱。陸游自注:"諜者(偵察者)言虜穿塹三重環長安城。"

〔5〕風煙,指烽煙。古代邊境築有若干土高臺,遇有軍情,立刻舉烽火,相鄰的臺依次舉烽,用以報警。隴上,指今陝西省西部隴縣一帶地方。

〔6〕刁斗,軍中用具,白天用來做飯,夜間用來敲打巡夜。刁斗落雲間,指刁斗之聲響徹雲霄。

〔7〕三秦,指關中(今陝西省)。秦亡後,項羽三分關中,以封秦降將章邯、司馬欣、董翳,人稱爲"三秦"。

〔8〕散關,又叫大散關,在陝西寶雞市西南,古代爲秦蜀往來要道。斑、山、孱、間、關,押韻(刪韻)。

夜泊水村

腰間羽箭久凋零,太息燕然未勒銘〔1〕。老子猶堪絶大漠〔2〕,諸君何至泣新亭〔3〕?一身報國有萬死,雙鬢向人無再青〔4〕。記取江湖泊船處,臥聞新雁落寒汀〔5〕。

〔1〕太息,等於説歎息。燕然,燕然山,即今蒙古境内的杭愛山。勒,刻。銘,文體的一種,刻於器皿或石上。東漢和帝永元元年(公元89年),車騎將軍竇憲擊敗北單于,登燕然山刻石記功而還。這裏用此典,表示自己抗金復國的大志未能實現。

〔2〕老子,等於説老夫,作者自稱。絶,横渡。

〔3〕新亭,在今南京市南。泣新亭,《世説新語·言語》:"過江諸人,每至美日,輒相邀新亭,藉卉飲宴。周侯(周顗)中坐而歎曰:'風景不殊,正自有山河之異。'皆相視流淚。唯王丞相(王導)愀然變色曰:'當共戮力王室,克復神州,何至作楚囚相對?'"這句是説,不應該學晉朝士大夫那樣空憂國事,應該行動起來。

〔4〕這兩句大意是:自己一身報國有萬死不辭的決心,可是雙鬢已白,無再青

之時。就是説,雖然決心許國,但年已老大,自己的志向不能實現。

〔5〕記取,等於説牢牢記住。新雁,新從北方飛來的雁。這一聯是説,自己不被朝廷重用,常年漂泊江湖,眼看着時光年復一年地過去。零、銘、亭、青、汀,押韻(青韻)。

黄　州〔1〕

局促常悲類楚囚〔2〕,遷流還歎學齊優〔3〕。江聲不盡英雄恨,天地無私草木秋〔4〕。萬里羈愁添白髮,一帆寒日過黄州。君看赤壁終陳迹,生子何須似仲謀〔5〕?

〔1〕黄州,宋代叫黄州齊安郡,故治在今湖北黄岡縣。

〔2〕楚囚,參看第三册第1148頁《哀江南賦序》注〔6〕。

〔3〕齊優,齊人淳于髡、東方朔都以滑稽見長,而古代的優人是以滑稽娱主的。陸游當時很不得志,"類楚囚""學齊優",都是對自己身世的感慨。

〔4〕這一聯是即景生情。上句是説,江聲似表英雄之恨而不能盡表。下句是説,天地是無私的,並不因爲人們有未竟的事業而讓時間停留,眼前又是秋季,一年又將過去了。

〔5〕仲謀,孫權的字。據説曹操攻吴時見孫權軍隊很整齊,於是歎説:"生子當如孫仲謀。"詩人反用其意以抒心中憤慨(見《三國志・吴書・吴主傳》裴松之注引《吴歷》)。囚、優、秋、州、謀,押韻(尤韻)。

五言絶句

王　維

雜　詩

君自故鄉來,應知故鄉事。來日綺窗前,寒梅著花未〔1〕?

〔1〕這兩句的大意是:你由故鄉來的時候,窗前的梅枝上添了花朵没有(即:開

花了没有)? 綺(qǐ),畫有交錯方文的絹綾一類的絲織品。綺窗,雕空了像綺文的窗子。也就是把窗木刻成交錯透空像網子似的窗子。寒梅,就是梅,因爲梅在寒冬開花,所以稱寒梅。著(zhuó),附著。著花,開花。事、未,押韻(寘未通韻)。

柳宗元

江雪

千山鳥飛絶,萬徑人蹤滅。孤舟簑笠翁,獨釣寒江雪〔1〕。

〔1〕絶、滅、雪,押韻(屑韻)。

李白

夜宿山寺〔1〕

危樓高百尺〔2〕,手可摘星辰。不敢高聲語,恐驚天上人〔3〕。

〔1〕一本題作"題峯頂寺"。

〔2〕危樓,高樓。此句一本作"夜宿峯頂寺"。

〔3〕辰、人,押韻(真韻)。

杜甫

八陣圖〔1〕

功蓋三分國〔2〕,名成八陣圖。江流石不轉〔3〕,遺恨失吞吴〔4〕。

〔1〕八陣圖,傳説中的一種古代布陣法。《三國志·蜀書·諸葛亮傳》:"推演兵法,作八陣圖。"據説諸葛亮曾聚石壘成天地風雲龍虎鳥蛇八陣。關於"八陣圖"的所在地,歷來説法不一。一般認爲是在當時的永安縣(蜀縣

名,在今重慶奉節縣東)永安宫(劉備的行宫)前的平沙上。

〔2〕這是説諸葛亮的功業蓋天下。三分國,三分天下之國,即魏蜀吴。

〔3〕這句是説雖然數百年來每至夏日長江水漲時,八陣圖就遭江水沖激,但卻屹然不動。《詩經・邶風・柏舟》:"我心匪石,不可轉也。"這裏暗用了《柏舟》的語句。

〔4〕遺恨,遺憾。失,指失策。全句的大意是:遺憾的是出兵想吞併東吴,作錯了。劉備曾於章武元年(公元221年)親征東吴,諸葛亮不能諫止,結果大敗而歸,國力因此削弱。圖、吴,押韻(虞韻)。

七言絶句

李　白

黄鶴樓送孟浩然之廣陵〔1〕

故人西辭黄鶴樓,煙花三月下揚州〔2〕。孤帆遠影碧空盡,唯見長江天際流〔3〕。

〔1〕黄鶴樓,在武昌黄鵠山(俗名蛇山)上。廣陵,今江蘇省揚州市。

〔2〕煙花,指春天艷麗的景物。

〔3〕空,一本作"山"。樓、州、流,押韻(尤韻)。

杜　牧

將赴吴興登樂遊原一絶〔1〕

清時有味是無能〔2〕,閒愛孤雲静愛僧〔3〕。欲把一麾江海去〔4〕,樂遊原上望昭陵〔5〕。

〔1〕這首詩是宣宗大中四年(公元850年)秋作者將離長安赴任湖州(即吴興)刺史時所作。吴興,今浙江湖州市。樂遊原,在長安縣南。一絶,一首絶句。

〔2〕清時,指太平時期。這句是説,太平時期像我這樣有閒適趣味的人都是無

才能的。這是反話。

〔3〕這句是説，愛孤雲的閒，愛僧的靜。

〔4〕把，握，持。麾，旌旗的一種。古代常稱外出作州牧或郡守爲“建麾”。這句是説自己將要去作湖州刺史。

〔5〕昭陵，唐太宗的陵墓，在今陝西禮泉縣東北九嵕(zōng)山。這句暗示自己對當時政治的不滿，而嚮往唐太宗的貞觀之治。能、僧、陵，押韻(蒸韻)。

泊秦淮〔1〕

煙籠寒水月籠沙〔2〕，夜泊秦淮近酒家。商女不知亡國恨〔3〕，隔江猶唱後庭花〔4〕。

〔1〕秦淮，河名，發源於江蘇溧水縣，穿過金陵(南京)，入長江。金陵是陳的國都，陳後主沈於聲色，終於亡國。詩中所説的“亡國恨”就是指此事。

〔2〕煙，指水上霧氣。籠，籠罩。這句互文見義，意即月光和霧氣籠罩着河水及水邊沙地。

〔3〕商女，指歌妓。

〔4〕江，指秦淮河。後庭花，《玉樹後庭花》的簡稱，爲陳後主所作的樂曲。沙、家、花，押韻(麻韻)。

寄揚州韓綽判官〔1〕

青山隱隱水遥遥〔2〕，秋盡江南草木彫〔3〕。二十四橋明月夜〔4〕，玉人何處教吹簫〔5〕？

〔1〕韓綽，事蹟不詳。判官，唐時官名，爲節度使、觀察使的僚屬。韓綽大概是淮南節度使判官。

〔2〕隱隱，不清楚的樣子。遥遥，一本作“迢迢”。

〔3〕彫，通“凋”。木，一本作“未”。

〔4〕二十四橋，唐時揚州最繁華，城南北十五里一百一十步，東西七里三十步，

有二十四座橋。

〔5〕玉人，美人。遥、彫、簫，押韻（蕭韻）。

金谷園〔1〕

繁華事散逐香塵〔2〕，流水無情草自春。日暮東風怨啼鳥，落花猶似墜樓人〔3〕。

〔1〕金谷園，西晉石崇的别墅，又叫梓澤，參看第三册第1163頁《滕王閣序》注〔2〕。

〔2〕香塵，石崇生活極其豪華，曾將沈水香末鋪在象牙牀上，叫他所寵愛的姬妾在上面踐踏，步輕無痕迹的，賜以珍珠。這句是説，當年金谷園的繁華事隨着沈水香塵消逝了。

〔3〕墜樓人，指石崇的愛妾緑珠。晉惠帝時，趙王倫專權，他的親信孫秀派人向石崇索緑珠，石崇不肯，於是孫秀矯詔逮捕石崇，緑珠跳樓自殺。塵、春、人，押韻（真韻）。

蘇　軾

飲湖上初晴後雨〔1〕（二首選一）

水光瀲灧晴方好〔2〕，山色空濛雨亦奇〔3〕。欲把西湖比西子〔4〕，淡妝濃抹總相宜〔5〕。

〔1〕湖，指西湖。

〔2〕瀲灧，波動的様子（與《有美堂暴雨》的"瀲灧"微異）。方，一本作"的"。

〔3〕空濛，又寫作"涳濛"，微雨迷茫的様子。

〔4〕欲，一本作"若"。西子，指西施。

〔5〕總，一本作"也"。奇、宜，押韻（支韻）。

題西林壁〔1〕

横看成嶺側成峯〔2〕，遠近高低各不同〔3〕，不識廬山真面目，祇緣身在此山中[4]。

〔1〕西林，西林寺，在廬山。

〔2〕嶺，一條山（不是獨立的峯）。

〔3〕一本作“遠近看山總不同”。

〔4〕緣，因。峯、同、中，押韻（首句用冬韻，其餘用東韻）。

陸　游

十一月四日風雨大作

僵臥孤村不自哀，尚思爲國戍輪臺[1]。夜闌臥聽風吹雨[2]，鐵馬冰河入夢來[3]。

〔1〕輪臺，漢時西域地名，即今新疆輪臺縣，漢代在那裏駐兵屯田。戍輪臺，這裏泛指戍守邊境。

〔2〕夜闌，夜將盡。

〔3〕鐵馬，配有鐵甲的戰馬。冰河，泛指北方冰凍的河流。哀、臺、來，押韻（灰韻）。

常用詞（十三）　96字

掇 控 捫 把 挑 搔 投 擲 遞　蹈 躡　升 緣　偃 仆 斃 傾　聆 眺 睇 眄 瞻 迴 還 逝　分 訣　悸 慟 悵 慨　警 惕　欲 感　酌 酹　酣 覺　央 闌

清 澄 渾　安 閑　乖 互　繁 煩　急 忽 但

星 辰　嶽 丘 嶺　棧 閣　甸 藩 苑 隴 塹 墳　蹊 徑　汀 洲 渚 皋 涯 塘 垠　輦 轂 轅 轍　簪 纓 紱 綬 衾 襦 袂　羹 飧　絲 管 弦　鼓 鼙　僚 羣 輩

909.【掇】

拾取。《詩經·周南·芣苢》：“采采芣苢，薄言～之。”曹操《短歌行》：“明明如月，何時可～？”杜甫《自京赴奉先縣詠懷五百字》詩："憂端齊終南，澒洞不可～。"（澒 hòng 洞：連續不斷的樣子。）

910.【控】

（一）拉弓。《史記·劉敬叔孫通列傳》："當是時，冒頓爲單于，兵彊，～弦三十萬。"曹植《白馬篇》："～弦破左的。"岑參《白雪歌送武判官歸京》詩："將軍角弓不得～，都護鐵衣冷猶著。"

（二）勒馬。《詩經·鄭風·大叔于田》："叔善射忌，又良御忌，抑磬～忌，抑縱送忌。"（忌：句末語氣詞。抑：句首語氣詞。磬：騁馬。）引申爲控制。王勃《滕王閣序》："～蠻荊而引甌越。"盧照鄰《長安古意》詩："五劇三條～三市。"

911.【捫】

持。《詩經·大雅·抑》："莫～朕舌。"引申爲摸。《史記·高祖本紀》："乃～足曰：'虜中吾指。'"李白《蜀道難》詩："～參歷井仰脅息。"

912.【把】

（一）握持，攥（zuàn）。《史記·殷本紀》："湯自～鉞以伐昆吾。"杜甫《別房太尉墓》詩："對棋陪謝傅，～劍覓徐君。"又《奉濟驛重送嚴公》詩："幾時杯重～，昨夜月同行。"蘇軾《水調歌頭》詞："明月幾時有？～酒問青天。"現代有雙音詞"～握"。

（二）捆成束的。杜甫《園官送菜》詩："清晨送菜～。"

（三）介詞。將，把（後起義）。蘇軾《飲湖上初晴後雨》詩："欲～西湖比西子。"

913.【挑】

（一）讀 tiāo。撓，撥動。《莊子·大宗師》："孰能登天游霧，撓～无極？"（无極：指宇宙。）白居易《長恨歌》："孤燈～盡未成眠。"

又特指彈奏樂器的一種指法（後起義）。白居易《琵琶行》："輕攏慢撚抹復～。"現代雙音詞"～撥""～剔""～選"，都由撥動的意義發展而來。引申爲以尖狀物挖取。杜荀鶴《山中寡婦》詩："時～野菜和根煮。"劉時中《正宫·端正好》（上高監司）套曲："剥榆樹飡，～野菜嘗。"

（二）讀 tiǎo。刺激對方以引起戰鬭。《史記·項羽本紀》："則漢欲～戰，慎勿與戰。"司馬遷《報任安書》："横～彊胡。"

（三）讀 tiǎo。引誘，打動〔别人的心〕。《戰國策·秦策一》："楚人有兩妻者，人～其長者，詈之。"《史記·司馬相如列傳》："是時卓王孫有女文君新寡，好音，故相如以琴心～之。"

（四）讀 tiǎo。用棍棒的一端插着或掛着（晚起義）。睢景臣《高祖還鄉》套曲："明晃晃馬鐙槍尖上～。"

（五）讀 tiāo。擔着（晚起義）。《桃花扇》餘韻："山松野草帶花～，猛抬頭秣陵重到。"（秣陵：地名，今南京。）

914.【搔】

撓，用手指甲輕刮。《詩經·鄭風·静女》："愛而不見，～首踟躕。"杜甫《春望》詩："白頭～更短。"也可指以足輕蹴。枚乘《上書諫吴王》："足可～而絶。"［～頭］簪。劉禹錫《春詞》："蜻蜓飛上玉～頭。"白居易《長恨歌》："翠翹金雀玉～頭。"

915.【投】

（一）拋擲，拋向。《詩經·衛風·木瓜》："～我以木瓜。"鄒陽《獄中上梁王書》："以暗～人於道，衆莫不按劍相眄者。"韓愈《進學解》："～閑置散，乃分之宜。"引申爲拋棄，扔掉。王勃《滕王閣序》："有懷～筆，慕宗慤之長風。"

（二）投入。《史記·滑稽列傳》："即使吏卒共抱大巫嫗～之河中。”曹植《野田黄雀行》:“見鷂自～羅。”成語有“自～羅網”。引申爲投合,迎合。元好問《贈答劉御史雲卿》詩:“膠漆本易～。”成語有“～其所好”“臭味相～”“情～意合”等。

(三)投靠,依託。《南史·王懿傳》:“有遠來相～者,莫不竭力營贍。”(營贍 shàn:供養。)引申爲到……住宿。杜甫《石壕吏》詩:“暮～石壕村。”又爲到,接近。王安石《觀明州圖》詩:“～老心情非復昔,當時山水故依然。”

916.【擲】(擿)

抛向。本寫作“擿”。《史記·刺客列傳》:“乃引其匕首以擿秦王。”引申爲抛棄,扔掉。《莊子·胠篋》:“擿玉毁珠,小盜不起。”杜枚《阿房宫賦》:“棄～邐迤,秦人視之,亦不甚惜。”按:“擲”字舊讀入聲。

[辨]投,擲。“投”和“擲”是同義詞,但是“投”字較多用於抛向的意義,“擲”字較多用於抛棄的意義。

917.【遞】

(一)交替。《楚辭·招魂》:“二八侍宿,射～代些。”(些:句末語氣詞。)杜牧《阿房宫賦》:“秦復愛六國之人,則～三世可至萬世而爲君。”又副詞。交替地,一個接一個地。《莊子·齊物論》:“其～相爲君臣乎?”《吕氏春秋·先己》:“當今之世,巧謀並行,詐術～用。”

(二)運送(後起義)。《舊唐書·郭虔瓘傳》:“一萬行人詣六千餘里,咸給～馱,並供熟食。”現代傳遞的意義由此發展而來。

(三)[迢～]遼遠的樣子。左思《吴都賦》:“曠瞻迢～。”杜甫《春日江村》詩:“迢～來三蜀,蹉跎又六年。”温庭筠《更漏子》詞:“柳絲長,春雨細,花外漏聲迢～。”

［辨］遞，迭。在交替的意義上，“遞”和“迭”没有分别。但“迭”字不能用於傳遞的意義，“迢遞”不能説成“迢迭”。

918.【蹈】

（一）踩，踏。《莊子·達生》：“至人潛行不窒，~火不熱。”《僞古文尚書·君牙》：“若~虎尾。”引申爲頓足，跺脚。《孟子·離婁上》：“則不知足之~之，手之舞之。”又雙音詞有“舞~”，成語有“手舞足~”。“蹈河”連用，指跳河或投河。鄒陽《獄中上梁王書》：“是以申徒狄~雍之河。”

（二）行，行走。《左傳·哀公二十一年》：“使我高~。”（高蹈：遠行。）後代“高~”連用，表示隱居。張協《七命》：“翫世高~。”用於抽象意義表示實踐，實行，遵循。《荀子·王制》：“故明君不~也。”今成語有“循規~矩”。

919.【躡】

（一）踩。《史記·淮陰侯列傳》：“張良、陳平~漢王足。”引申爲踏上，登上〔位置〕。左思《詠史》詩：“世胄~高位，英俊沈下僚。”引申爲跟蹤，追隨。《三國志·魏書·鄧艾傳》：“欣等追~於彊川口。”（欣：楊欣。）

（二）穿〔鞋〕。古詩《焦仲卿妻》：“足下~絲履，頭上玳瑁光。”

［辨］履，踐，蹈，躡。“履”和“踐”都是“行走在……上”的意思。“蹈”則是踩踏的意思，常帶有冒險的意味，如“蹈火”“蹈海”“蹈河”等。“躡”是有意識地踩上去，所以能引申出登上、跟蹤的意義來。

920.【升】

（一）量名，一斗的十分之一。《莊子·外物》：“君豈有斗~之水而活我哉？”

（二）上升，登。跟“降”相對。《詩經·小雅·天保》：“如日之~。"《論語·先進》:"由也~堂矣,未入於室也。"白居易《長恨歌》:"~天入地求之遍。"日升的意義在後代寫作"昇"。江淹《石劫賦》:"日照水而東昇。"後來一般升登的意義也都可以寫作"昇"。杜甫《多病執熱》詩:"奇峯硉兀火雲昇。"(硉兀 lùwù:突兀。)韓愈《山石》詩:"昇堂坐階新雨足。"引申爲升進,升遷〔官職〕。《舊唐書·馬周傳》:"欲有擢~宰相,必先試以臨人。"這個意義也可以寫作"昇"。杜甫《寄岳州賈司馬》詩:"每覺昇元輔,深期列大賢。"後來於升遷的意義多寫作"陞"。《金史·陳規傳》:"朝授一官,暮陞一職。"[~平][昇平]太平。《三國志·魏書·王朗傳》:"蒸庶欣欣,喜遇~平。"(蒸庶:蒸民,老百姓。)張居正《辛未會試呈策二》:"建昇平之業。"

[辨]升,昇,陞。三字同音,除升斗的意義以外,三字原則上可以通用。即以"陞"字而論,《爾雅·釋畜》:"騉駼枝蹄趼,善陞甗。"(騉駼:良馬名。趼:讀 yàn,蹄下平正。甗:山形似甑,上大下小。)但是,近代升遷的意義在習慣上寫作"陞"。

921.【緣】

(一)衣邊飾,古代的一種花邊。《禮記·玉藻》:"緇布衣,錦~。"現代有雙音詞"邊~"。引申爲沿。陶潛《桃花源記》:"~溪行,忘路之遠近。"

(二)攀援。《孟子·梁惠王上》:"以若所爲,求若所欲,猶~木而求魚也。"李白《蜀道難》詩:"猨猱欲度愁攀~。"

(三)循,靠着。《荀子·正名》:"則~耳而知聲可也,~目而知形可也。"引申爲因爲。《公羊傳·宣公六年》:"趙穿~民衆不悦,起弑靈公。"杜甫《客至》詩:"花徑不曾~客掃。"蘇軾《題西林壁》詩:"不識廬山真面目,衹~身在此山中。"

(四)機緣,緣分。《韓非子·二柄》:“今人主不掩其情,不匿其端,而使人臣有~以侵其主。”謝靈運《還舊園作》詩:“長與懽愛别,永絶平生~。”杜甫《清明》詩:“繡羽銜花他自得,紅顔騎竹我無~。”

922.【偃】

(一)仰臥。《詩經·小雅·北山》:“或息~在牀。”又:“或棲遲~仰。”引申爲向後倒。跟“仆”相對。《左傳·定公八年》:“與一人俱斃,~,且射子鉏。”(斃:倒下。)再引申爲一般的倒伏。《尚書·金縢》:“禾盡~。”《論語·顔淵》:“草上之風必~。”成語有“~旗息鼓”。又爲棲息。杜甫《自京赴奉先縣詠懷五百字》詩:“胡爲慕大鯨,輒擬~溟渤?”

(二)停息,特指不用干戈。《僞古文尚書·武成》:“乃~武修文。”杜甫《寄題江外草堂》詩:“干戈未~息,安得酣歌眠?”又《同元使君舂陵行》詩:“獄訟久衰息,豈惟~甲兵?”

923.【仆】

向前倒。《漢書·貢禹傳》:“誠恐一旦蹎~。”又《梁孝王傳》:“即詐僵~,陽病。”柳宗元《永州韋使君新堂記》:“或立或~。”後世向後倒也叫仆。王安石《遊褒禪山記》:“有碑~道,其文漫滅,獨其爲文猶可識。”今成語有“前~後繼”。

924.【斃】

倒下去(指因傷因病)。《左傳·成公二年》:“射其右,~于車中。”又《定公八年》:“與一人俱~,偃,且射子鉏。”用於抽象意義時,表示失敗或垮掉。《左傳·隱公元年》:“多行不義,必自~。”引申爲死。《左傳·僖公四年》:“與犬,犬~;與小臣,小臣亦~。”現代漢語有“槍~”。

[辨]偃,仆,跌,僵,斃。“偃”“僵”是向後倒,“仆”是向前倒,

"斃"是倒下去(包括偃仆),"跌"是失足跌倒,跟"偃、仆、僵、斃"都不同。所以揚雄《解嘲》説:"不知一跌,將赤吾之族也。""偃"與"僵"雖同是向後倒,但向後倒衹是"偃"的引申義。偃臥、偃息的意義則不是"僵"字所能代替的。"僵"的引申義是僵硬,跟"偃"的意義距離更遠了。

925.【傾】

(一)傾斜,歪。《荀子·非十二子》:"端然正己,不爲物~側。"曹植《洛神賦》:"日既西~。"謝靈運《登池上樓》詩:"~耳聆波瀾,舉目眺嶇嶔。"李華《弔古戰場文》:"布奠~觴,哭望天涯。"引申爲傾向。杜甫《自京赴奉先縣詠懷五百字》詩:"葵藿~太陽,物性固莫奪。"

(二)顛覆,危。《論語·季氏》:"安無~。"《荀子·儒效》:"齊一天下而莫能~。"韓愈《子産不毁鄉校頌》:"下塞上聾,邦其~矣!"引申爲排擠,壓倒。《史記·魏其武安侯列傳》:"欲以~魏其諸將相。"

926.【聆】

聽。張衡《思玄賦》:"~廣樂之九奏兮。"謝靈運《登池上樓》詩:"傾耳~波瀾。"

[辨]聽,聆。"聽"和"聆"是同義詞,但也有細微的區别。"聽"是一般的聽,而"聆"是傾耳細聽。

927.【眺】

望,遠望。《禮記·月令》:"可以遠~望。"張衡《思玄賦》:"流目~夫衡阿兮。"謝靈運《登池上樓》詩:"舉目~嶇嶔。"

928.【睇】

微微斜視。《楚辭·九歌·山鬼》:"既含~兮又宜笑。"趙至

《與嵇茂齊書》:“龍~大野,虎嘯六合。”王勃《滕王閣序》:“窮~眄於中天。”引申爲瞄。班固《幽通賦》:“養流~而猿號兮,李虎發而石開。”(養:指養由基。春秋時楚人,善射。猿號:據説諸人射猿,都不中,養由基一拉弓猿就嚇得哀啼。李:指西漢名將李廣。李善騎射,一次出獵誤認石爲虎,一箭射去,連箭羽都透入石中。)

929.【眄】

斜視。鄒陽《獄中上梁王書》:“臣聞明月之珠,夜光之璧,以暗投人於道,衆莫不按劍相~者。”王勃《滕王閣序》:“窮睇~於中天。”

930.【瞻】

視,看。《詩經·邶風·燕燕》:“~望弗及,佇立以泣。”又《雄雉》:“~彼日月。”又《小雅·節南山》:“赫赫師尹,民具爾~。”《楚辭·離騷》:“~前而顧後兮。”現代有雙音詞“~仰”。

[辨]瞻,眺,睇,眄。“瞻”“眺”是一類,“睇”“眄”是一類。“瞻”是看,但不是一般的看,而是往遠處看,往高處看,等等。“眺”是遠望,常常用於看風景。“睇”和“眄”都是斜視,差别不大,但是含情的斜視就祇能説“睇”,不能説“眄”。

931.【迴】

轉,掉轉,回轉。司馬遷《報任安書》:“是以腸一日而九~。”陶潛《讀山海經》詩:“窮巷隔深轍,頗~故人車。”王維《終南山》詩:“白雲~望合,青靄入看無。”引申爲回來。杜甫《佳人》詩:“侍婢賣珠~。”[縈~]迂迴曲折的樣子。王勃《滕王閣序》:“窮島嶼之縈~。”又指水的迴旋。周邦彦《蘭陵王》詞:“漸别浦縈~,津堠岑寂。”這個意義後來又寫作“瀠洄”。

[辨]回,迴。“回”與“迴”同音同義,“迴”是後起字。凡旋轉的

意義和回還的意義,既可寫作“回”,又可寫作“迴”。惟有姦回的“回”不能寫作“迴”。

932.【還】

(一)回去,回來。《左傳·僖公三十年》:“吾其~也。”鮑照《擬行路難》詩:“~家自休息。”李白《蜀道難》詩:“問君西遊何時~。”“而還”二字連用,等於説“以來”,表示過去某時直到現在。李華《弔古戰場文》:“秦漢而~,多事四夷。”

(二)交還。《周禮·秋官·司儀》:“致饔餼,~圭。”引申爲償還。杜甫《歲晏行》:“況聞處處鬻男女,割慈忍愛~租庸。”

(三)副詞。還,更。杜甫《九日藍田崔氏莊》詩:“羞將短髮~吹帽。”陸游《黄州》詩:“遷流~歎學齊優。”

933.【逝】

去。《論語·陽貨》:“日月~矣。”司馬遷《報任安書》:“則長~者魂魄私恨無窮。”陶潛《詠荆軻》詩:“蕭蕭哀風~,淡淡寒波生。”蘇軾《前赤壁賦》:“~者如斯,而未嘗往也。”現代雙音詞“逝世”由“長逝”發展而來。

[辨]逝,往,去。“往”是有目的地的,衹是“往”字後面不説明目的地罷了。“逝”是没有目的地的(上下文都不提到目的地),略似“遂辭平原而去”的“去”。但“逝”和“去”也不一樣,因爲“逝”字常帶感情色彩,有一去不復返的意思。

934.【分】

(一)分開。《論語·泰伯》:“三~天下有其二。”又《季氏》:“邦~崩離析而不能守也。”江淹《别賦》:“造~手而銜涕。”引申爲分給。《左傳·莊公十年》:“衣食所安,弗敢專也,必以~人。”又爲分享。揚雄《解嘲》:“~人之禄。”又爲分辨,分别。《論語·微子》:

“五穀不~。”《莊子·齊物論》:“周與胡蝶則必有~矣。”[~明]清楚。賈誼《論時政疏》:“等級~明。”杜甫《新婚别》詩:“妾身未~明,何以拜姑嫜?”

(二)讀 fèn,等級制度中規定給每人的義務,本分,職分,名分。《禮記·禮運》:“男有~,女有歸。”陶潛《自祭文》:“樂天委~,以至百年。”韓愈《進學解》:“投閒置散,乃~之宜。”今成語有“安~守己”。

935.【訣】

辭别,告别。江淹《别賦》:“瀝泣共~,抆血相視。”又:“誰能摹暫離之狀,寫永~之情者乎?”杜甫《自京赴奉先縣詠懷五百字》詩:“不忍便永~。”按:“訣”字本作“決”。《漢書·李廣蘇建傳》:“與武決去。”又:“因與武決。”“訣”是後起字。

936.【悸】

心跳。《漢書·田延年傳》:“使我至今病~。”引申爲膽戰心驚。《楚辭·九思·悼亂》:“惶~兮失氣。”王延壽《魯靈光殿賦》:“心猥猥而發~。”(猥猥 sīsī:不安的樣子。)李白《夢遊天姥吟留别》詩:“忽魂~以魄動,怳驚起而長嗟。”

937.【慟】

悲哀過度。《論語·先進》:“顔淵死,子哭之~。”庾信《擬詠懷》詩:“惟彼窮途~,知余行路難。”

[辨]痛,慟。二字古不同音(慟,徒弄切,音洞),意義也有分别。疼痛的“痛”不能説成“慟”。即以悲哀的意義而論,“痛”與“慟”也有程度的不同。

938.【悵】

心中如有所失,不稱心,不痛快。《楚辭·九歌·山鬼》:“怨公子兮~忘歸。”王維《渭川田家》詩:“即此羨閒逸,~然吟式微。”杜甫《詠懷古迹》詩:“~望千秋一灑淚,蕭條異代不同時。”[惆~]心中如有所失的樣子。《楚辭·九辯》:“惆~兮而私自憐。”杜甫《自京赴奉先縣詠懷五百字》詩:“惆~難再述。”陸游《觀長安城圖》詩:“三秦父老應惆~,不見王師出散關。”

939.【慨】

(一)歎息,歎氣。《荀子·宥坐》:“孔子~然歎曰。”張衡《東京賦》:“~長思而懷古。”杜甫《秦州雜詩》:“萬方聲一~,吾道竟何之?”現代有雙音詞“感~”。

(二)[忼~][慷~]壯士激昂的樣子。《史記·項羽本紀》:“於是項王乃悲歌忼~。”司馬遷《報任安書》:“夫以中材之人,事有關於宦豎,莫不傷氣,而況於慷~之士乎?”陶潛《詠荆軻》詩:“慷~送我行。”今成語有“慷~激昂”。注意:現代“慷慨”又有“不吝嗇”的意義,古代“慷慨”不當“不吝嗇”講。

940.【警】

(一)使警惕,使知所戒。《左傳·宣公十二年》:“今天或者大~晉也。”《孟子·滕文公下》:“洚水~余。”(洚水:洪水。)李商隱《蟬》詩:“煩君最相~。”這個意義又寫作“儆”。《僞古文尚書·大禹謨》:“降水儆予。”(降水:即洚水。)現代有雙音詞“~戒”“~告”。

(二)戒備,特指軍事上的戒備。《左傳·宣公十二年》:“且雖諸侯相見,軍衛不徹~也。”引申爲須要戒備的事件或消息。曹植《白馬篇》:“邊城多~急,胡虜數遷移。”現代有雙音詞“~報”。

941.【惕】

提心弔膽,擔心。《周易》乾卦:“君子終日乾乾,夕~若厲。”(乾乾:健强不息。若:如同。厲:危。)《左傳·襄公二十二年》:“無日不～。”現代有雙音詞“警～”。［怵～］提心弔膽，害怕。《孟子·公孫丑上》：“今人乍見孺子將入於井，皆有怵～惻隱之心。”李白《古風》：“行人皆怵～。”

942.【欲】

（一）及物動詞。想要得到，希望有某事。《論語·季氏》：“夫子～之。”《孟子·梁惠王上》：“以若所爲，求若所～。”《莊子·大宗師》：“父母豈～吾貧哉？”又能願動詞。想，想要。《莊子·秋水》：“莊子來，～代子相。”李白《蜀道難》詩：“猨猱～度愁攀緣。”引申爲將要。《史記·魏豹彭越列傳》：“西至鄭，逢呂后從長安來，～之洛陽，道見彭王。”高適《燕歌行》：“少婦城南～斷腸。”

（二）名詞。願望。《莊子·馬蹄》：“同乎无～，是謂素樸。”又《天地》：“无～而天下足。”欲”字常用於貶義，表示慾望，貪慾。《孟子·離婁下》：“從耳目之～。”劉伶《酒德頌》：“不覺寒暑之切肌，利～之感情。”這個意義又寫作“慾”。《論語·公冶長》：“棖也慾，焉得剛！”（棖 chéng：申棖，人名。）

943.【感】

使人心動，令人心情起變化。《周易》咸卦：“聖人～人心而天下和平。”《荀子·樂論》：“其～人深。”劉伶《酒德頌》：“不覺寒暑之切肌，利欲之～情。”引申爲感觸，感動，感傷。謝靈運《登池上樓》詩：“祁祁傷豳歌，萋萋～楚吟。”杜甫《春望》：“～時花濺淚，恨别鳥驚心。”［～激］(1)感動激發。《後漢書·朱穆傳·論》：“專諸荆卿之～激。”(2)感謝。《宋書·范曄傳》：“皆～激舊恩，規相拯拔。”

944.【酌】

舀酒（自己喝或給人喝）。《詩經·周南·卷耳》：“我姑～彼兕觥。”蘇軾《前赤壁賦》：“洗盞更～。”《漢書·蓋寬饒傳》：“無多～

我,我迺酒狂。"陶潛《讀山海經》詩:"歡言~春酒。"引申爲舀水喝。王勃《滕王閣序》:"~貪泉而覺爽。"[斟~]斟酒。左思《吴都賦》:"仰南斗以斟~。"《昭明文選》所録蘇武詩:"我有一罇酒,欲以贈遠人。願子留斟~,敘此平生親。"引申爲考慮取捨或損益。《國語·周語上》:"而後王斟~焉。"諸葛亮《出師表》:"至於斟~損益,進盡忠言,則攸之、禕、允之任也。"今有"~辦""~減"等。

945.【酹】

以酒沃地。這是古人祭神的一種儀式。《後漢書·張奂傳》:"以酒~地。"蘇軾《荔支歎》詩:"無人舉觴~伯游。"又《念奴嬌》詞:"一樽還~江月。"

946.【酣】

酒喝得很暢快,半醉。《戰國策·燕策一》:"即酒~樂,進熱歠。"《史記·魏其武安侯列傳》:"及飲酒~,夫起舞屬丞相。"白居易《輕肥》詩:"食飽心自若,酒~氣益振。"引申爲盡量或盡情從事某種行爲。《淮南子·覽冥》:"戰~日暮。"

947.【覺】

(一)讀jiào。睡醒。跟"寐"相對。《詩經·王風·兔爰》:"尚寐無~。"《莊子·齊物論》:"~而後知其夢也。"李白《夢遊天姥吟留别》詩:"唯~時之枕席,失向來之煙霞。"白居易《長恨歌》:"雲髻半偏新睡~。"注意:古代説"睡覺"是指睡醒的意思,與今天所謂"睡覺"不同。

(二)讀jué。覺悟,省悟。《孟子·萬章上》:"天之生此民也,使先知~後知,使先~~後~也。"《公羊傳·昭公三十一年》:"叔術~焉,曰:'嘻!此誠爾國也夫!'"引申爲發覺,覺察。《漢書·高帝紀》:"有而弗言,~,免。"(免:指免職。)"發覺"連用,表示事情被發覺,洩露。《史記·高祖本紀》:"趙相貫高等事發~。"《漢書·霍光傳》:"會事發~,雲、山、明友自殺。"

(三)感覺到,覺得。《僞古文尚書·説命下》:"厥德脩罔~。"王勃《滕王閣序》:"天高地迥,~宇宙之無窮。"又:"酌貪泉而~爽。"李商隱《無題》詩:"夜吟應~月光寒。"

按:舊時於(一)讀去聲或入聲,於(二)(三)讀入聲。

948.【央】

(一)[中~]中間,中心,正中。《詩經·秦風·蒹葭》:"宛在水中~。"《莊子·天下》:"我知天下之中~。"又《應帝王》:"南海之帝爲儵(shù),北海之帝爲忽,中~之帝爲渾沌。"《淮南子·天文》:"中~土也。"注意:"中央"是雙音詞,不能簡稱爲"央";又"中央"表示正中的意思,常與東西南北並舉,並不是所有用中字的地方都可以説成"中央"。

(二)盡,完了。這個意義一般衹出現在"未央"這個詞組裏,並且一般衹和"夜""歡樂"發生關係。《詩經·小雅·庭燎》:"夜未~。"曹丕《燕歌行》:"星漢西流夜未~。"劉楨《贈五官中郎將詩》:"歡悦誠未~。"韓愈《送李愿歸盤谷序》:"嗟盤之樂也,樂且無~。"(這是以"無央"代"未央"。)有時也和一般時間結合。《楚辭·離騷》:"時亦猶其未~。"

949.【闌】

(一)門前的栅欄。《史記·楚世家》:"是以敝邑之王不得事王,而令儀亦不得爲門~之厮也。"(儀:張儀自稱。)後來"門闌"二字連用就表示門。杜甫《李監宅》:"門~多喜色,女壻近乘龍。"引申爲欄杆(後起義)。柳永《玉蝴蝶》詞:"凭~悄悄,目送秋光。"周邦彦《滿庭芳》詞:"凭~久。"這個意義又寫作"欄"。杜牧《阿房宫賦》:"直欄横檻。"辛棄疾《摸魚兒》詞:"休去倚危欄。"[~干]疊韻聯緜字。(1)縱横交錯的樣子。曹植《妾薄命行》:"騰觚飛爵~干。"左思《吴都賦》:"珠琲~干。"(珠十貫爲一琲。)杜甫《彭衙行》:"相視涕~干。"白居易《長恨歌》:"玉容寂寞淚~干。"(2)欄杆。李白《清平調》:"沈香亭北倚~干。"柳永《八聲甘州》詞:"爭知我倚~干處,正恁凝愁。"這個意義又寫成"欄杆"。

(二)[~入]没有符籍(通行證)而擅入宫門。《漢書·高祖功臣年表》:"平陽侯曹宗~入宫掖門。"又《成帝紀》:"小女陳持弓,聞大水至,走入横城門,~入尚方掖門。"

(三)盡,晚。常用於談及酒和時令的時候。"酒~",表示酒喝得差不多了。《史記·高祖本紀》:"酒~,吕公因目固留高祖。"杜甫《九日》詩:"酒~卻憶十年事。""歲~",表示一年將盡。謝莊《宋孝武宣貴妃誄》:"白露凝兮歲將~。"杜甫《廢畦》詩:"緑霑泥滓盡,香與歲時~。""夜~",表示夜深。杜甫《羌村》詩:"夜~更秉燭,相對如夢寐。"又《放船》詩:"已泊城樓底,何曾夜色~?"陸游《十一月四日風雨大作》詩:"夜~卧聽風吹雨,鐵馬冰河入夢來。"

(四)[~珊]疊韻聯緜字。衰落的樣子。白居易《詠懷》詩:"白髮滿頭歸得也,詩情酒興漸~珊。"李煜《浪淘沙》詞:"春意~珊。"

950.【清】

清潔,特指水清。跟"濁"相對。《楚辭·漁父》:"滄浪之水~兮,可以濯吾纓。"引申爲天氣清,不冷也不熱。李商隱《晚晴》詩:"春去夏猶~。"柳永《八聲甘州》詞:"對瀟瀟暮雨灑江天,一番洗~秋。"又爲清白。李商隱《蟬》詩:"煩君最相警,我亦舉家~。"又爲清平,太平。常以"清世"或"清時"二字連用。《吕氏春秋·序意》:"蓋聞古之~世,是法天地。"李陵《答蘇武書》:"策名~時。"(策名:

名書於簡策,指仕宦。)杜牧《將赴吴興登樂游原》詩:"~時有味是無能,閒愛孤雲靜愛僧。"

951.【澄】(澂)

清,特指水清。《淮南子·説山》:"人莫鑑於沫雨,而鑑於~水。"謝朓《晚登三山還望京邑》:"~江靜如練。"引申爲使濁水澄清。《三國志·吴書·孫靜傳》:"頃連雨水濁,兵飲多腹痛,令促具罌缶數百口~水。""澄清"又用於抽象的意義。《後漢書·范滂傳》:"登車攬轡,慨然有~清天下之志。"

[辨]澄,清。在水清的意義上,"澄"與"清"是同義詞。但是"澄"字不像"清"字有那麽多的引申意義。又在使濁水澄清的意義上,用"澄"不用"清"。

952.【渾】

(一)濁,渾濁。《老子》十五章:"~兮其若濁。"杜甫《示從孫濟》詩:"汲多井水~。"

(二)混同合爲一體。《漢書·劉向傳》:"賢不肖~殽,白黑不分。"孫綽《遊天台山賦》:"~萬象以冥觀,兀同體於自然。"(渾萬象:指將自身與萬物渾然合爲一體。冥觀:不作明細的觀察。兀:無知的樣子。)引申爲未加工的,自然狀態的。《晉書·王戎傳》:"嘗目山濤爲璞玉~金。"後代"~朴""~厚"等雙音詞由此發展而來。

(三)副詞。完全,簡直。杜甫《春望》詩:"白頭搔更短,~欲不勝簪。"

(四)[~~](1)源泉湧流的樣子。舊讀 gǔngǔn。也寫作"混混"。《荀子·富國》:"財貨~~如泉源。"《孟子·離婁下》:"源泉混混,不舍晝夜。"(2)水勢大的樣子。韓愈《進學解》:"上規姚姒,~~無涯。”(3)混濁的樣子。陸雲《九愍》:“世~~其難澄。”

953.【安】

(一)安。跟“危”相對。《論語·季氏》:“蓋均無貧,和無寡,~無傾。”曹植《洛神賦》:“若危若~。”安又用於使動意義,表示使安,使免於滅亡。《史記·高祖本紀》:“周勃重厚少文,然~劉氏者必勃也。”庾信《詠懷》詩:“~齊獨未~。”引申爲舒服。《論語·學而》:“君子食無求飽,居無求~。”韓愈《進學解》:“~坐而食。”又爲安放(後起義)。周邦彦《滿庭芳》詞:“歌筵畔,先~簟枕,容我醉時眠。”

(二)疑問代詞。何,什麼。《左傳·僖公十四年》:“皮之不存,毛將~傅?”又用作狀語。怎麼,哪裏。《論語·先進》:“~見方六七十,如五六十,而非邦也者?”揚雄《解嘲》:“又~得青紫?”

954.【閑】

(一)栅欄,養牛馬的圈。《漢書·百官公卿表》:“又龍馬~駒。”引申爲道德的範圍。《論語·子張》:“大德不踰~,小德出入可也。”

(二)防止,防閑。《周易》乾卦:“~邪存其誠。”《左傳·昭公六年》:“是故~之以義。”

(三)熟練,熟習。《詩經·秦風·駟鐵》:“四馬既~。”又《大雅·卷阿》:“君子之馬,既~且馳。”這個意義後來也寫作“嫻”。

(四)安靜,鎮靜。《淮南子·本經》:“~靜而不躁。”賈誼《鵩鳥賦》:“貌甚~暇。”(這裏的“閑暇”是鎮靜不驚的意思。)引申爲文雅,不浮躁粗俗。曹植《美女篇》:“美女妖且~。”(妖:艷麗。)這個意義後來寫作“嫻”。

(五)清閑,空閑。跟“忙”相對。《論衡·紀妖》:“常~從容步游下邳、泗上。"李白《俠客行》:"～過信陵飲。"韓愈《進學解》:"投～置散,乃分之宜。"這個意義本來作"閒"。

[辨]閑,閒。在清閒的意義上,"閑"與"閒"同義。但是要注意:唐詩中許多"閑"字都應該解作安閑,而不應該解作清閒。例如李白《獨坐敬亭山》詩:"衆鳥高飛盡,孤雲獨去～。"這種"閑"字解作清閒就錯了。

955.【乖】

悖謬,相反,不協調。《左傳·昭公三十年》:"楚執政衆而～。"《荀子·天論》:"則父子相疑,上下～離。"《楚辭·七諫·怨世》:"吾獨～剌而無當兮。"陶潛《飲酒》詩:"疑我與時～。"引申爲不順適。元稹《遣悲懷》詩:"謝公最少偏憐女,自嫁黔婁百事～。"(黔婁:古代的窮士。)

[辨]乖,舛,戾,剌。這四個字是同義詞。"乖"與"舛"意義最近,所以"乖互"又可以説成"舛互"。"戾"的本義是曲,乖戾衹是它的引申義。又暴戾的"戾"更與"乖""舛"不同。"剌(là)"字一般衹用於雙音詞中,如"乖剌""剌謬"等。

956.【互】

(一)交互,交錯。京房《易傳》:"陰陽交～。"[回～](迴互)雙聲聯緜字。交錯的樣子。蕭穎士《蓬池宴序》:"洲島回～。"杜甫《宿花石戍》詩:"四序本平分,氣候何迴～?"[乖～]錯亂。《後漢書·樂恢傳》:"天地乖～,衆物大傷。"

(二)副詞。互相。《宋書·謝靈運傳·論》:"欲使宫羽相變,低昂～節。"

957.【繁】

繁多,多種多樣。《左傳·昭公三年》:"於是景公～于刑。"《楚辭·離騷》:“佩繽紛其~飾兮。”蕭統《文選序》:“自兹以降,源流寔~。”引申爲繁雜,繁冗。跟“略”相對。又跟“簡”相對。《文心雕龍·鎔裁》:“精論要語,極略之體;游心竄句,極~之體。”又爲密。周邦彦《滿庭芳》詞:“憔悴江南倦客,不堪聽急管~絃。”[~華]奢侈豪華的生活。杜牧《金谷園》詩:“~華事散逐香塵。”

958.【煩】

(一)煩躁。《素問·生氣通天論》:“~則喘喝。”引申爲煩悶。《史記·扁鵲倉公列傳》:“病使人~懣。”《楚辭·哀時命》:“惟~懣而盈匈。”(匈:胸。)引申爲煩擾。韓愈《送李愿歸盤谷序》:“入耳而不~。”

(二)麻煩。《左傳·僖公三十年》:“敢以~執事。”李商隱《蟬》詩:“~君最相警。”

(三)繁多,煩瑣。《淮南子·主術》:“法省而不~。”《漢書·刑法志》:“高祖初入關……蠲削~苛,兆民大説。”

[辨]繁,蕃,煩。三字同音。在繁多的意義上,這三個字有共同之處。所以“蕃盛”也可以作“繁盛”,“蕃庶”也可以作“繁庶”,“蕃殖”也可以作“繁殖”,“煩文”也可以作“繁文”,“煩細”也可以作“繁細”。大致説來,“蕃”與“繁”通,“繁”與“煩”通,而“煩”與“蕃”卻很少相通。

959.【急】

(一)性情急躁,没有耐心。《孟子·滕文公下》:“三月無君則弔,不以~乎?”《莊子·人間世》:“齊之待使者,蓋將甚敬而不~。”

(二)迫切,緊急。跟“緩”相對。《孟子·盡心上》:“當務之爲~。”《荀子·王霸》:“今君人者~逐樂而緩治國。”(君人:給人做君,統治人。)曹植《白馬篇》詩:“邊城多警~。”今雙音詞有“緊~”

“危~”。又指迫切需要的生活資料,生活困難。《論語·雍也》:“君子周~不繼富。”(周:通“賙”。)

(三)快,趕緊。《史記·秦始皇本紀》:“項羽~擊秦軍。”又爲急促。周邦彦《滿庭芳》詞:“~管繁絃。”

按:“急”字舊讀入聲。

960.【忽】

(一)不注意,不重視,無視。《漢書·王嘉傳》:“~於小過。”又《賈誼傳》:“願幸毋~。”《文心雕龍·情采》:“采濫~真。”杜甫《自京赴奉先縣詠懷五百字》詩:“臣如~至理,君豈棄此物?”現代有雙音詞“~略”“~視”“疏~”。

(二)突然。《左傳·莊公十一年》:“禹湯罪己,其興也悖焉;桀紂罪人,其亡也~焉。”(悖:通“勃”,勃焉,突然的樣子。)《論語·子罕》:“瞻之在前,~焉在後。”按:在最初的時候,常常是以“忽焉”二字連用來表示突然,後來變爲單用“忽”字。《楚辭·離騷》:“~反顧以游目兮。”李白《夢遊天姥吟留別》詩:“迷花倚石~已暝。”

(二)[~~]心裏迷迷糊糊的樣子。宋玉《高唐賦》:“悠悠~~,怊悵自失。”(怊悵:同“惆悵”。)司馬遷《報任安書》:“居則~~若有所亡。”又説成雙聲聯緜字“恍忽”。宋玉《神女賦序》:“精神怳~,若有所喜。”(怳:同“恍”。)後來又寫成“恍惚”。

按:“忽”字舊讀入聲。

961.【但】

祇,僅。《史記·劉敬叔孫通列傳》:“匈奴匿其壯士肥牛馬,~見老弱及羸畜。”曹丕《與吴質書》:“公幹有逸氣,~未遒耳。”李白《蜀道難》詩:“~見悲鳥號古木,雄飛雌從繞林間。”杜甫《客至》詩:“~見羣鷗日日來。”李商隱《無題》詩:“曉鏡~愁雲鬢改。”注意:在古代漢語裏,"但"字不當"但是"講。"但是"的意義用"然""然而"或"而"來表示。

962.【星】

星。王勃《滕王閣詩》:"物换~移幾度秋?"[~歷](~曆)天文曆數。司馬遷《報任安書》:"文史~曆,近乎卜祝之間。"[~辰]泛指星空。有人以爲"星"指火水木金土五星,"辰"指二十八宿。《尚書·堯典》:"曆象日月~辰。"

963.【辰】

(一)十二支的第五位。用來紀日。《左傳·僖公三十二年》:"庚~,將殯于曲沃。"後來又用來紀年,紀月,紀時。又十二支總稱爲十二辰。"浹~"二字連用,表示十二日。《左傳·成公九年》:"浹~之間,而楚克其三都。"

(二)時,特指時運。《詩經·小雅·小弁》:"我~安在?"又《大雅·桑柔》:"我生不~。""良辰"二字連用,指好日子。《楚辭·九歌·東皇太一》:"吉日兮良~。"又指好時令。柳永《雨霖鈴》詞:"應是良~好景虚設。"

(二)星名。北極稱爲北辰。《論語·爲政》:"譬如北~,居其所而衆星共之。"王勃《滕王閣序》:"天柱高而北~遠。"按:依朱熹説,北辰是北天中心無星處。這是天文學的嚴格説法。其實古人是依一般的説法,以北極星爲北辰。周秦時代的北極是小熊座β星,今天北極則是小熊座α星。又特指二十八宿中的心宿,稱爲"大辰",簡稱爲"辰"。也叫"商星"。《法言·學行》:"吾不覩參~之相比也。"(辰星夏季出現,參星冬季出現,所以不能"相比",並列天空。)按:二十八宿中的房宿、行星中的水星也稱"辰星"。

(四)通"晨"。早晨。《詩經·齊風·東方未明》:"不能~夜。"

（不能分辨早晨和夜晚。）

964.【嶽】（岳）

山之尊者。古人以泰山（岱）爲東嶽，衡山（霍）爲南嶽，華山爲西嶽，恒山爲北嶽，合稱四嶽。再加上中嶽嵩山（太室），合稱五嶽。《詩經·大雅·崧高》："崧高維～。"（山大而高爲崧。）李白《俠客行》："三杯吐然諾，五岳倒爲輕。"又《夢遊天姥吟留别》詩："天姥連天向天横，勢拔五岳掩赤城。"

965.【丘】（邱）

（一）小土山。《莊子·胠篋》："夫川竭而谷虚，～夷而淵實。"又《則陽》："是故～山積卑而爲高，江河合水而爲大。"引申爲山。《漢書·司馬相如傳》："以登介～。"（介丘：大山。）陶潛《歸園田居》詩："少無適俗韻，性本愛～山。"又《歸去來辭》："既窈窕以尋壑，亦崎嶇而經邱。"李白《夢遊天姥吟留别》詩："列缺霹靂，～巒崩摧。"

（二）廢墟。《楚辭·九章·哀郢》："曾不知夏之爲～兮。"王勃《滕王閣序》："蘭亭已矣，梓澤～墟。"

（三）墳墓。常以"丘墓"二字連用。司馬遷《報任安書》："亦何面目復上父母之～墓乎！"楊惲《報孫會宗書》："豈意得全其首領，復奉先人之～墓乎！"

"丘"與"邱"本有分别："丘"是山丘，"邱"是邑名。後來因避孔子諱，山丘的"丘"也寫作"邱"，或省筆爲"𠀉"。俗又作"坵"。

966.【嶺】

山腰。本作領。《漢書·嚴助傳》："輿轎而隃領。"（隃：同"踰"。）引申爲山。韓愈《山石》詩："清月出～光入扉。"又爲一條山（不是獨立的峯）。蘇軾《題西林壁》詩："横看成～側成峯。"又爲連緜不斷的山，山脈的幹系。王羲之《蘭亭序》："此地有崇山峻～。"

“五嶺”二字連用,指大庾嶺、越城嶺、都龐嶺、萌渚嶺、騎田嶺,在今江西湖南和廣東廣西交界處。《漢書·張耳傳》:“南有五領之戍。”後來“嶺”字獨用,也特指五嶺,而嶺南、嶺表則指今廣東省。《晉書·吴隱之傳》:“朝廷欲革~南之弊。”又《晉書·滕修傳》:“修爲廣州牧,宿有威惠,爲~表所服。”

[**辨**]山,嶺。“嶺”字作山腰或一條山講的時候,與“山”大有區别。“横看成嶺側成峯”,其中的嶺不能解作“山”。但是,“嶺”的引申義則與“山”的意義差不多。“崇山峻嶺”的“嶺”也可以説是“山”的同義詞。

967.【**棧**】

(一)棚車,用木條横排編成車廂的輕便車子。《詩經·小雅·何草不黄》:“有~之車,行彼周道。”又寫作“轏”。《左傳·成公二年》:“丑父寢於轏中。”

(二)方格的木架,放在馬房地上防溼的。《莊子·馬蹄》:“編之以皁~。”顔延之《赭白馬賦》:“歲老氣殫,斃於内~。”

(三)棧道,在山上用木材架起來修成的道路。《漢書·張良傳》:“良因説漢王燒絶~道。”白居易《長恨歌》:“雲~縈紆登劍閣。”

注意:古代“棧”字不解作貨棧或客棧。

968.【**閣**】

(一)複道,用木材架於空中以爲道路。《戰國策·齊策六》:“爲棧道木~而迎王與后於城陽山中。”劍閣即因閣道得名。白居易《長恨歌》:“雲棧縈紆登劍~。”引申爲樓與樓之間的架空複道,人們經過複道從此樓到彼樓。謝朓《和江丞北戍瑯琊城》詩:“春城麗白日,阿~跨層樓。”引申爲一種方形、六角形或八角形的樓式建築。王勃《滕王閣序》:“飛~流丹,下臨無地。”杜牧《阿房宫賦》:“五步一樓,十步一~。”

(二)收藏書籍的房子,建在高地上,或者是樓房。《漢書·揚雄傳》:“時雄校書天禄~,上治獄事,使者來欲收雄。雄恐不能自免,迺從~上自投下,幾死。”李白《俠客行》:“誰能書~下,白首太玄經?”

(三)官署。西漢時官府辦公處所稱“閣”。也作“閤”。《漢書·朱博傳》:“於是府丞詣閤,博迺見丞。”陸機《答張士然詩》:“絜身躋秘~。”(絜:潔。躋 jī:登。秘閣:指秘書省。)按:漢時官府機構中的長官居閣(閤)上,吏役在閣下。如《漢書·朱博傳》:“閤下書佐入,博口占檄文……”後世尊稱人爲“閣下”,意思是“閣下的辦事人員”。這是表示不敢直稱其人,而以“閣下辦事人員”相代。與“執事”“陛下”性質相似。

(四)小門。古詩《上山采蘼蕪》:“新人從門入,故人從~去。”引申爲婦女所居的房屋。周邦彦《齊天樂》詞:“深~時聞裁翦。”又特指未婚女子所居。《木蘭詩》:“開我東~門,坐我西~牀。”後世女子出嫁叫“出~”。[閨~]“閨”“閣”都指宫中的小門,連用指宫禁。司馬遷《報任安書》:“身直爲閨閤之臣,寧得自引深藏於巖穴邪?”按:後世“閨閤之臣”專指宦官。“閨閣”又指未婚女子所居的地方。

(五)放下,擱置(後起義)。《新唐書·劉知幾傳》:“~筆相視。”這個意義後來寫作“擱”。引申爲存貯,積存。《西廂記》第四本第三折:“我見他~淚汪汪不敢垂,恐怕人知。”

(六)忍,禁受(晚起義)。《西廂記》第四本第三折:“~不住淚眼愁眉。”

[辨]棧,閣。在棧道的意義上,"棧"與"閣"是同義詞。分開來説。"棧"是平鋪的,"閣"是架空的。

969.【甸】

王國四郊之外,周圍五百里爲甸服。《尚書·禹貢》:"五百里~服。"引申爲郊外,郊野。謝朓《晚登三山還望京邑》詩:"喧鳥覆春洲,雜英滿芳~。"

970.【藩】

籬笆。《周易》大壯卦:"羝羊觸~。"(羝羊:公羊。)"藩"又用於比喻,表示藉以保障、保衛國家的人或地。《詩經·大雅·板》:"价人維~。"(价:大。价人:大德之人。)左思《詠史》詩:"吾希段干木,偃息~魏君。"又寫作"蕃"。《左傳·昭公九年》:"文武成康之建母弟,以蕃屏周。"[~鎮]唐代於地處邊境的州設置十節度使,統轄軍政,以便防禦外患。安史之亂後,内地也普遍置節度使,總攬軍政大權,成爲對抗中央的軍閥勢力。李尤《函谷關賦》:"~鎮造而惕息,侯伯過而震惶。"蘇軾《指掌圖序》:"~鎮强梁于河北。"

971.【苑】

天子遊樂田獵的廣闊場所,其中種植花木,豢養禽獸(不是關起來飼養)。司馬相如《上林賦》:"不務明君臣之義,正諸侯之禮,徒事爭於遊戲之樂,~囿之大。"杜甫《哀江頭》詩:"憶昔霓旌下南~,~中萬物生顔色。"

[辨]囿,苑,園,圃。"囿""苑"是一類,"園""圃"是一類。"囿""苑"是帝王窮奢極侈的遊樂場所。先秦叫"囿",叫"苑",漢以後多叫"苑","囿"和"苑"是同義詞。"園"和"圃"是農民所有:種樹的叫"園",種菜的叫"圃"。渾言則園圃無别。潘岳《閒居賦序》:"灌園粥(鬻)蔬,以供朝夕之膳。"可見"園"也可以種菜。後來"園"字用

來表示貴家的花園,纔和"圃"字分開了。

972.【隴】

(一)地名。隴山(在陜西、甘肅交界處。漢屬天水郡)。《漢書·武帝紀》:"遂踰~。"陸游《觀長安城圖》詩:"日暮風煙傳~上。"又泛指山。孔稚珪《北山移文》:"及其鳴騶入谷,鶴書赴~。"也作"壟"。孔稚珪《北山移文》:"於是南岳獻嘲,北~騰笑。"一本作"壟"。

(二)田地分界的高處。《史記·項羽本紀》:"乘勢起~畝之中。"這個意義也寫作"壟"。《史記·陳涉世家》:"輟耕之壟上,悵恨久之。"

按:後來於(二)義習慣上寫作"壟"。(一)義的地名不能作"壟"。

973.【塹】(壍)

坑,溝。《左傳·昭公十七年》:"環而~之及泉。"《後漢書·耿弇傳》:"城中溝~皆滿。"引申爲護城河。《史記·高祖本紀》:"郎中鄭忠乃説止漢王,使高壘深~勿與戰。"《南史·孔範傳》:"長江天壍,古來限隔南北。"陸游《觀長安城圖》詩:"穿~環城笑虜孱。"

974.【墳】

(一)大堤。《詩經·周南·汝墳》:"遵彼汝~。"

(二)水中高地。《楚辭·九章·哀郢》:"登大~以遠望兮。"

(三)墳墓。《吕氏春秋·首時》:"昭王出奔隨,遂有郢,親射王宫,鞭荆平之~三百。"張衡《思玄賦》:"覩有黎之圮~。"(有黎:即祝融氏。圮墳:毁壞了的墳墓。)杜甫《别房太尉墓》詩:"駐馬别孤~。"

(四)經典,遠古的書籍。相傳最古的書是"三墳五典"。《左傳·昭公十二年》:"是能讀三~五典八索九丘。"所以遠古的書籍又稱"典~"或"~籍"。陸機《文賦》:"頤情志於典~。"(頤:養。)蕭統《文選序》:"概見~籍,旁出子史。"

[辨]丘,墓,墳,冢。在墳墓的意義上,這四個字是同義詞。"丘"與"墓"常常通用,而且常常二字連用。區別開來説,平者爲"墓",高者爲"丘"。"墳"當墓講時,"墳"與"墓"的分别也是高和平的分别,所以《禮記·檀弓》説:"古者墓而不墳。""冢"是大墳。杜甫《曲江》詩:"苑邊高冢臥麒麟。""丘"是大冢,所以趙武靈王的墓稱爲"靈丘",吴王闔閭的墓稱爲"虎丘"。

975.【蹊】

人走出來的小路。《莊子·馬蹄》:"山無~隧,澤無舟梁。"《史記·李將軍列傳》:"桃李不言,下自成~。"《文心雕龍·情采》:"夫桃李不言而成~,有實存也。"

976.【徑】

(一)小路,不能容車的步道。《論語·雍也》:"行不由~。"《老子》五十三章:"大道甚夷,而民好~。"杜甫《客至》詩:"花~不曾緣客掃,蓬門今始爲君開。"

(二)直。枚乘《上書諫吴王》:"~而寡失。"引申爲直徑。《史記·田敬仲完世家》:"尚有~寸之珠。"左思《詠史》詩:"以彼~寸莖,蔭此百尺條。"《南史·劉穆之傳》:"一字~尺無嫌大。"

[辨]道,路,塗,蹊,徑。"道、路、塗"是一類,都是通車的路。"塗"容一軌,"道"容二軌,"路"容三軌,泛指則没有分别。"蹊、徑"是一類,都是不能通車的路。"徑"常常是直而近的小路,可以通牛馬,而"蹊"則比"徑"更小,衹是人們經常踐踏而成的。

977.【汀】

水邊平地。《楚辭·九歌·湘夫人》:"搴~洲兮杜若。"王勃

《滕王閣序》:"鶴~鳧渚,窮島嶼之縈迴。"李商隱《安定城樓》詩:"緑楊枝外盡~洲。"陸游《夜泊水村》詩:"臥聞新雁落寒~。"

978.【洲】

水中的陸地。《詩經·周南·關雎》:"關關雎鳩,在河之~。"王勃《滕王閣序》:"臨帝子之長~。"蘇軾《卜算子》詞:"寂寞沙~冷。"

979.【渚】

水中的小塊陸地,小洲。王勃《滕王閣序》:"鶴汀鳧~,窮島嶼之縈迴。"杜甫《登高》詩:"~清沙白鳥飛迴。"

980.【皋】(臯)

水旁高地。《楚辭·離騷》:"步余馬於蘭~兮。"孔稚珪《北山移文》:"雖假容於江~,乃纓情於好爵。""東皋"二字連用,常常表示隱士躬耕的地方。陶潛《歸去來辭》:"登東~以舒嘯,臨清流而賦詩。"孔稚珪《北山移文》:"騁西山之逸議,馳東~之素謁。"王績《野望》詩:"東~薄暮望,徙倚欲何依?"

981.【涯】

水邊。《尚書·微子》:"若涉大水,其無津~。"引申爲邊,邊際,盡頭。《莊子·養生主》:"吾生也有~,而知也無~。"《古詩十九首》:"相去萬餘里,各在天一~。"[天~]天邊,遼遠的地方。李華《弔古戰場文》:"布奠傾觴,哭望天~。"馬致遠《天淨沙》:"斷腸人在天~。"[生~]生活。杜甫《杜位宅守歲》詩:"誰能更拘束?爛醉是生~!"

"涯"字有三種讀音:(1)音宜(yí),支韻,如《弔古戰場文》押"知、疑、之、涯、悲、依、離、斯、夷"。(2)音牙(yá),麻韻。如《進學解》押"華、家、涯、牙、夸、葩"。(3)音崖(ái),佳韻。第三種讀音比較少見。

982.【塘】

(一)堤。本作“唐”。《吕氏春秋·尊師》:“治唐圃。”《淮南子·主術》:“若發堿決唐。”(堿 xián:也是堤)。謝靈運《登池上樓》詩:“池~生春草,園柳變鳴禽。”庾信《哀江南賦》:“連茂苑於海陵,跨横~於江浦。”《唐書·地理志》:“繞州郭有堤~百八十里。”按:地名如錢塘、瞿塘、横塘,都是一種堤壩。

(二)水塘。《國語·周語下》:“疏爲川谷,以導其氣;陂~汙庳,以鍾其美。”《太平御覽》卷七十四引《荆州記》曰:“水從下注~,一日再減盈縮,因名爲朝夕~。”杜甫《和裴迪登新津寺》詩:“蟬聲集古寺,鳥影度寒~。”

983.【垠】

邊,邊際。《楚辭·遠遊》:“其小無内兮,其大無~。”李華《弔古戰場文》:“平沙無~。”韓愈《子産不毁鄉校頌》:“施及無~。”

[辨]岸,涯,垠。這三個字是同義詞。“岸”的本義是高的水涯,在一般的用途上,“岸”也就是涯。但“涯”的引申義是岸所没有的。“垠”的本義也是岸,但常見的衹有邊際的意義,而且衹用在“無垠”這個組合裏。“無涯”與“無垠”不同:“無涯”比較多用於抽象意義,而“無垠”比較多用於具體意義。

984.【輦】

(一)用人推挽的車。《戰國策·趙策四》:“老婦恃~而行。”秦漢以來專指帝后乘坐的車。盧照鄰《長安古意》詩:“玉~縱横過主第。”(主第:公主的府第。)杜甫《哀江頭》詩:“昭陽殿裏第一人,同~隨君侍君側。”《宋史·寇準傳》:“瓊即麾衛士進~,帝遂渡河。”(瓊:指高瓊。麾:指揮。)[~下]帝輦之下。指京城。杜牧《冬至日遇京使發寄舍弟》詩:“尊前豈解愁家國,~下唯能憶弟兄。”也“~轂下”連用。司馬遷《報任安書》:“僕賴先人緒業,得待罪~轂下。”

(二)〔用車〕運載。《詩經·小雅·黍苗》:“我任我~。”(任:背或扛。)陸游《聞虜亂次前輩韻》詩:“~金輸虜庭。”又爲乘坐。《荀子·大略》:“諸侯~輿就馬。”杜牧《阿房宫賦》:“辭樓下殿,~來於秦。”

985.【轂】

車輪中心,有圓孔可以插軸的部分。《老子》十一章:“三十輻共一~。”也指稱車。《漢書·食貨志》:“轉~百數。”(百數:指數量多。)“輦~下”連用時,指稱京都。司馬遷《報任安書》:“得待罪輦~下。”

986.【轅】

車前駕牲畜的兩根直木。《莊子·達生》:“委蛇其大如轂,其長如~。”(委蛇 wēiyí:鬼物名。)杜甫《自京赴奉先縣詠懷五百字》詩:“北~就涇渭。”今成語有“南~北轍”。[~門]古代在軍營前面用兩乘車仰放着,使車轅相向以表示營門,叫做轅門。《漢書·項籍傳》:“羽見諸侯將入~門。”

987.【轍】

車輪軋出的痕迹。《莊子·人間世》:“汝不知夫螳螂乎?怒其臂以當車~,不知其不勝任也。”王勃《滕王閣序》:“處涸~以猶懽。”杜甫《自京赴奉先縣詠懷五百字》詩:“官渡又改~。”現代有雙音詞“覆~”,又有成語“如出一~”。

988.【簪】

用來綰住頭髮的一種首飾,古時也用來把帽子別在頭髮上。古代男女都用簪。孔稚珪《北山移文》:“昔聞投~逸海岸。”杜甫

《春望》詩:"白頭搔更短,渾欲不勝~。"簪又用作動詞。辛棄疾《祝英臺近》詞:"才~又重數。"[~纓]指貴人的冠飾。杜甫《八哀詩·贈左僕射鄭國公》詩:"身上媿~纓。"

[辨]笄,簪,釵。"笄"就是簪。《儀禮·士冠禮:》"皮弁笄。"鄭玄注:"笄,今之簪。"是笄簪一物。因《士昏禮》和《禮記·曲禮上》都有"女子許嫁笄而字"的説法,所以後世多以"笄"稱女性之簪。"釵"是由兩股簪子合成的,與簪不完全同義。"釵"專用作婦女的首飾,而"簪"則在許多情況下指男人的首飾,這更使"簪"與"釵"區别開來了。

989.【纓】

(一)繫冠的帶子,結在下巴的。《楚辭·漁父》:"滄浪之水清兮,可以濯我~。"揚雄《解嘲》:"戴縰垂~而談者,皆擬於阿衡。""長纓"二字連用,表示:(1)長的冠帶。陶潛《詠荆軻》詩:"雄髮指危冠,猛氣衝長~。"(2)貴官的服飾。杜甫《自京赴奉先縣詠懷五百字》詩:"賜浴皆長~,與宴非短褐。"(3)繫頸的長繩。《漢書·終軍傳》:"軍自請,願受長~,必羈南越王而致之闕下。"成語有"請~"。王勃《滕王閣序》:"無路請~,等終軍之弱冠。"

(二)馬胸前的革帶。《左傳·桓公二年》:"鞶厲游~。"(鞶pán:紳帶。厲:下垂的帶端。游:通"斿",旌旗的飾物。)

990.【紱】

(一)讀fú。繫印的絲帶(其顏色依品級而定)。《漢書·匈奴傳》:"授單于印~。"又:"解故印~奉上,將率受。"曹植《求自試表》:"是以上慚玄冕,俯愧朱~。"(印繫於肘後的腰間,所以説"俯愧"。朱紱:諸侯王的服色。)

(二)禮服(祭服、朝服)之一種,用來蔽膝。用熟皮革製作。《易經》困卦:"朱~方來。"這個意義原寫作"芾"或"韍"。《詩經·

曹風·候人》:"三百赤芾。"《漢書·王莽傳》:"服天子韍冕。"

991.【綬】

用來繫印的絲帶,紱。《史記·蔡澤列傳》:"懷黄金之印,結紫~於要。"(要:腰)白居易《輕肥》詩:"紫~悉將軍。"江淹《别賦》:"君結~兮千里。"

992.【衾】(≠衿)

被子。《詩經·召南·小星》:"抱~與裯。"(裯 chóu:單被。)謝靈運《登池上樓》詩:"~枕昧節候。"白居易《長恨歌》:"鴛鴦瓦冷霜華重,翡翠~寒誰與共?"

[辨]衾,被。小被叫寢衣,大被叫衾。泛指則"衾""被"没有分别。但是,在先秦多説"衾",漢以後用"被"的情况纔多起來。

993.【襦】

短襖。《左傳·昭公二十五年》:"徵褰與~。"(褰 qiān:袴。)《漢書·霍光傳》:"太后被珠~。"杜甫《新婚别》詩:"羅~不復施,對君洗紅妝。"

994.【袂】

袖子。《左傳·宣公十四年》:"投~而起。"王勃《滕王閣序》:"今晨捧~,喜託龍門。"白居易《長恨歌》:"風吹仙~飄颻舉,猶似霓裳羽衣舞。"

995.【羹】

上古時代的一種肉食。牛肉、羊肉、猪肉都可以做羹。有五味羹:這是肉中加菜、醯(醋)、醢(醬)、鹽、梅。《僞古文尚書·説命下》:"若作和~,爾惟鹽梅。"也有不加菜的羹,叫做臛(huò)。又有不加任何調味的羹,叫做大羹(太羹)。《禮記·樂記》:"大~不和。"《左傳·隱公元年》:"未嘗君之~。"此外又有一種菜羹,是窮人吃的。《孟子·萬章下》:"雖蔬食菜~未嘗不飽。"韓愈《山石》詩:"鋪牀拂席置~飯,疏糲亦足飽我飢。"按:上古的羹,一般是帶汁的肉,而不是湯。到了中古以後,羹和湯就差不多了。王建《新嫁娘》詩:"三日入廚下,洗手作~湯。"

996.【飧】(飱)

晚飯。《孟子·滕文公上》:"饔~而治。"引申爲熟食,飯菜。杜甫《客至》詩:"盤~市遠無兼味,樽酒家貧只舊醅。"

997.【絲】

(一)絲。《戰國策·楚策四》:"方將調飴膠~。"李商隱《無題》詩:"春蠶到死~方盡。"[遊~]蟲類所吐的絲,在空中飛盪,叫做遊絲。庾信《春賦》:"數尺遊~即橫路。"盧照鄰《長安古意》詩:"百丈遊~爭遶樹。"也省稱絲。杜甫《雨》詩:"天晴忽放~。"

(二)絃樂。八音之一。韓愈《送孟東野序》:"金石~竹匏土革木八者,物之善鳴者也。"劉禹錫《陋室銘》:無~竹之亂耳,無案牘之勞形。"歐陽修《醉翁亭記》:"宴酣之樂,非~非竹。"

998.【管】(筦)

(一)管樂器之一種,竹製,六孔,像笛。《詩經·周頌·有瞽》:"簫~備舉。"《孟子·梁惠王下》:"百姓聞王鐘鼓之聲,~籥之音。"引申爲泛指管樂。杜甫《自京赴奉先縣詠懷五百字》詩:"悲~逐清瑟。"杜牧《阿房宮賦》:"~絃嘔啞。"周邦彦《滿庭芳》詞:"急~繁絃。"又泛指管狀的器物。《詩經·邶風·靜女》:"貽我彤~。"

(二)古代的一種鑰匙。《左傳·僖公三十二年》:"鄭人使我掌其北門之~。"引申爲掌管,主管。《史記·范雎蔡澤列傳》:"崔杼淖齒~齊。"(淖齒:人名。)《漢書·食貨志》:"~在縣官。"辛棄疾《祝英臺近》詞:"都無人~。"

999.【弦】

（一）弓的弦。《韓非子·觀行》：“西門豹之性急，常佩韋以自緩；董安于之性緩，常佩～以自急。”《史記·李將軍列傳》：“度不中不發，發即應～而倒。”曹植《白馬篇》詩：“控～破左的，右發摧月支。”引申爲指弦形的月亮。杜甫《初月》詩：“光細～初上，影斜輪未安。”有上弦，有下弦。杜甫《月》詩：“萬里瞿唐月，春來六上～。”

（二）琴瑟的弦，弦樂器的弦。《論語·陽貨》：“聞～歌之聲。”《莊子·徐无鬼》：“鼓之，二十五～皆動。”這個意義又寫作“絃”。李端《聽箏》詩：“欲得周郎顧，時時誤拂絃。”周邦彦《滿庭芳》詞：“急管繁絃。”

［辨］弦，絃。“弦”與“絃”本是同一個詞。原寫作“弦”。後人區别開來，弓弦的弦寫作“弦”，琴瑟的弦寫作“絃”。

1000.【鼓】

（一）名詞。鼓。《論語·先進》：“小子鳴～而攻之可也。”《左傳·成公二年》：“師之耳目，在吾旗～。”

（二）動詞。擊鼓。《詩經·唐風·山有樞》：“子有鐘鼓，弗～弗考。”（考：敲。）特指擊鼓進軍，發起攻擊。《左傳·莊公十年》：“公將～之。”又《僖公二十二年》：“不～不成列。”（不進攻未成陣列的軍隊。）《孟子·梁惠王上》：“填然～之。”引申爲敲擊〔樂器〕。《詩經·小雅·白華》：“～鐘于宫。”《周易》離卦：“不～缶而歌。”又爲彈奏〔弦樂器〕。《詩經·小雅·鹿鳴》：“～瑟吹笙。”《論語·先進》：“～瑟希。”司馬遷《報任安書》：“蓋鍾子期死，伯牙終身不復～琴。”

（三）振動，使振動。《周易·繫辭上》：“～之舞之以盡神。”又：“～天下之動者存乎辭。”《莊子·盜跖》：“摇脣～舌，擅生是非。”又特指鼓風冶鐵。《左傳·昭公二十九年》：“一～鐵以鑄刑鼎。”《史記·貨殖列傳》：“即鐵山～鑄。”現代有雙音詞“～動”“～舞”。

1001.【鼙】(鞞)

騎鼓。常以"鼓鼙"(或"鼙鼓")二字連用,表示進軍的鼓。《禮記·樂記》:"君子聽鼓~之聲,則思將帥之臣。"白居易《長恨歌》:"漁陽~鼓動地來,驚破霓裳羽衣曲。"又表示戰事。杜甫《出郭》詩:"故國猶兵馬,他鄉亦鼓~。"

1002.【僚】

官府,官職。《詩經·大雅·板》:"我雖異事,及爾同~。"又《小雅·大東》:"百~是試。"左思《詠史》詩:"世胄躡高位,英俊沈下~。"又寫作"寮"。《左傳·文公七年》:"吾嘗同寮,敢不盡心乎?"引申爲同事。《世説新語·雅量》:"劭在郡卒,雍盛集~屬,自圍棊。"(雍:劭之父。)

1003.【羣】

羊羣,獸羣。《詩經·小雅·無羊》:"誰謂爾無羊?三百維~!"又吉日:"或~或友。"(獸三爲羣,二爲友。)引申爲人羣,物羣。《禮記·檀弓上》:"吾離~而索居。"《周易·繫辭上》:"物以~分。""不~"二字連用,表示卓越,與一般人不同。左思《詠史》詩:"功成恥受賞,高節卓不~。"杜甫《春日憶李白》詩:"白也詩無敵,飄然思不~。"又用作定語,表示衆。陶潛《詠荊軻》詩:"四座列~英。"王勃《滕王閣序》:"登高作賦,是所望於~公。"

1004.【輩】

同類,同流品,同等級,同輩分。《史記·魏其武安侯列傳》:"薦寵下~。"杜甫《八哀詩·贈秘書監江夏李公邕》詩:"古人不可見,前~誰復繼?"引申爲〔某物〕之類。杜甫《自京赴奉先縣詠懷五百字》詩:"顧惟螻蟻~,但自求其穴。"又爲〔某人〕等。杜甫《上水遣懷》詩:"中間屈賈~,讒毀竟自取。""此~"二字連用,表示這等人。杜甫《歲晏行》:"高馬達官厭酒肉,此~杼柚茅茨空。""我~""汝~""爾~""君~""卿~"二字連用時,"輩"字也都是等的意思。《晉書·王衍傳》:"然則情之所鍾,正在我~。"

古漢語通論

(二十九)詩　律(上)

《詩經》《楚辭》以後,詩歌的形式不斷有新的發展。唐代律詩興起以後,詩歌更有了嚴密的格律。不了解詩歌的形式格律,將影響對詩歌内容的理解,也談不上充分地欣賞。本單元兩節通論,將扼要地談談從漢至唐宋時代詩歌的格律,至於唐宋以後的詞律和曲律則將在下一單元的通論裏敘述。

1.詩體

詩體的分類,是一個複雜的問題。現在,衹就一般的看法,簡單地談談漢魏六朝和唐宋的詩體。

漢魏六朝詩,一般稱爲古詩,其中包括漢魏樂府古辭、南北朝樂府民歌,以及這個時期的文人詩,樂府本是官署的名稱。樂府歌辭是由樂府機關采集,並爲它配上樂譜,以便歌唱的。《文心雕龍·樂府》篇説:"凡樂辭曰詩,詩聲曰歌。"由此可以看出詩、歌、樂府這三個概念之間的關係:詩指的是詩人所作的歌辭,歌指的是和詩相配合的樂曲,樂府則兼指二者而言。後來襲用樂府舊題或摹仿樂府體裁寫的作品,雖然没有配樂,也稱爲樂府。中唐時白居易等掀起一個新樂府運動,創新題,寫時事,因而叫作新樂府。

唐以後的詩體,從格律上看,大致可分爲近體詩和古體詩兩類。近體詩又叫今體詩,它有一定的格律。古體詩一般又叫古風,這是依照古詩的作法寫的,形式比較自由,不受格律的束縛。

從詩句的字數看,有所謂四言詩、五言詩和七言詩。四言是四個字一句,五言是五個字一句,七言是七個字一句。唐代以後,四言詩很少見了,所以通常衹分五言、七言兩類。五言古體詩簡稱五古;七言古體詩簡稱七古;三五七言兼用者,一般也算七古。五言律詩簡稱五律,限定八句四十字;七言律詩簡稱七律,限定八句五十六字。超過八句的叫長律,又叫排律。長律一般都是五言詩。衹有四句的叫絶句;五絶共二十個字,七絶共二十八個字。絶句可分爲律絶和古絶兩種。律絶要受平仄格律的限制,古絶不受平仄格律的限制。古絶一般衹限於五絶。

2.漢魏六朝詩的語言特點

漢魏六朝詩以五言詩爲主,此外,也有四言詩、六言詩、七言詩等。五言詩可舉古詩十九首爲例。四言詩如曹操的《步出夏門行·觀滄海》,七言詩如曹丕的《燕歌行》,六言詩非常少見,不舉例。樂府又有雜言詩。所謂雜言,是説詩句的字數多寡不等,如《有所思》《上邪》等。雜言的樂府詩是很常見的。這對後人的古風有相當大的影響。例如李白,他就很喜歡寫雜言的古風。

就語言的形式説,漢魏六朝詩和散文的區别並不很大。五言詩(或四言詩、七言詩)衹有兩點不同於散文:每句字數一定;押韻。至於雜言詩就更和散文近似,因爲除了有韻以外,和散文就没有什麼顯著的差别了。當然,雜言詩的句子一般要比散文的句子短些,但是那很難説就是雜言詩的語言特點。隨着駢體文的興起,魏晉以後的詩比較多用對仗。謝靈運的《登池上樓》和謝朓的《晚登三山還望京邑》都是對仗很多的,特别是《登池上樓》,二十句中竟有十八句用了對仗。但是這也不成爲這個時期的詩歌語言特點,因爲當時一般的散文,由於受到駢體文的影響,也喜用對仗。再説這個時期,詩用對仗是帶有很大的隨意性的;用對仗,衹是一種修辭手段,不是形式格律上的固定要求。

從另一方面説,多用口語詞彙卻是漢魏六朝詩的特點。樂府歌辭多數來自民間,口語詞彙固然非常顯著。例如:

何用問遺君?雙珠瑇瑁簪。(有所思)

聞君有他心,拉雜摧燒之。(同上)

長跪問故夫,新人復何如?(上山采蘼蕪)

將縑來比素,新人不如故。(同上)

就是當時文人的作品,也是比較接近口語的。例如:

河漢清且淺,相去復幾許?(古詩:迢迢牽牛星)

男兒寧當格鬥死,何能怫鬱築長城?(陳琳:飲馬長城窟行)

作書與內舍,便嫁莫留住!(同上)

報書與邊地,君今出語一何鄙?(同上)

詩歌口語化,這是優良的傳統。唐詩宋詞都是循着這條道路發展的。至於元曲,那就更加口語化了。

3.漢魏六朝詩的句式

漢魏六朝詩的句式,上承詩騷,下啟唐宋。現代民歌的句式,和漢魏六朝詩也有一定的繼承關係。

句式和字數是有密切關係的。偶字句和奇字句是顯然不同的兩個類型。所謂偶字句,主要是四言和六言;所謂奇字句,主要是五言和七言。

《詩經》和《楚辭》的《離騷》《九章》等是偶字句的一類。《詩經》以四字句爲主要形式;《楚辭》以六字句爲主要形式,兮字不算在六字之内,例如《離騷》的"帝高陽之苗裔(兮),朕皇考曰伯庸";《哀郢》的“民離散而相失(兮),方仲春而東遷”。詩騷的偶字句發展爲漢賦、六朝賦以及駢體文的句式。

《詩經》和《楚辭》也有一些奇字句。例如《靜女》“俟我於城隅”“匪女之爲美”;《離騷》“名余曰正則(兮),字余曰靈均”。這是五字句。又如《七月》“二之日鑿冰沖沖,三之日納于凌陰”;《離騷》“謠諑謂余以善淫”“夫孰異道而相安”。這是七字句。但是我們一般不説五言詩和七言詩始於詩騷,因爲詩騷中没有全篇都是五字句或七字句的,而且真正五言詩和七言詩的一般句式也和詩騷中的五字句七字句不同,這一點下文還要談到。

真正的五言詩起源於西漢的民謡,文人寫的五言詩則是到東漢纔出現的[①]。七言詩又比五言詩出現得晚些。曹丕的《燕歌行》是現存最早的一首完整的七言詩[②]。

現在討論偶字句和奇字句的句式。

四言詩的一般句式是二二,這就是説全句的節奏是二字加二字,意義單位和節奏單位是一致的,這種句式繼承了《詩經》的傳統。試舉曹操《步出夏門行·觀滄海》裏的幾句爲例:

樹木——叢生　　百草——豐茂

秋風——蕭瑟　　洪波——湧起

五言詩的一般句式是二三,這就是説全句的節奏是二字加三字。這種句式是四言的擴展。在二二的當中插入一個音,或在後面加添一個音,就成爲五言。這樣,二三可以細分爲二一二或二二一。例如:

纖纖——擢素手　　札札——弄機杼(古詩:行行重行行)

① 蕭統《文選》載有李陵蘇武的詩,徐陵《玉臺新詠》以《古詩十九首》中的八首爲枚乘所作,那是靠不住的。

② 柏梁臺聯句大概是僞託的,參看下文1481頁。張衡的《四愁詩》不是純粹的七言。

仰手——接飛猱　　俯身——散馬蹄(曹植:白馬篇)

金張——籍舊業　　七葉——珥漢貂(左思:鬱鬱澗底松)

以上各例可以細分爲二一二。

迢迢——牽牛星　　皎皎——河漢女(古詩:迢迢牽牛星)

借問——誰家子　　幽并——游俠兒(曹植:白馬篇)

鬱鬱——澗底松　　離離——山上苗(左思:鬱鬱澗底松)

以上各例可以細分爲二二一。

七言詩的一般句式是四三。這是五言的擴展,因此細分起來是二二三。試舉曹丕的《燕歌行》爲例:

秋風蕭瑟——天氣涼　　草木摇落——露爲霜

慊慊思歸——戀故鄉　　何爲淹留——寄他方

憂來思君——不敢忘　　不覺淚下——霑衣裳

明月皎皎——照我牀　　星漢西流——夜未央

全篇詩的句式都是四三,這裏祇摘引了八句。每句前四字又可以細分爲二二,後三字可以細分爲一二或二一。

由此可見,五言詩七言詩的一般句式和上文所引的《詩經》《楚辭》裏的五字句七字句是不完全相同的。

當然我們不能説所有的詩句都是依照這種句式寫成的。例如曹操《步出夏門行·觀滄海》的"以觀滄海""若出其裏""水何澹澹"等是一三;古詩《行行重行行》的"各在天一涯",陶淵明《飲酒》第五首的"而無車馬喧",第九首的"且共歡此飲"是一四;第九首的"問子爲誰歟"是一三一。但是這些比較特别的句式不是詩句的主要形式,對後代的影響不大。

以上所述的一般句式,是就文人的作品來説的。至於來自民間的樂府,句式就比較自由了。

4.漢魏六朝詩的用韻

漢魏六朝詩的韻例,繼承了詩騷的傳統。四言詩和五言詩一般是隔句爲韻,也就是説偶句的末一字用韻。例如古詩《迢迢牽牛星》的韻脚是"女、杼、雨、許、語";左思《鬱鬱澗底松》的韻脚是"苗、條、僚、朝、貂、招"。偶然有一般押韻處而不用韻的,曹操《步出夏門行·觀滄海》的"日月之行,若出其中"的"中"字就是一個例子。但是這衹是極其個别的情況,後人也没有仿傚的。

五言詩首句可以不入韻,也可以入韻。首句不入韻的情況比較常見,不必舉例。首句入韻的例如:

上山采蘼蕪,下山逢故夫。(上山采蘼蕪)

白馬飾金羈,連翩西北馳。(曹植:白馬篇)

五言詩以不换韻爲比較常見,但也可以换韻。例如古詩《行行重行行》的韻脚是:|離、涯、知、枝‖遠、緩、反、晚、飯|,共用兩個韻[1]。陳琳《飲馬長城窟行》的韻脚是:|窟、骨、卒‖程、聲、城‖里、婦‖舍、住‖子、鄙、子‖舉、脯、拄‖君、關、全|,共用七個韻[2]。换韻後的第一句有的入韻,有的不入韻。這裏不再舉例。

七言詩在南北朝以前是句句入韻的,曹丕的《燕歌行》是一個典型的例子。後人把這種七言詩叫做"柏梁體",因爲相傳漢武帝作柏梁臺,與羣臣共賦七言聯句,就是句句入韻[3]。其實句句入韻的七言詩,與其稱爲柏梁體,不如稱爲漢魏古體,因爲漢魏時代就衹有這一類七言詩。直到鮑照纔寫了一些隔句爲韻的七言詩[4]。

---

① 參看本册第1362頁。

② 參看本册文選部分。

③ 僞託的柏梁臺聯句,全詩二十五句,句句押韻,一韻到底。例如:"日月星辰和四時,驂駕駟馬從梁來。郡國士馬羽林材,和撫四夷不易哉!……"

④ 例如他的《擬行路難》其一《奉君金卮之美酒》和其三《璇閨玉墀上椒閣》。

來自民間的雜言樂府詩，在韻例方面，比五言詩、七言詩都要自由一些。試看《戰城南》：

梁築室，何以南，何以北？禾黍不穫君何食？願爲忠臣安可得？

這一段前兩句不押韻，後三句句句押韻。《有所思》的韻例更加特殊，前七句的韻腳，"乃在大海南""雙珠玳瑁簪""聞君有他心"三句相押；"用玉紹繚之""拉雜摧燒之"兩句；"繚"和"燒"押韻①。後九句的韻腳則是"之灰思之颸之"；其中"兄嫂當知之"和"東方須臾高知之"的"知"也可以認爲押韻。《有所思》押韻的情況畢竟是個別的，雜言樂府詩主要還是隔句韻和句句韻。

有一點值得提一提，漢魏六朝的文人詩一般是避免重韻的，樂府詩卻不避重韻，例如《上山采蘼蕪》既有"新人復何如"，又有"手爪不相如"。著名的《陌上桑》和《孔雀東南飛》也有類似的情況。

以上談的是韻例。至於漢魏六朝詩的韻部系統，由於這一時期没有韻書留傳於世，而作品的地域分布又比《詩經》時代廣闊，所以還不容易弄清楚。大致説來，漢魏古詩的用韻接近先秦韻部，晉以後的詩韻，越到後來越接近隋唐韻部。依照一般的看法，漢魏詩的用韻是比較寬的。我們可以用合韻的眼光來了解漢魏時代的寬韻。例如曹操《步出夏門行·觀滄海》的韻腳是"海、峙、茂、起、裏、志"②，就是之幽合韻，其中的"茂"字是幽部字。合韻不是漫無標準的，必須鄰韻纔能通押。

5.唐詩的用韻

唐代產生的近體詩，押韻的位置是固定的。律詩是二、四、六、

① 參看本册文選部分。"心"也可認爲不押韻。

② 參看本册文選部分。

八句押韻[1],絶句是二、四句押韻。無論律詩或絶句,首句可以用韻,也可以不用韻。本單元文選中,律詩首句入韻的如王維的《終南山》、杜甫的《登高》、李商隱的《馬嵬》、陸游的《黄州》等[2];絶句首句入韻的如杜牧的《泊秦淮》等。律詩首句不入韻的如李白的《贈孟浩然》、杜甫的《客至》等;絶句首句不入韻的如杜甫的《八陣圖》、蘇軾的《飲湖上初晴後雨》等。

唐以後的古風和樂府在韻例方面和漢魏六朝詩没有什麽不同。衹是七言詩以隔句用韻爲常,句句用韻爲變,上文所説的柏梁體這個名稱,就是用來跟當時的常體相區别的。

唐詩的韻部和前代大不相同。不僅和上古的韻部大不相同,和魏晉的韻部也不相同。宋代以後,凡做詩的,都依照唐人的韻部,因此有必要簡單介紹唐代的詩韻。

隋陸法言著《切韻》,北宋陳彭年等曾修爲《廣韻》,盛行於世。《廣韻》一共分爲206韻,分韻太細,也不完全符合當時的語音。唐代曾規定相近的韻可以“同用”,南宋平水劉淵索性把同用的韻合併起來,成爲107韻,後人又減爲106韻,這106韻被稱爲平水韻[3],一般就叫做“詩韻”。唐代詩人雖然不是依照平水韻用韻的,但是他們既然依照“同用”“獨用”的規則,那麽平水韻正可以用來説明唐人的用韻。現在列舉106韻的韻目如下:

平聲	上聲	去聲	入聲
一東	一董	一送	一屋

① 長律也是偶句押韻。

② 本文討論近體詩,以唐詩爲主,但是唐以後的詩在格律上完全和唐詩一樣,所以我們也舉本書文選中的宋詩爲例,後同。

③ 此用舊説。錢大昕以平水韻屬之平水王文郁,見《十駕齋養新録》卷五。

二冬	二腫	二宋	二沃
三江	三講	三絳	三覺
四支	四紙	四寘	
五微	五尾	五未	
六魚	六語	六御	
七虞	七麌	七遇	
八齊	八薺	八霽	
——	——	九泰	
九佳	九蟹	十卦	
十灰	十賄	十一隊	
十一真	十一軫	十二震	四質
十二文	十二吻	十三問	五物
十三元	十三阮	十四願	六月
十四寒	十四旱	十五翰	七曷
十五删	十五潸	十六諫	八黠

以上上平聲①。

一先	十六銑	十七霰	九屑
二蕭	十七篠	十八嘯	
三肴	十八巧	十九效	
四豪	十九皓	二十號	
五歌	二十哿	二十一箇	
六麻	二十一馬	二十二禡	
七陽	二十二養	二十三漾	十藥

① 平聲分爲上平聲和下平聲是因爲平聲字多,分爲兩卷;上平聲等於平聲上卷,下平聲等於平聲下卷。

八庚	二十三梗	二十四敬	十一陌
九青	二十四迥	二十五經	十二錫
十蒸	——	——	十三職
十一尤	二十五有	二十六宥	
十二侵	二十六寢	二十七沁	十四緝
十三覃	二十七感	二十八勘	十五合
十四鹽	二十八琰	二十九艷	十六葉
十五咸	二十九豏	三十陷	十七洽

以上下平聲。

每一韻有哪些常用字,可查閱本書附録《詩韻常用字表》。

下面談談近體詩和古體詩用韻的特點:

(1)近體詩一般衹押平聲韻,仄韻的近體詩非常罕見。本單元文選中王維《雜詩》、柳宗元《江雪》是押仄聲韻的,但是兩首詩都是古絶。現在舉杜甫的《丁香》爲例:

丁香體柔弱,亂結枝猶墊。
細葉帶浮毛,疎花披素艷。
深栽小齋後,庶近幽人占。
晚墮蘭麝中,休懷粉身念。

這是一首五律,押的是去聲艷韻。

(2)近體詩用韻的要求很嚴格。無論律詩、長律或絶句,都必須一韻到底,而且不許鄰韻通押①。字數多的寬韻,如東韻、支韻、先韻、陽韻、庚韻、尤韻等,固然不能與鄰韻通押;就是字數少的窄

① 早期近體詩格律未嚴,有的作家偶爾也用鄰韻通押,如王維《輞川閒居贈裴秀才迪》的韻腳是"湲、蟬、煙、前",就是元先通押,"湲"屬元韻,"蟬、煙、前"屬先韻。

韻,如微韻、文韻、刪韻、蒸韻、侵韻等,也不能與鄰韻通押。試舉本單元文選中的作品爲例。李白的《贈孟浩然》、杜甫的《别房太尉墓》是押文韻,杜甫的《登樓》、《春望》是押侵韻,杜甫的《詠懷古迹》(其一)、陸游的《觀長安城圖》是押刪韻,杜牧的《將赴吴興登樂游原》是押蒸韻,都没有出韻的情況。不過如果首句入韻時,詩人卻往往借用鄰韻字來作爲首句的韻腳;這種做法中晚唐漸多,到了宋代,甚至成爲風氣。蘇軾《題西林壁》首句末字借冬韻的"峯"字,和東韻的"同""中"二字爲韻,就是一個例子。但是我們不能因此認爲近體詩押韻也很寬,也有合韻的情況,因爲這衹限於第一句,而第一句實際上可以説是多餘的韻腳,入韻與否是自由的。

(3)古體詩既可以押平聲韻,又可以押仄聲韻。在仄聲韻中,還要區别上聲韻、去聲韻和入聲韻,不同聲調一般是不相押的,衹有上聲韻和去聲韻偶然可以相押。白居易的《長恨歌》除"歸來池苑皆依舊,太液芙蓉未央柳"是上去相押外,其他則是平上去入分别相押①。

(4)古體詩押韻比近體詩寬,鄰近的韻可以通押。例如李白的《俠客行》是庚青二韻通押②,杜甫的《自京赴奉先縣詠懷五百字》是質物月曷黠屑六韻通押③。又如白居易《長恨歌》中的:

姊妹弟兄皆列土,可憐光彩生門户。
遂令天下父母心,不重生男重生女。

這是語韻和麌韻通押。"女"是語韻,"土"和"户"是麌韻。此外還有送宋通押、陌錫通押、御遇通押等例子。

---

① 本書文選中蘇軾的《荔支歎》:"我願天公憐赤子,莫生尤物爲瘡痏,雨順風調百穀登,民不飢寒爲上瑞。""子""痏"是紙韻,"瑞"是寘韻,也是上去相押。

② 《俠客行》是偶句押韻,全詩十三個韻字,除"星""經"是青韻字外,其他都是庚韻字。

③ 這六個入聲韻的收音都是-t。

(三十)詩　律(下)

上節通論我們討論了詩體,漢魏六朝詩的語言特點和句式,漢魏六朝詩和唐詩的用韻。本節通論繼續討論唐詩的平仄、對仗、句式和語法特點。

6.唐詩的平仄

平仄是近體詩最重要的格律因素。我們講近體詩的格律,主要就是講平仄。

平仄在詩和韻文中的作用是構成一種節奏。作家依照漢語聲調的特點,安排一種高低長短互相交替的節奏,就是所謂"聲律"。《文心雕龍・聲律》篇就談到這個問題。中國文人很早就有意識地運用聲調的交互,主要是平仄的交互,來尋求聲律的美。但是,平仄的交互作爲一種規則固定下來,則是從近體詩開始的。

相傳南朝沈約發明了四聲,甚至有人説平仄的區分也是沈約在他的《四聲譜》裏規定了的。這種説法是錯誤的。聲調在古代漢語裏是客觀存在的,不是由誰主觀創造的。至於沈約等人有意識地運用聲調的交互來寫詩,那自然是可能的。但是我們也應該承認:聲調的交互是中國歷代詩人們長期創作所積累的藝術經驗,决不是少數文人所發明的。遠在魏晉時代,詩人們可能就已經探索用聲調的交互作爲一種藝術手段①,沈約等人不過更積極更有意識地提倡罷了。

平仄的交互成爲詩的格律要求以後,其影響是很深遠的。不

① 范文瀾在《文心雕龍・聲律》篇的注中説:"(曹)子建集中如《贈白馬王彪》云'孤魂翔故域,靈柩寄京師';《情詩》'遊魚潛緑水,翔鳥薄天飛;始出嚴霜結,今來白露晞',皆音節和諧,豈盡暗合哉?"又説:"《世説新語・排調》篇載陸雲'雲間陸士龍',荀隱'日下荀鳴鶴'二語,以爲美談,今觀二語無奇意,蓋徒以聲律相尚也。"范文瀾的話是對的。他所引的語句都是合於後代律詩的平仄的。

但近體詩用平仄,連某些古體詩也用平仄,這就是所謂入律的古風(見下文)。不但詩用平仄,連詞律和曲律也離不了平仄。懂得了近體詩的平仄,對於詞、曲的平仄也就迎刃而解了。

平仄的掌握不是很困難的。拿普通話來説,陰平、陽平都是平聲,上聲、去聲都是仄聲。古代的入聲字,現在轉到上聲、去聲的,也不成問題,因爲反正上、去、入三聲都是仄聲。衹有從入聲轉到陰平、陽平的字,纔須要記一下,而這類字是有限的。吴方言、閩方言、粤方言、湘方言、贛方言等區域的人辨别平仄更加容易,因爲他們的方言裏仍保存着入聲。普通話區域像河北省、山西省、内蒙古自治區等,也有許多地方還保存入聲。因此,經過一定的學習,各地方的人辨别平仄都不是很困難的。

下面分别敘述五律、七律的平仄格式。

五言律詩的句子衹有四個類型:

A 仄仄仄平平　　a 仄仄平平仄

B 平平仄仄平　　b 平平平仄仄

這四類句型可以歸成兩大類:(1)A 和 a 爲一類,頭兩個字都是仄仄,是仄起句;分别在於 A 收平聲,a 收仄聲。(2)B 和 b 爲一類,頭兩個字都是平平,是平起句;分别在於 B 收平聲,b 收仄聲[①]。

由這四個句型錯綜變化,可以構成五言律詩的四種平仄格式。

(1)仄起式

(甲)首句不入韻的　杜甫:春望

{㊀仄㊁平仄[②]　國破山河在,

平平㊀仄平　城春草木深。

① A 與 a,B 與 b,第三字的平仄也相反。

② 字外加圈的,表示可平可仄。這裏從寬,下文還要討論。

(平)平(平)仄仄[①]　感時花濺淚，
(仄)仄仄平平　恨別鳥驚心。

(仄)仄(平)平仄　烽火連三月，
平平(仄)仄平　家書抵萬金。

(平)平(平)仄仄　白頭搔更短，
(仄)仄仄平平　渾欲不勝簪[②]。

(乙)首句入韻的　王維：終南山

(仄)仄仄平平　太乙近天都，
平平(仄)仄平　連山到海隅。

(平)平(平)仄仄　白雲迴望合，
(仄)仄仄平平　青靄入看無。

(仄)仄(平)平仄　分野中峯變，
平平(仄)仄平　陰晴衆壑殊。

(平)平(平)仄仄　欲投人處宿，
(仄)仄仄平平　隔水問樵夫。

這衹是把甲式的首句改爲(仄)仄仄平平，其餘沒有變化。

(2)平起式

(甲)首句不入韻的　李白：送友人

(平)平(平)仄仄　青山横北郭，
(仄)仄仄平平　白水遶東城。

(仄)仄(平)平仄　此地一爲別，
平平(仄)仄平　孤蓬萬里征。

---

① 這個句型第三字如用仄，則第一字必須用平，下仿此。

② 勝，平聲，讀如升。

(平)平(平)仄仄　　浮雲遊子意，
(仄)仄仄平平　　落日故人情。

(仄)仄(平)平仄　　揮手自兹去，
平平(仄)仄平　　蕭蕭班馬鳴。

（乙）首句入韻的　　李商隱：晚晴

平平(仄)仄平　　深居俯夾城，
(仄)仄仄平平　　春去夏猶清。

(仄)仄(平)平仄　　天意憐幽草，
平平(仄)仄平　　人間重晚晴。

(平)平(平)仄仄　　併添高閣迥，
(仄)仄仄平平　　微注小窗明。

(仄)仄(平)平仄　　越鳥巢乾後，
平平(仄)仄平　　歸飛體更輕。

這衹是把甲式的首句改爲平平(仄)仄平，其餘没有變化。

五言律詩以首句不入韻爲正軌，而且以仄起式爲較常見。首句入韻的仄起式也有一些；至於首句入韻的平起式，那是非常罕見的。

以上四種格式其實衹有兩種基本格式（首句不入韻的），其餘兩種不過是在基本格式的基礎上稍有變化而已。

懂了五律的平仄規則以後，對於七律的平仄就容易懂了。七言律句不過是在五言律句的前面增加兩個字，把仄起變爲平起，把平起變爲仄起罷了。

七言律句也衹有四個類型：

A 平平仄仄仄平平　　a 平平仄仄平平仄

B 仄仄平平仄仄平　　b 仄仄平平平仄仄

由這四個句型錯綜變化，也可以構成七言律詩的四種平仄格式，其中也衹有兩種基本格式。

(1)平起式

(甲)首句入韻的　　韓愈:左遷藍關示姪孫湘

㊉平㊀仄仄平平　　一封朝奏九重天,
㊀仄平平㊀仄平　　夕貶潮州路八千。

㊀仄㊉平㊉仄仄[①]　　欲爲聖明除弊事,
㊉平㊀仄仄平平　　肯將衰朽惜殘年。

㊉平㊀仄㊉平仄　　雲横秦嶺家何在?
㊀仄平平㊀仄平　　雪擁藍關馬不前。

㊀仄㊉平㊉仄仄　　知汝遠來應有意,
㊉平㊀仄仄平平　　好收吾骨瘴江邊。

(乙)首句不入韻的　　杜甫:客至

㊉平㊀仄㊉平仄　　舍南舍北皆春水,
㊀仄平平㊀仄平　　但見羣鷗日日來。

㊀仄㊉平㊉仄仄　　花徑不曾緣客掃,
㊉平㊀仄仄平平　　蓬門今始爲君開。

㊉平㊀仄㊉平仄　　盤飧市遠無兼味,
㊀仄平平㊀仄平　　樽酒家貧衹舊醅。

㊀仄㊉平㊉仄仄　　肯與鄰翁相對飲,
㊉平㊀仄仄平平　　隔籬呼取盡餘杯。

這衹是把甲式的第一句改爲㊉平㊀仄㊉平仄,其餘没有變化。

(2)仄起式

(甲)首句入韻的　　杜甫:登高

① 這個句型如第五字用仄,第三字必須用平,下仿此。

(仄)仄平平(仄)仄平　　風急天高猿嘯哀，
(平)平(仄)仄仄平平　　渚清沙白鳥飛迴。

(平)平(仄)仄(平)平仄　　無邊落木蕭蕭下，
(仄)仄平平(仄)仄平　　不盡長江滚滚來。

(仄)仄(平)平(平)仄仄　　萬里悲秋常作客，
(平)平(仄)仄仄平平　　百年多病獨登臺。

(平)平(仄)仄(平)平仄　　艱難苦恨繁霜鬢，
(仄)仄平平(仄)仄平　　潦倒新停濁酒杯。

（乙）首句不入韻的　杜甫：詠懷古迹（其五）

(仄)仄(平)平(平)仄仄　　諸葛大名垂宇宙，
(平)平(仄)仄仄平平　　宗臣遺像肅清高。

(平)平(仄)仄(平)平仄　　三分割據紆籌策，
(仄)仄平平(仄)仄平　　萬古雲霄一羽毛。

(仄)仄(平)平(平)仄仄　　伯仲之間見伊吕①，
(平)平(仄)仄仄平平　　指揮若定失蕭曹。

(平)平(仄)仄(平)平仄　　運移漢祚終難復，
(仄)仄平平(仄)仄平　　志決身殲軍務勞。

這衹是把甲式的第一句改爲(仄)仄(平)平(平)仄仄，其餘没有變化。

七言律詩以首句入韻爲正軌，這一點與五言律詩正好相反。上面所列的七言律詩的四種平仄格式當中，也應該以首句入韻的兩種爲基本格式。

律詩一共八句，每兩句成爲一聯，這樣，一首律詩分成四聯：第一二句稱爲首聯，第三四句稱爲頷聯，第五六句稱爲頸聯，第七八句稱爲尾聯。每聯的上句稱爲出句，下句稱爲對句。

① 這句是一種拗句，下面要談到。

律詩有“黏對”的講究。所謂“黏”,是指上聯的對句和下聯的出句的平仄類型必須是同一大類的:上聯對句是 A 型,則下聯出句是 a 型;上聯對句是 B 型,則下聯出句是 b 型。也就是後聯出句第二字的平仄必須跟前聯對句第二字的平仄一致,平黏平,仄黏仄,把兩聯黏聯起來。所謂“對”,是指每聯的出句和對句必須是相反的類型:出句是 a 型,則對句是 B 型;出句是 b 型,則對句是 A 型。也就是在對句中,平仄完全是對立的。以五律爲例,杜甫的《春望》就是 aB,bA,aB,bA;李白的《送友人》就是 bA,aB,bA,aB。上文所引的律詩都是合乎黏對規則的。

不合乎黏的規則的,叫“失黏”;不合乎對的規則的,叫“失對”。初唐時,格律未嚴,黏的規則尚未確定下來,所以有少數失黏的現象,直到王維還是如此。杜甫的詩中也有個别失黏的例子,如《詠懷古迹》(其二)的頷聯和首聯就是失黏。至於對的規則,似乎確定得較早,所以在唐詩中極少失對的情形[①]。宋代以後,失黏和失對成爲大忌,更没有人犯這些規則了。

黏對的作用是使平仄的安排多樣化。因爲如果不對,上下兩句的平仄就雷同了;如果不黏,前後兩聯的平仄又雷同了。講究黏對能使整首詩的平仄有變化、有迴還,對詩的節奏優美能起一定的作用。

律詩除了講究黏對外,還要避免孤平,講究拗救。

孤平是就 B 型句説的。B 型句七律第三字,五律第一字必須是平聲,否則叫做犯孤平。具體説來,仄仄平平仄仄平不能變爲仄仄仄平仄仄平,平平仄仄平不能變爲仄平仄仄平。其所以稱爲孤

① 温庭筠《春日》:“柳岸杏花稀,梅梁乳燕飛。美人鸞鏡笑,嘶馬雁門歸。楚宫雲影薄,臺城心賞違。從來千里恨,邊色滿戎衣。”第五句既失黏,第六句又失對。這種情況非常罕見。杜甫近體詩衹有一個失對的例子,參看本册第 1495 頁注①。

平,是因爲除了韻腳之外衹剩一個平聲字。孤平是律詩的大忌。在唐人的律詩中,很難發現孤平的句子[①]。但是應該注意,犯孤平衹指B型句,仄收的句子(a和b型)即使衹有一個平聲字,也不算犯孤平。例如李白《送友人》的"此地一爲别",陸游《夜泊水村》的"一身報國有萬死",都衹算拗句,不算孤平。

所謂拗句,就是不依照一般平仄的句子。詩人對於拗句,往往用"救"。具體地説,就是一個句子該用平聲的地方用了仄聲,然後在本句或對句的適當位置,把該用仄聲的字改用平聲,以便補救。合起來叫做拗救。常見的拗救格式有下列三種:

(1)b型句的拗救:五律的平平平仄仄改爲平平仄平仄。如王維《輞川閒居贈裴秀才迪》的"寒山轉蒼翠",李白《贈孟浩然》的"紅顔棄軒冕",杜甫《天末懷李白》的"涼風起天末",又《别房太尉墓》的"他鄉復行役"等。七律的仄仄平平平仄仄改爲仄仄平平仄平仄。如杜甫《詠懷古迹》(其四)的"蜀主窺吴幸三峽",又《詠懷古迹》(其五)的"伯仲之間見伊吕"等。這就是説,五律的第三字拗,第四字救;七律的第五字拗,第六字救。詩人們最喜歡把這種拗句用在尾聯的出句,即第七句。例如:

迴看射鵰處,千里暮雲平。(王維:觀獵)

庾信平生最蕭瑟,暮年詩賦動江關。(杜甫:詠懷古迹其一)

千載琵琶作胡語,分明怨恨曲中論。(杜甫:詠懷古迹其三)

煩君最相警,我亦舉家清。(李商隱:蟬)

記取江湖泊船處,卧聞新雁落寒汀。(陸游:夜泊水村)

在唐宋的律詩中,這種拗句幾乎和常規的b型句一樣常見;因此也可以認爲不是拗句,而是一種特定的平仄格式。注意:這樣拗救的

---

① 杜甫近體詩中衹有一個例外,參看第1495頁注①。

句子,五言第一字、七言第三字必須是平聲。

(2)B 型句的拗救:五律的平平仄仄平改爲仄平平仄平。如李商隱《蟬》的"故園蕪欲平"。七律的仄仄平平仄仄平改爲仄仄仄平平仄平。如蘇軾《新城道中》的"溪柳自摇沙水清",陸游《夜泊水村》的"雙鬢向人無再青"等。前面講到 B 型句五律的第一字、七律的第三字必須用平聲,現在用了仄聲,就必須在五律的第三字、七律的第五字補償一個平聲,以免犯孤平①。

(3)a 型句的拗救:五律的仄仄平平仄,第三字用了仄聲。詩人往往在對句第三字改用個平聲來補救。也就是仄仄平平仄,平平仄仄平改爲仄仄仄平仄,平平平仄平。如李白《贈孟浩然》的"吾愛孟夫子,風流天下聞";杜甫《天末懷李白》的"鴻雁幾時到,江湖秋水多"。七律的平平仄仄平平仄,第五字用了仄聲,就在對句第五字改用平聲來補救。也就是平平仄仄平平仄,仄仄平平仄仄平改爲平平仄仄仄平仄,仄仄平平平仄平。如王維《輞川别業》的"雨中草色緑堪染,水上桃花紅欲然"。這種拗救常常和 B 型句的拗救結合起來。例如李商隱《蟬》:"薄宦梗猶泛,故園蕪欲平。""梗"是 a 型句的拗,"故"是 B 型句的拗,"蕪"字兩救。又如蘇軾《新城道中》:"野桃含笑竹籬短,溪柳自摇沙水清。""竹""自"都拗,"沙"字兩救。這種 a 型拗句也可以不救,如王維《輞川閒居贈裴秀才迪》:"復值接輿醉,狂歌五柳前。"又如李白的《送友人》,同一首詩中頷聯"此地一爲别,孤蓬萬里征",也是拗而不救;尾聯"揮手自兹去,蕭蕭班馬鳴",有拗有救。但是,如果這種句型五律的第四字或七律

① 杜甫《寄贈王十將軍承俊》前六句:"將軍膽氣雄,臂懸兩角弓。纏結青驄馬,出入錦城中。時危未授鉞,勢屈難爲功。"錢謙益引李(因篤?)云:"臂字宜平而仄,應於第三字還之,且無黏聯,拗體也。集中祇此一首,人藉口不得。"

的第六字用了仄聲(有時是三、四或五、六兩字都用了仄聲),那就必須在對句相救。例如白居易《賦得古原草送別》:"野火燒不盡,春風吹又生。""不"字拗,"吹"字救。又如陸游《夜泊水村》:"一身報國有萬死,雙鬢向人無再青。""有萬"拗,"無"字救。同時還和 B 型句的拗救相結合,"無"字還救本句的"向"字。

律詩的平仄規則略如上述。從前學詩的人有兩句口訣:"一三五不論,二四六分明。"意思是説:每句第一字、第三字、第五字的平仄可以不拘,至於第二字、第四字、第六字的平仄則是固定的,爲什麽不提第七字呢?因爲第七字平仄的固定是容易了解的,就用不着説了。這是就七律説的。如果就五律説,那就該是:一三不論,二四分明。

這兩句口訣對初學的人有一些幫助,但也引起一些誤會,因爲這並不完全符合事實。對於仄收的句子(a 型和 b 型)來説,的確是一三五不論(五律是一三不論);對於平收的句子(A 型和 B 型)來説,那就不然了。上面講到,B 型的句子,五律第一字,七律第三字是要論平仄的,必須是平聲,否則叫做犯孤平。至於 A 型的句子,五律第三字,七律第五字,必須是仄聲;否則最後三字變爲平平平,是所謂三平調。而三平調是古風專用的形式(下面再談)。

了解了律詩的平仄規則,律絶和長律的平仄也就迎刃而解了。律絶的平仄格式等於半首律詩(見下文)①。律絶也有四種格式。和律詩一樣,五言絶句以首句不入韻的仄起式爲最常見,七言絶句以首句入韻的平起式爲最常見。本單元文選中所選的七言律絶,除李白《黄鶴樓送孟浩然之廣陵》、陸游《十一月四日風雨大作》是首句入韻的仄起式,蘇軾《飲湖上初晴後雨》是首句不入韻的平起

① 上節通論説過,絶句分爲律絶和古絶。古絶不依照律句的平仄,以五言爲常見,而且常用仄聲韻。

式以外,其他像杜牧的四首七絶和蘇軾的《題西林壁》都是首句入韻的平起式。長律就是普通律詩的延長,平仄規則完全以律詩爲標準;長律不管多長,都不過是依照黏對的規則來安排平仄,韓愈的《學諸進士作精衛銜石填海》就是依照首句不入韻仄起式五律的平仄加以延長的。長律一般都是五言,七言長律很少見。五言長律和五言律詩一樣,也以首句不入韻的仄起式爲最常見。

古體詩的平仄並没有任何規定。漢魏六朝詩的平仄完全是自由的[①]。唐以後古體詩受到律詩的影響,平仄上也有了一些講究。根據這一點,古體詩可以分爲兩種:一種是純粹的古風,一種是入律的古風。

純粹的古風的平仄基本上是自由的。不過,唐以後有些詩人在寫古體詩的時候,有意避免律句,於是無形中造成一種風氣,要讓古體詩儘可能和律詩的形式區别開來。這樣就使古體詩的句子有了某些特點。

前面説過,三平調是古風專用的形式,這成爲古風的特點之一。最後三字除了這種三平調以外,其次就是收尾於平仄平;還有比較少見的兩種,收尾於仄仄仄或仄平仄。這就是説,平腳的句子,五言第三字或七言第五字以用平聲爲原則;仄腳的句子,五言第三字或七言第五字以用仄聲爲原則。從全句的平仄看,多數句子的節奏不是平仄交替,而是疊平疊仄,這就是説,五古第二、第四字都仄,或者是第二、第四字都平;七古還有第四、第六字都仄或都平的[②]。例如杜甫《歲晏行》:

歲云暮矣**多北風**[③],瀟湘洞庭白雪中。漁父天寒**網罟凍**,莫

① 清初王士禛著《古詩平仄論》,首先提出古詩也有平仄講究,趙執信作《聲調譜》,以爲古詩另有平仄規則。他們的話不完全可信。

② 這種情況正和律句相反,律句偶字的平仄是交替的。

③ 用黑體字排的符合四種三字尾的要求,加·的是疊平或疊仄。

徭射雁**鳴桑弓**。去年米貴**闕軍食**,今年米賤大傷農。高馬達官**厭酒肉**,此輩杼軸**茅茨空**。楚人重魚**不重鳥**,汝休枉殺**南飛鴻**。況聞處處**鬻男女**,割慈忍愛**還租庸**。往日用錢**捉私鑄**,今許鉛錫**和青銅**。刻泥爲之**最易得**,好惡不合**長相蒙**。萬國城頭吹畫角,此曲哀怨**何時終**?

全詩十八句中,有十五句符合上面所談的四種三字尾的要求;特別是十個平腳的句子中有七個是三平調,尤其值得注意。符合疊平疊仄要求的有九句。剩下來衹有兩個律句("今年米賤大傷農"和"萬國城頭吹畫角")。由此可見純粹的古風的平仄與律詩的平仄有很大的不同。

入律的古風,和純粹的古風恰恰相反,詩人們儘可能用律句。入律古風之所以和律詩不同,主要在於:(1)句數不定;(2)平韻和仄韻交替;(3)常常是四句一换韻。這種情況,一般衹存在於七言古風中。例如王勃《滕王閣》,句子的平仄基本上都合律[①],簡直是兩首律絕連在一起,不過其中一首是仄韻絕句罷了。這種仄韻和平韻交替,四句一换韻,到後來成爲入律古風的典型。白居易的《長恨歌》基本上就是這種形式,還有他的《琵琶行》和元稹的《連昌宫詞》等,都採用這種形式。這就是通常所説的"元和體"。

7.唐詩的對仗

唐以後近體詩的對仗,顯然是受了駢體文的影響。如果借用散文的術語,律詩可以説是"駢散兼行"。律詩的一般情況是半駢半散:首尾兩聯是散行的,中間兩聯則規定要用對仗。例如杜甫《别房太尉墓》、蘇軾《有美堂暴雨》等。

初唐律詩還没有完全定型時,頷聯的對仗還是很自由的。直到王維、杜甫,頷聯還有不用對仗的,例如王維《輞川閒居贈裴秀才

① 參看本册第1396頁。

迪》的"倚杖柴門外,臨風聽暮蟬",杜甫《天末懷李白》的"鴻雁幾時到,江湖秋水多"。以後雖然還有人這樣做,但是非常罕見。

與此相反,不但中間兩聯用對仗,連首聯也用對仗,這倒相當常見。比較起來,五律首聯用對仗的情況多一些,原因是五律首句以不入韻爲常,比較適宜於對仗。例如李白《送友人》、杜甫《春望》等。但是我們不要以爲首句入韻就不能再用對仗了,杜甫的《登高》和陸游的《黄州》就是首句入韻而首聯用對仗的。

尾聯一般不用對仗,但也有用對仗的。例如杜甫《聞官軍收河南河北》:

劍外忽傳收薊北,　　初聞涕淚滿衣裳。
卻看妻子愁何在?　　漫卷詩書喜欲狂!
白日放歌須縱酒,　　青春作伴好還鄉。
即從巴峽穿巫峽,　　便下襄陽向洛陽。

總的來説,作爲格律要求,律詩一般是中間兩聯用對仗。頷聯不用對仗,尾聯用對仗,都算特殊情況,不構成一般規律。首聯是否用對仗,往往決定於詩的内容和詩人的藝術技巧。律詩極少完全不用對仗的①,也極少全首都用對仗的。

長律的對仗和律詩一樣:首聯可以用對仗,也可以不用;中間各聯一律要用對仗;尾聯不用對仗,以便結束,例如韓愈《學諸進士作精衛銜石填海》。

律絶一般是截取律詩的首尾兩聯,也就是完全不用對仗。例如本單元所選的七首律絶,除蘇軾的《飲湖上初晴後雨》外,都没有

① 李白《夜泊牛渚懷古》:"牛渚西江夜,青天無片雲。登舟望秋月,空憶謝將軍。余亦能高詠,斯人不可聞。明朝掛帆去,楓葉落紛紛。"這是完全不用對仗的律詩,但也有人以爲這是以律句寫古體詩。

用對仗。但是也有一種相當普遍的情況，就是截取律詩的後半，即頸聯和尾聯。這就是説，開始一聯用對仗。蘇軾《飲湖上初晴後雨》就是一個例子。又如杜甫《八陣圖》：

功蓋三分國，　　　　名成八陣圖。
江流石不轉，　　　　遺恨失吞吴。

至於截取中間兩聯（完全用對仗），或者截取律詩的前半（後面一聯用對仗），比起上面兩類就要少見得多，現在試舉兩個例子：

杜甫：絶句四首其三

兩個黄鸝鳴翠柳，　　一行白鷺上青天。
窗含西嶺千秋雪，　　門泊東吴萬里船。

截取中間兩聯，完全用對仗。

李白：九日龍山飲

九日龍山飲，　　黄花笑逐臣。
醉看風落帽，　　舞愛月留人。

截取律詩的前半，後面一聯用對仗。

近體詩的對仗，和駢體文的對仗一樣，句法結構相同的語句相爲對仗，這是正格。但是我們也應該注意到，近體詩的對仗還有另一種情況，就是祇要求字面相對，不要求句法結構相同。例如：

口銜山石細，心望海波平。（韓愈：學諸進士作精衛銜石填海）
永憶江湖歸白髮，欲迴天地入扁舟。（李商隱：安定城樓）
天外黑風吹海立，浙東飛雨過江來。（蘇軾：有美堂暴雨）

例一，出句的"細"是修飾語後置，"山石細"的意思是"細山石"；對句"海波平"是主謂結構，"海波"是主語，這個主謂結構用作動詞"望"的賓語。例二，出句的"白髮"不是"歸"的直接賓語，"歸白髮"等於"白髮歸"；對句的"扁舟"則是"入"的直接賓語。例三，出句的“吹海立”是兼語式，對句的“過江來”卻是連動式。

字面相對也就是詞類相同的互爲對仗：名詞對名詞，代詞對代詞，動詞對動詞，形容詞對形容詞，副詞對副詞，虚詞對虚詞。依照傳統，名詞還可以分爲以下一些小類：

（1）天文（日月風雲等）；	（2）時令（年節朝夕等）；
（3）地理（山水江河等）；	（4）宫室（樓臺門户等）；
（5）器物（刀劍杯盤等）；	（6）衣飾（衣冠巾帶等）；
（7）飲食（茶酒餐飯等）；	（8）文具（筆墨紙硯等）；
（9）文學（詩賦書畫等）；	（10）草木（草木桃杏等）；
（11）鳥獸蟲魚（麟鳳龜龍等）；	（12）形體（身心手足等）；
（13）人事（道德才情等）；	（14）人倫（父子兄弟等）。

同類的詞相對是工對，顔色對、數目對也是近體詩常用的工對類型。同義詞相對在近體詩中比駢體文少得多。一聯對仗出句和對句完全同義（或基本上同義），是詩家的大忌，叫做“合掌”，詩中極少這種情況。因爲詩的篇幅短，要使詩的内容豐富，就應該讓每一個詞都充分發揮作用。

近體詩的對仗，總是避免用同字相對。同時，由於平仄格律的規定，近體詩的對仗一般總是平對仄、仄對平①。近體詩對仗的平仄比駢體文的要求嚴格得多。

近體詩的對仗中，有兩種特殊的類型②：流水對和借對。

所謂流水對是説相對的兩句之間的關係不是對立的，而是一個意思連貫下來；也就是説，出句和對句不是兩句話，而是一句話。例如：

不堪玄鬢影，來對白頭吟。（駱賓王：在獄詠蟬）

---

① 首聯用對仗，如果是首句入韻，平仄不完全是對立的。

② “特殊”是就一般對仗而言的，不是説衹有近體詩纔用。

即從巴峽穿巫峽，便下襄陽向洛陽。（杜甫：聞官軍收河南河北）

請看石上藤蘿月，已映洲前蘆荻花。（杜甫：秋興其二）

唯將終夜長開眼，報答平生未展眉。（元稹：遣悲懷）

這種流水對最適宜於尾聯；尾聯如果用對仗，衹有這種對仗最能收得住全詩。上面後三例就都是用於尾聯。

所謂借對是説一個詞有兩個以上的意義，詩人在詩中用的是甲義，但是同時借用它的乙義或丙義來與另一詞相對。例如：

行李淹吾舅，誅茅問老翁[①]。（杜甫：巫峽敝廬奉贈侍御四舅别之澧朗）

岐王宅里尋常見，崔九堂前幾度聞。（杜甫：江南逢李龜年）

漢苑風煙吹客夢，雲臺洞穴接郊扉。（李商隱：令狐八拾遺綯見招）

例一"行李"的"李"不是桃李的"李"，這裏借用桃李的意義來與"茅"字相對。例二"尋常"是平常的意思；但是古代八尺爲尋，兩尋爲常，所以借來對數目。例三"漢苑"的"漢"是漢朝的意思，借用"星漢"的意思來與"雲"字相對。

有時候不是借意義，而是借聲音。例如：

馬驕珠汗落，胡舞白題斜。（杜甫：秦州雜詩其三）

滄溟恨衰謝，朱紱負平生。（杜甫：獨坐）

事直皇天在，歸遲白髮生。（劉長卿：新安奉送穆論德）

滄海月明珠有淚，藍田日暖玉生煙。（李商隱：錦瑟）

例一借"珠"爲"朱"，例二例四借"滄"爲"蒼"，例三借"皇"爲"黄"。這種借音多見於顔色對。

① 誅茅，誅鋤茅草，指到杜甫敝廬來。

總的來説,近體詩的對仗不像平仄那樣嚴格,詩人在運用對仗的時候有更大的自由。詩人善於運用對仗,可以增加詩的藝術性;但是太拘泥了就會束縛思想内容的表達。宋詩在對仗上比唐詩纖巧,風格也往往卑下一些。

唐以後的古體詩,和漢魏六朝詩一樣,可以用對仗,也可以不用。用對仗也不求工整,並且不避同字相對。甚至可以説,詩人在古體詩中用對仗反而是有意求拙,以顯得高古。例如:

腳著謝公屐,身登青雲梯。(李白:夢遊天姥吟留别)

半壁見海日,空中聞天雞。(同上)

上有六龍迴日之高標,下有衝波逆折之回川。(李白:蜀道難)

朝避猛虎,夕避長蛇。(同上)

前兩例對得不工整,後兩例不避同字對。

8.近體詩的句式及其語法特點

唐詩的句式和漢魏六朝詩的句式基本上是一致的。不過,唐以後七言詩多了,句式自然也多了一些變化。七言除了上節通論所講的那種四三式以外,也可以在整個五言詩句的前面加兩個音成爲獨立的節奏,從而形成二五的句式。例如:

畫棟——朝飛南浦雲,珠簾——暮捲西山雨。(王勃:滕王閣)

況聞——處處鬻男女。(杜甫:歲晏行)

驚破——霓裳羽衣曲。(白居易:長恨歌)

知是——荔支龍眼來。(蘇軾:荔支歎)

這些七言詩句的後五字,如果細加分析,有的是二一二,如杜甫《歲晏行》例;有的是二二一,如王勃《滕王閣》例和白居易《長恨歌》例;有的是四一,如蘇軾《荔支歎》例。

反過來,五二式則是非常少見的。杜甫《宿府》的"午夜角聲悲——自語,中天月色好——誰看",是僅有的情況。

近體詩的句式,和古體詩的句式没有多少不同的地方。五言七言的一般句式,既適合古體詩,也適合近體詩。這裏衹作兩點補充説明:

(1)近體詩的句式一般是每兩個音節構成一個節奏單位,每一節奏單位相當於一個雙音詞或詞組。音樂節奏和意義單位基本上是一致的。例如:

白雲——迴望——合,青靄——入看——無。(王維:終南山)

無邊——落木——蕭蕭——下,不盡——長江——滚滚——來。(杜甫:登高)

天意——憐——幽草,人間——重——晚晴。(李商隱:晚晴)

局促——常悲——類——楚囚,遷流——還歎——學——齊優。(陸游:黄州)

由此可見,一個雙音詞或者雙音的名詞性詞組一般是不跨兩個節奏單位的。但是多音詞或多音的名詞性詞組不能不跨兩個節奏單位,李商隱《無題》的"相見時難别亦難",其中"相見時"就是跨兩個節奏單位;又如杜牧《寄揚州韓綽判官》的"二十四橋明月夜",其中的"二十四"也是跨兩個節奏單位。不過這種情況在近體詩中也是比較少見的。

(2)近體詩的句式,往往是以三字結尾,這最後三字保持相當的獨立性。這就是説雖然三字尾還可以細分爲二一或一二,但是它們總是構成一個整體:如果是五律,後三字和前兩字是分成兩個較大的節奏;如果是七律,後三字和前四字是分開成兩個較大的節奏。因此,漢魏六朝詩和唐以後古體詩中某些句式一般是不能用於近體詩的。例如:

黄泉下相見。(古詩:焦仲卿妻)

其險也若此。(李白:蜀道難)

且共歡此飲。(陶淵明:飲酒其三)

一丈毯用千兩絲。(白居易:紅綫毯)

血作陳陶澤中水。(杜甫:悲陳陶)

家在蝦蟆陵下住。(白居易:琵琶行)

從意義單位看,這些詩句都不是三字尾。一二兩例是二字尾,三四兩例是四字尾,五六兩例是五字尾。這都不合於一般律句的節奏。特别是二字尾最不可能用於近體詩。

以上講的是近體詩的句式,下面談談近體詩的語法特點。

漢魏六朝詩和唐以後的古體詩在語法上和散文是一致的。近體詩就不同了,近體詩有一些語法特點是散文所不能有的。有些詩句我們不但能從平仄上辨别出來它們是律句,而且在語法上也能辨别出來它們是律句。入律的古風也是這樣。關於這個問題,我們不打算談得太詳細。這裏衹提出兩點來談:省略和倒裝。

先説省略。近體詩的字數是有一定的限制的,因此語言要求特别精練。主語、連詞、介詞經常省略,這且不説;下面要談的是缺乏動詞謂語的句子,這可以細分爲四種:

第一種是衹用一個簡單的名詞性詞組。例如:

山中一夜雨,樹杪百重泉。(王維:送梓州李使君)

渭北春天樹,江東日暮雲。(杜甫:春日憶李白)

失寵故姬歸院夜,没蕃老將上樓時。(白居易:中秋月)

第二種是把兩個名詞性的詞組排在一起,讓讀者去體會它們之間的關係。例如:

浮雲遊子意,落日故人情。(李白:送友人)

細草微風岸,危檣獨夜舟。(杜甫:旅夜書懷)

巫峽啼猨數行淚,衡陽歸雁幾封書。(高適:送李少府貶峽中王少府貶長沙)

第三種是保留副詞,省略動詞。例如:

故國猶兵馬,他鄉亦鼓鼙。(杜甫:送遠)

江山故宅空文藻,云雨荒臺豈夢思。(杜甫:詠懷古迹其二)

副詞後省去了什麽動詞,很難確定,但意思是很清楚的。

第四種是複合句,其中一個分句有謂語,另一個分句没有謂語。例如:

香霧雲鬟溼,清輝玉臂寒。(杜甫:月夜)

暮鐘寒鳥聚,秋雨病僧寒。(白居易:旅次景空)

晴川歷歷漢陽樹,芳草萋萋鸚鵡洲。(崔顥:黄鶴樓)

這幾種省略的情況,在近體詩裏是常常出現的。

再説倒裝。近體詩爲了適應聲律的要求,往往可以把語序作適當的變换,這是句法上的倒裝。散文雖然也有倒裝的句法,但是比近體詩少,而且遠不如近體詩自由。近體詩的某些倒裝句,在散文裏是不允許的。例如:

緑垂風折筍,紅綻雨肥梅。(杜甫:陪鄭廣文)

(風折筍垂緑,雨肥梅綻紅。)

竹憐新雨後,山愛夕陽時。(錢起:谷口書齋寄楊補闕)

(新雨後憐竹,夕陽時愛山。)

香稻啄餘鸚鵡粒,碧梧棲老鳳凰枝。(杜甫:秋興其八)

(鸚鵡啄餘香稻粒,鳳凰棲老碧梧枝。)

永憶江湖歸白髮,欲迴天地入扁舟。(李商隱:安定城樓)

(永憶江湖白髮歸。)

這種語序的變换,從散文的語法來看都是不好理解的。但是,在近體詩裏既適應了聲律的要求,又能增加詩的情味。

我們知道了近體詩的這些語法特點,纔能更好地了解近體詩的意思,而不至於拿讀散文或讀古詩的眼光去看近體詩。

第十四單元

文　選

詞

李　白

菩薩蠻[1]

平林漠漠煙如織[2],寒山一帶傷心碧[3]。暝色入高樓[4],有人樓上愁[5]。　　玉階空佇立[6],宿鳥歸飛急[7]。何處是歸程[8]?長亭連短亭[9]。

〔1〕這首詞可能不是李白所作,但是它代表早期的詞。

〔2〕這句是寫黄昏的景象。平林,遠遠的一排一排的樹林。漠漠,布列得很密的樣子。煙如織,煙霧稠密得像布帛等織品。

〔3〕織、碧,押韻(職陌通韻)。

〔4〕暝,通"冥"。暝色,等於説暮色。

〔5〕樓、愁,押韻(尤韻)。

〔6〕玉階,白石砌成的階梯。佇(zhù)立,久立。

〔7〕宿鳥,歸巢的鳥。立、急,押韻(緝韻)。

〔8〕歸程,等於説歸路。

〔9〕這是説長亭短亭接連不斷,即回家的路很遥遠。古代十里一長亭,五里一短亭。庾信《哀江南賦》:"十里五里,長亭短亭。"程、亭,押韻(庚青

通韻)。

憶秦娥[1]

簫聲咽[2],秦娥夢斷秦樓月[3]。秦樓月,年年柳色,霸陵傷别[4]。　　樂遊原上清秋節[5],咸陽古道音塵絶[6]。音塵絶,西風殘照[7],漢家陵闕[8]。

〔1〕這首詞也可能不是李白所作。

〔2〕咽,嗚咽,形容簫聲悲涼。

〔3〕秦娥在秦樓的月色中醒來。這是形容秦娥的孤寂。秦娥,即弄玉。參看本册第1269頁《春賦》注〔1〕。這裏泛指秦地女子。

〔4〕霸陵,地名,因漢文帝的陵墓而得名,在今陝西長安縣東。附近有霸橋(今作灞橋),古人常在這裏折柳送别。

〔5〕樂遊原,參看本册第1437頁《將赴吴興登樂遊原一絶》注〔1〕。清秋節,指九月九日。唐人三月三日、九月九日登樂遊原。

〔6〕塵,等於説蹤迹。

〔7〕音塵絶,是説聲音聽不着,蹤迹也看不着了。殘照,殘餘的日光,這裏指夕陽。

〔8〕咽、月、月、别、節、絶、絶、闕,押韻(屑月通韻)。

張志和

張志和,字子同,唐肅宗時金華(今浙江金華市)人,生卒年不詳。自號煙波釣徒。曾著《玄真子》,又取號玄真子。

漁歌子[1]

西塞山前白鷺飛[2],桃花流水鱖魚肥[3]。青箬笠[4],緑簑衣,斜風細雨不須歸[5]。

〔1〕五首選一。

〔2〕西塞山,在今浙江吴興縣城西。

〔3〕鱖(guì)魚,魚的一種,也作"桂魚"。

〔4〕箬(ruò),竹之一種。箬笠,箬竹葉製成的帽子,用來遮雨和陽光。

〔5〕飛、肥、衣、歸,押韻(微韻)。

王建

王建,字仲初,潁川(今河南中部、南部一帶)人,生卒年不詳。大曆十年(公元775年)中進士,先後作過渭南尉、秘書丞、侍御史、陝州司馬等官。當時以一百首寫宮中生活的詩著名。

調笑令〔1〕

團扇〔2〕,團扇,美人病來遮面〔3〕。玉顏憔悴三年,誰復商量管絃〔4〕?絃管,絃管,春草昭陽路斷〔5〕。

〔1〕這首詞反映了宫中女子的苦悶。

〔2〕團扇,圓形的扇子,又稱宫扇。漢成帝寵幸趙飛燕姐妹後,原來受到寵幸的班婕妤失寵,自己要求到長信宫侍奉太后。據説她作了一首《怨歌行》:"新裂齊紈素,鮮絜(潔)如霜雪。裁成合歡扇,團團似明月。出入君懷袖,動摇微風發。常恐秋節至,涼飆奪炎熱。棄捐篋笥中,恩情中道絶。"後來人們常用團扇的故事代表失寵。

〔3〕扇、扇、面,押韻(霰韻)。

〔4〕年、絃,押韻(先韻)。

〔5〕昭陽路,通往昭陽宫的路,這裏代表得寵者的住所。趙飛燕女弟受寵時居昭陽舍。這句是説先寵後疏的女子無人再來眷顧,所以昭陽路上長滿青草,看不見路了。管、管、斷,押韻(旱韻)。

温庭筠

温庭筠(公元813？—870年？),字飛卿,唐末太原祁(今山西祁縣)人。曾屢次應試,都未考中。後來做過國子助教、方城尉等官。他長於詩詞,精通音樂,是第一個注意寫詞的文人,使民間詞在辭藻、音樂方面得到進一步提高。他的詞穠艷綺麗,内容狹窄空虚,這是他的缺點。有《金荃集》,已不傳。今存詞七十餘首。

菩薩蠻〔1〕

小山重疊金明滅〔2〕,鬢雲欲度香顋雪〔3〕。懶起畫蛾眉,弄妝梳洗遲〔4〕。　照花前後鏡〔5〕,花面交相映〔6〕。新帖繡羅襦〔7〕,雙雙金鷓鴣〔8〕。

〔1〕這首詞寫一個晚起的女子梳洗打扮時的嬌懶神態。

〔2〕小山,指屏山,即屏風。金明滅,指日光在屏風的彩畫上閃爍不定,忽明忽暗,表示已經天亮。

〔3〕鬢雲,即髮鬢。説“雲”是形容女子髮鬢輕盈,像浮雲一樣。香顋雪,就是顋。説“雪”是形容皮膚很白。這是説睡過一夜,髮鬢鬆散,幾乎滑到顋上了。滅、雪,押韻(屑韻)。

〔4〕眉、遲,押韻(支韻)。

〔5〕花,指頭上戴的花。這句是説女子梳妝時用兩面鏡子來對照頭上所戴的花。

〔6〕鏡、映,押韻(敬韻)。

〔7〕帖,指繡貼,即繡貼鷓鴣圖案。一本作“著”。

〔8〕鷓鴣(zhègū),鳥名。金鷓鴣,指羅襦上用金綫繡的鷓鴣。襦、鴣,押韻(虞韻)。

更漏子〔1〕

柳絲長,春雨細,花外漏聲迢遞〔2〕。驚塞雁,起城烏〔3〕,畫屏金鷓鴣〔4〕。　香霧薄,透簾幙〔5〕,惆悵謝家池閣〔6〕。紅燭背〔7〕,繡簾垂,夢長君不知〔8〕。

〔1〕這首詞是寫一個封建貴族婦女在極靜的夜裏懷念他的愛人。

〔2〕漏聲,漏壺滴水的聲音。迢遞(tiáodì),遠的樣子。細、遞,押韻(霽韻)。

〔3〕大意是:輕微的漏聲驚起了塞外飛來的大雁和棲宿在城上的烏鴉。這是極言周圍寂靜。

〔4〕畫屏,上面有畫的屏風,這裏指枕邊的小屏。這句是説:衹有畫屏上金色的鷓鴣没有受到漏聲的驚擾,一動不動。這也是襯託周圍的寂静。烏、鴣,押韻(虞韻)。

〔5〕幙,通"幕",指帳子。

〔6〕謝家,西晉謝安的家族,謝家在西晉時是豪門貴族。謝家池閣,指豪華的池閣。薄、幙、閣,押韻(藥韻)。

〔7〕紅燭背着我,實際是人背對着紅燭,面向裏睡。

〔8〕垂、知,押韻(支韻)。

李　煜

李煜(公元937—978年),字重光,南唐的最後一個皇帝,世稱李後主。在位十五年,沈湎聲色,最後國破出降,宋封他爲違命侯,不久被宋太宗毒死。他前期的詞,主要是寫宫廷中的淫靡生活。他被囚後的作品,題材較以前擴大了些,抒發了他的亡國之恨。李煜的詞在藝術上有一定的成就。

搗練子

深院静,小庭空,斷續寒砧斷續風〔1〕。無奈夜長人不寐,數聲和月到簾櫳〔2〕。

〔1〕砧(zhēn),洗衣服用的搗衣石。寒砧,指寒夜中搗衣的聲音。

〔2〕櫳,有横直格子的窗子。這是説砧聲、風聲傳來,月光照着,使不眠的人更無法入睡了。空、風、櫳,押韻(東韻)。

浪淘沙〔1〕

簾外雨潺潺〔2〕,春意闌珊〔3〕,羅衾不耐五更寒。夢裏不知身是客,一晌貪歡〔4〕。　　獨自莫憑闌,無限江山〔5〕,别時容易見時難。流水落花春去也,天上人間〔6〕!

〔1〕這是他亡國後所作,表達了他思念故國的悲苦心情。實際上是懷戀他過去的宫廷生活。

〔2〕潺潺(chánchán),水流的聲音,這裏形容雨聲。

〔3〕闌珊,疊韻聯緜字,衰落的樣子。一本作"將闌"。

〔4〕等於説貪一晌(shǎng)歡。一晌,一會兒,片刻。

〔5〕莫,一本作"暮"。江山。指故國的河山。

〔6〕春,暗喻過去的美好的生活。一本作"歸"。這是説,過去的生活和現在相比,有着天上和人間的差别。潺、珊、寒、歡、闌、山、難、間,押韻(删寒通韻)。

柳　永

柳永(公元987?—1053年?),字耆卿,原名三變,字景莊,宋初崇安(今福建崇安縣)人。因爲他後來曾任屯田員外郎,所以世稱柳屯田。少年時出入於歌樓妓館,屢次應試都没有登第,晚年纔考中進士。宦途失意,使他對功名利禄感到厭倦、淡漠,行爲更加放蕩不羈。

柳詞主要内容爲反映中下層市民的生活和城市繁華的景象,

其中有些是描寫羈旅行役、離愁别恨和同情妓女之作,反映了一定的社會現實,但也有些作品庸俗、猥褻,没有什麽價值。他是第一個創作了大量慢詞的人,對詞調的發展起了一定的作用。語言通俗,情景交融,善於鋪敘,是柳詞的特色。今存有《樂章集》。

雨霖鈴〔1〕

寒蟬淒切,對長亭晚,驟雨初歇。都門帳飲無緒〔2〕,方留戀處〔3〕,蘭舟催發〔4〕。執手相看淚眼,竟無語凝噎〔5〕。念去去、千里煙波〔6〕,暮靄沈沈楚天闊〔7〕。

多情自古傷離别,更那堪、冷落清秋節〔8〕。今宵酒醒何處?楊柳岸、曉風殘月。此去經年〔9〕,應是良辰好景虚設。便縱有、千種風情,更與何人説〔10〕?

〔1〕這首詞寫離情。上闋寫分别時的難捨難分,下闋寫想像中的分别後的情景。

〔2〕都門,京都城門。帳飲,參看本册第1261頁《别賦》注〔4〕。緒,情緒。無緒,等於説心情不好。

〔3〕一本無"方"字。

〔4〕蘭舟,木蘭木做成的船,這是對船的美稱。

〔5〕凝噎,指嗓子被氣憋住了,哭不出來。一本作"凝咽"。

〔6〕去去,等於説往前走了又走。

〔7〕靄(ǎi),雲氣。楚天,泛指南方天空。

〔8〕節,季節,時節。與李白《憶秦娥》中的清秋節不同。

〔9〕這是説,這一走,一年年下去了。

〔10〕更,一本作"待"。切、歇、發、噎、闊、别、節、月、設、説,押韻(屑月曷通韻)。

八聲甘州〔1〕

對瀟瀟暮雨灑江天〔2〕,一番洗清秋〔3〕。漸霜風淒緊,關河冷落,殘照當樓。是處紅衰翠減〔4〕,苒苒物華休〔5〕。惟有長江水,無語東流。　不忍登高臨遠,望故鄉渺邈,歸思難收〔6〕。歎年來蹤迹,何事苦淹留?想佳人、妝樓凝望,誤幾回、天際識歸舟〔7〕。爭知我〔8〕、倚闌干處,正恁凝愁〔9〕。

〔1〕這首詞寫旅客懷念家鄉的淒苦心情。

〔2〕瀟瀟,雨勢急驟的樣子。

〔3〕即把清爽的秋天洗了一番。

〔4〕是處,等於説到處。紅,指花。翠,指葉。一本作“緑”。李商隱《贈荷花》:“此荷此葉常相映,翠減紅衰愁煞人。”

〔5〕苒苒(rǎnrǎn),漸漸。物華,美好的景物。

〔6〕思(sì),名詞,心思。

〔7〕天際,指眼力所能達到的極遠之處。這句是説,想像愛人從妝樓遠望天際,辨認我的歸舟,而認錯了多少回。謝脁《之宣城郡出新林浦向板橋》:“天際識歸舟,雲中辨江樹。”

〔8〕爭,怎麼。

〔9〕恁(nèn),如此。秋、樓、休、流、收、留、舟、愁,押韻(尤韻)。

玉　蝴　蝶〔1〕

望處雨收雲斷,凭闌悄悄,目送秋光。晚景蕭疏〔2〕,堪動宋玉悲涼〔3〕。水風輕、蘋花漸老〔4〕,月露冷、梧葉飄黄。遣情傷,故人何在?煙水茫茫。　難忘,文期酒會〔5〕,幾孤風月〔6〕,屢變星霜〔7〕。海闊山遥,未知何處是瀟湘[8]？念雙燕、難憑遠信，指暮天、空識歸航[9]。黯相望[10]，斷鴻聲裏[11]，立盡斜陽[12]。

〔1〕這首詞是懷念飄泊在外的故人。

〔2〕蕭疏，雙聲聯緜字，蕭條淒涼的樣子。

〔3〕參看本册第1425頁《詠懷古迹》二注〔1〕。

〔4〕蘋，一種生在淺水中的草本植物。

〔5〕文期，古代文人們在一起爲文作詩的一種聚會。

〔6〕孤，通"辜"。幾孤風月，多少次辜負了風月，也就是空放過了多少良辰美景。

〔7〕變星霜，星在天上運行，霜在每年開始寒冷時出現，所以用"變星霜"表示年歲改易。以上幾句是説，雖然已經經過了很多歲月，但仍未能忘懷當年和朋友們在一起的聚會。

〔8〕瀟湘，本指今湖南省境内的瀟湘二水，後來用以指所思之處，這裏指故人所在的地方。

〔9〕航，船。

〔10〕黯，黯然。

〔11〕斷鴻，失羣的鴻雁，即孤雁。

〔12〕光、涼、黄、傷、茫、忘、霜、湘、航、望、陽，押韻(陽韻)。

滿江紅[1]

暮雨初收，長川静、征帆夜落[2]。臨島嶼、蓼煙疎淡[3]，葦風蕭索。幾許漁人横短艇[4]，盡將燈火歸村郭[5]。遣行客、到此念回程。傷漂泊。　桐江好[6]，煙漠漠。波似染，山如削。遶嚴陵灘畔[7]，鷺飛魚躍。游宦區區成底事[8]？平生況有林泉約[9]。歸去來、一曲仲宣吟，從軍樂[10]。

〔1〕這首詞反映了作者對游宦的厭倦心情。

〔2〕征帆，遠行之船的帆。夜落，晚上帆落下來，也就是停泊。

〔3〕蓼(liǎo)，水蓼，一種生長在水邊上的水草。

〔4〕横短艇，指使短艇傍岸。

〔5〕將，持，拿着。

〔6〕桐江，在今浙江省境。

〔7〕遶，同"繞"。嚴陵灘，水灘名，又名嚴陵瀨，東漢嚴光(字子陵)隱居釣魚處，在今浙江桐廬縣桐江邊上。

〔8〕區區，言其微小、不足道。底，甚麼。

〔9〕林泉約，和林泉相約，就是隱居之願。

〔10〕回去吧，吟一首王粲的《從軍行》。歸去來，陶潛《歸去來兮辭》："歸去來兮，田園將蕪胡不歸。"仲宣，王粲字。王粲作有《從軍行》，其中反映了軍士苦於行旅懷念親人的情感。落、索、郭、泊、漠、削、躍、約、樂，押韻(藥韻)。

蘇　軾

江城子(密州出獵[1])

老夫聊發少年狂，左牽黄，右擎蒼[2]。錦帽貂裘、千騎卷平岡[3]。爲報傾城隨太守，親射虎，看孫郎[4]。酒酣胸膽尚開張[5]，鬢微霜[6]，又何妨？持節雲中、何日遣馮唐[7]？會挽雕弓如滿月[8]，西北望，射天狼[9]。

〔1〕此詞作於宋神宗熙寧八年(公元1075年)冬。當時國家正受到外族(主要是遼國和西夏)的威脅。作者在詞中表現出親上前綫保衛邊疆的決心。密州，今山東諸城縣。這時蘇軾知密州。

〔2〕黄，指黄狗。《史記・李斯列傳》載李斯臨刑時，對他的兒子說："吾欲與若復牽黄犬，俱出上蔡東門，逐狡兔，豈可得乎？"擎，舉着，在這裏指胳膊上架着。蒼，指蒼鷹。黄狗、蒼鷹都是打獵用的。

〔3〕千騎，言從騎之多。卷，通“捲”。這是形容馬多塵大，似乎把山岡捲起來了。

〔4〕孫郎，指孫權。《三國志·吴書·孫權傳》：“〔建安〕二十三年，權將如吴（吴郡），親乘馬射虎於庱亭（庱音 líng。庱亭，地名）。馬爲虎所傷，權投以雙戟，虎卻廢，常從張世擊以戈，獲之。”從“爲報”到“孫郎”，大意是：爲了報答大家傾城出動隨着我去出獵，我親自射虎，請他們看看孫郎當年射虎的英姿。

〔5〕胸膽尚開張，等於説胸襟還放得開，也就是還有豪興。

〔6〕鬢角略微白了一些，指已近老年。

〔7〕什麽時候派遣馮唐持節到雲中去呢？也就是説什麽時候派我到邊地去呢？雲中，漢郡名，在今内蒙古托克托一帶。唐置雲州，宋改爲雲中府，府治在今山西大同市。馮唐，參看第三册第 1159 頁《滕王閣序》注〔14〕。據《史記·馮唐列傳》載，漢文帝時，雲中郡守魏尚愛惜士卒，優待軍吏賓客，使匈奴不敢靠近邊塞。後因在報功狀上報多了六顆首級而被判刑。當時馮唐任郎中署長，他對文帝列舉魏尚的功勞，指出文帝賞罰不當，不善用將。文帝聽了很高興，“是日遣馮唐持節赦魏尚，復以爲雲中守，而拜馮唐爲車騎都尉。”作者這裏以馮唐自比。

〔8〕會，將要。

〔9〕天狼，星名，主戰爭。這裏喻西北方的敵人，即西夏。《楚辭·九歌·東君》：“舉長矢兮射天狼。”狂、黄、蒼、岡、郎、張、霜、妨、唐、狼，押韻（陽韻）。

蝶戀花（密州上元〔1〕）

燈火錢塘三五夜〔2〕。明月如霜，照見人如畫。帳底吹笙香吐麝〔3〕，更無一點塵隨馬。　　寂寞山城人老也〔4〕。擊鼓吹簫〔5〕，卻入農桑社〔6〕。火冷燈稀霜露下，昏昏雪意雲垂野〔7〕。

〔1〕這首詞爲作者知密州時所作。上闋回憶當年在錢塘過元宵節的情景，下

闋寫在密州過節時的寂寞。上元,即元宵節。

〔2〕錢塘,即今杭州市。三五,正月十五。

〔3〕麝,麝香,一種香料。

〔4〕山城,指密州。

〔5〕擊鼓吹簫,指社祭(祭土神)時的音樂。

〔6〕農桑社,等於説農村的社祭。

〔7〕這是説天陰得很厲害,就要下雪了。夜、晝、麝、馬、也、社、下、野,押韻(禡卦馬通韻,上去通押)。

水調歌頭

丙辰中秋〔1〕,歡飲達旦,大醉,作此篇,兼懷子由〔2〕。

明月幾時有?把酒問青天〔3〕。不知天上宮闕、今夕是何年?我欲乘風歸去〔4〕,惟恐瓊樓玉宇〔5〕,高處不勝寒。起舞弄清影,何似在人間?　轉朱閣,低綺户〔6〕,照無眠〔7〕。不應有恨、何事長向别時圓〔8〕?人有悲歡離合,月有陰晴圓缺,此事古難全。但願人長久,千里共嬋娟〔9〕。

〔1〕這首詞作於密州。詞中反映了作者的出世與熱愛人間生活這兩種思想的矛盾,但全詞的基調是樂觀的。丙辰,神宗熙寧九年,當公元1076年。

〔2〕子由,作者的弟弟蘇轍的字。這時蘇轍在濟南,二人已七年没有見面。

〔3〕把,拿着。李白《把酒問月》:“青天有月來幾時?我今停杯一問之。”此句即化李白詩句而成。

〔4〕這句是用《列子·黄帝篇》的典故。據列子自己説,他從老商氏學道,最後做到忘物忘我,“心凝形釋,骨肉都融,不覺形之所倚,足之所履,隨風東西,猶木葉幹殼。竟不知風乘我邪?我乘風乎?”蘇軾用這個典故,暗含有忘掉一切的意思。

〔5〕瓊樓玉宇,指上文的“天上宫闕”。《酉陽雜俎》:“翟天師名乾祐……曾于江岸與弟子數十玩月,或曰:‘此中竟何有?’翟笑曰:‘可隨吾指觀。’弟子中兩人見月規半天,瓊樓金闕滿焉。數息間不復見。”

〔6〕月光轉移,照到朱閣上;月光漸低,照到綺户上。綺户,刻有紋飾的門窗。參看本册第1435頁《雜詩》注〔1〕。

〔7〕無眠,指不能入睡的人。

〔8〕這是説,月亮對人們應該没有什麽怨恨,但是爲什麽老是趁人們不能團聚的時候圓呢?

〔9〕嬋(chán)娟,美好的樣子,這裏指明月。語本謝莊《月賦》:“美人邁兮音塵絶,隔千里兮共明月。”天、年、寒、間、眠、圓、全、娟,押韻(先寒删通韻)。

西江月

頃在黄州,春夜行蘄水中〔1〕。過酒家飲酒,醉,乘月至一溪橋上,解鞍曲肱,醉卧少休。及覺已曉。亂山攢擁〔2〕,流水鏘然,疑非塵世也,書此語橋柱上。

照野瀰瀰淺浪〔3〕,横空隱隱層霄〔4〕。障泥未解玉驄驕〔5〕,我欲醉眠芳草。　可惜一溪風月〔6〕,莫教踏碎瓊瑶〔7〕。解鞍攲枕綠楊橋〔8〕,杜宇一聲春曉〔9〕。

〔1〕宋神宗元豐八年(公元1082年)作。當時作者謫居黄州(今湖北黄岡縣)。蘄(qí)水,宋縣名,在黄州附近,即今湖北浠水縣。

〔2〕攢擁,簇聚擁集。

〔3〕大意是:瀰瀰的淺浪泛出的水光照在曠野上。這是説月光照在溪水上,反射出光亮。瀰瀰,水盛的樣子。

〔4〕大意是:隱隱的層雲横在天空裏。

〔5〕障泥,即馬韉,用錦或布做成,用來墊馬鞍,兩旁下垂以擋泥土。玉驄,青白相雜的馬,這裏泛指馬。驕,驕縱。《世説新語·術解》:“王武子(名濟,

晉人)善解馬性。嘗乘一馬,著連錢障泥(連錢,同"連乾",一種馬飾)。前有水,終日不肯渡。王云:'此必是惜障泥。'使人解去,便徑渡。"

〔6〕可惜,可愛。

〔7〕瓊瑶,都是美玉名,這裏指美好的月色。

〔8〕攲(qī),斜。攲枕(zhèn),斜枕着。

〔9〕杜宇,鳥名,即杜鵑,一名子規。參看本册第1398頁《蜀道難》注〔17〕。霄、驕、草、瑶、橋、曉,押韻。霄、驕、瑶、橋,照例押平聲韻(蕭韻),草、曉,照例押仄聲韻(皓篠通韻)。

念奴嬌(赤壁懷古〔1〕)

大江東去〔2〕,浪淘盡、千古風流人物〔3〕。故壘西邊,人道是三國周郎赤壁〔4〕。亂石穿空,驚濤拍岸〔5〕,捲起千堆雪。江山如畫,一時多少豪傑。　遥想公瑾當年,小喬初嫁了〔6〕,雄姿英發。羽扇綸巾談笑間〔7〕、檣櫓灰飛煙滅〔8〕。故國神遊〔9〕,多情應笑我,早生華髮〔10〕。人生如夢,一尊還酹江月〔11〕。

〔1〕此詞作於神宗元豐五年壬戌七月,與《前赤壁賦》同時。詞中借遥想古代英雄表現了自己渴望爲國家建立一番事業的志向。詞末尾表現出失意後産生的無可奈何的感歎,比較消極。赤壁,參看本册第1292頁《前赤壁賦》注〔1〕。

〔2〕大江,長江。

〔3〕風流人物,傑出的英雄人物。

〔4〕因爲作者所遊的赤壁,並不是周瑜破曹軍的地方,所以説"人道是"。周郎,即周瑜,參看本册第1293頁《前赤壁賦》注〔7〕。赤壁係因周瑜火燒曹軍而得名,所以稱"周郎赤壁"。

〔5〕一本"穿空"作"崩雲","拍岸"作"裂岸"。

〔6〕小喬,周瑜的妻子,很美,與他的姐姐並稱大喬小喬。

〔7〕綸(guān)巾,一種青絲帛的頭巾。"羽扇綸巾"是儒將的裝束。這裏形容周瑜從容閑雅的風度。

〔8〕檣,船桅杆。檣櫓,這裏指曹軍的戰船。或作"强虜""狂虜"。

〔9〕這是說上面的想像把自己帶到古代去了。

〔10〕華髮,花白頭髮。這是說應該笑我因多情懷古而過早地生出了白頭髮。

〔11〕人生,一本作"人間"。酹,參看本册第1413頁《荔支歎》注〔8〕。物、壁、雪、傑、發、滅、髮、月,押韻(物錫屑月通韻)。

卜算子(黄州定慧院寓居作〔1〕)

缺月掛疏桐〔2〕,漏斷人初靜〔3〕。誰見幽人獨往來〔4〕?縹緲孤鴻影〔5〕。　驚起卻回頭,有恨無人省〔6〕。揀盡寒枝不肯棲,寂寞沙洲冷〔7〕。

〔1〕在這首詞裏作者以孤鴻自比,表現了不願隨遇而安的生活態度,反映了謫居時的孤獨與寂寞。定慧院,又稱定惠院,在黄州東南。

〔2〕疏桐,枝葉稀疏的梧桐。

〔3〕漏斷,指漏壺裏的水滴完了,即已到深夜。

〔4〕幽人,詞人自指。

〔5〕縹緲,高遠的樣子。

〔6〕省,等於說了解、明白。

〔7〕這是說,孤鴻不肯棲於寒枝,寧願棲於寂寞寒冷的沙洲。鴻雁本來衹宿葦塘草澤,不棲樹枝。這裏說"不肯棲",含有不肯苟合取容的意思。靜、影、省、冷,押韻(梗韻)。

水龍吟(次韻章質夫楊花詞〔1〕)

似花還似非花,也無人惜從教墜〔2〕。拋家傍路,思量卻是，無情有思〔3〕。縈損柔腸〔4〕，困酣嬌眼，欲開還閉〔5〕。夢隨風萬里，尋郎去處，又還被、鶯呼起〔6〕。

不恨此花飛盡，恨西園、落紅難綴。曉來雨過，遺蹤何在〔7〕？一池萍碎〔8〕。春色三分，二分塵土，一分流水〔9〕。細看來不是楊花，點點是、離人淚〔10〕。

〔1〕這是一首閨怨詞，以擬人的手法寫楊花。次韻，依照别人的詩詞的韻腳作詩作詞。章質夫，名楶（jié），曾與蘇軾同時在京中作官。楊花，柳絮。章質夫作《水龍吟》詠楊花，蘇軾依他的韻腳和了這一首。

〔2〕從教（jiāo），任憑。從教墜，任憑它落下來。

〔3〕細想想，都是看來無情，而實際上懷有深意。思（sì），意。韓愈《晚春》詩："楊花榆莢無才思，惟解漫天作雪飛。"

〔4〕縈（yíng），迴。

〔5〕這是把柳葉比作女子的嬌眼，因困倦而欲開還閉。困酣，等於説困極了。

〔6〕以上三句是想像之辭，是説楊柳剛剛從尋找情郎的夢中醒來（因此有"困酣嬌眼"的神態）。唐金昌緒《春怨》："打起黄鶯兒，莫教枝上啼。啼時驚妾夢，不得到遼西。"這裏活用了這首詩的意思。

〔7〕遺蹤，指楊花留下的蹤迹。

〔8〕原注："楊花落水爲浮萍，驗之信然。"按：這是古人的不科學的看法。萍碎，這是説浮在水面上的萍本來是一大片，清晨一陣雨過去，被打成碎塊了。

〔9〕春色分成三份，三分之二墮於塵土，三分之一落於流水（其實是楊花墮於塵土，落於流水）。這是説春天隨着楊花的消逝而消逝了。

〔10〕墜、思、閉、起、綴、碎、水、淚，押韻（寘霽紙隊通韻，上去通押）。

周　邦　彥

周邦彥（公元1057—1121年），字美成，號清真居士，北宋末錢塘(今杭州市)人。他精於音律,曾做過大晟府的提舉(大晟府是管音樂的機構)。

他的詞講求音律,法度嚴密,語言典雅含蓄,他還創造了許多新調,對後世影響很大。但内容貧乏。

今傳有《片玉集》,清陳元龍作注。

齊天樂(秋思〔1〕)

緑蕪凋盡臺城路〔2〕,殊鄉又逢秋晚〔3〕。暮雨生寒,鳴蛩勸織〔4〕,深閣時聞裁翦。雲窗静掩〔5〕。歎重拂羅裀〔6〕,頓疎花簟〔7〕。尚有練囊,露螢清夜照書卷〔8〕。荆江留滯最久〔9〕,故人相望處,離思何限?渭水西風,長安亂葉〔10〕,空憶詩情宛轉。凭高眺遠。正玉液新篘〔11〕,蟹螯初薦〔12〕。醉倒山翁〔13〕,但愁斜照斂〔14〕。

〔1〕這首詞可能是作者漂泊荆江時作的,表達了與故人久别的離愁。

〔2〕臺城路上的緑草凋盡了。這表明已是深秋。臺城,東晉和南朝宋時稱宫禁爲臺城。這裏指晉、宋時的宫殿,故址在今南京市玄武湖邊。

〔3〕殊鄉,異鄉。

〔4〕鳴蛩(qióng),蟋蟀。蟋蟀古代一名“促織”,就是催促人們紡織的意思,所以這裏説“勸織”。

〔5〕雲窗,雕有雲狀花飾的窗。

〔6〕裀,褥子。重拂羅裀,這是説又鋪上了羅製的裀褥。

〔7〕這是説取下了涼席。頓疎,頓時疏遠。簟(diàn),竹席。花簟,織有花紋的竹席。

〔8〕練(shū)囊,疏麻布袋。露螢,沾着露水的螢火蟲。《晉書·車胤傳》:“胤博學多通,家貧不常得油,夏月則練囊盛數十螢火以照書,以夜繼日焉。”這裏暗用車胤的故事,是説清寒的秋夜,還有人在刻苦地囊螢讀書。

〔9〕荆江,指楚地,即今湖南湖北一帶。

〔10〕作者所懷念的故人,可能在關中一帶,所以説渭水、長安。唐賈島《憶江上吴處士》詩:"秋風吹渭水,落葉滿長安。"

〔11〕玉液,酒的美稱。篘(chóu),一種竹製的濾酒器,這裏用如動詞,等於説濾。

〔12〕蟹螯(áo),螃蟹的鉗夾,這裏指螃蟹。

〔13〕山翁,指西晉時的山簡。山簡字季倫,喜歡飲酒,經常喝得大醉。當時兒歌諷刺他(見《晉書・山簡傳》):"山公出何許(何所)? 往至高陽池。日夕倒載歸,酩酊無所知。"這裏山翁暗指作者所懷念的故人。

〔14〕斜照,等於説斜陽。斂,指收斂了餘光。晚、翦、掩、簟、卷、限、轉、遠、薦、斂,押韻(阮銑琰潸霰豔通韻,上去通押)。

蘭陵王(柳〔1〕)

柳陰直〔2〕,煙裏絲絲弄碧〔3〕。隋堤上〔4〕、曾見幾番,拂水飄綿送行色〔5〕。登臨望故國〔6〕,誰識? 京華倦客〔7〕。長亭路、年去歲來,應折柔條過千尺〔8〕。　閒尋舊蹤迹,又酒趁哀弦,鐙照離席〔9〕。梨花榆火催寒食〔10〕。愁一箭風快〔11〕,半篙波暖〔12〕,回頭迢遞便數驛〔13〕,望人在天北〔14〕。　悽惻〔15〕,恨堆積。漸别浦縈迴〔16〕,津堠岑寂〔17〕,斜陽冉冉春無極〔18〕。念月榭攜手,露橋聞笛〔19〕。沈思前事,似夢裏,淚暗滴〔20〕。

〔1〕這首詞題目是"柳",但並不是真正詠柳,而是送别之作(古人有折柳送别的習慣)。詞中表達了惜别之情和自己久居京城的厭倦。

〔2〕這是説堤岸上的柳樹排得很齊,因而樹的陰影是直的。

〔3〕弄,舞弄。碧,指碧色的枝條。

〔4〕隋堤,指當時東京(今開封市)附近的堤,是隋代修的,所以稱爲隋堤。堤

上種有柳樹。

〔5〕這是説自己不止一次到這裏來送行。綿，指柳絮。

〔6〕故國，在這裏是故鄉的意思。

〔7〕京華，京城。倦客，厭倦了的旅客，作者自指。

〔8〕這也是説自己經常到這裏來送行。柔條，指柳枝。

〔9〕酒趁哀弦，等於説伴隨着哀怨的樂聲飲酒。從“閒尋”到“離席”是説：閒來剛剛尋訪過曾與已經離去的朋友共同遊賞的地方，現在又爲别的朋友餞行了。

〔10〕大意是：這時正是梨花盛開、快到寒食節的時候。榆火，指榆柳火。《周禮·夏官·司爟(guàn)》：“四時變國火，以救時疾。”鄭衆注引鄹子：“春取榆柳之火，夏取棗杏之火，季夏取桑柘之火，秋取柞楢之火，冬取槐檀之火。”舊時在清明節前二日禁火(不生火煮飯，叫做“寒食”)，節後另取新火(用木燧、金燧或燧石取得的火)。唐宋時，朝廷在這一天賜給百官“榆柳火”(表示依照古制，從榆柳中鑽取的火)。

〔11〕一箭，喻行者所乘的船。注意：這裏的“愁”字一直貫到“望人在天北”。

〔12〕因爲篙插入水中的衹是半截，所以説“半篙”。時近暮春，水已暖，所以説“波暖”。

〔13〕驛，驛站。數驛，表示去得遠。

〔14〕人，指送行的人。天北，指相距很遠很遠的地方，也就是看不見的地方。從“愁一箭”到“天北”，是替行人設想(依周濟説，見《宋四家詞選》)。

〔15〕參看本册第1260頁《别賦》注〔6〕。

〔16〕這是説，船啟航了，岸邊的水波漸漸形成旋渦。别浦，水邊送别的地方。縈迴，曲折宛轉的樣子。

〔17〕津堠，碼頭上候望船隻的處所，這裏等於説“碼頭”。岑寂，雙聲聯緜字，寂寞。

〔18〕冉冉，這裏指慢慢移動。春無極，春色一望無邊。

〔19〕榭，建在高臺上的房屋。這兩句是回想過去的夜遊。

〔20〕直、碧、色、國、識、客、尺、迹、席、食、驛、北、惻、積、寂、極、笛、滴，押韻(職

陌錫通韻)。

滿庭芳(夏日溧水無想山作[1])

風老鶯雛[2],雨肥梅子[3],午陰嘉樹清圓[4]。地卑山近,衣潤費爐煙[5]。人靜烏鳶自樂[6],小橋外、新緑濺濺[7]。凭闌久,黄蘆苦竹[8],擬泛九江船[9]。

年年,如社燕[10],飄流瀚海[11],來寄修椽[12]。且莫思身外,長近尊前[13]。憔悴江南倦客,不堪聽、急管繁弦。歌筵畔,先安簟枕,容我醉時眠[14]。

〔1〕作者曾任溧水(今江蘇溧水縣)令,這首詞就是這時作的。詞中表達了失意、沉鬱的心情。

〔2〕風吹老了鶯雛。

〔3〕雨水澆肥了梅子。杜甫《陪鄭廣文游何將軍山林十首》之五:“紅綻雨肥梅。”

〔4〕正午嘉樹的陰影清晰而圓。嘉,一本作“佳”。

〔5〕卑,低。潤,溼。爐,薰爐,用來燃香去潮溼之氣的。這句是説,衣服潮溼,要費很多爐火來薰乾。

〔6〕烏,烏鴉。鳶,鳥名,俗名鷂鷹。烏鳶,泛指飛禽。

〔7〕新緑,指河水。濺濺(jiānjiān),水流很急的樣子。

〔8〕這句和上文“地卑山近”都是説自己所住的地方和白居易謫居江州(今九江市)時所住的地方很相似。白居易《琵琶行》:“住近湓江地低溼,黄蘆苦竹遶宅生。”

〔9〕擬,比擬。這是説自己這時的心情和白居易遭貶後的心情可以相比。

〔10〕社燕,即燕子。燕子每年春社前後從南方飛來,秋社前後飛去,所以稱爲社燕(社:春秋兩次祭土神的日子)。

〔11〕瀚海,沙漠,這裏泛指遠僻的地方。

〔12〕寄,託身。修椽,長的椽子。

〔13〕身外,身外之物,指功名利禄等。杜甫《絶句漫興》:“莫思身外無窮事,且盡尊前有限杯。”

〔14〕圓、煙、濺、船、年、椽、前、弦、眠,押韻(先韻)。

西河(金陵懷古〔1〕)

佳麗地〔2〕,南朝盛事誰記〔3〕? 山圍故國繞清江〔4〕,髻鬟對起〔5〕。怒濤寂寞打孤城〔6〕,風檣遥度天際。斷崖樹,猶倒倚,莫愁艇子曾繫〔7〕。空遺舊迹鬱蒼蒼,霧沈半壘〔8〕。夜深月過女牆來,賞心東望淮水〔9〕。　酒旗戲鼓甚處市〔10〕? 想依稀、王謝鄰里〔11〕。燕子不知何世,向尋常、巷陌人家,相對如説興亡,斜陽裏〔12〕。

〔1〕金陵,今南京市。宋代叫江寧,宋以前曾稱爲金陵。

〔2〕佳麗地,即金陵。謝朓《入城曲》:“江南佳麗地,金陵帝王州。”

〔3〕南朝,南北朝時的宋、齊、梁、陳。這幾個朝代都建都金陵(當時叫建業)。

〔4〕故國,指金陵。繞清江,清江繞着金陵。

〔5〕這是説青山對峙,像女人的髻鬟。

〔6〕劉禹錫《金陵五題·石頭城》:“山圍故國周遭在,潮打孤城寂寞回。淮水東邊舊明月,夜深還過女牆來。”(女牆:城上的小牆,用來掩蔽守城者進行射擊的。)

〔7〕南朝樂府《莫愁樂》:“莫愁在何處? 莫愁石城西。艇子打兩槳,催送莫愁來。”(莫愁:女子名。石城:即石頭城,故址在今南京市西。)今南京水西門外有莫愁湖。

〔8〕遺,一本作“餘”。壘,指古代的營壘。

〔9〕賞心,賞心亭。一本作“傷心”。淮水,即秦淮河。

〔10〕大意是:充滿酒樓戲館的鬧市,過去是什麽地方?

〔11〕大意是:想來大約是王謝的鄰里。依稀,彷彿,這裏有大約的意思。王謝,指東晉時王導、謝安的家族。王謝在當時是大族,後世常以王謝爲南朝豪族的代稱。

〔12〕大意是:昔時王謝堂前的燕子不知道人間是何世,如今飛入尋常人家,在斜陽中相對鳴叫,好像是在評論古今興亡的事。按:第三闋是檃栝劉禹錫《烏衣巷》詩句而成。《烏衣巷》:"朱雀橋邊野草花,烏衣巷口夕陽斜。舊時王謝堂前燕,飛入尋常百姓家。"(烏衣巷:王謝家族聚居的街巷名,故址在今南京市區東南角。朱雀橋:烏衣巷附近一橋名,在秦淮河上。)地、記、起、際、倚、繫、壘、水、市、里、世、裏,押韻(紙寘霽通韻,上去通押)。

李清照

李清照(公元1084—1151年?),號易安居士,南宋初期著名女作家,濟南人。她的父母都工於文章,丈夫趙明誠是金石學家,也很喜歡詩詞。中原淪陷後,與丈夫南渡,不久丈夫病死,她便過着顛沛流離、淒涼愁苦的生活。她的作品散失了很多,現在所傳《漱玉詞》爲後人所輯録。中華書局印有《李清照集》。

她前期的詞,内容比較狹窄。南渡後詞風大變,具有一定的社會意義。她在語言的運用方面有獨到之處,超出了當時一般作家。

如夢令〔1〕

昨夜雨疏風驟,濃睡不消殘酒〔2〕。試問捲簾人〔3〕,卻道"海棠依舊"。"知否?知否?應是緑肥紅瘦〔4〕。"

〔1〕這首詞表現了作者惜花的心情和對春色消逝的敏感。

〔2〕不消,在這裏是没能消掉的意思。

〔3〕捲簾人,正在捲簾的侍女。

〔4〕緑,指葉。紅,指花。驟、酒、舊、否、瘦,押韻(宥有通韻,上去通押)。

醉花陰[1]

薄霧濃雲愁永晝[2],瑞腦消金獸[3]。佳節又重陽,玉枕紗廚[4],半夜涼初透。　東籬把酒黄昏後[5],有暗香盈袖[6]。莫道不消魂[7],簾捲西風[8],人比黄花瘦[9]。

〔1〕這首詞有的本子題作“九日”,是作者前期的作品。據説作者把這首詞寄給她丈夫,用以表達相思之苦。

〔2〕永,長。永晝,漫長的白天。

〔3〕瑞腦在薰爐中燃盡了。瑞腦,一種香料。金獸,獸形的銅香爐。

〔4〕玉枕,指瓷枕。紗廚,紗帳,是在牀上設一長方形木架,罩上紗,用來避蚊蠅。因爲形狀像廚,所以稱“紗廚”。

〔5〕東籬,泛指種着菊花的園地。陶潛《飲酒》:“採菊東籬下。”參看本册第1372頁。

〔6〕暗香,指菊花的香氣。

〔7〕消魂,即銷魂,參看本册第1259頁《别賦》注〔2〕。

〔8〕簾子被西風捲起。

〔9〕黄花,菊花。晝、獸、透、後、袖、瘦,押韻(宥有通韻)。

鳳凰臺上憶吹簫[1]

香冷金猊[2],被翻紅浪[3],起來慵自梳頭[4]。任寶奩塵滿[5],日上簾鉤。生怕離懷别苦,多少事、欲説還休。新來瘦,非干病酒[6],不是悲秋。　休休!這回去也,千萬徧陽關[7],也則難留[8]。念武陵人遠[9],煙鎖秦樓[10]。惟有樓前流水,應念我、終日凝眸。凝眸處,從今又添、一段新愁[11]。

〔1〕這首詞寫别情，是作者前期的作品。

〔2〕香在金猊爐中冷了，也就是爐中的香燃盡了。猊(ní)，狻(suān)猊，就是獅子。金猊，狻猊形的銅香爐。

〔3〕醒後懶於起牀，輾轉反側，使紅錦被波動得像紅浪一樣。

〔4〕慵(yōng)，懶。

〔5〕奩(lián)，女子梳妝用的鏡匣。

〔6〕不是因爲喝酒喝病了。干，關涉。

〔7〕陽關，指送别曲。王維《送元二使安西》："勸君更盡一杯酒，西出陽關無故人。"後歌入樂府，以此詩爲送别曲，唱至"陽關"句反復，稱爲"陽關三疊"，後來又産生了《陽關三疊》詞。

〔8〕也則，也衹是。

〔9〕武陵人，武陵的漁人。陶潛《桃花源記》載：武陵(郡名，今湖南常德一帶)的一個漁人曾偶然到了一個與世隔絶的桃花源，其中的人都是秦時避亂者的後裔。

〔10〕這是説煙霧遮住了視綫，再也看不見遠去的人。秦樓，參看本册第1509頁《憶秦娥》注〔3〕。煙鎖秦樓，一本作"雲鎖重樓"。

〔11〕頭、鉤、休、秋、休、留、樓、眸、愁，押韻(尤韻)。

永遇樂〔1〕

落日鎔金〔2〕，暮雲合璧〔3〕，人在何處〔4〕？染柳煙濃，吹梅笛怨〔5〕，春意知幾許？元宵佳節，融和天氣，次第豈無風雨〔6〕？來相召、香車寶馬，謝他酒朋詩侶〔7〕。　中州盛日〔8〕，閨門多暇，記得偏重三五〔9〕。鋪翠冠兒〔10〕，撚金雪柳〔11〕，簇帶爭濟楚〔12〕。如今憔悴，風鬟霧鬢〔13〕，怕見夜間出去〔14〕。不如向、簾兒底下，聽人笑語〔15〕。

〔1〕這是作者南渡後所作,撫今思昔,流露了對故國的懷念和自己的孤寂之情。

〔2〕大意是:落日之色像鎔化了的黄金一樣。

〔3〕大意是:暮雲聯成一片,像一塊璧玉。璧,平圓形而中有孔的玉。

〔4〕人,指親人。這句表明作者的孤獨寂寞。

〔5〕梅,梅花,兼指古笛曲《梅花落》。李白《與史郎中欽聽黄鶴樓上吹笛》:"黄鶴樓中吹玉笛,江城五月落梅花。"(落梅花:即梅花落,意思雙關。)

〔6〕次第,跟着。這句大意是:跟着就會有風雨來到。這是對來約自己出遊的朋友推託的話,透露了作者的好景無常的悲觀情緒。

〔7〕大意是:酒朋詩侶以華美的車馬來召我出遊,我謝絶了他們。

〔8〕中州,即今河南省,在上古爲豫州,因爲在九州中心,所以稱中州。這裏"中州"是指東京汴梁(即今開封市)。盛日,指未淪陷時。

〔9〕偏重,特别看重。三五,即正月十五元宵節。

〔10〕鑲着翡翠羽的冠,婦女所戴。

〔11〕撚(niǎn),揉紙使緊。撚金雪柳,用黄紙、白紙紮的柳枝,是婦女元宵節戴的一種頭飾。

〔12〕簇帶,等於説戴在一起。濟楚,整齊漂亮。

〔13〕形容頭髮蓬鬆散亂。李朝威《柳毅傳》:"見大王愛女牧羊於野,風鬟雨鬢,所不忍睹。"蘇軾《題毛女真》:"風鬢霧鬢木葉衣。"

〔14〕怕見,等於説懶得。一本作"怕向花間重去"。

〔15〕處、許、雨、侣、五、楚、去、語,押韻(御語麌通韻,上去通押)。

陸　游

鵲橋仙[1]

華鐙縱博,雕鞍馳射,誰記當年豪舉[2]?酒徒一一取封侯,獨去作、江邊漁父[3]。　輕舟八尺,低篷三扇,占斷蘋洲煙雨[4]。鏡湖元自屬閒人[5],又何必、官家賜與〔6〕！

〔1〕這是作者晚年閒居山陰三山故居時所作。詞中反映了作者對朝廷腐敗、無意收復中原的憤慨不滿。

〔2〕縱，放肆，盡情。博，古代的一種棋戲，這裏用如動詞。雕鞍馳射，1172年，作者在漢中時，經常身穿戎衣練習騎射，並有過雪中刺虎的壯舉。

〔3〕這句是説自己獨自去江邊過隱逸的生活。

〔4〕占斷，等於説佔盡，也就是獨享的意思。蘋洲，長有蘋草的小洲。蘋洲煙雨，泛指水邊的美景。

〔5〕鏡湖，又名鑑湖，在紹興南，臨近作者的住所。元自，等於説本自。

〔6〕官家賜與，唐代詩人賀知章晚年回到山陰故里當道士，請朝廷賜湖數頃做放生池，於是皇帝"有詔賜鏡湖剡川一曲"。官家，對皇帝的稱呼。舉、父、雨、與，押韻（語麌通韻）。

訴衷情〔1〕

當年萬里覓封侯〔2〕，匹馬戍梁州〔3〕。關河夢斷何處〔4〕？塵暗舊貂裘〔5〕。　　胡未滅，鬢先秋〔6〕，淚空流。此生誰料，心在天山〔7〕，身老滄洲〔8〕。

〔1〕在這首詞中，作者表示了中原尚未恢復而自己已老的苦悶。

〔2〕這裏暗用班超投筆從戎的故事。參看第三册第1161頁《滕王閣序》注〔3〕。

〔3〕作者曾在漢中川陝安撫使王炎手下任幹辦公事。梁州，宋代漢中一帶在唐以前曾叫梁州。參看第三册第914頁《陳情表》注〔17〕。

〔4〕關河，山川險要之處，這裏指邊境。這句是説邊塞戍守生活像夢一樣消逝了，無處可尋。

〔5〕貂裘，《戰國策·秦策》載，蘇秦以連橫説秦惠王，"説秦王書十上而説不行，黑貂之裘弊，黃金百斤盡，資用乏絶，去秦而歸"。這句是説，灰塵使得貂裘的顏色變暗了，暗指自己的志願未能實現。

〔6〕秋,指白如秋霜。李白《秋浦歌》其十五:"白髮三千丈,緣愁似箇長。不知明鏡裹,何處得秋霜。"

〔7〕天山,這裏泛指邊疆。

〔8〕滄洲,等於説水濱,古代用來代表隱者居住的地方。侯、州、裘、秋、流、洲,押韻(尤韻)。

謝池春

壯歲從戎,曾是氣吞殘虜。陣雲高〔1〕、狼煙夜舉〔2〕。朱顏青鬢,擁雕戈西戍〔3〕。笑儒冠、自來多誤〔4〕。

功名夢斷〔5〕,卻泛扁舟吴楚〔6〕。漫悲歌、傷懷弔古。煙波無際,望秦關何處?歎流年、又成虚度〔7〕。

〔1〕陣雲,以陣比喻雲。

〔2〕狼煙,又叫烽煙、烽火。參看本册第1419頁《春望》注〔4〕。《酉陽雜俎》:"古邊亭舉烽火時,用狼糞燒煙,以其煙直上,風吹不斜也。"

〔3〕雕戈,刻有花紋的戈。以上是指當年在漢中的事,漢中在西方,所以説"西戍"。

〔4〕這是説:笑儒者都想立一番功業,但很多都是一生不得志。杜甫《奉贈韋左丞丈二十二韻》:"紈絝不餓死,儒冠多誤身。"(紈絝:貴族子弟的衣服,這裏指貴族子弟。)

〔5〕大意是:當年戍邊報國的事未能繼續下去。

〔6〕泛扁舟,表示退隱。這是暗用范蠡的故事。參看本册第1429頁《安定城樓》注〔6〕。吴楚,泛指南方。

〔7〕流年,像流水一樣逝去的歲月。虜、舉、戍、誤、楚、古、處、度,押韻(麌語遇御通韻,上去通押)。

辛棄疾

辛棄疾(公元1140—1207年),字幼安,號稼軒,南宋初濟南人。他出生時正值中原淪陷、民族災難極爲深重的時代，自幼受到祖父的愛國思想的熏陶。二十一歲時，組織了一支義軍，後來投歸南宋，任江陰僉判。此後逐漸顯露出過人的才識，歷任湖南、湖北、江西、福建等地安撫使，以及湖北湖南轉運副使等職。他每任新職，都努力整頓地方，積蓄軍力，爲人民做了不少好事。但他恢復中原、親上前綫的壯志卻始終未能實現。他幾次上書論述北伐大計，都没有被接受，兩次被罷黜，退居鄉間達二十年。

辛詞具有深刻的愛國主義思想，反映了時代精神。他繼承了蘇軾的豪放的詞風，縱横慷慨，奮發激越，也有一些作品清麗嫵媚，含蓄委婉。後世常以蘇辛並提。辛詞對當時以至後代的詩歌發展有深遠的影響。

辛詞過去没有注本，今人鄧廣銘的《稼軒詞編年箋注》可資參考。

摸魚兒

淳熙己亥〔1〕，自湖北漕移湖南〔2〕，同官王正之置酒小山亭〔3〕，爲賦。

更能消、幾番風雨〔4〕？匆匆春又歸去。惜春長怕花開早，何況落紅無數〔5〕。春且住。見説道、天涯芳草無歸路〔6〕。怨春不語，算衹有殷勤，畫簷蛛網，盡日惹飛絮〔7〕。　長門事，準擬佳期又誤〔8〕。蛾眉曾有人妬〔9〕。千金縱買相如賦，脈脈此情誰訴〔10〕？君莫舞〔11〕。君不見、玉環飛燕皆塵土〔12〕？閑愁最苦。休去倚危欄〔13〕，斜陽正在，煙柳斷腸處〔14〕。

〔1〕這首詞用隱喻的手法，表達了作者對國事的憂憤。上闋喻國運垂危和自

己的希望，下闋喻自己在當政者壓抑之下的苦悶和憤慨。全詞表面上很委婉，其實感情很强烈。據説宋孝宗讀了這首詞以後很不高興。淳熙，宋孝宗的第三個年號。淳熙六年爲己亥年，當公元 1179 年。

〔2〕漕，本指水道運輸，這裏指漕司，即轉運使（負責糧餉運輸並兼理一路軍事、行政的長官）。作者這時由湖北路轉運副使改任湖南路轉運副使。

〔3〕王正之，名特起。小山亭，在鄂州（今湖北武昌縣）湖北轉運副使的衙門裏。

〔4〕消，禁得起。

〔5〕紅，指花。

〔6〕見説道，等於説聽説。這是説：聽説天邊長滿了芳草，春没有回去的路了。

〔7〕大意是：算來衹有簷下的蛛網殷勤地整天在那裏沾惹飄飛的柳絮，像是要把春留住似的。

〔8〕長門事，《文選·長門賦序》載，漢武帝的陳皇后失寵，住在長門宫。她聽説司馬相如文章寫得好，就以黄金百斤請相如作一篇解其悲愁的文章，於是相如作了《長門賦》以使武帝悔悟，陳皇后因而又得親幸。準擬，副詞，表示揣測。

〔9〕《楚辭·離騷》："衆女嫉余之蛾眉兮，謡諑謂余以善淫。"參看第二册第 554 頁。

〔10〕脈脈，含情慾吐的樣子。誰訴，向誰訴説？以上五句是説因爲有人妒忌，縱然用千金買到《長門賦》那樣的文章，仍然達不到預期的目的，自己的深情依舊無處訴説。這是比喻自己爲當朝權貴所排擠，不能被重用。

〔11〕君，指好忌妒的人，也就是當權者。

〔12〕玉環，楊貴妃的小名。飛燕，即趙飛燕，參看本册第 1268 頁《春賦》注〔1〕。這兩個人都寵極一時，而且都好忌妒。

〔13〕危，高。危欄，高樓上的欄杆。欄，一本作"樓"。

〔14〕雨、去、數、住、路、語、絮、誤、妬、訴、舞、土、苦、處，押韻（御遇語麌通韻，上去通押）。

木蘭花慢(席上送張仲固帥興元[1])

漢中開漢業[2],問此地,是耶非?想劍指三秦,君王得意,一戰東歸[3]。追亡事[4],今不見,但山川滿目淚沾衣[5]。落日胡塵未斷[6],西風塞馬空肥[7]。　一編書是帝王師[8],小試去征西[9]。更草草離筵,匆匆去路,愁滿旌旗[10]。君思我,回首處,正江涵秋影雁初飛[11]。安得車輪四角[12],不堪帶減腰圍[13]。

〔1〕這首詞以漢時與今日對比,寫出壯志未酬、英雄無用武之地的苦悶,同時勉勵張仲固在漢中有所建樹。張仲固,名堅。興元,南宋府名,在漢中,府治即今陝西漢中市。

〔2〕指劉邦被項羽封爲漢王,王巴、蜀、漢中,劉邦就在漢中奠定了漢朝的基業。

〔3〕君王,指劉邦。

〔4〕追亡事,指蕭何追韓信事。參看第三册第691頁《淮陰侯列傳》。

〔5〕唐李嶠《汾陰行》:"路逢故老長歎息,世事迴環不可測。昔時青樓對歌舞,今日黄埃聚荆棘。山川滿目淚沾衣,富貴榮華能幾時?不見只今汾水上,惟有年年雁秋飛。"李嶠本來是因漢武帝事而感慨於世事興敗的,辛棄疾借用他的詩句來説劉邦圖謀統一天下的事業和重用人材的盛事已不可復見。

〔6〕胡塵,指金人的侵略。

〔7〕西風,指秋天。塞馬,邊塞上的戰馬。空肥,秋天馬肥,宜於用兵,但朝廷苟安,無意進取,所以説"空肥"。空,白白地。

〔8〕據《史記·留侯世家》載,張良遊下邳,遇見一個老人,老人送給他一編書,説:"讀此,則爲帝王師矣。"天亮後張良纔知道是"太公兵法"(太公:姜太公)。後來張良果然輔佐劉邦成就了帝業。這句是説張仲固有張良之才。

〔9〕指張仲固到興元去爲帥是小試其技。

〔10〕“更草草”到“旌旗”大意是：你就要走了，再加上分别得這樣匆忙，使我滿懷離愁。

〔11〕涵，包涵。秋影，秋天的景物在水中的倒影。杜牧《九日齊山登高》：“江涵秋影雁初飛，與客攜壺上翠微。”（壺：酒壺。翠微：本指山氣呈現的青紫色，這裏指山。）

〔12〕車輪四角，唐陸龜蒙《古意》：“君心莫淡薄，妾意正栖託。願得雙車輪，一日生四角。”希望車輪生角無法行進，是想把要走的人留下來。

〔13〕帶，衣帶。帶減腰圍，指因想念遠方的人而消瘦。《古詩》：“相去日已遠，衣帶日已緩。”（緩：顯得寬了。）杜甫《傷秋詩》：“懶慢頭時櫛，艱難帶減圍。”（櫛：梳頭。）非、歸、衣、肥、師、西、旗、飛、圍，押韻（微支齊通韻）。

祝英臺近（晚春〔1〕）

寶釵分〔2〕，桃葉渡〔3〕，煙柳暗南浦〔4〕。怕上層樓〔5〕，十日九風雨。斷腸片片飛紅，都無人管，更誰勸、啼鶯聲住〔6〕。　　鬢邊覷，試把花卜歸期〔7〕，才簪又重數〔8〕。羅帳燈昏，哽咽夢中語：是他春帶愁來〔9〕，春歸何處？却不解、帶將愁去〔10〕。

〔1〕這一首寫閨怨。

〔2〕釵，古代婦女的一種頭飾。古代男女離别時常分釵相贈。這裏説“寶釵分”就意味着與愛人分别。

〔3〕桃葉，晉王獻之的愛妾。王獻之曾送桃葉渡河，並作了一首詩：“桃葉復桃葉，渡江不用楫，但渡無所苦，我自迎接汝。”後來人們把桃葉渡河處稱爲桃葉渡（在今南京秦淮河與青溪合流處）。這裏“桃葉渡”指送别愛人的地方。

〔4〕煙柳使南浦昏暗。煙柳，暮煙籠罩着的柳。南浦，江淹《别賦》：“送君南浦，傷如之何？”参看本册第1266頁注〔4〕。這裏也代表送别愛人的

地方。

〔5〕層，重。層樓，就是樓。

〔6〕一本作"倩誰喚流鶯聲住"。

〔7〕覷(qù)，同"覰"，伺視。這是説，無意中看見了插在鬢邊的花，於是試着拿花占卜一下愛人的歸期。"花卜歸期"的辦法不詳，可能是根據花瓣的數目占卜歸期。

〔8〕這是説：剛剛占卜過，把花插在頭上了，又取下來重數。

〔9〕他，指春。

〔10〕解，等於説懂得。將，語氣詞，用於動詞後。渡、浦、雨、住、覷、數、語、去，押韻(遇麌語御通韻，上去通押)。

八聲甘州

夜讀李廣傳〔1〕，不能寐，因念晁楚老、楊民瞻約同居山間〔2〕，戲用李廣事，賦以寄之。

故將軍飲罷夜歸來，長亭解雕鞍〔3〕。恨灞陵醉尉，匆匆未識，桃李無言〔4〕。射虎山横一騎，裂石響驚弦〔5〕。落魄封侯事〔6〕，歲晚田園。　誰向桑麻杜曲〔7〕？要短衣匹馬，移住南山〔8〕。看風流慷慨，談笑過殘年。漢開邊、功名萬里〔9〕，甚當時、健者也曾閑〔10〕？紗窗外、斜風細雨，一陣輕寒〔11〕。

〔1〕李廣，西漢名將，在抗擊匈奴的戰爭中屢建大功，但始終未得封侯，最後還被迫自殺。辛棄疾感於自己的遭遇與李廣相似，因此在他的詞裏多次借李廣事發洩自己的悒鬱之情。

〔2〕晁楚老、楊民瞻，二人生平不詳。

〔3〕《史記·李將軍列傳》載，李廣曾被免爲庶人，在藍田南山中閒居，"〔廣〕嘗夜從一騎出，從人田間飲，還至霸陵亭。霸陵尉醉，呵止廣。廣騎曰：'故

李將軍。’尉曰：‘今將軍尚不得夜行，何乃故也。’止廣宿亭下。”長亭，指霸陵亭，在今陝西西安市東。

〔4〕這是説李廣是不善於説話卻爲人所共仰的英雄。《史記·李將軍列傳》：“太史公曰……余睹李將軍，悛悛如鄙人，口不能道辭。及死之日，天下知與不知，皆爲盡哀。彼其忠實心誠信於士大夫也。諺曰：‘桃李不言，下自成蹊。’此言雖小，可以諭大也。”（悛悛：音 xúnxún，同“恂恂”，謹厚的樣子。）“桃李無言”是上面“未識”的賓語。灞陵，即霸陵，漢文帝陵墓，在今西安市東。

〔5〕驚弦，令人驚心的弦聲。《史記·李將軍列傳》：“廣出獵，見草中石，以爲虎而射之，中石没鏃。視之，石也。”

〔6〕落魄（luòtuò），同“落拓”，不得志的樣子。

〔7〕桑麻，泛指農事。杜曲，地名，長安城南的名勝區。

〔8〕短衣匹馬，指打獵的裝束。南山，參看第三册第719頁《魏其武安侯列傳》注〔3〕。這三句是用杜甫《曲江三章》的語意。《曲江三章》第三章：“自斷此生休問天，杜曲幸有桑麻田。故將移住南山邊，短衣匹馬隨李廣，看射猛虎終殘年。”

〔9〕建立功名於萬里之外，也就是可以在邊疆上立功。

〔10〕甚，爲什麽。健者，指李廣。閑，閑散無事，指没有被重用。

〔11〕鞍、言、弦、園、山、年、邊、閑、寒，押韻（寒元先删通韻）。

賀新郎

邑中園亭，僕皆爲賦此詞〔1〕。一日，獨坐停雲〔2〕，水聲山色，競來相娱，意溪山欲援例者〔3〕。遂作數語，庶幾彷彿淵明思親友之意云〔4〕。

甚矣吾衰矣〔5〕。悵平生、交遊零落，只今餘幾！白髮空垂三千丈〔6〕，一笑人間萬事〔7〕。問何物、能令公喜〔8〕？我見青山多嫵媚，料青山、見我應如是〔9〕。情與貌,略相似[10]。　　一尊搔首東窗裏[11]。想淵明、《停雲》詩就,此時風味。江左沈酣求名者[12],豈識濁醪妙理[13]?回首叫、雲飛風起。不恨古人吾不見,恨古人、不見吾狂耳[14]。知我者,二三子[15]。

〔1〕這首詞是寄情山水之作,但其中包含着世無知己的苦悶和對争名者的不滿。此詞,指賀新郎這一詞調。

〔2〕停雲,亭名,在鉛山縣作者的寓所中,取名於陶潛的《停雲》詩。

〔3〕大意是:可能是溪山想援用邑中諸園亭的先例〔要我也賦一首《賀新郎》〕。

〔4〕《停雲》詩的序説:"停雲,思親友也。"《停雲》全詩是寫想和親友同飲而不能如願。

〔5〕《論語·述而》:"子曰:'甚矣,吾衰也。久矣,吾不復夢見周公。'"孔子是欽慕周公之道的。没有夢見周公,是説自己的道行不通了。這裏祇用《論語》的前一句(改"也"爲"矣",是爲了押韻),但也包含了己道不行的意思。

〔6〕李白《秋浦歌》:"白髮三千丈,緣愁似箇長。"(似箇:如此。)這裏説"空垂",意思是白白發愁。

〔7〕這是説:對人間萬事,還是一笑置之吧。

〔8〕公,作者自指。《世説新語·寵禮》:"王珣、郄超並有奇才,爲大司馬所眷拔。珣爲主簿,超爲記室參軍。超爲人多須,珣狀短小。於是荆州爲之語曰:'髯参軍,短主簿。能令公喜,能令公怒。'"(大司馬:指桓温。須:鬚。公:指桓温。)

〔9〕《新唐書·魏徵傳》:"帝曰:'人言徵舉動疏慢,我但見其嫵媚耳。'"魏徵是唐太宗時的名臣,敢於直諫,唐太宗也比較能接受他的意見。作者這是以魏徵自比。

〔10〕這是説山和人的形貌都嫵媚,性情大致也是相似的。

〔11〕尊,"樽"的古字。《停雲》詩:"静寄東軒,春醪獨撫。良朋悠邈,搔首延佇。"(軒:窗。悠邈:很遠的樣子。)

〔12〕江左,這裏指東晉。沈酣,等於説沈醉。蘇軾《和陶淵明飲酒詩》:"道喪士

失己，出語輒不清。江左風流人，醉中亦求名。淵明獨清真，談笑得此生。"

〔13〕杜甫《晦日尋崔戢李封》詩："濁醪有妙理，庶用慰沈浮。"以上兩句表面上是説東晉時的士大夫祇知營求名利，但實際上是諷刺當時的士大夫。

〔14〕《南史·張融傳》："融常歎曰：'不恨我不見古人，所恨古人不見我。'"

〔15〕二三子，《論語·八佾》："二三子，何患於喪乎？"孔子稱弟子們爲"二三子"，這裏指知己朋友。矣、幾、事、喜、是、似、裏、味、理、起、耳、子，押韻（紙尾寘未通韻，上去通押）。

浣溪沙

父老爭言雨水勻，眉頭不似去年顰〔1〕。殷勤謝卻甑中塵〔2〕。　　啼鳥有時能勸客〔3〕，小桃無賴已撩人〔4〕。梨花也作白頭新〔5〕。

〔1〕顰（pín），〔眉頭〕皺着。

〔2〕這是説又可以吃上飯了。甑中生塵，表示斷炊已經很久。《後漢書·獨行傳》："范冉字史雲，陳留内黄人也。桓帝時以冉爲萊蕪長……所止單陋，有時絶粒。窮居自若，言貌不改。閭里歌之曰：'甑中生塵范史雲，釜中生魚范萊蕪。'"

〔3〕勸客，勸客飲酒。

〔4〕無賴，這裏有可愛的意思。撩，挑逗。這句是説桃樹已經開花。

〔5〕勻、顰、塵、人、新，押韻（真韻）。

滿江紅〔1〕

倦客新豐〔2〕，貂裘敝〔3〕、征塵滿目。彈短鋏、青蛇三尺，浩歌誰續〔4〕？不念英雄江左老〔5〕，用之可以尊中國〔6〕。歎詩書、萬卷致君人〔7〕，翻沈陸〔8〕。　　休感慨,澆醽醁〔9〕。人易老,歡難足。有玉人憐我〔10〕,爲簪黄菊〔11〕。且置請纓封萬户〔12〕,竟須賣劍酧黄犢〔13〕。甚當年、寂寞賈長沙,傷時哭〔14〕?

〔1〕這首詞表達了作者不被重用、壯志不能實現時的憂憤。下闋故作達觀,其實感情是極爲沈痛的。

〔2〕新豐,《新唐書·馬周傳》載,馬周"舍新豐逆旅(客店),主人不之顧。命酒一斗八升,悠然獨酌,衆異之。至長安,舍中郎將常何家。貞觀五年,詔百官言得失。何武人,不涉學,爲條二十餘事,皆當世所切。太宗怪,問何,何曰:'此非臣所能,家客馬周教臣言之。客,忠孝人也。'帝即召之……與語,帝大悦,詔直門下省,明年,拜監察御史"。辛棄疾是以未得志的馬周自比。

〔3〕指長期未遇到建立功業的機會。參看本册第1533頁《訴衷情》注〔5〕。

〔4〕這是用馮諼彈鋏而歌的故事。參看第一册第100頁《馮諼客孟嘗君》。青蛇,也是指劍。浩歌,指馮諼所唱的歌。

〔5〕江左,長江下游南岸一帶地,這裏泛指江南。江左老,在江左變老了。

〔6〕尊,使動用法。尊中國,指恢復中原。

〔7〕杜甫《奉贈韋左丈二十二韻》:"讀書破萬卷,下筆如有神……自謂頗挺出,立登要路津。致君堯舜上,再使風俗淳。"(要路津:指重要的職位。)致君人,就是"致君堯舜上"的人。

〔8〕翻,等於説反而。沈陸,即陸沈,意即無水而沈,比喻隱居。《史記·滑稽列傳》:"〔東方朔〕據地歌曰:'陸沈於俗,避世金馬門。宫殿中可以避世全身,何必深山之中,蒿廬之下。'"這是説,不但不能尊中國,反而閒着没事。

〔9〕醽醁(línglù),酒名,這裏泛指酒。澆醽醁,指喝酒。《世説新語·任誕》:"阮籍胸中壘塊,故須酒澆之。"

〔10〕玉人,參看本册第1439頁《寄揚州韓綽判官》注〔5〕。

〔11〕爲,讀wèi。簪,用如動詞,插上。蘇軾《千秋歲》:"美人憐我老,玉手簪黄菊。"

〔12〕請纓，參看第三册第1161頁《滕王閣序》注〔2〕。這句是説姑且放下殺敵立功的打算。

〔13〕酧，同"酬"，這裏是買的意思。酧黄犢，指務農，也就是退隱鄉間。《漢書·龔遂傳》："遂見齊俗奢侈，好末技，不田作，乃躬率以儉約，勸民務農桑……民有帶持刀劍者，使賣劍買牛，賣刀買犢。"

〔14〕甚，等於説爲什麽。賈長沙，即賈誼。賈誼曾任長沙王太傅，所以稱賈長沙。賈誼《治安策序》："臣竊惟事勢可爲痛哭者一，可爲流涕者二，可爲長太息者六。"參看第三册第874頁《論積貯疏》。目、續、國、陸、渌、足、菊、犢、哭，押韻（屋沃職通韻）。

永遇樂（京口北固亭懷古〔1〕）

千古江山，英雄無覓、孫仲謀處〔2〕。舞榭歌臺，風流總被、雨打風吹去。斜陽草樹，尋常巷陌，人道寄奴曾住〔3〕。想當年、金戈鐵馬，氣吞萬里如虎〔4〕。　元嘉草草，封狼居胥〔5〕，贏得倉皇北顧〔6〕。四十三年，望中猶記、烽火揚州路〔7〕。可堪回首〔8〕，佛貍祠下〔9〕，一片神鴉社鼓〔10〕。憑誰問、廉頗老矣，尚能飯否〔11〕？

〔1〕這首詞作於宋寧宗開禧元年（公元1205年），作者這時已六十六歲，正任鎮江知府。在這首詞裏作者借古喻今，表達了他對當時國事的憤慨。京口，地名，即今江蘇鎮江市。原名丹徒，孫權曾建都於此，號曰京城。後遷都建業，改京城爲京口縣。北固亭，又稱北固樓，在今鎮江市東北的北固山上，下臨長江。

〔2〕英雄孫仲謀已無處可尋。孫仲謀，即孫權，參看本册第1518頁《江城子》注〔4〕。

〔3〕寄奴，南朝宋武帝劉裕的小字。劉裕家在京口。東晉安帝時任下邳（在今江蘇宿遷縣西北）太守。桓玄叛晉，劉裕起兵京口，平定了桓玄。後來他

推翻了東晉,建立了宋朝。

〔4〕指劉裕曾滅南燕和後秦(南燕:鮮卑族。後秦:羌族),收復了洛陽長安等地。

〔5〕這是説宋文帝草草從事北伐。元嘉,南朝宋文帝劉義隆(劉裕之子)的年號。封,積土增山,用以祭天。狼居胥,山名,又名狼山,在今内蒙古自治區境内。《史記・衛將軍驃騎列傳》載霍去病曾率兵深入匈奴地區,大敗匈奴,封狼居胥。《宋書・王玄謨傳》:"玄謨每陳北侵之策,上(宋文帝)謂殷景仁曰:'聞玄謨陳説,使人有封狼居胥意。'"宋文帝於元嘉二十七年(公元450年)命王玄謨北伐,大敗而歸。

〔6〕北顧,指看到北方追來的後魏軍隊。劉宋北伐失敗,後魏軍一直追到長江邊。《宋書・索虜傳》載宋文帝詩中有"北顧涕交流"句。

〔7〕大意是:向北瞭望之中還記得四十三年前揚州以北地區到處是戰火的情景。當時作者正在那裏率領義軍進行抗敵鬥爭。紹興三十二年(公元1162年)他率衆南歸,到作這首詞時已四十三年。揚州路,這裏指揚州一帶地方。當時揚州屬淮南東路。

〔8〕可堪,等於説那堪。

〔9〕佛貍祠,廟宇名。後魏太武帝小字佛貍,他擊敗劉宋,追到長江邊上,在瓜步山(在今江蘇六合縣東南)上建立行宫,後來改爲太武廟,又稱佛貍祠。

〔10〕神鴉,祭祀時來吃祭品的烏鴉。據《岳陽風土記》載,巴陵烏鴉很多,土人稱之爲神鴉,不敢射它。社鼓,指祭祀時的鼓聲。

〔11〕大意是,有誰來問我:年紀老了,還能不能用呢?《史記・廉頗藺相如列傳》:"趙王思復得廉頗,廉頗亦思復用於趙。趙王使使者視廉頗尚可用否。廉頗之仇郭開多與使者金,令毁之。趙使者既見廉頗,廉頗爲之一飯斗米,肉十斤,被甲上馬,以示尚可用。趙使還報王曰:'廉將軍雖老,尚善飯。然與臣坐,頃之,三遺矢矣。'趙王以爲老,遂不召。"(矢:屎。遺矢:大便。)處、去、住、虎、顧、路、鼓、否,押韻(御遇麌通韻,上去通押)。

姜　夔

姜夔(公元1155?—1221年),字堯章,號白石道人。南宋末饒州鄱陽(今江西鄱陽縣)人。他具有多方面的才能,善書法,精音樂,而尤以詩詞著稱。他没有做過官,一直過着清客的生活。他的詩詞在文字上刻意求工而又不流於浮豔輕靡,自成一派,對後世有較大影響。但由於長期脱離現實生活,過於追求藝術形式,因此思想内容受到很大局限。

他著有《大樂議》,今見於《宋史·樂志》。詞集今傳有《白石道人歌曲》,其中有十七首旁邊注有樂譜,是研究詞樂的寶貴資料。

揚州慢

淳熙丙申至日〔1〕,予過維陽〔2〕。夜雪初霽〔3〕,薺麥彌望〔4〕。入其城,則四顧蕭條,寒水自碧,暮色漸起,戍角悲吟〔5〕。予懷愴然,感慨今昔,因自度此曲〔6〕。千巖老人以爲有《黍離》之悲也〔7〕。

淮左名都〔8〕,竹西佳處〔9〕,解鞍少駐初程〔10〕。過春風十里〔11〕,盡薺麥青青。自胡馬、窺江去後〔12〕,廢池喬木,猶厭言兵〔13〕。漸黄昏、清角吹寒,都在空城〔14〕。杜郎俊賞〔15〕,算而今、重到須驚。縱豆蔻詞工,青樓夢好〔16〕,難賦深情。二十四橋仍在〔17〕,波心蕩、冷月無聲。念橋邊紅藥〔18〕,年年知爲誰生〔19〕?

〔1〕這個詞調是作者創製的。詞中由眼前揚州的荒涼想到昔日的繁華,反映了一定的社會現實,但情調卻過於淒清悲傷。淳熙丙申,宋孝宗淳熙三年(公元1176年)。至日,指冬至日。

〔2〕維揚,即揚州。《尚書·禹貢》:"淮海維揚州。"後來就截取"維揚"二字代表揚州。

〔3〕霽(jì),雨雪停止。

〔4〕這是説揚州非常荒涼。薺麥,葶藶之類(參照朱駿聲説,見《説文通訓定聲》)。《淮南子·天文訓》:"陰生於午,故五月爲小刑,薺麥亭歷枯。"彌望,等於説充滿視野。

〔5〕戍角,軍中號角。

〔6〕因而自己創製了這個詞調。

〔7〕千巖老人,當時著名詩人蕭德藻的别號。德藻字東夫,福建閩縣(今閩清縣)人,晚年住在湖州(今浙江湖州市)。他很賞識姜夔的詩,把姪女嫁給他,並常常周濟他。《黍離》,即《詩經·王風·黍離》,參看第二册第480頁。舊説周平王東遷之後,周大夫經過故都,見到宗廟宫室中長滿了禾黍,傷悼周室顛覆,彷徨不能離去,於是作《黍離》。

〔8〕淮左,即淮東。宋代揚州屬淮南東路(簡稱淮東路)。

〔9〕竹西,亭名,在揚州城東禪智寺旁。"竹西"之名,取自杜牧《題揚州禪智寺》詩句:"誰知竹西路,歌吹是揚州。"

〔10〕初程,開頭的一段路程。

〔11〕春風十里,指先前繁華的揚州城裏的街道。杜牧《贈别》:"娉娉裊裊十三餘,豆蔻梢頭二月初。春風十里揚州路,卷上珠簾總不如。"

〔12〕胡馬窺江,指金兵侵犯到長江附近。金兵於宋高宗建炎三年(公元1129年)、紹興三十一年(1161年)都曾南侵,揚州受到嚴重破壞。

〔13〕連毁壞了的城池和古老的大樹都還厭惡談論戰爭。

〔14〕這是説在寒氣中吹起了淒清的戍角,這角聲都落在空城裏。這是形容黄昏後揚州的空寂冷落。

〔15〕杜郎,杜牧。俊賞,指遊賞方面欣賞力過人,也就是善於遊賞。

〔16〕豆蔻,即指《贈别》詩。青樓,指杜牧《遣懷》:"落魄江南載酒行,楚腰腸斷掌中輕。十年一覺揚州夢,贏得青樓薄倖名。"

〔17〕二十四橋,參看本册第1438頁《寄揚州韓綽判官》注〔4〕。二十四橋到北宋祇剩下七橋,作者這裏説"仍在"並非紀實。

〔18〕紅藥,紅色的芍藥花。在宋代,揚州的芍藥很著名。

〔19〕程、青、兵、城、驚、情、聲、生,押韻(庚青通韻)。

暗　香

辛亥之冬[1],予載雪詣石湖[2]。止既月[3],授簡索句[4],且徵新聲[5]。作此兩曲,石湖把玩不已,使工妓隸習之[6],音節諧婉,乃名之曰《暗香》《疏影》[7]。

舊時月色,算幾番照我,梅邊吹笛?喚起玉人,不管清寒與攀摘[8]。何遜而今漸老[9],都忘卻、春風詞筆。但怪得、竹外疏花,香冷入瑤席[10]。　江國,正寂寂。歎寄與路遥[11],夜雪初積。翠尊易泣,紅萼無言耿相憶[12]。長記曾攜手處,千樹壓、西湖寒碧[13]。又片片、吹盡也,幾時見得[14]?

〔1〕這一首和下面的《疏影》都是作者自度曲。這兩首詞都是通過詠梅來懷人的,但懷念的是什麽人,歷來説法不一。辛亥,宋光宗紹熙二年(公元1191年)。

〔2〕石湖,即南宋末名詩人范成大(公元1126—1193年),他晚年退居蘇州西南的石湖,自號石湖居士。

〔3〕住了一個多月。

〔4〕授簡,等於説給紙。

〔5〕這是説范成大請他創作新詞調。新聲,新詞調。

〔6〕工妓,樂工歌妓。隸(yì),通"肄",習。

〔7〕宋代詩人林逋《梅花》詩:"疏影横斜水清淺,暗香浮動月黄昏。"姜夔的這兩個詞牌名即取自這兩句。

〔8〕叫起美人來,不管夜晚的清寒,一起攀摘梅花。這是眼前的月色梅花引起的回憶。

〔9〕何遜,南朝梁代詩人,曾在當時的揚州作《詠早梅》詩(一本題作《揚州法曹梅花盛開》)。這裏作者以何遜自比。

〔10〕瑶席,席的美稱。

〔11〕這是説,感歎路遠不能把梅花寄給所思念的人。南朝宋陸凱《贈范曄詩》:“折梅逢驛使,寄與隴頭人。江南無所有,聊贈一枝春。”

〔12〕這是説連當年共享的酒和花都懷念玉人。尊,酒杯,這裏指酒。

〔13〕這是説西湖邊上梅林碧水相映,就像梅林壓在碧水上一樣。

〔14〕湖邊的梅花又一片一片地被吹盡了,什麽時候纔能再看到“千樹壓西湖寒碧”的景色呢?色、笛、摘、筆、席、國、寂、積、泣、憶、碧、得,押韻(職錫陌質緝通韻)。

疏　影

苔枝綴玉〔1〕,有翠禽小小,枝上同宿。客裏相逢,籬角黄昏,無言自倚修竹〔2〕。昭君不慣胡沙遠〔3〕,但暗憶、江南江北。想珮環、月夜歸來,化作此花幽獨〔4〕。猶記深宫舊事,那人正睡裏,飛近蛾緑〔5〕,莫似春風,不管盈盈,早與安排金屋〔6〕。還教一片隨波去,又卻怨、玉龍哀曲〔7〕。等恁時、重覓幽香,已入小窗横幅〔8〕。

〔1〕長有苔蘚的梅枝上點綴着玉石般的花朵。

〔2〕這是把梅花比做美人。杜甫《佳人》:“天寒翠袖薄,日暮倚修竹。”

〔3〕昭君,參看本册第1426頁《詠懷古迹》三注〔5〕。

〔4〕這是説這梅花大概就是昭君的靈魂在月夜歸來所化成的。杜甫《詠懷古迹》:“環佩空歸月夜魂。”這裏爲了平仄關係,改“環佩”爲“佩環”。

〔5〕以上是説:梅花讓人想起美人臉上的梅花妝。深宫舊事,《太平御覽·時序部》引《雜五行事》:“〔南朝〕宋武帝女壽陽公主人日(正月初七)臥於含章殿簷下。梅花落公主額上,成五出花,拂之不去。皇后留之,看得幾時。經三日,洗之乃落。宫女奇其異,竟效之,今梅花妝是也。”蛾緑,等於説蛾眉。飛近蛾緑,指落在公主額上。

〔6〕盈盈,儀態美好的樣子。《古詩》:"盈盈樓上女。"這裏"盈盈"代表美人,也就是梅花。蘇軾《再和楊公濟梅花》:"盈盈解佩臨煙浦,脈脈當壚傍酒家。"金屋,參看本册第1268頁《春賦》注〔1〕。這是説:不要像春風那樣對梅花無情(指風把梅花吹落),要像美人那樣愛惜梅花,留住梅花。

〔7〕大意是:可是還讓它一片片地落下來隨波流走了,反而抱怨是笛子曲《梅花落》吹落了梅花。玉龍,笛子名。唐虞世南《琵琶賦》:"鳳簫輟吹,龍笛韜吟。"(韜:收藏,指停止。)哀曲,指古代笛曲《梅花落》。參看本册第1532頁《永遇樂》注〔5〕。

〔8〕這是説,等到梅花落了的時候再去尋找,衹有畫上纔有呢。横幅,指横着展開的畫幅。玉、宿、竹、北、獨、緑、屋、曲、幅,押韻(沃屋職通韻)。

吴 文 英

吴文英(公元1200—1260年),字君特,號夢窗,又號覺翁,南宋四明(今浙江寧波市)人。他没有做過官,以清客身份往來於當時顯貴門下。他的詞忽視思想内容而注重形式格律,有些作品流於雕琢堆砌。今傳有《夢窗甲乙丙丁稿》。

鶯 啼 序[1]

殘寒正欺病酒[2],掩沈香繡户[3]。燕來晚、飛入西城,似説春事遲暮。畫船載、清明過卻,晴煙冉冉吴宫樹[4]。念羈情遊蕩,隨風化爲輕絮。　　十載西湖,傍柳繫馬,趁嬌塵輭霧[5]。遡紅漸、招入仙溪[6],錦兒偷寄幽素[7]。倚銀屏、春寬夢窄[8],斷紅溼、歌紈金縷[9]。暝隄空,輕把斜陽,總還鷗鷺。　　幽蘭旋老,杜若還生[10],水鄉尚寄旅。别後訪、六橋無信[11],事往花萎[12],瘞玉埋香[13],幾番風雨。長波妒盼[14],遥山羞黛[15],漁鐙分影春江宿。記當時、短檝桃根渡[16]。青樓彷彿[17],臨分敗壁題詩,淚墨慘淡塵土。　　危亭望極,草色天涯,歎鬢侵半苧[18]。暗點檢[19]、離痕歡唾,尚染鮫綃[20],嚲鳳迷歸,破鸞慵舞[21]。殷勤待寫,書中長恨,藍霞遼海沈過雁[22],漫相思、彈入哀箏柱[23]。傷心千里江南,怨曲重招,斷魂在否[24]?

〔1〕鶯啼序是最長的詞調,共分四闋。詞中主要寫與愛人生離死别的傷感和悼念。第一段寫傷春,第二段是回憶當年的歡情,第三、四段是寫傷别和悼亡。

〔2〕病酒,因飲酒過量而身體不爽,這裏指病酒的人,即作者自己。

〔3〕沈香,香木名。繡户,雕繪華美的門户。

〔4〕冉冉,輕柔的樣子。吴宫,指南宋的宫苑,南宋的都城(臨安)在古代是吴地,所以説吴宫。

〔5〕趁,追逐,等於説尋求。嬌塵輭霧,代表西湖的嬌美的景色。

〔6〕大意是:沿着花徑,漸漸被花招引到仙境之中,遇到了仙女(即作者的愛人)。

〔7〕錦兒,南宋初錢塘(今杭州市)妓女楊愛愛的侍婢。這裏用來代表作者愛人的侍婢。寄,傳。素,通"愫"。幽素,幽情,深情。

〔8〕銀屏,鑲銀的屏風。春寬夢窄,指歡聚的時間很少。

〔9〕斷紅,指眼淚。歌紈,唱歌時拿着的紈扇。金縷,指金綫繡的衣服。

〔10〕這是説,花漸漸地凋謝了,草還在生長。這是暮春的景色。旋(xuàn),副詞,不久。杜若,香草名。

〔11〕六橋,西湖外湖有六橋,叫映波、鎖瀾、望山、壓堤、東浦、跨虹,爲蘇軾所建。這裏"六橋"代表西湖。

〔12〕花萎,等於説花謝,喻愛人死了。

〔13〕瘞(yì),埋。玉、香,這裏指作者的愛人。

〔14〕盼,眼睛黑白分明的樣子。

〔15〕黛,古代女子用來畫眉的青黑色顏料。這裏指愛人的眉。

〔16〕桃根,王獻之的愛妾桃葉的妹妹。王獻之曾作《桃葉歌》爲桃葉送行。一首已見本册第1538頁《祝英臺近》注〔3〕,又一首:"桃葉復桃葉,桃樹連樹根。相憐兩樂事,獨使我殷勤。"短檝桃根渡,等於説送别愛人。

〔17〕彷彿,相似,等於説和舊時差不多。

〔18〕苧,苧麻,這裏喻白髮。鬢侵半苧,鬢角上漸漸攙進了一半白髮。

〔19〕點檢,等於説檢點,一樣一樣地檢查,指檢點舊物。

〔20〕離痕,離别時的淚痕。歡唾,李煜《一斛珠》詞:"爛嚼紅茸,笑向檀郎唾。"(紅茸,即紅絨,紅絨綫。檀郎,古代女子對愛人的稱呼。)這裏可能是用李煜詞的語意。鮫綃,鮫人所織的綃。傳説鮫人能織綃。這裏指絲綢手帕。(鮫人:參看本册第1432—1433頁《有美堂暴雨》注〔6〕。)

〔21〕嚲(duǒ),下垂的樣子。嚲鳳,下垂着翅膀的鳳。破鸞,離鸞。慵,懶。鳳鸞通常是成對的,"嚲鳳""破鸞"喻愛人離散。

〔22〕這句是説海闊天空,相距甚遠,傳信的雁也飛不過去,無法寄書。

〔23〕哀箏,發出哀怨的聲音的箏。柱,箏上用來支弦的小立柱。

〔24〕《楚辭·招魂》:"目極千里兮傷春心,魂兮歸來哀江南。"相傳《招魂》爲屈原死後宋玉爲招屈原的魂而作。作者這裏又用箏曲招愛人的魂,所以説"重招"。户、暮、樹、絮、霧、素、縷、鷺、旅、雨、渡、土、苧、舞、柱、否,押韻(麌遇御語通韻,上去通押)。

曲

小 令

白 樸

白樸(公元1226—1306年以後),字仁甫,號蘭谷先生,真定(今河北正定縣)人。生於金末,曾受到元代大詩人元好問的撫養教育。他一生没有做官,縱情詩酒。著有《天籟集》(詞集)二卷,後面附有“摭遺”，都是散曲。所作雜劇十餘種，今僅存《梧桐雨》《牆頭馬上》。

陽春曲(題情[1])

從來好事天生儉[2]，自古瓜兒苦後甜。嬭娘催逼緊拘鉗[3]，甚是嚴，越間阻越情忺[4]。

〔1〕在這題目下共有六首，都是以女子的口吻寫的有關愛情的題材。

〔2〕好事，指男女相愛。儉，在這裏是受拘束的意思。

〔3〕嬭，同“奶”。嬭娘，就是娘。拘鉗，拘束鉗制。

〔4〕間阻，從中阻攔。忺(xiān)，合意。情忺，情投意合，等於説要好。儉、甜、鉗、嚴、忺，押韻(廉纖)。

馬致遠

馬致遠，元大都(今北京)人，號東籬，生卒年不詳。曾任浙江省務提舉，後來歸隱山林。著有雜劇十餘種，今存《漢宮秋》《青衫淚》等數種。他與關漢卿、王實甫、白樸被稱爲雜劇四大家。他的散曲被推崇爲元代第一大家，後人輯爲《東籬樂府》。

天淨沙(秋思)

枯藤老樹昏鴉。小橋流水人家。古道西風瘦馬。夕陽西下，斷腸人在天涯[1]。

〔1〕鴉、家、馬、下、涯，押韻(家麻)。

張養浩

張養浩(公元1269—1329年)，字希孟，號雲莊，濟南人。官至禮部尚書,後來棄官歸隱。有散曲集《雲莊閒居自適小樂府》。

山坡羊(潼關懷古)

峯巒如聚,波濤如怒,山河表裏潼關路[1]。望西都[2],意踟躕,傷心秦漢經行處。宮闕萬間都做了土。興,百姓苦。亡,百姓苦[3]。

〔1〕表,外面。表裏,等於説内外。《左傳·僖公二十八年》:"表裏山河,必無害也。"這句是説潼關形勢險要。

〔2〕西都,指長安。

〔3〕聚、怒、路、都、躕、處、土、苦、苦,押韻(魚模)。

雁兒落帶得勝令(退隱[1])

雲來山更佳,雲去山如畫。山因雲晦明,雲共山高下。

倚仗立雲沙[2],回首看山家。野鹿眠山草,山猿戲野花。雲霞,我愛山無價。看時行踏,雲山也愛咱[3]。

〔1〕這一題目下原共兩首,今選一首。

〔2〕雲沙,即雲。

〔3〕佳、畫、下、沙、家、花、霞、價、踏、咱,押韻(家麻)。

張可久

張可久(公元1280?—1330年前),字小山,慶元(今浙江鄞縣)人。曾任典吏、首領官(管民務的官)。他專作散曲,不作雜劇,今傳小令七百多首,套數七,爲元代散曲作家中流傳作品最多的,近人任中敏輯爲《小山樂府》。他的作品清麗典雅,適合士大夫的愛好,很受明清文人的推崇。

賣花聲(懷古[1])

美人自刎烏江岸[2],戰火曾燒赤壁山,將軍空老玉門關[3]。傷心秦漢,生民塗炭[4],讀書人一聲長歎[5]。

〔1〕在此題目下,原共二首,今選一首。

〔2〕美人,指虞姬,項羽的寵姬。烏江,在今安徽和縣東。據《史記·項羽本紀》載,項羽在垓下(地名,在今安徽靈壁縣東南)被漢軍包圍,“項王則夜起,飲帳中。有美人名虞,常幸從;駿馬名騅,常騎之。於是項王悲歌忼慨,自爲詩曰:‘力拔山兮氣蓋世!時不利兮騅不逝!騅不逝兮可奈何!虞兮虞兮奈若何!’”當夜,項羽突出重圍,被漢軍追到烏江岸,項羽自刎而死。這裏活用了這一典故。

〔3〕玉門關,《後漢書·班超傳》載,超久在絶域,年老思歸,上疏云:“臣不敢望到酒泉郡,但願生入玉門關。”

〔4〕生民,等於説人民。塗,泥塗。炭,炭火。《僞古文尚書·仲虺之誥》:“有夏昏德,民墜塗炭。”

〔5〕岸、山、關、漢、炭、歎,押韻(寒山)。

張鳴善

張鳴善,元代揚州人,生卒年不詳。曾任宣慰使司令史。作有雜劇二種,今不傳。

水仙子(譏時)

鋪眉苫眼早三公[1],裸袖揎拳享萬鍾[2],胡言亂語成時用,大剛來都是哄[3]。説英雄誰是英雄?五眼雞岐山鳴鳳[4],兩頭蛇南陽臥龍[5],三腳猫渭水飛熊[6]。

〔1〕鋪眉苫眼,大模大樣,臉上毫無表情(今河北省中部還保留這種説法)。這

裹指對人蠻横、欺壓人的人。苫,讀 shān。早,早已。

〔2〕裸袖揎拳,捋起袖子露出胳膊。這裏也指蠻横的人。鍾,參看第一册第311頁《陳仲子》注〔5〕。

〔3〕大剛來,總之。哄(hòng),胡鬧。

〔4〕這是説:五眼雞竟成了岐山的鳴鳳。五眼雞,與下文兩頭蛇、三腳猫,都指怪物。岐山,在今陝西岐山縣東北。《國語·周語上》:"周之興也,鸑鷟(yuèzhuó,鳳之别名)鳴於岐山。"《太平寰宇記·鳳翔府》:"周之興也,鸑鷟鳴於山上,時人亦謂此山爲鳳凰堆。"

〔5〕南陽臥龍,指諸葛亮。《三國志·蜀志·諸葛亮傳》:"徐庶謂先主曰:'諸葛孔明,臥龍也。'"參看本册第1286頁《陋室銘》注〔9〕。

〔6〕渭水飛熊,指吕尚。參看第三册第886頁《獄中上梁王書》注〔5〕。據《史記·齊世家》載,文王要出獵,先占卜,卜辭説:"所獲非龍非彲(音 chī,通"螭"),非熊非羆(音 pí,似熊而大),所獲霸王之輔。"後來果然在渭水之陽遇到吕尚。後世俗語把"非熊"誤爲"飛熊",以"飛熊入夢"代表文王遇吕尚的故事。公、鍾、用、哄、雄、鳳、龍、熊,押韻(東鍾)。

鍾嗣成

鍾嗣成,字繼先,號醜齋,元代汴(今河南省)人。著有《録鬼簿》,是研究元曲作家的重要資料。散曲有《醜齋樂府》。

南吕罵玉郎帶感皇恩採茶歌(四時佳興(春)〔1〕)

梅花漏泄陽和信〔2〕,才殘臘又逢春〔3〕。東風北岸冰消盡〔4〕。元夜過〔5〕,社日臨〔6〕,中和近〔7〕。 天氣氤氲〔8〕,花柳精神。駕香輪,馳玉勒,醉遊人。清明過了,飛絮紛紛。隔孤村,聞杜宇,怨東君〔9〕。 歎芳辰,已三分,二分流水一分塵〔10〕。寂寂落花傷暮景,淒淒芳草怕黄昏〔11〕。

〔1〕原共四首,詠春夏秋冬,這裏選了第一首。

〔2〕陽和,指春天。

〔3〕殘臘,等於説殘冬。

〔4〕河的北岸向陽,而且春風容易吹到,所以這樣説。

〔5〕元夜,上元(元宵節)之夜,這裏指上元這一天。

〔6〕社日,農家祭社祈年的日子,立春後第五個戊日(在春分前後)。

〔7〕中和,即中和節(二月初一),與上巳(三月初三)、九日(九月初九)合稱三令節。

〔8〕氤氲(yīnyūn),氣很盛的樣子。

〔9〕這是説怨春天不肯久留人間。東君,指春神。一過了清明,春天就要完了,所以這樣説。

〔10〕這是化用了蘇軾《水龍吟》(次韻章質夫楊花詞)的句子。《水龍吟》:"春色三分,二分塵土,一分流水。"參看本册第1523頁《水龍吟》注〔9〕。

〔11〕信、春、盡、近、氲、神、人、紛、君、辰、分、塵、昏,押韻(真文)。

套　數

馬 致 遠

雙調夜行船(秋思〔1〕)

百歲光陰如夢蝶〔2〕,重回首往事堪嗟。今日春來,明朝花謝。急罰盞夜闌燈滅〔3〕。

〔喬木查〕　想秦宫漢闕,都做了衰草牛羊野。不恁麽漁樵無話説〔4〕。縱荒墳横斷碑,不辯龍蛇〔5〕。

〔慶宣和〕　投至狐蹤與兔穴,多少豪傑〔6〕。鼎足三分半腰折,知他是魏耶?知他是晉耶〔7〕?

〔落梅風〕 天教你富,莫太奢〔8〕。無多時好天良夜。看錢奴硬將心似鐵,空辜負錦堂風月。

〔風入松〕 眼前紅日又西斜,疾似下坡車。曉來清鏡添白雪〔9〕,上牀與鞋履相別。莫笑鳩巢計拙〔10〕,葫蘆提一向粧呆〔11〕。

〔撥不斷〕 利名竭,是非絶。紅塵不向門前惹〔12〕,緑樹偏宜屋角遮,青山正補牆頭缺,竹籬茅舍。

〔離亭宴煞〕 蛩吟一覺纔寧貼,雞鳴萬事無休歇〔13〕。爭名利,何年是徹〔14〕。密匝匝蟻排兵,亂紛紛蜂釀蜜,鬧穰穰蠅爭血〔15〕。裴公緑野堂〔16〕,陶令白蓮社〔17〕。愛秋來那些:和露摘黄花,帶霜烹紫蟹,煮酒燒紅葉。人生有限杯,幾個登高節。囑咐俺頑童記者〔18〕:便北海探吾來〔19〕,道東籬醉了也〔20〕。

〔1〕這個套曲表達了作者對功名利禄的否定和對社會上爭名奪利現象的激憤,但總的傾向仍是"人生如夢""行樂及時"的消極情緒。此處文字係根據《東籬樂府》和《中原音韻》。

〔2〕這句是説人的一生就像一場夢。夢蝶,《莊子·齊物論》:"昔者莊周夢爲胡蝶,栩栩然胡蝶也……俄然覺,則蘧蘧然周也。"(栩栩然:歡喜的樣子。蘧蘧然:驚動的樣子。)

〔3〕急罰盞,急忙罰酒行令,指急忙喝酒。夜闌,夜將盡。

〔4〕恁麼,這麼。

〔5〕辯,通"辨"。龍蛇,這裏指碑上的字。古人常以龍蛇喻書法的筆勢。

〔6〕多少英雄豪傑最後都投到狐蹤兔穴(指墳墓)中去了。

〔7〕這是説魏蜀吴三國鼎立的形勢中途完結了(即蜀吴中道滅亡),最後的勝利者是魏呢,還是晉呢?

〔8〕奢,等於説奢望。

〔9〕白雪,指白髮。

〔10〕《詩經・召南・鵲巢》:"維鵲有巢,維鳩居之。"朱注:"鳩性拙不能爲巢,或有居鵲之成巢者。"這裏"鳩巢計拙"指不善營生。

〔11〕胡蘆提,糊裏糊塗。一向,等於説一味。粧,通"裝",假裝。呆,傻。

〔12〕紅塵,這裏指熱鬧繁華的景象。

〔13〕這是説爭名奪利的人直到深夜纔睡去,天一亮就又爲名利而奔忙了。蛩(qióng),蟋蟀。

〔14〕徹,等於説頭、終結。

〔15〕這三句是形容世人爭名利的情況。

〔16〕裴公,指唐代裴度。裴度字中立,歷事德宗、憲宗、穆宗、敬宗、文宗,官至中書侍郎平章事。爲人堅正有操守,屢次被當權者貶斥在外。後來宦官當權,裴度便在洛陽治宅第,修了一個别墅叫緑野堂,和白居易、劉禹錫在這裏飲酒作詩。

〔17〕陶令,指陶潛。陶潛作過彭澤令,所以稱他爲陶令。白蓮社,晉代慧遠法師在廬山虎溪東林寺邀集當時著名的和尚、儒士百餘人組成白蓮社,同修佛事,舊時傳説陶潛也曾參加。

〔18〕者,近代語氣詞,表示命令語氣。

〔19〕北海,指東漢的孔融。孔融曾任北海相,所以後世稱他爲孔北海。他曾經説:"座上客常滿,尊中酒不空,吾無憂矣。"

〔20〕東籬,參閲本册第1530頁《醉花陰》注〔5〕。蝶、嗟、謝、滅、闕、野、説、蛇、穴、傑、折、耶、耶、奢、夜、鐵、月、斜、車、雪、别、呆、竭、絶、惹、遮、缺、舍、貼、歇、徹、血、社、些、葉、節、者、也,押韻(車遮)。

睢景臣

睢(suī)景臣,字景賢,13世紀末、14世紀初揚州人。曾寫過三個雜劇,今不傳,現存套數三套和小令〔一枝花〕的四句斷句。

般涉哨遍(高祖還鄉[1])

社長排門告示[2],但有的差使無推故[3]。這差使不尋俗[4],一壁廂納草除根,一邊又要差夫[5],索應付[6]。又言是車駕,都説是鑾輿,今日還鄉故[7]。王鄉老執定瓦臺盤,趙忙郎抱着酒葫蘆。新刷來的頭巾,恰糨來的紬衫[8],暢好是粧么大户[9]。

〔耍孩兒〕 瞎王留引定火喬男女[10],胡踢蹬吹笛擂鼓[11]。見一颩人馬到莊門[12],匹頭裏幾面旗舒[13]。一面旗白胡闌套住個迎霜兔[14],一面旗紅曲連打着個畢月烏[15],一面旗雞學舞[16],一面旗狗生雙翅[17],一面旗蛇纏葫蘆[18]。

〔五煞〕 紅漆了叉,銀錚了斧[19],甜瓜苦瓜黄金鍍[20]。明晃晃馬鐙鎗尖上挑[21],白雪雪鵝毛扇上鋪[22]。這幾個喬人物[23],拿着些不曾見的器仗,穿着些大作怪的衣服。

〔四煞〕 轅條上都是馬,套頂上不見驢[24]。黄羅傘柄天生曲[25]。車前八個天曹判[26],車後若干遞送夫[27]。更幾個多嬌女,一般穿着,一樣粧梳。

〔三煞〕 那大漢下的車,衆人施禮數。那大漢覷得人如無物[28]。衆鄉老屈腳舒腰拜,那大漢那身着手扶[29]。猛可裏抬頭覷[30],覷多時認得,險氣破我胸脯。

〔二煞〕 你須身姓劉,你妻須姓吕[31]。把你兩家兒根腳從頭數[32]。你本身做亭長躭幾盞酒[33]。你丈人教村學讀幾卷書。曾在俺莊東住。也曾與我喂牛切草,拽壩扶鋤[34]。

〔一煞〕　春採了桑,冬借了俺粟。零支了米麥無重數。换田契强秤了麻三秤[35],還酒債偷量了豆幾斛。有甚胡突處[36]?明標着册曆[37],見放着文書[38]。

〔尾〕　少我的錢差發内旋撥還[39],欠我的粟税糧中私准除。只道劉三誰肯把你揪捽住[40],白什麽改了姓更了名唤做漢高祖[41]。

〔1〕高祖,即漢高祖劉邦。曲中以一個鄉民的口吻寫出他對漢高祖的嘲罵和諷刺,否定了最高統治者的"神聖尊嚴"。

〔2〕社長,一社之長。元代五十家爲一社。排門告示,等於説挨門挨户通知。在各家門前立有粉壁,有科歛差使時就寫在上面通知大家。

〔3〕衹要是有差使都不得借故推辭。

〔4〕尋俗,尋常。

〔5〕一壁廂,一邊。除,一本作"也"。

〔6〕索,須。

〔7〕車駕、鑾輿,皇帝的車,都是皇帝的代稱。鄉故,即故鄉。

〔8〕糨(jiàng),漿洗。

〔9〕暢好是,正好是。粧么,裝模作樣。

〔10〕瞎,等於説壞。王留,元曲中習用的農村中好事者的名字。火,通"伙",夥。喬,是駡人的話,等於説惡(è),怪,壞。喬男女,男人的賤稱,元曲中奴僕對主人也自稱男女。

〔11〕胡踢蹬,胡鬧,亂來。

〔12〕彪(biāo),一本作"彪"。一彪,一大隊。

〔13〕匹頭裏,劈頭,迎面,當頭。舒,展開。

〔14〕這句是寫月旗。胡闌,環的複音。傳説月中有玉兔搗藥,所以用白環套着個兔子代表月亮。鄉間人没看到過這種旗,所以隨意作了解釋。下四句同。

〔15〕這句是寫日旗。曲連,圈的複音。用紅圈和烏鴉代表日,是因爲傳説日中有三足烏。畢月烏,近代星曆家以七曜(日月火水木金土)配二十八宿,又以各種鳥獸配二十八宿,如"昴日雞""畢月烏"等。這裏"畢月烏"即指烏。

〔16〕這句是寫舞鳳旗。

〔17〕這句是寫飛虎旗。

〔18〕這句是寫蟠龍旗。

〔19〕叉、斧,都是儀仗。錚(zhēng),這裏指鍍。

〔20〕這句是寫"金瓜",皇帝的儀仗之一。

〔21〕這句是寫"朝天鐙",皇帝的儀仗之一。

〔22〕這句是寫鵝毛宫扇。

〔23〕喬人物,等於説怪人物。

〔24〕當時農村常以騾駕轅以驢拉鞧,很少用馬,所以這裏對全用馬表示奇怪。

〔25〕這句是寫一種叫曲蓋的儀仗。曲蓋像傘,柄是曲的。

〔26〕這句是寫皇帝的儀仗隊。他們舉止拘束,表情呆板,所以把他們比作天上的判官。

〔27〕這句是寫侍從人員。他們手裏拿着備皇帝隨時使用的各種東西,所以説他們是遞送夫。

〔28〕覷,偷看,在這裏就是看的意思。

〔29〕那身,挪動身體。那,通"挪"。

〔30〕猛可裏,猛然間。

〔31〕須姓劉、須姓吕,等於説本姓劉,本姓吕(依張相説,見《詩詞曲語辭匯釋》)。

〔32〕根腳,等於説出身。

〔33〕躭,同"耽",樂(lè),沈溺,過度地愛好。

〔34〕壩,一種碎土、平整土地的農具。拽壩扶鋤,泛指田裏的活。

〔35〕這句是説劉邦當年借别人换田契的機會從中勒索。

〔36〕胡突,同“糊塗”。

〔37〕標,寫。册曆,指賬簿。

〔38〕見(xiàn),現。文書,指借據之類。

〔39〕差發,元代指賦税徭役。旋(xuàn),不久,立刻。

〔40〕揪捽住,即揪住。

〔41〕白,平白無故。故、俗、夫、付、輿、故、蘆、户,女、鼓、舒、兔、烏、舞、蘆,斧、鍍、鋪、物、服,驢、曲、夫、女、梳,車、數、物、扶、覷、脯,吕、數、書、住、鋤,粟、數、斛、處、書,除、住、祖,押韻(魚模)。

雜　劇

王　實　甫

王實甫,名德信,元初大都(今北京)人。生平事蹟不詳,祇知道他在當時作家中是個才華較突出的人,曾著有雜劇十四種,其中《西廂記》在當時就極負盛名。今傳《西廂記》《破窑記》《麗春堂》三種雜劇。

西廂記〔1〕(第四本第三折)

(夫人長老上云〔2〕)今日送張生赴京,十里長亭,安排下筵席;我和長老先行,不見張生小姐來到。

(旦末紅同上〔3〕)(旦云)今日送張生上朝取應〔4〕,早是離人傷感,況值那暮秋天氣,好煩惱人也呵!“悲歡聚散一杯酒,南北東西萬里程。”

〔正宫〕〔端正好〕　碧雲天,黄花地〔5〕,西風緊、北雁南飛。曉來誰染霜林醉?總是離人淚。

〔滚繡球〕　恨相見得遲,怨歸去得疾。柳絲長玉驄難繫〔6〕,恨不倩疏林挂住斜暉〔7〕。馬兒迍迍的行〔8〕,車兒快快的隨,卻告了相思迴避,破題兒又早别離〔9〕。聽得一聲去也鬆了金釧〔10〕,遥望見十里長亭減了玉肌。此恨誰知!

(紅云)姐姐今日怎麽不打扮?(旦云)你那知我的心裏啊。(唱)

〔叨叨令〕 見安排着車兒馬兒不由人熬熬煎煎的氣,有甚麽心情花兒靨兒打扮的嬌嬌滴滴的媚〔11〕。準備着被兒枕兒則索昏昏沈沈的睡〔12〕,從今後衫兒袖兒都搵做重重疊疊的淚。兀的不悶殺人也麽哥〔13〕?兀的不悶殺人也麽哥?久已後書兒信兒索與我恓恓惶惶的寄〔14〕。

〔1〕《西廂記》,全名爲《崔鶯鶯待月西廂記》,是元雜劇中不朽的作品之一。全劇的故事梗概是這樣的:有個叫張珙(gǒng)字君瑞的書生,路過河中府(即今山西永濟縣),在普救寺裏偶然看到前相國的女兒崔鶯鶯,立刻發生了愛情。爲了能與鶯鶯親近,他寓居於普救寺的西廂房,但仍無緣接近鶯鶯。這時恰好强寇孫飛虎率兵圍了普救寺,要搶鶯鶯。鶯鶯的母親崔夫人就宣言誰能退得賊兵,就把鶯鶯嫁給他。張生於是挺身而出,給義兄白馬將軍杜確捎去一封信,請來救兵,殺退了孫飛虎。但這時夫人卻以鶯鶯早就許配鄭尚書的兒子鄭恒爲借口,違約賴婚。張生極爲失望,因而病倒。鶯鶯本來對張生就懷愛慕之心,這時在丫環紅娘的幫助下,了解到張生的苦悶與病因,更爲感動,於是毅然與張生私下結爲夫妻。不久夫人得知,大爲震怒,卻無計可施,被迫許嫁,但須張生得官後纔許成親。後來張生中了狀元回來,與鶯鶯正式結婚。全劇共五本二十一折,這裏選的一折,是寫張生進京赶考鶯鶯在長亭送别。在這一折裏作者著重描寫了鶯鶯對張生的愛情和對拆散他們夫妻的禮教的憎恨。

〔2〕長老,寺院住持僧的通稱。

〔3〕旦，劇中的女腳，這裏指扮演鶯鶯的演員。末，劇中的男腳，這裏指扮演張生的演員。按：這兩個腳色分别爲正旦（女主腳）、正末（男主腳），但常常簡寫作旦、末。紅，指紅娘。

〔4〕取應，即應試、趕考。

〔5〕范仲淹《蘇幕遮》詞："碧雲天，黄葉地。"

〔6〕玉驄，馬。參看本册第1520頁《西江月》注〔5〕。這句是説無法留住要遠行的人。

〔7〕倩（qiàn），請人代自己做事。這裏是請、讓的意思。

〔8〕迍迍（zhūnzhūn），等於説慢騰騰。

〔9〕大意是説：剛剛擺脱了相思之苦，又要别離了。破題兒，唐宋人的詩賦起首要剖析題義，叫破題，因而事情的開頭也叫破題兒。

〔10〕釧（chuàn），鐲子。鬆了金釧，表示瘦了。

〔11〕靨（yè），面頰。

〔12〕則索，衹須。

〔13〕兀的，等於説這。也麼哥，襯字，用於句末。

〔14〕恓恓惶惶，急急忙忙的樣子。地、飛、醉、淚，遲、疾、繫、暉、隨、避、離、肌、知，氣、媚、睡、淚、寄，押韻（齊微）。

（做到見夫人科〔1〕）（夫人云）張生和長老坐，小姐這壁坐〔2〕。紅娘將酒來。張生，你向前來，是自家親眷，不要迴避。俺今日將鶯鶯與你，到京師休辱没了俺孩兒，掙揣一個狀元回來者〔3〕！（末云）小生託夫人餘蔭，憑着胸中之才，視官如拾芥耳。（潔云〔4〕）夫人主見不差，張生不是落後的人。（把酒了。坐科）（旦長吁科）

〔脱布衫〕　下西風黄葉紛飛，染寒煙衰草萋迷。酒席上斜簽着坐的〔5〕，蹙愁眉死臨侵地〔6〕。

〔小梁州〕　我見他閣淚汪汪不敢垂〔7〕，恐怕人知。猛然見了把頭低，長吁氣，推整素羅衣。

〔幺篇[8]〕　雖然久後成佳配，奈時間怎不悲啼[9]。意似癡，心如醉，昨宵今日，清減了小腰圍。

（夫人云）小姐把盞者！（紅遞酒，旦把盞長吁科云）請吃酒。

〔上小樓〕　合歡未已，離愁相繼。想着俺前暮私情，昨夜成親，今日別離。我諗知這幾日相思滋味[10]。卻元來此別離情更增十倍[11]。

〔幺篇〕　年少呵輕遠別，情薄呵易棄擲。全不想腿兒相挨，臉兒相偎，手兒相攜。你與俺崔相國做女壻，妻榮夫貴。但是一箇並頭蓮，煞强如狀元及第[12]。

（夫人云）紅娘把盞者！（紅把酒科）（旦唱）

〔滿庭芳〕　供食太急。須臾對面，頃刻別離。若不是酒席間子母每當迴避[13]，有心待與他舉案齊眉[14]。雖然是廝守得一時半刻[15]，也合着俺夫妻每共桌而食。眼底空留意，尋思起就裏[16]，險化做望夫石[17]。

（紅云）姐姐不曾吃早飯，飲一口兒湯水。（旦云）紅娘，甚麼湯水嚥得下！

〔快活三〕　將來的酒共食，嘗着似土和泥。假若便是土和泥，也有些土氣息泥滋味。

〔朝天子〕　煖溶溶玉醅[18]，白泠泠似水，多半是相思淚。眼面前茶飯怕不待要吃[19]，恨塞滿愁腸胃。蝸角虛名，蠅頭微利[20]，拆鴛鴦在兩下裏。一個這壁，一個那壁，一遞一聲長吁氣[21]。

〔1〕科，表示演員到此處要表演某種戲劇動作。又稱爲介。

〔2〕這壁,這邊。

〔3〕掙揣,博取,努力爭取到。

〔4〕潔,元代雜劇中稱和尚爲潔郎,簡稱爲潔。這裏指普救寺的長老。

〔5〕斜簽,即斜,今北方方言還有斜簽的説法。斜簽着坐的,斜着身子坐着,指鶯鶯。

〔6〕臨侵,疊韻聯緜字。死臨侵,等於説發呆發死。

〔7〕閣淚,眼淚停留在眼裏。

〔8〕凡是重複前曲的,叫幺(yāo)篇。

〔9〕柰時間,這時節。《古本戲曲叢刊》初集張深之正北西廂秘本正作"這時節"。

〔10〕諗(shěn)知,熟知,深知。

〔11〕元來,同"原來"。

〔12〕煞强如,等於説賽强如,即賽過(依張相説)。

〔13〕每,們。

〔14〕舉案齊眉,這是用的東漢梁鴻的故事。參看第三册第1160頁《滕王閣序》注〔17〕。梁鴻的妻子孟光每次遞飯給梁鴻時總要舉案齊眉。後世就用"舉案齊眉"表示夫妻相敬。這裏用來表示像夫妻那樣親熱地一起吃飯。

〔15〕廝守,相守。

〔16〕就裏,等於説内容,情況。

〔17〕望夫石,傳説古代有個女子的丈夫服役在外,這女子每天登山眺望,結果化成了石頭,世稱此石爲望夫石。這裏用來形容自己呆望。

〔18〕玉醅,泛指酒。

〔19〕怕不待要,難道不要。

〔20〕《莊子·則陽》:"有國於蝸之左角者,曰觸氏。有國於蝸之右角者,曰蠻氏。時相與爭地而戰。"蘇軾《滿庭芳》:"蝸角虛名,蠅頭微利。""蝸角""蠅頭"均言其小。

〔21〕一遞一聲,交替着一聲聲地,也就是你一聲我一聲地。飛、迷、的,地、垂、

知、低、氣、衣，配、啼、癡、醉、圍，已、繼、離、味、倍，擲、攜、壻、貴、第，急、離、避、眉、刻、食、意、裏、石，食、泥、泥、味，醅、水、淚、吃、胃、利、裏、壁、壁、氣，押韻（齊微）。

（夫人云）輛起車兒，俺先回去，小姐隨後和紅娘來。（下）（末辭潔科）（潔云）此一行别無話兒，貧僧準備買登科録看〔1〕，做親的茶飯少不得貧僧的。先生在意，鞍馬上保重者："從今經懺無心禮〔2〕，專聽春雷第一聲〔3〕。"（下）（旦唱）

〔四邊靜〕　霎時間杯盤狼藉。車兒投東馬兒向西，兩意徘徊，落日山横翠。知他今宵宿在那裏？有夢也難尋覓。

張生，此一行得官不得官，疾便回來。（末云）小生這一去白奪一個狀元，正是"青霄有路終須到，金榜無名誓不歸"。（旦云）君行别無所贈，口占一絶，爲君送行。"棄擲今何在？當時且自親。還將舊來意，憐取眼前人。"（末云）小姐之意差矣，張珙更敢憐誰？謹賡一絶〔4〕，以剖寸心。"人生長遠别，孰與最關親？不遇知音者，誰憐長歎人？"（旦唱）

〔耍孩兒〕　淋漓襟袖啼紅淚，比司馬青衫更溼〔5〕。伯勞東去燕西飛〔6〕，未登程先問歸期。雖然眼底人千里〔7〕，且盡生前酒一杯。未飲心先醉，眼中流血，心裏成灰。

〔五煞〕　到京師服水土，趁程途節飲食〔8〕，順時自保揣身體〔9〕。荒村雨露宜眠早，野店風霜要起遲。鞍馬秋風裏，最難調護，最要扶持。

〔四煞〕　這憂愁訴與誰？相思只自知。老天不管人憔悴。淚添九曲黄河溢，恨壓三峯華嶽低〔10〕。到晚來悶把西樓倚，見了些夕陽古道，衰柳長堤。

〔三煞〕　笑吟吟一處來，哭啼啼獨自歸。歸家若到羅幃裏,昨宵箇繡衾香暖留春住,今夜箇翠被生寒有夢知。留戀你别無意,見據鞍上馬,閣不住淚眼愁眉[11]。

(末云)有甚言語囑咐小生咱[12]?(旦唱)

〔二煞〕　你休憂文齊福不齊[13],我則怕你停妻再娶妻。休要一春魚雁無消息[14]。我這裏青鸞有信頻須寄[15],你卻休"金榜無名誓不歸"。此一節君須記:若見了那異鄉花草[16],再休似此處棲遲。

(末云)再誰似小姐?小生又生此念!(旦唱)

〔一煞〕　青山隔送行,疏林不作美,淡煙暮靄相遮蔽。夕陽古道無人語,禾黍秋風聽馬嘶。我爲甚麽懶上車兒内?來時甚急,去後何遲?

(紅云)夫人去好一會,姐姐,咱家去!(旦唱)

〔尾聲〕　四圍山色中,一鞭殘照裏。遍人間煩惱填胸臆,量這些大小車兒如何載得起[17]?

(旦紅下)(末云)童僕趕早行一程兒,早尋箇宿處。"淚隨流水急,愁逐野雲飛。"(下)

〔1〕登科録,科舉考試的録取名册。

〔2〕懺,僧尼代人懺悔時念的經文。經懺,指佛經。禮,禮拜,這裏指誦習。

〔3〕春雷第一聲,指考中的消息。演員下場前,往往先吟兩句詩。下文"淚隨流水急,愁逐野雲飛"同此。

〔4〕賡,續,酬和。

〔5〕這句是説自己落的淚,比白居易在江州聽琵琶時落的淚更多。白居易《琵琶行》:"淒淒不似向前聲,滿座重聞皆掩泣。就中泣下誰最多?江州司馬青衫溼。"

〔6〕伯勞,鳥名。這句是比喻兩個人的别離。古樂府:"東飛伯勞西飛燕。"

〔7〕眼底，等於説眼前。

〔8〕趁程途，等於説趕路。

〔9〕時，時令。揣，弱（依張相説）。

〔10〕華嶽，即華山。華山的三峯爲：蓮花峯、仙人峯、落雁峯。

〔11〕閣不住，禁受不住，這裏是忍不住的意思。

〔12〕咱，語氣詞，表示祈使，略等於現代漢語的"吧"。

〔13〕文齊福不齊，當時熟語，意思是文才够格但是福氣不够，即不能考中。

〔14〕秦觀《鷓鴣天》詞："一春魚鳥無消息。"

〔15〕青鸞，鳥名，鳳屬。古代有青鸞送信的傳説。

〔16〕花草，這裏指女色。

〔17〕量，料想。藉、西、徊、翠、裏、覓，淚、溼、飛、期、里、杯、醉、灰，食、體、遲、裏、持，誰、知、悴、溢、低、倚、堤，歸、裏、知、意、眉，齊、妻、息、寄、歸、記、遲，美、蔽、嘶、内、急、遲，裏、臆、起，押韻（齊微）。

常 用 詞（十四）　82字

思索　鑑賞　料想　占卜　戲弄　動定　駐住依倚　雕製生消　淹漏泛涵　蒙蔽蔭　炙啖餉　斂貢　激濯　拂逆　凋零屠滅　罄盡了　肖　暨逮

暝黯　纖悉　羸短　驕慢妄　層喬　耿渺　縟稠　綜雜徧　塵靄　巒巖阿隅畔際　綸纂　牀蓐　妝匳　廚筵　肌膚

1005.【思】

（一）思考，考慮。《論語·爲政》："學而不~則罔，~而不學則殆。"又《公冶長》："季文子三~而後行。"引申爲懷念，想念。《孟子·萬章上》："鬱陶~君爾。"辛棄疾《木蘭花慢》詞："君~我，回首處，正江涵秋影雁初飛。"

(二)名詞。讀 sì。心緒,情懷。曹操《短歌行》:"憂~難忘。"蘇軾《水龍吟》詞:"無情有~。"柳永《八聲甘州》詞:"歸~難收。"

(三)語氣詞。在句首、句中或句末。多見於《詩經》。《詩經·魯頌·駉》:"~馬斯臧。"(斯:語氣詞。臧:好。)又《小雅·桑扈》:"旨酒~柔。"(旨酒:美酒。柔:好。)又《周南·漢廣》:"漢之廣矣,不可泳~。"(漢:指漢水。)

1006.【索】

(一)大繩,繩子。司馬遷《報任安書》:"其次關木~,被箠楚受辱。"又:"今交手足,受木~。"用作動詞時,表示製繩索,絞。《詩經·豳風·七月》:"宵爾~綯。"

(二)探尋,索取。《莊子·外物》:"曾不如早~我於枯魚之肆。"《楚辭·離騷》:"衆皆競進以貪婪兮,憑不厭乎求~。"

(三)散,獨,孤獨。《禮記·檀弓上》:"吾離羣而~居。"謝靈運《登池上樓》詩:"~居易永久。"陸游《釵頭鳳》詞:"一懷愁緒,幾年離~。"按:這個意義一般衹用於"~居""離~"。

(四)盡,完了,完結。《儀禮·鄉射禮》:"命曰:'取矢不~!'弟子自西方應曰:'諾!'"《韓非子·初見秦》:"士民病,蓄積~。"[~然](1)離散的樣子。《晉書·羊祜傳》:"劉禪降服,諸營堡者~然俱散。"(2)興盡的樣子。陸機《歎逝賦》:"十年之外,~然已盡。"今成語有"興致~然""~然無味"。

1007.【鑑】(鑒)

銅鏡。《新唐書·魏徵傳》:"以銅爲~,可正衣冠;以古爲~,可知興替;以人爲~,可明得失。"引申爲照,察看。柳宗元《愚溪詩序》:"溪雖莫利於世,而善~萬類。"又引申爲引以爲戒,借鑑。杜牧《阿房宫賦》:"後人哀之而不~之。"今成語有"前車之~"。

[辨]監,鑑,鑒。“監”與“鑑”是古今字,“鑒”與“鑑”是異體字。“監”字出現很早(金文中已有),最初以盆水爲監,所以“監”字从“皿”。在兩漢以前的古籍中,凡用“鑑”的地方,也都可以作“監”,没有什麼差别,如《尚書》的“人無於水監”,《詩經》的“殷監不遠”,《論語》的“周監於二代”等,都是通用的。漢以後,兩字分工漸細,於“銅鏡”“照”“借鑑”等義,用“鑑”不用“監”;於“監臨”“監督”等義,用“監”不用“鑑”。二者讀音也有了差别。

1008.【賞】

(一)獎勵有功的。《史記·項羽本紀》:“未有封侯之~。”又《淮陰侯列傳》:“而功蓋天下者不~。”

(二)嘉許,賞識。《世説新語·文學》:“因此相要,大相~得。”引申爲喜愛,欣賞。陶潛《移居》詩:“奇文共欣~,疑義相與析。”《宋書·謝靈運傳·論》:“徒以~好異情。”

1009.【料】

稱量,度量。《史記·孔子世家》:“嘗爲季氏吏,~量平。”引申爲計算,統計。《國語·周語上》:“夫古者不~民而知其少多。”又爲估量,揣度。《史記·淮陰侯列傳》:“大王自~勇悍仁彊孰與項王?”又爲猜想,猜測。辛棄疾《賀新郎》詞:“~青山見我應如是。”

1010.【想】

一種心理活動,表現爲希望遇見,羨慕,懷念等。《吕氏春秋·情慾》:“耳不可以聽,目不可以視,口不可以食,胸中大擾,妄言~見。”《史記·孔子世家》:“余讀孔氏書,~見其爲人。”《後漢書·王霸傳》:“夢~賢士,共成功業。”又《隗囂傳》:“欲先崇郭隗,~望樂毅。”孟浩然《夏日南亭懷辛大》詩:“感此懷故人,中宵勞夢~。”引申爲設想,想像。蘇軾《念奴嬌》詞:"遥~公瑾當年,小喬初嫁了,雄姿英發。"柳永《八聲甘州》詞:"~佳人妝樓凝望,誤幾回、天際識歸舟。"用作名詞時,表示意念。陶潛《歸園田居》詩:"白日掩荆扉,虚室絶塵~。"孔稚珪《北山移文》:"瀟灑出塵之~。"

1011.【占】

(一)根據燒灼過的龜甲裂紋占問吉凶。《周禮·春官·宗伯》:"占人掌~龜。"引申作一般占驗吉凶的迷信行爲(不一定灼龜)。蘇軾《喜雨亭記》:"其~爲有年。"

(二)讀 zhàn。文章不起草而口授他人寫出叫"口占"。《漢書·朱博傳》:"閤下書佐入,博口~檄文曰。"後代特指作詩不起草。如李商隱有《病中聞河東公樂營置酒口~寄上》的詩,高崇文有《雪席口~》的詩,等等。

(三)讀 zhàn。據有,擅有。柳宗元《段太尉逸事狀》:"涇大將焦令諶取人田自~數十頃。"這個意義後代寫作"佔"。

1012.【卜】

灼龜占卦。《左傳·僖公四年》:"~之,不吉。"也指掌管卜卦的人。《楚辭·卜居》:"乃往見太~鄭詹尹。"司馬遷《報任安書》:"文史星曆,近乎~祝之間。"引申爲預料,預知,料度。柳宗元《答韋中立論師道書》:"僕自~固無取。"今成語有"吉凶未~"。

1013.【戲】

(一)讀 huī。軍中大將的大旗。《史記·高祖本紀》:"兵罷~下,諸侯各就國。"又《淮陰侯列傳》:"於是有縛廣武君而致~下者。"這個意義後代多作"麾"。

(二)詼諧,開玩笑。《論語·陽貨》:"前言~之耳。"又爲嬉戲,遊戲。鮑照《擬行路難》詩:"弄兒牀前~。"

（三）讀 hū。“於戲”連用，等於“嗚呼”。《詩經·周頌·烈文》：“於～前王不忘。”

1014.【弄】

（一）用手把玩。《詩經·小雅·斯干》：“載～之璋。”（讓他拿着璋玩。）引申爲戲耍，遊戲。《左傳·僖公九年》：“夷吾弱不好～。”（夷吾：人名。弱：年幼。好：愛好。）《漢書·趙堯傳》：“高祖持御史大夫印，～之。”又凡以此爲樂的事都可以叫弄。李白《宣州謝朓樓餞别校書叔雲》詩：“明朝散髪～扁舟。”温庭筠《菩薩蠻》詞：“～妝梳洗遲。”蘇軾《水調歌頭》詞：“起舞～清影，何似在人間。”

（二）演奏樂器。《世説新語·任誕》：“踞胡牀，爲作三調，～畢，便上車去。”（胡牀：魏晉時的一種可以摺疊起來攜帶的坐具。）王涯《秋夜曲》：“銀箏夜久殷勤～。”又爲曲子。王褒《洞簫賦》：“時奏狡～。”（狡：急。）

［辨］戲，弄。在“戲耍”這種意義上，二者是同義詞。在古書中，“戲”一般可以用於形體動作方面，也可用於言語行爲方面；“弄”則偏重於手的動作方面。

1015.【動】

（一）移動，振動。跟“靜”相對。《詩經·豳風·七月》：“五月斯螽～股。”引申爲行動，行爲。《論語·顔淵》：“非禮勿～。”又爲思想情感的變化或衝動。《孟子·公孫丑上》：“我四十不～心。”杜甫《詠懷古迹》五首詩：“暮年詩賦～江關。”

（二）副詞。每次都，常常（後起義）。諸葛亮《後出師表》：“論安言計，～引聖人。”杜甫《贈衛八處士》詩：“人生不相見，～如參與商。”又《佳人》詩：“采柏～盈掬。”

1016.【定】

(一)安定,安靜。《詩經·小雅·采薇》:"豈敢~居。"《禮記·大學》:"知止而後有~,~而後能靜。"引申爲停止。《詩經·小雅·節南山》:"亂靡有~。"又爲平定,使安定。《史記·淮陰侯列傳》:"三秦可傳檄而~也。"又:"八月,漢王出陳倉,~三秦。"引申爲決定,確定,排定。《漢書·賈誼傳》:"量材而授官,録德而~位。"《文心雕龍·情采》:"理~而後辭暢。"

(二)副詞。到底,究竟(後起義)。《世説新語·言語》:"卿云'艾艾',~是幾艾?"杜甫《將曉》詩:"筋力~如何?"

(三)副詞。一定。《韓非子·六反》:"是不須視而~明也,不待對而~辯也。"《論衡·薄葬》:"今死親之魂~無所知。"杜甫《寄高適》詩:"~知相見日,爛漫倒芳樽。"

1017.【駐】

車馬停止。王勃《滕王閣序》:"襜帷暫~。"杜甫《别房太尉墓》詩:"~馬别孤墳。"姜夔《揚州慢》詞:"解鞍少~初程。"古代行軍多用車馬,所以又特指軍隊的停留,駐紮。《三國志·蜀書·諸葛亮傳》:"率諸軍北~漢中。"又:"是以分兵屯田,爲久~之基。"引申爲留住。一般衹用於"~顔"。蘇軾《洞霄宫》詩:"不用金丹苦~顔。"

1018.【住】

留,留下。跟"去"相對。杜甫《哀江頭》詩:"去~彼此無消息。"又爲停止,停住。辛棄疾《摸魚兒》詞:"更誰勸啼鶯聲~。"又《賀新郎》詞:"更那堪鷓鴣聲~,杜鵑聲切。"引申爲居住。崔顥《長干行》:"君家~何處?妾~在横塘。"辛棄疾《八聲甘州》詞:"移~南山。"

［辨］駐，住。“駐”和“住”雖都有“停留”的意義，但是有細微的差别。駐，中句切；住，持遇切，古音也不相同。“駐”的“停留”義是從車馬和車駕停留引申來的，意義較莊重；“住”則指一般的停留，住宿。所以“駐馬”“駐車”的“駐”不能改作“住”，“住宿”的“住”也不可用“駐”。此外“駐”的一些習慣用法也不能改作“住”，如“駐顔”不能寫作“住顔”。

1019.【依】

（一）傍着，緊靠着。《古詩十九首》：“胡馬～北風。”王之涣《登鸛鵲樓》詩：“白日～山盡。”引申爲依託。曹操《短歌行》：“繞樹三匝，何枝可～？”又爲依照，按照。《漢書・霍光傳》：“桀、安欲爲外人求封，希～國家故事，以列侯尚公主者，光不許。”今成語有“～樣畫葫蘆”。

（二）［～～］（1）柔曼的樣子。《詩經・小雅・采薇》：“昔我往矣，楊柳～～。”（2）留戀惜别的樣子。王維《渭川田家》詩：“相見語～～。”今成語有“～～惜别”。

（三）［～稀］彷彿。趙嘏《江樓有感》詩：“風景～稀似去年。”周邦彦《西河》詞：“想～稀、王謝鄰里。”

1020.【倚】

（一）斜靠着。《史記・刺客列傳》：“軻自知事不就，～柱而笑。”李白《夢遊天姥吟留别》詩：“迷花～石忽已暝。”又用於抽象意義，表示依靠，憑恃，仗恃。《史記・淮陰侯列傳》：“百姓罷極怨望，容容無所～。”又《魏其武安侯列傳》：“灌夫亦～魏其而通列侯宗室爲名高。”漢樂府《羽林郎》：“依～將軍勢，調笑酒家胡。”引申爲偏斜。《禮記・中庸》：“中立而不～。”成語有“不偏不～”。

（二）隨着，合着（指音樂）。《史記・張釋之列傳》：“使慎夫人鼓瑟,上自~瑟而歌。"蘇軾《前赤壁賦》:"客有吹洞簫者,~歌而和之。"

[辨]依,倚。二者都有"依靠"的意義,但詞義輕重不同。"依"是靠近某物,意義輕,所以能引申出"依傍""依照"等義。"倚"是斜靠在某物上,其義重,所以引申爲"偏斜""憑恃""倚仗"等義。"倚"(二)的意義不與"依"通。《前赤壁賦》的"倚歌而和之",有的本子作"依",不足爲訓。

1021.【雕】

(一)猛禽。鷹鷂一類的鳥。王維《觀獵》詩:"迴看射~處,千里暮雲平。"這個意義常寫作"鵰"。

(二)與"彫"通。刻畫,雕鏤,雕琢。《論語·公冶長》:"朽木不可~也。"又用於抽象意義,指文章或言辭的修飾。《文心雕龍·情采》:"綺麗以豔説,藻飾以辨~。"又:"乃可謂~琢其章,彬彬君子矣。"

1022.【製】

裁成衣服。《楚辭·離騷》:"~芰荷以爲衣兮。"《文心雕龍·鎔裁》:"夫美錦~衣,脩短有度。"引申爲製造一般的器物。《洛陽伽藍記·報德寺》:"時高祖新營洛邑,多所造~。"又特指寫作。《洛陽伽藍記·景明寺》:"所~詩賦詔策章表碑頌讚記五百篇,皆傳於世。"用作名詞時指篇什,篇章。《文心雕龍·情采》:"故體情之~日疏,逐文之篇日盛。"也作"制"。蕭統《文選序》:"戒畋遊則有長楊羽獵之制。"

[辨]制,製。二者是古今字,在古書中可以通用。如《詩經·豳風·東山》的"制彼裳衣"作"制",《楚辭·離騷》的"製芰荷以爲衣兮"作"製"。後來在表示動作時,"制"多用於抽象意義,如"制禮

作樂";"製"則用於具體意義。於法式,成規的意義方面,後代衹用"制",不用"製"。如"制度""法制""制服"不作"製"。參看第六單元"制"字條。

1023.【生】

(一)植物長出來,生出來。《禮記·月令》:"王瓜~,苦菜秀。"又:"虹始見,萍始~。"又爲生長。《孟子·告子上》:"雖有天下易~之物,一日暴之,十日寒之,未有能~者也。"引申爲生育〔兒女〕。《左傳·隱公元年》:"~莊公及共叔段。莊公寤~。"又爲發生,産生。《左傳·隱公元年》:"無~民心。"又《僖公三十三年》:"敵不可縱。縱敵患~。"

(二)活着,生存。《論語·衛靈公》:"志士仁人,無求~以害仁。"《史記·淮陰侯列傳》:"陷之死地而後~。"生又用作狀語。《史記·淮陰侯列傳》:"有能~得者購千金。"又形容詞。活的,活着的。《孟子·萬章上》:"昔者有饋~魚於鄭子産。"引申爲生命,性命。《孟子·告子上》:"舍~而取義者也。"引申爲一生,一輩子。李商隱《馬嵬》詩:"海外徒聞更九州,他~未卜此~休。"

(三)不熟的。與"熟"相對。《史記·項羽本紀》:"則與一~彘肩。"後代的"生疏""不熟練"等義都是從這個意義引申出來的。

(四)有學識者或儒家門徒的通稱。《史記·秦始皇本紀》:"侯~盧~相與謀曰。"又《劉敬叔孫通列傳》:"於是叔孫通使徵魯諸~三十餘人,魯有兩~不肯行。"《漢書·貢禹傳》:"朕以~有伯夷之廉,史魚之直。"引申爲讀書人或青年男子的通稱。元稹《鶯鶯傳》:"有張~者,性温茂,美風容。"韓愈《答李翊書》:"不可不爲~言之。"[諸~](1)稱衆多有學識的人。《管子·君臣上》:"是以爲人君者,坐萬物之原,而官諸~之職者也。"(2)特稱儒家門徒。《史記·秦始皇本紀》:"今諸~不師今而學古,以非當世。"(3)衆弟子。太學的學生們。韓愈《進學解》:"晨入太學,招諸~立館下。"(4)明清時稱秀才。《聊齋誌異·廟鬼》:"新城諸~王啟後者,方伯中宇公象坤曾孫。"又《九山王》:"曹州李姓者,邑諸~。"

(五)弟子,學生。《後漢書·馬融傳》:"前授~徒,後列女樂。"《聊齋誌異·浙東生》:"浙東生房某,客於陝,教授~徒。"

1024.【消】

(一)消失,減少。與"息"相對。《周易》泰卦:"君子道長,小人道~也。"蘇軾《前赤壁賦》:"盈虛者如彼,而卒莫~長也。"又爲消除,解除。陶潛《歸去來辭》:"樂琴書以~憂。"引申爲融解。《禮記·月令》:"冰凍~釋。"[~息](1)自然中各種事物的增減生滅。《周易》豐卦:"日中則昃,月盈則食,天地盈虛,與時~息。"(2)音訊。蔡琰《悲憤詩》:"迎問其~息,輒復非鄉里。"杜甫《哀江頭》詩:"去住彼此無~息。"

(二)禁得住,經得起(晚起義)。辛棄疾《摸魚兒》詞:"更能~幾番風雨?"

1025.【淹】

(一)浸漬。《楚辭·九歎·怨思》:"~芳芷於腐井兮。"又用於抽象意義。《禮記·儒行》:"~之以樂好。"(樂 yào:喜愛。好:愛好。)引申爲淹没(後起義)。《北史·皇甫·和傳》:"宅中水~。"

(二)深。特指知識的深廣,多是"~通""~博""~貫""~雅"連用。《文心雕龍·體性》:"平子~通,故慮周而藻密。"(平子:張衡的字。)《世説新語·品藻》:"世目殷中軍(浩)'思緯~通,比羊叔子'。"

(三)遲延,滯留。《楚辭·離騷》:"日月忽其不~兮。"曹丕《燕歌行》:"君何~留寄他方?"杜甫《詠懷古迹》詩:"三峽樓臺~日月。”柳永《八聲甘州》詞:“何事苦~留。”

1026.【漏】

(一)水滲下。杜甫《茅屋爲秋風所破歌》:“牀頭屋~無乾處。”引申爲疏漏。《漢書·酷吏傳》:“號爲罔~吞舟之魚。”(罔:網。)

(二)古代計時用的漏壺。《三國志·吴書·吴範傳》:“權立表下~以待之。”(權:孫權。表:測日影的器具。)引申爲報時的更鼓。杜甫《和賈舍人早朝》詩:“五夜~聲催曉箭。”温庭筠《更漏子》詞:“花外~聲迢遞。”

1027.【泛】

(一)在水上飄浮。蘇軾《前赤壁賦》:“蘇子與客~舟,遊於赤壁之下。”陸游《謝池春》詞:“卻~扁舟吴楚。”也可以寫作“汎”。《詩經·鄘風·柏舟》:“汎彼柏舟。”也作“氾”。《楚辭·卜居》:“將氾氾若水中之鳧。”引申爲空浮,浮泛。《文心雕龍·情采》:“故有志深軒冕,而汎詠皋壤。”

(二)泛濫。《漢書·武帝紀》:“河水決濮陽,~郡十六。”《水經注·河水》:“河水盛溢,~浸瓠子。”(瓠 hù 子:河名。)

(三)廣泛,普遍。《楚辭·九歎·思古》:“且倘佯而~觀。”(倘佯:即“徜徉”chángyáng,閑適從容的樣子。)

[辨]泛,汎,氾。在古代漢語中,上述三個意義三字互通,無嚴格的區别。如《詩經·邶風·二子乘舟》的“汎汎其景”和《楚辭·卜居》的“將氾氾若水中之鳧”,《左傳·僖公十三年》的“汎舟之役”和陸游《謝池春》詞的“卻泛扁舟吴楚”,《孟子·滕文公上》的“氾濫於天下”和司馬相如《上林賦》的“汎淫泛濫”,《禮記·喪大記》的“氾拜衆賓於堂上”和《論語·學而》的“汎愛衆,而親仁”,等等,都是義同而字不同。後代這三個字有一些習慣用法上的分别,如“泛

舟”不作“氾舟”,“汎愛”不作“泛愛”等。

1028.【涵】

(一)潛沈,潛游。左思《吴都賦》:“~泳乎其中。”韓愈《祭鱷魚文》:“鱷魚之~淹卵育於此,亦固其所。”

(二)包含,包容。孟浩然《臨洞庭上張丞相》詩:“八月湖水平,~虚混太清。”(虚:虚空。太清:指“天”。)辛棄疾《木蘭花慢》詞:“正江~秋影雁初飛。”

1029.【蒙】

(一)覆蓋。《詩經·鄘風·君子偕老》:“~彼縐絺。”(縐絺chī:都是細葛布。)又爲掩蓋真相以相欺騙。《左傳·僖公二十四年》:“上下相~。”杜甫《歲晏行》:“刻泥爲之最易得,好惡不合長相~。”引申爲闇昧不明,愚昧。《周易》蒙卦:“匪我求童~,童~求我。”(童:幼稚。)後代有雙音詞“啟~”。

(二)蒙受,遭受。《漢書·杜欽傳》:“申生~無罪之辜。”孔稚珪《北山移文》:“薜荔~恥。”

(三)敬詞。承,承蒙。李密《陳情表》:“凡在故老,猶~矜育。”又:“過~拔擢。”王安石《答司馬諫議書》:“昨日~教。”

1030.【蔽】

(一)遮住,遮掩。《楚辭·九歌·國殤》:“旌~日兮敵若雲。”蘇軾《前赤壁賦》:“旌旗~空。”用於抽象意義時表示總括,概括。《論語·爲政》:“詩三百,一言以~之,曰:‘思無邪。’”後代衹在運用《論語》這一成語時用這個意義。引申爲障隔、遮擋。《楚辭·卜居》:“竭智盡忠,而~鄣於讒。”《史記·項羽本紀》:“項伯亦拔劍起舞,常以身翼~沛公。”

(二)蒙蔽。《荀子·解蔽》:“凡人之患,~于一曲,而闇于大理。”(一曲:指事理的局部,一端。)

(三)隱蔽,藏匿。《漢書·王莽傳》:“不可以骨肉故,~隱不揚。”(骨肉:指近親。)柳宗元《三戒·黔之驢》:“~林間窺之。”

1031.【蔭】

樹蔭。《荀子·勸學》:“樹成~而衆鳥息焉。”用作動詞時表示遮蓋。左思《詠史》詩:“以彼徑寸莖,~此百尺條。”陶潛《歸園田居》詩:“榆柳~後簷。”引申爲庇蔭。封建時代,皇帝因爲某個大臣有功而賜給他的子孫的恩惠(如可以取得某種官職,或享有某種特權)叫“蔭”。《隋書·柳述傳》:“少以父~,爲太子親衛。”這個意義一般都作“廕”(但樹蔭的“蔭”不能作“廕”)。查繼佐《徐光啟傳》:“加贈少保,并兩廕。”(兩廕:兩代可由廕襲得官。)

[辨]蔽,蔭。“蔽”與“蔭”的差别頗大。蔽,可以從前後左右遮住,如“以身翼蔽沛公”,也可以從上下遮住,如“旌旗蔽空”。“蔭”衹能是從上下遮住,而且是遮住太陽。

1032.【炙】

(一)燒肉,烤肉。《左傳·哀公十五年》:“~未熟。”《孟子·盡心下》:“膾~與羊棗孰美?”揚雄《解嘲》:“東方朔割~於細君。”李白《俠客行》:“將~啖朱亥。”又用作動詞,表示烤〔肉〕。《詩經·小雅·瓠葉》:“燔之~之。”引申爲烤。杜甫《麗人行》:“~手可熱勢絶倫。”

(二)親近,薰染。《孟子·盡心下》:“而況於親~之者乎?”

“炙”字舊讀去入兩聲。去聲之夜切,音柘(zhè);入聲之石切,音隻。

1033.【啖】(噉,啗)

吃,給吃。李白《俠客行》:“將炙~朱亥。”也寫作“啗”。《史記·滑稽列傳》:"啗以棗脯。"也作"噉"。《世説新語·任誕》:"籍飲噉不輟,神色自若。"按:"啖""啗""噉"是異體字,古書中通用。

1034.【餉】(饟)

(一)送飯給田中耕作的人。《詩經·周頌·良耜》:"其饟伊黍。"《孟子·滕文公下》:"有童子以黍肉~。"王維《積雨輞川莊作》詩:"蒸藜炊黍~東菑。"蘇軾《新城道中》詩:"煮葵燒筍~春耕。"

(二)供給軍用的錢糧,物資。《漢書·高帝紀》:"填國家,撫百姓,給~餽,不絶糧道,吾不如蕭何。"《唐書·食貨志》:"天下之賦,鹽利居半,宮闈服御,軍饟,百官禄俸,皆仰給焉。"後代有雙音詞"軍~""糧~"等。

按:"餉"字舊讀式亮切,商去聲;又書兩切,音賞。今讀 xiǎng。

1035.【斂】

(一)聚積,特指聚積財物。《論語·先進》:"而求也爲之聚~而附益之。"杜甫《自京赴奉先縣詠懷五百字》詩:"聚~貢城闕。"引申爲收斂,節制。《漢書·霍光傳》:"上虛己~容,禮下之已甚。"又《張敞傳》:"此言尊貴所以自~制,不從恣之義也。"(從恣:放縱恣肆。)孔稚珪《北山移文》:"~輕霧,藏鳴湍。"

(二)通"殮"。《漢書·趙廣漢傳》:"至冬當出死,豫爲調棺,給~葬具。"

1036.【貢】

把物品進獻給天子。《尚書·禹貢》:"厥~漆絲。"《左傳·僖公四年》:"爾~包茅不入。"又:"~之不入,寡君之罪也。"杜甫《自京赴奉先縣詠懷五百字》詩:"聚斂~城闕。"引申爲舉薦,推薦。《禮記·射義》:"諸侯歲獻,~士於天子,天子試之於射宮。"《明史・太祖紀三》:"〔洪武十六年〕二月丙申,初命天下學校歲~士於京師。"清代稱各省應禮部試而考中的舉人爲"~士"。

1037.【激】

(一)遏阻水勢。《孟子・告子上》:"今夫水,搏而躍之,可使過顙;~而行之,可使在山。"韓愈《送孟東野序》:"其躍也,或~之。"引申爲流急。王羲之《蘭亭集序》:"又有清流~湍,映帶左右。"

(二)情緒因受刺激而衝動。司馬遷《報任安書》:"至~於義理者不然。"引申爲情緒昂揚奮發。杜甫《自京赴奉先縣詠懷五百字》詩:"浩歌彌~烈。"岳飛《滿江紅》詞:"壯懷~烈。"

按:"激"字舊讀入聲。

1038.【濯】

洗。《楚辭・漁父》:"滄浪之水清兮,可以~吾纓。"韓愈《送李愿歸盤谷序》:"~清泉以自潔。"[~~]山嶺光秃的樣子。《孟子・告子上》:"人見其~~也,以爲未嘗有材焉。"成語有"童山~~"。

按:"濯"字舊讀入聲。

1039.【拂】

(一)撣(dǎn)。《楚辭・卜居》:"詹尹乃端策~龜。"楊惲《報孫會宗書》:"是日也,~衣而喜,奮袖低昂。"李白《俠客行》:"事了~衣去。"引申爲斜掠過,輕輕擦過。岑參《和賈舍人早朝》詩:"柳~旌旗露未乾。"

(二)違背,不順。《孟子・告子上》:"行~亂其所爲。"《韓非子・外儲説左上》:"忠言~于耳。"

(三)讀 bì。通"弼"。輔佐。《孟子・告子上》:"入則無法家~士,出則無敵國外患者,國恒亡。"《漢書・蓋寬饒傳》:"乃欲以太古久遠之事匡～天子。”

按:“拂”字舊讀入聲。

[辨]拂,拭。“拂”是撣,即打去塵土;“拭”是揩擦。二者相似而不相同。

1040.【逆】

(一)迎,迎接,迎着。跟“送”相對。《左傳·成公十四年》:“宣伯如齊～女。”(如齊:到齊國去。)又《桓公元年》:“目～而送之。”引申爲預先,衹限用於預見的意義上。諸葛亮《後出師表》:“凡事如此,難可～料。”又:“至於成敗利鈍,非臣之明所能～覩也。”[～旅]迎接賓客的房舍,旅舍。陶潛《自祭文》:“陶子將辭～旅之館,永歸於本宅。”李白《春夜宴桃李園序》:“夫天地者萬物之～旅。”

(二)倒,倒着。《儀禮·公食大夫禮》:“～退復位。”引申爲不順。跟“順”相對。《孟子·離婁上》:“順天者存,～天者亡。”《史記·伍子胥列傳》:“吾日莫途遠,吾故倒行而～施之。”再引申爲背叛,叛逆。《史記·淮陰侯列傳》:“而天下已集,乃謀畔(叛)～。”劉琨《與石勒書》:“附～則爲賊衆。”

按:“逆”字舊讀入聲。

[辨]逆,迎。二者古音相近。在迎接的意義上,“逆”和“迎”本是一個字。衹是由於方言不同,纔分爲兩字。關東叫“逆”,關西叫“迎”。

1041.【凋】

草木衰落。杜甫《秋興》八首詩:“玉露～傷楓樹林。”也寫作“彫”。《論語·子罕》:“歲寒,然後知松栢之後彫也。”杜牧《寄揚州韓綽判官》詩:“秋盡江南草木彫。”引申爲傷殘,衰頹。李白《蜀道難》詩:“使人聽此～朱顏。”後代成語有“民生～敝”。

［辨］雕（鵰），琱，彫，凋。“雕”是猛禽，“鵰”是異體字。“琱”是治玉，刻。“彫”是繪飾，刻畫。“凋”是草木衰落。在雕琢、刻畫的意義上，“雕”“琱”和“彫”可以相通。在凋落、衰頽的意義上，“凋”和“彫”可以相通。除此而外，彼此毫無關係。

1042.【零】

落〔雨〕。《詩經・豳風・東山》：“～雨其濛。”又《鄘風・定之方中》：“靈雨既～。”（靈：好。）引申爲一般的落下，飄散。《古詩十九首》：“泣涕～如雨。”陶潛《歸園田居》詩：“常恐霜霰至，～落同草莽。”庾信《哀江南賦序》：“將軍一去，大樹飄～。”辛棄疾《賀新郎》詞：“悵平生交遊～落。”成語有“感激涕～”。

1043.【屠】

宰殺牲畜。《史記・樊噲列傳》：“以～狗爲事。”又爲操宰殺職業者。《史記・刺客列傳》：“荆軻既至燕，愛燕之狗～及善擊筑者高漸離。”又：“日與狗～及高漸離飲於燕市。”引申爲屠殺，大量殘殺。《史記・項羽本紀》：“項羽引兵西，～咸陽。”李華《弔古戰場文》：“憑陵殺氣，以相剪～。”

1044.【滅】

（一）把火熄掉。《尚書・盤庚上》：“若火之燎于原，不可嚮邇，其猶可撲～。”引申爲暗，不亮。常以“明～”對舉。温庭筠《菩薩蠻》詞：“小山重疊金明～。”又爲消滅。杜甫《戲爲六絶句》詩：“爾曹身與名俱～，不廢江河萬古流。”又《詠懷古迹》詩：“最是楚宫俱泯～，舟人指點到今疑。”

（二）除盡，滅絶，特指將一國一家或一族除掉。《左傳・僖公五年》：“將虢是～。”又：“晉～虢。”《史記・淮陰侯列傳》：“夷～宗族，不亦宜乎！”

1045.【罄】

器皿中没有東西。《詩經·小雅·蓼莪》:"缾之~矣。"陶潛《自祭文》:"簞瓢屢~。"又爲盡,用完。《北齊書·循吏傳》:"軍糧且~。"《舊唐書·李密傳》:"~南山之竹,書罪未窮。"現代有成語"~竹難書"。

1046.【盡】

(一)不及物動詞。無餘,没有了。《史記·淮陰侯列傳》:"野獸已~而獵狗亨。"又:"高鳥~,良弓藏。"引申爲皆,都,全部。副詞。《孟子·滕文公上》:"~棄其學而學焉。"

(二)及物動詞。用完,用盡。《孟子·梁惠王上》:"寡人之於國也,~心焉耳矣。"又:"~心力而爲之,後必有災。"

(三)副詞。放在形容詞前面,表示到了頂點。《論語·八佾》:"子謂韶~美矣,又~善也。"放在動詞前面,表示無餘地,一切。《莊子·秋水》:"以天下之美爲~在己。"成語有"~善~美"。

(四)形容詞。整,全(後起義)。衹用於"盡日"等詞組裏。辛棄疾《摸魚兒》詞:"~日惹飛絮。"

1047.【了】

(一)了結,結束。李白《俠客行》:"事~拂衣去。"辛棄疾《破陣子》詞:"~卻君王天下事。"王淇《春暮遊小園》詩:"開到荼蘼花事~。"

(二)副詞。全。《世説新語·文學》:"開卷一尺許便放去,曰:'~不異人意。'"又《雅量》:"~無恐色。"

(三)明了,了解。《世説新語·雅量》:"雖神氣不變,而心~其故。"又形容詞。《後漢書·孔融傳》:"夫人小而聰~,大未必奇。"[~~]聰明。《世説新語·言語》:"小時~~,大未必佳。"

1048.【肖】

(一)像,似,類似。《老子》六十七章:"天下皆謂我道大似不~。"(不肖:指與常情不相類似。)韓愈《答李翊書》:"待用於人者,其~於器耶?"後代成語有"維妙維~"。今雙音詞有"~像"。[不~](1)不賢。跟"賢"相對。《孟子·公孫丑下》:"前日不知虞之不~。"(虞:指充虞。人名。)鄒陽《獄中上梁王書》:"士無賢不~,入朝見嫉。"韓愈《送李愿歸盤谷序》:"其爲人賢不~何如也?"(2)不像父親那樣賢。《孟子·萬章上》:"丹朱之不~,舜之子亦不~。"(丹朱:帝堯之子。)《戰國策·趙策四》:"老臣賤息舒祺,最少,不~。"按:後代多用(2)義。

(二)比並,相等。《漢書·王莽傳》:"皇后之尊~於天子。"

1049.【暨】

(一)及,與。《尚書·堯典》:"帝曰:'咨,汝羲~和!'"(咨:感歎詞。羲、和:帝堯時兩人名。)又《舜典》:"讓于稷契,~皋陶。"

(二)到,至。《宋書·謝靈運傳·論》:"自建武~乎義熙。"這個意義又寫作"洎"。駱賓王《爲徐敬業討武氏檄》:"洎乎晚節,穢亂春宫。"

1050.【逮】

(一)及,到,達到。《論語·里仁》:"古者言之不出,恥躬之不~也。"李密《陳情表》:"~奉聖朝,沐浴清化。"蕭統《文選序》:"~乎伏羲氏之王天下也。"韓愈《進學解》:"下~莊騷,太史所録。"

(二)捉住,收捕。《漢書·趙廣漢傳》:"請~捕廣漢。"

1051.【暝】

幽暗,特指天黑。李白《夢遊天姥吟留别》詩:"迷花倚石忽已~。"歐陽修《醉翁亭記》:"雲歸而巖穴~。""暝色"二字連用,表示夜色。李白《菩薩蠻》詞:"~色入高樓。"

[辨]冥,暝。"冥"與"暝"是古今字。但是"暝"在後代用來特指天黑,又變爲兼讀去聲。

1052.【黯】

深黑色,暗淡無光。李華《弔古戰場文》:"~兮慘悴,風悲日曛。"引申爲失色,神情頹喪。柳永《玉蝴蝶》詞:"~相望,斷鴻聲裏,立盡斜陽。"[~然]悲傷失色的樣子。江淹《别賦》:"~然銷魂者,唯别而已矣!"又爲失去光彩的樣子。劉禹錫《西塞山懷古》詩:"金陵王氣~然收。"[~~]愁悶,惆悵的樣子。韋應物《寄李儋元錫》詩:"春愁~~獨成眠。"蘇軾《永遇樂》詞:"~~夢雲驚斷。"

1053.【纖】(孅)

細。王勃《滕王閣序》:"~歌凝而白雲遏。"杜牧《遣懷》詩:"楚腰~細掌中輕。"又寫作"孅"。賈誼《論積貯疏》:"古之治天下,至孅至悉也。"[~~]細長柔美的樣子。《古詩十九首》:"~~擢素手,札札弄機杼。"李清照《點絳脣》詞:"起來慵整~~手。"

1054.【悉】

盡,全部。《尚書·盤庚上》:"王命衆,~至于庭。"《宋書·謝靈運傳·論》:"兩句之中,輕重~異。"引申爲詳細,詳盡。賈誼《論積貯疏》:"古之治天下,至孅至~也。"司馬遷《報任安書》:"書不能~意。"再引申爲詳盡地知道。蕭統《文選序》:"隨時變改,難可詳~。"杜甫《客夜》詩:"老妻書數紙,應~未歸情。"

1055.【贏】

(一)獲取餘利。《左傳·昭公元年》:"賈而欲~,而惡囂乎?"《史記·貨殖列傳》:"然其~得過當。"引申爲有餘。跟"縮"或"詘"相對。《史記·天官書》:"歲星~縮。"(以贏縮比喻進退。)《唐書·

陸贄傳》:"視墾田~縮以稽本末。"嚴遵《道德指歸論》:"~而若詘,得之若喪。"

(二)博賽獲勝(晚起義)。跟"輸"相對。晏殊《破陣子》詞:"疑怪昨宵春夢好,元是今朝鬥草~。"[~得]博得,獲得,剩得。杜牧《遣懷》詩:"~得青樓薄倖名。"辛棄疾《破陣子》詞:"~得生前身後名,可憐白髮生!"又《永遇樂》詞:"~得倉皇北顧。"

(三)擔,揹。《荀子·議兵》:"~三日之糧。"賈誼《過秦論》上:"~糧而景從。"(景:影。)

1056.【短】

短。跟"長"相對。《楚辭·卜居》:"夫尺有所~,寸有所長。"引申爲不足,缺陷。《莊子·列禦寇》:"商之所~也。"《史記·淮陰侯列傳》:"善用兵者,不以~擊長,而以長擊~。"又爲過失,特指捏造出來的過失。司馬遷《報任安書》:"隨而媒孽其~。"又爲動詞,表示説别人的短處,壞話。《史記·屈原列傳》:"卒使上官大夫~屈原於頃襄王。"

1057.【驕】

(一)馬高大壯健的樣子。《詩經·衛風·碩人》:"四牡有~。"(牡:公馬。)

(二)自滿,自高自大。李華《弔古戰場文》:"主將~敵,期門受戰。"杜牧《阿房宫賦》:"獨夫之心,日益~固。"今成語有"戒~戒躁"。

[辨]驕,傲。"驕"是自滿,是一種心理狀態;"傲"是傲慢,没禮貌,是一種行爲表現。

1058.【慢】

(一)倨傲不敬。跟"敬"相對。《禮記·緇衣》:"可敬而不可~。"李密《陳情表》:"詔書切峻,責臣逋~。"引申爲懶惰。《淮南子·脩務》:"偷~懈惰。"又爲怠慢,不盡職。諸葛亮《出師表》:"若無興德之言,則責攸之、禕、允等之~,以彰其咎。"(攸之:郭攸之。禕 yī:費禕。允:董允。)

(二)慢走(行遲)。《詩經·鄭風·叔于田》:"叔馬~忌。"(叔:共叔段。忌:語氣詞。)引申爲緩慢。注意:緩慢這一意義在上古很少見,唐代以後纔多起來。韓愈《奉和虢州劉給事使君三堂新題二十一詠(竹溪)》詩:"藹藹溪流~。"

1059.【妄】

亂,不考慮是非得失。禰衡《鸚鵡賦》:"飛不~集,翔必擇林。"今成語有"輕舉~動"。引申爲行爲不正的。孔稚珪《北山移文》:"杜~轡於郊端。"又爲不合事實,虛妄。《論衡·變虚》:"是竟子韋之言~,延年之語虚也。"(竟:終究。子韋:宋國的大夫。延年:延長壽命。)又爲愚昧無知,亂説亂做。《孟子·離婁下》:"此亦~人也已矣。"今成語有"癡心~想"。

1060.【層】

重疊。《楚辭·招魂》:"~臺累榭,臨高山些。"王勃《滕王閣序》:"~巒聳翠,上出重霄。"蘇軾《西江月》詞:"横空隱隱~霄。"這個意義也可寫作"增"。蕭統《文選序》:"增冰爲積水所成,積水曾微增冰之凜。"引申爲量詞。《墨子·備城門》:"百步一櫳樅,起地高五丈,三~。"王之涣《登鸛鵲樓》詩:"更上一~樓。"

1061.【喬】

(一)高,特指樹木的高大。多以"~木"連用。《詩經·周南·漢廣》:"南有~木,不可休息。"《孟子·公孫丑上》:"所謂故國者,非謂有~木之謂也。姜夔《揚州慢》詞:"廢池~木,猶厭言兵。"[~遷]原意是遷到喬木上去。《詩經·小雅·伐木》:"出自幽谷,遷于～木。”後來比喻遷居或昇官。張籍《贈殷山人》詩：“滿堂虚左待，衆目望～遷。”

（二）怪，惡劣（晚起義）。多見於元雜劇和早期白話小説。睢景臣《高祖還鄉》套曲：“瞎王留引定火～男女。”又：“這幾個～人物，拿着些不曾見的器仗，穿着些大作怪衣服。”引申爲詐僞，假飾。熟語有“～裝改扮”。

1062.【耿】

光明。《尚書·立政》：“以覲文王之～光，以揚武王之大烈。”（覲：見。）[～介]雙聲聯緜字。光明正大，光明正直。《楚辭·離騷》：“彼堯舜之～介兮，既遵道而得路。”《韓非子·五蠹》：“則～介之士寡。”又：“不養～介之士。”[～～]（1）老想着不能忘懷的樣子。《詩經·邶風·柏舟》：“～～不寐，如有隱憂。”今成語有“忠心～～”“～～于懷”。（2）明亮的樣子。白居易《長恨歌》：“～～星河欲曙天。”又《上陽白髮人》詩：“～～殘燈背壁影。”

1063.【渺】

水面遼闊。多以“渺渺”連用。寇準《江南春》詞：“波～～，柳依依。”引申爲悠遠。蘇軾《前赤壁賦》：“～～兮余懷。”又爲遼遠而難以看見。柳永《八聲甘州》詞：“望故鄉～邈，歸思難收。”

1064.【縟】

文采盛，花紋多。張衡《西京賦》：“故其館室次舍，采飾纖～。”引申爲一般事物的繁多，繁重。特指文章辭藻繁多。《文心雕龍·情采》：“其爲彪炳～采明矣。”《宋書·謝靈運傳·論》：“～旨星稠，繁文綺合。”注意：辭藻多而用“縟”來形容，一般都含有貶義。

1065.【稠】

多，衆多。《三國志·蜀書·關羽傳》：“而～人廣坐，侍立終日。”引申爲密。跟“稀”相對。《宋書·謝靈運傳·論》:“縟旨星~。”謝枋得《蠶婦吟》:“起視蠶~怕葉稀。”

1066.【綜】

使經綫和緯綫交織在一起,引申爲一般事物的交錯,如説“錯~複雜”。引申爲總集起來加以組織。司馬遷《報任安書》:“~其始終。”《文心雕龍·情采》:“若乃~述性靈,敷寫器象。”蕭統《文選序》:“若其讚論之~緝辭采。”

1067.【雜】

(一)動詞。五彩相合。《文心雕龍·情采》:“五色~而成黼黻。”引申爲交錯,錯綜。《周易·繫辭下》:“六爻相~。”[~然](1)多而有條理的樣子。歐陽修《醉翁亭記》:“~然而前陳者,太守宴也。”文天祥《正氣歌》:“天地有正氣,~然賦流形。”(2)紛紛,紛然。《列子·湯問》:“~然相許。”

(二)形容詞。不純,多種多樣的東西混在一起。陶潛《桃花源記》:“夾岸數百步,中無~樹。”丘遲《與陳伯之書》:“~花生樹,羣鶯亂飛。”引申爲紛亂蕪雜。《文心雕龍·鎔裁》:“趨時無方,辭或繁~。”又:“凡思緒初發,辭采苦~。”

(三)副詞。皆,都,共。《國語·越語下》:“其事是以不成,~受其刑。”(刑:指禍患。)《列子·湯問》:“~曰:‘投諸渤海之尾,隱土之北。’”

1068.【徧】(遍)

(一)走遍,到處都走過。《孟子·離婁下》:“~國中無與立談者。”白居易《長恨歌》:“排雲馭氣奔如電,昇天入地求之~。”引申爲周徧,普遍。《尚書·舜典》:“~于羣神。”《左傳·昭公三十二年》:“~賜大夫,大夫不受。”

（二）周而復始爲一徧，一次（後起義）。《三國志・魏書・王肅傳》"頗傳於世"裴注引《魏略》："人有從學者，〔董〕遇不肯教，而云'必當先讀百～。'言'讀書百～，而義自見。'"李清照《鳳凰臺上憶吹簫》詞："千萬～陽關，也則難留。"

1069.【塵】

（一）飛揚的細土。《莊子・逍遥遊》："野馬也，～埃也，生物之以息相吹也。"又《德充符》："鑑明則～垢不止。"用作動詞時表示蒙上灰塵，受玷汙。《詩經・小雅・無將大車》："祇自～兮。"孔稚珪《北山移文》："～遊躅於蕙路，汙淥池以洗耳。"車馬軍隊行動要蕩起塵土，所以"塵"又特指敵寇的騷擾或戰爭（後起義）。杜甫《北征》詩："況我墮胡～，及歸盡華髮。"辛棄疾《木蘭花慢》詞："落日胡～未斷。"又常以"煙～"連用。高適《燕歌行》："漢家煙～在東北，漢將辭家破殘賊。"陸游《書事》詩："掃盡煙～歸鐵騎。"因爲人行也起塵土，所以又引申爲行迹，事蹟。《宋書・謝靈運傳・論》："賈誼相如振芳～於後。"今成語有"步人後～"。"音～"二字連用，表示人聲和蹤迹。李白《憶秦娥》詞："咸陽古道音～絶。"

（二）世俗，凡俗（後起義）。孔稚珪《北山移文》："蕭灑出～之想。"又："抗～容而走俗狀。"後代有雙音詞"～世"。

1070.【靄】

雲霧蒸騰的樣子。多以"靄靄"連用。陶潛《停雲》詩："～～停雲，濛濛時雨。"又："停云～～。"引申爲煙霧，蒸氣。王維《終南山》詩："青～入看無。"柳永《雨霖鈴》詞："暮～沉沉楚天闊。"

1071.【巒】

（一）小而尖的山。孔稚珪《北山移文》："望林～而有失。"李白《夢遊天姥吟留别》詩："列缺霹靂，丘～崩摧。"

(二)山脊。王勃《滕王閣序》:“桂殿蘭宫,列岡~之體勢。”

1072.【巖】

(一)高峻的山,陡崖。《世説新語・容止》:“雙目閃閃如~下電。”李白《夢遊天姥吟留别》詩:“千~萬轉路不定。”引申爲高峻。《孟子・盡心上》:“不立乎~牆之下。”又爲險峻,險要。《左傳・隱公元年》:“制,~邑也。”[~~]高峻的樣子。《詩經・小雅・節南山》:“維石~~。”《世説新語・賞譽》:“~~清峙,壁立千仞。”

(二)山中的洞穴。司馬遷《報任安書》:“招賢進能,顯~穴之士。”歐陽修《醉翁亭記》:“雲歸而~穴暝。”杜甫《夜宿贊公土室》詩:“盛論~中趣。”

1073.【阿】

(一)大山。《詩經・小雅・菁菁者莪》:“在彼中~。”王勃《滕王閣序》:“訪風景於崇~。”又爲山的轉折處,山畔。《楚辭・九歌・山鬼》:“若有人兮山之~。”孔稚珪《北山移文》:“山~寂寥。”

(二)屋角處翹起的檐。《周禮・考工記・匠人》:“四~重屋。”《古詩十九首》:“~閣三重階。”

(三)曲意迎合,偏袒。《孟子・公孫丑上》:“汙不至~其所好。”現代有雙音詞“~諛”。

(四)名詞詞頭。用於某些人稱代詞、親屬名詞及人名的前面。古詩《十五從軍征》:“家中有~誰?”古詩《焦仲卿妻》:“堂上啟~母。”

1074.【隅】

(一)靠邊的地方,角落。《詩經・邶風・靜女》:“俟我於城~。”王勃《滕王閣序》:“東~已逝,桑榆非晚。”王維《終南山》詩:“太乙近天都,連山到海~。”李華《弔古戰場文》:“凜冽海～。"

（二）角，方角。《論語·述而》："舉一～，不以三～反，則不復也。"

1075.【畔】

（一）田界。《左傳·襄公二十五年》："行無越思，如農之有～。"引申爲一般的邊。周邦彦《滿庭芳》詞："歌筵～，先安枕簟。"辛棄疾《醜奴兒近》詞："山那～，别有人家。"

（二）通"叛"。《孟子·公孫丑下》："寡助之至，親戚～之。"《史記·淮陰侯列傳》："人言公之～，陛下必不信。"又："而天下已集，乃謀～逆。"

1076.【際】

（一）兩牆相接處叫"際"。引申爲一般事物的相交，會合。《周易》泰卦："無往不復，天地～也。"又坎卦："剛柔～也。"

（二）彼此之間〔以禮〕交往。《莊子·則陽》："不應諸侯之～。"（不參預諸侯之間的交往。）［交～］交往。《孟子·萬章下》："敢問交～何心也？"

（三）兩者之間，其間，間。《韓非子·難一》："君臣之～，非父子之親也。"表示時間，指兩者相交接的時候，其時，時。《論語·泰伯》："唐虞之～，於斯爲盛。"（唐：指帝堯。虞：指帝舜。）《史記·魏其武安侯列傳》："武安之貴，在日月之～。"又《秦楚之際月表》："太史公讀秦楚之～。"（秦楚之際：指秦末和楚漢相交接的這段歷史時期。）諸葛亮《出師表》："受任於敗軍之～，奉命於危難之間。"

（四）邊，際。李白《黄鶴樓送孟浩然之廣陵》詩："唯見長江天～流。"柳永《八聲甘州》詞："誤幾回、天～識歸舟。"

1077.【綸】

(一)青絲綬帶。《禮記·緇衣》:"王言如絲,其出如~。"又:"王言如~。"按:封建社會稱皇帝的詔書爲"綸音",就是由"王言如綸"發展來的。

(二)釣絲。《文心雕龍·情采》:"固知翠~桂餌,反所以失魚。"

(三)讀 guān。[~巾]一種青絲綬作的頭巾。蘇軾《念奴嬌》詞:"羽扇~巾,談笑間,檣櫓灰飛煙滅。"

1078.【纂】

(一)赤色的絲帶。《漢書·宣帝紀》:"錦繡~組,害女紅者也。"

(二)集合,編輯。韓愈《進學解》:"~言者必鉤其玄。"

1079.【牀】

牀。《左傳·宣公十五年》:"宋人懼,使華元夜入楚師,登子反之~。"杜甫《新婚别》詩:"席不暖君~。"按:古人的牀兼坐臥兩用。漢以後由西域傳入的一種坐具,叫"胡~"。《世説新語·任誕》:"即便回下車,踞胡~,爲作三調。"(三調:三支曲子。)

1080.【蓐】

睡眠處所鋪的草,草薦。《左傳·文公七年》:"訓卒利兵,秣馬~食,潛師而起。"《史記·淮陰侯列傳》:"亭長妻患之,乃晨炊~食。"引申爲牀上所鋪的被褥。李密《陳情表》:"而劉夙嬰疾病,常在牀~。"按:這個意義後代都寫作"褥"。上古人民生活簡陋,臥處鋪草,所以用"蓐",後代生活條件有了改變,所以另造新形聲字"褥",代替了"蓐"。

1081.【妝】(粧)

婦女用脂粉修飾容貌,打扮。古詩《焦仲卿妻》:"新婦起嚴～。”白居易《琵琶行》:“～成每被秋娘妒。”(秋娘:唐時著名的樂伎。)也指妝扮所用的脂粉、衣物。《木蘭詩》:“阿姊聞妹來,當户理紅～。”杜甫《新婚别》詩:“對君洗紅～。”又指妝扮的樣式。白居易《上陽白髮人》詩:“天寶末年時世～。”引申爲舉凡與婦女修飾有關的事物都可叫“妝”。杜牧《阿房宫賦》:“明星熒熒,開～鏡也。”柳永《八聲甘州》詞:“想佳人～樓凝望,誤幾回、天際識歸舟。”[～匳]梳妝用的鏡匣。韓愈《大行皇太后輓歌詞》:“衹有朝陵日,～匳一暫開。”也寫作“裝奩”。庾信《鏡賦》:“暫設裝奩,還抽鏡屜。”後代引申爲嫁女用的箱籠衣飾等物的總稱。

[辨]妝,粧,裝。“妝”與“粧”是異體字。“妝”與“裝”兩字相通,但後代衹在一般修飾、裝扮、假作等意義上通用。如“裝點”“妝點”;“新妝”“新裝”等等都可相通。在“裝束”“裝潢”“梳妝”等意義上,各自有習慣寫法,不大通用。

1082.【匳】(奩)

匣子之類的器具。特指婦女梳妝用的鏡匣和盛其他化妝用品的器皿。孫光憲《臨江仙》詞:“鏡～長掩,無意對孤鸞。”(孤鸞:指鏡中的孤影。)顧敻《酒泉子》詞:“鏁香～,恨厭厭。”(鏁:同“鎖”。)李清照《鳳凰臺上憶吹簫》詞:“任寶～塵滿,日上簾鉤。”

1083.【廚】

(一)廚房。《孟子·梁惠王上》:“是以君子遠庖～也。”漢樂府《隴西行》:“談笑未及竟,左顧敕中～。”

(二)櫥,櫥櫃。《晉書·顧愷之傳》:“愷之嘗以一～畫寄桓玄。”《南史·陸澄傳》:“陸公,書～也。”這個意義今寫作“櫥”。引申爲櫥形的帳子。李清照《醉花陰》詞:“玉枕紗～,半夜涼初透。”這個意義又寫作“幮”。

1084.【筵】

座位上鋪的席子。《禮記·樂記》:"鋪~席,陳尊俎。"又《投壺》:"退反位,揖賓就~。"引申爲席位。孔稚珪《北山移文》:"爾乃眉軒席次,袂聳~上。"古人席地而坐,飲食宴會也在席上,所以引申爲酒席,酒筵。王勃《滕王閣序》:"嗚呼!勝地不常,盛~難再。"周邦彦《滿庭芳》詞:"歌~畔,先安枕簟。"

[辨]筵,席。二者都是席子。古代把鋪在底下的席叫"筵",鋪在上面坐的叫"席",後代席地而坐的習俗變了,"筵"與"席"就没有嚴格的區别了。但後代牀上鋪的叫"席"而不叫"筵"。

1085.【肌】

人的肌肉。《莊子·逍遥遊》:"藐姑射之山,有神人居焉,~膚如冰雪。"《漢書·文帝紀》:"夫刑至斷支體,刻~膚。"司馬遷《報任安書》:"其次毁~膚斷肢體受辱。"

[辨]肌,肉。古代"肌"是指人的肉,指稱禽獸的則很少見。"肉"除特指供食用的牲畜之肉外,也可泛指人的肌肉。

1086.【膚】

人的皮。《詩經·衛風·碩人》:"~如凝脂。"《孟子·告子下》:"餓其體~。"司馬遷《報任安書》:"其次毁肌~斷肢體受辱。"杜甫《哀王孫》詩:"身上無有完肌~。"引申爲表面的,浮淺的。張衡《東京賦》:"末學~受。"范寧《穀梁傳序》:"釋穀梁傳者,雖近十家,皆~淺末學,不經師匠。"現代有雙音詞"~淺"。

[辨]皮,革,膚。"皮""革"指獸皮時,帶毛的叫"皮",去了毛的叫"革"。"皮"義廣,"革"義狹。泛稱時,一切物體的表層皆可叫"皮","革"則不能。"膚"則專指人的皮膚。

古漢語通論

(三十一)詞 律

詞來自民間文學,它本來是配樂的歌詞,所以當初稱爲曲子詞①。在唐宋時代,了解音樂的詞人是按照樂譜的音律節拍來寫詞的,所以叫做填詞,又叫做倚聲。後來一般詞人大都按照前人作品的字句平仄來填寫,這樣詞就逐漸脱離了音樂,純粹成爲詩的别體了。

詞是長短句,但是它和長短句的古風有兩點不同:第一,詞多律句,這是因爲文人詞頗受律詩影響的緣故;第二,在長短句的古風中,句子的長短是隨意的,而詞句的長短則是由詞調所規定的。詞調不同,詞的字數、句數不同,句子的長短和平仄、韻腳也不相同。

在這一節通論裏,我們先從詞調説起,然後説到詞譜、詞韻、詞的平仄和句式,最後談談詞的對仗。

1.詞調、詞譜

詞調本來是指寫詞時所依據的樂譜。在唐宋時代,詞調有好幾個來源。有的來自民間音樂,有的來自西域音樂(我國西部各兄弟民族的音樂),有的是樂工歌妓或詞人創製的,有的是國家音樂機關創製的,還有其他的來源。詞調很多,每種詞調都有特定的名稱,叫做“詞牌”。有些調名本來是樂曲的名稱如菩薩蠻、西江月等;有些調名本來是詞的題目,例如張志和的《漁歌子》是詠漁父生活的,温庭筠的《更漏子》是詠春夜閨情的。但是絶大多數的調名

① 又稱爲曲、曲詞、曲子。後來又有詩餘、樂府、長短句等名稱,這裏不討論。

和詞的題目没有關係,所以宋人常在一首詞的調名下寫出詞題或小序。蘇軾《念奴嬌》下寫明"赤壁懷古",辛棄疾《木蘭花慢》下寫明"席上送張仲固帥興元",就是這一類的例子①。

前人把詞分爲小令、中調和長調三類,以五十八字以内爲小令,五十九字到九十字爲中調,九十一字以外爲長調②。這種根據字數的分法,未免太拘泥、太絶對化了,我們衹要把小令、中調和長調了解爲大致的分類就是了。

從分段看,詞有單調、雙調、三疊、四疊的分别。詞的一段叫做闋,又叫片③,單調的詞不分段,往往就是小令,如漁歌子、如夢令、搗練子等。雙調的詞分爲前後(或上下)兩闋,小令、中調、長調都有,如菩薩蠻、蝶戀花、滿江紅、雨霖鈴等。三疊四疊的詞都是長調。三疊分爲三段,如蘭陵王,四疊分爲四段,衹有鶯啼序一調。

雙調是最常見的形式。一般的情況是前後兩闋字數相等或基本相等,平仄也相同(如卜算子、浪淘沙令),不相等的大都是前後闋起首的兩三句字數不同(如菩薩蠻、憶秦娥)或平仄不同(如更漏子、浣溪紗)。

關於詞調,我們還應該注意到同調異名和同調異體的兩種情況。

所謂同調異名,是説一種詞調有幾種調名。例如憶秦娥又名秦樓月,卜算子又名缺月掛疏桐,念奴嬌除了又名百字令、百字謡外,還有大江東去、酹江月等别名。詞調的别名大都取自這一詞調

---

① 當然,不寫詞題並不意味着調名就是詞題。

② 見明嘉靖顧從敬刻《類編草堂詩餘》、清毛先舒《填詞名解》卷一。

③ 曲終叫闋(què),片就是遍,一闋一片是説樂曲已奏過了一遍。又,一首詞也可以叫做一闋。

的某一名作①。所謂同調異體,是説一種詞調有幾種别體。舉例來説,江城子有單調的,也有雙調的;滿江紅有押仄韻的,也有押平韻的。别體又表現在字數差異或句法差異等方面,這裏不一一舉例了。前人編撰的詞譜,在“正體”後面羅列各種“又一體”(别體),所謂“正體”大都是時代較早或作者較多的一體,其餘就算做“又一體”。“又一體”之多,可以説明古人填詞有一定的靈活性。

我們還要注意,有些調名大同小異,但不是正體和别體的不同,而是代表了兩種不同的詞調。例如訴衷情和訴衷情近、木蘭花慢和木蘭花,等等。

現在説到詞譜。

上文説過,詞調本來是指填詞時所依賴的樂譜。這類樂譜後來失傳了,填詞的人就按照前人作品中的句法和平仄來填寫。詞譜,則是把前人每一種詞調的作品的句法和平仄分别加以概括,從而建立了各種詞調的平仄格式。後人就按照詞譜的格式來填詞。

詞譜據説始於明人張綖的《詩餘圖譜》。後來較通行的有清人萬樹著的《詞律》和康熙命詞臣王奕清等人編纂的《欽定詞譜》。

下面是《詞律》所列菩薩蠻詞譜的樣子②:

菩薩蠻 四十四字 巫山一片雲 又名子夜歌 重疊金 李白

韻 叶 換平
平林漠漠煙如織寒山一帶傷心碧暝色入高樓有人
可仄 可平 可仄 可平 可平 可平

叶平 三換仄 叶三仄 四換平
樓上愁玉階空竚立宿鳥歸飛急何處是歸程長亭連
可仄 可平 可平 可仄 可仄 可仄

① 前人編撰詞譜,在有别名的詞調下列出别名。

② 《詞律·發凡》説:“以小字明注於旁,在右者爲韻、爲叶、爲换、爲疊、爲句、爲豆,在左者爲可平、爲可仄、爲作平、爲某聲。”現在改爲横排,原譜注在字右的,改在字上;原譜注在字左的,改在字下。

叶四平
短亭

下面是《欽定詞譜》所列菩薩蠻詞譜的樣子①：

菩薩蠻 雙調四十四字前後段各四句兩仄韻兩平韻　　李　白

平林漠漠煙如織仄韻寒山一帶傷心碧韻暝色入高樓平韻有人
◒○◓●○○●　◒○◓●○○●　◓●●○○　◓○
樓上愁韻　玉階空佇立換仄韻宿鳥歸飛急韻何處是歸程換平韻長
◒●○　◓○○●●　◓●●○●　◒●●○○　◒
亭連短亭韻
○◒●○

我們對於詞調平仄的描寫，採取上一節通論講律詩平仄的辦法，逐字寫出平仄。一句佔一行，前後闋之間空一行，字外加圈表示可平可仄，字下加△表示韻腳，必要的地方附上文字說明。仍以菩薩蠻爲例：

菩薩蠻四十四字　雙調

(平)平(仄)仄平平仄△

(平)平(仄)仄平平仄△

(仄)仄仄平平△(換平韻)

(仄)平(平)仄平△

(仄)平平仄仄△(換仄韻)

(仄)仄平平仄△

(仄)仄仄平平△(換平韻)

(仄)平(平)仄平△

---

① 《欽定詞譜·凡例》説："平用虛圈；仄用實圈；字本平而可仄者，上虛下實；字本仄而可平者，上實下虛。"原譜圈在字右，現在改爲橫排，移在字下。

前後闋末句第一字可平，第三字可仄。如果第三字用仄，則第一字必用平，否則是犯孤平[①]。

本單元文選各詞所用的詞調都用這種辦法製成詞譜，作爲本書的附録。

2.詞韻

古人填詞並沒有特別規定的詞韻。所謂詞韻，基本上也就是詩韻，衹是詞韻比詩韻更寬些，更自由些。清人戈載的《詞林正韻》把詞韻分爲十九部，其中平上去三聲分爲十四部，入聲分爲五部。據説這十九部是"取古人之名詞參酌而審定"的，其實不過是詩韻的大致合併，和古體詩的寬韻差不多。戈載《詞林正韻》的韻目用的是《集韻》韻目，現在改用"平水韻"韻目排列如下：

第一部　平聲東冬；上聲董腫；去聲送宋。

第二部　平聲江陽；上聲講養；去聲絳漾。

第三部　平聲支微齊，又灰半[②]；上聲紙尾薺，又賄半；去聲寘未霽，又泰半、隊半。

第四部　平聲魚虞；上聲語麌；去聲御遇。

第五部　平聲佳半、灰半；上聲蟹，又賄半；去聲泰半、卦半、隊半。

第六部　平聲真文，又元半；上聲軫吻，又阮半；去聲震問，又願半。

第七部　平聲寒删先，又元半；上聲旱潸銑，又阮半；去聲翰諫霰，又願半。

---

① 張惠言《詞選》録温庭筠菩薩蠻十四首，前闋末句都是仄平平仄平，後闋末句有十一首是仄平平仄平，三首是平平平仄平，可見前後闋末句都應以仄平平仄平爲正則（第三字必平）。後代變爲律句平平仄仄平。

② 具體的字見附録《詩韻常用字表》。下同。

第八部　平聲蕭肴豪;上聲篠巧皓;去聲嘯效號。

第九部　平聲歌;上聲哿;去聲箇。

第十部　平聲麻,又佳半;上聲馬;去聲禡,又卦半。

第十一部　平聲庚青蒸;上聲梗迥;去聲敬徑。

第十二部　平聲尤;上聲有;去聲宥。

第十三部　平聲侵;上聲寑;去聲沁。

第十四部　平聲覃鹽咸;上聲感儉豏;去聲勘豔陷。

以上平上去聲十四部。

第十五部　入聲屋沃。

第十六部　入聲覺藥。

第十七部　入聲質陌錫職緝。

第十八部　入聲物月曷黠屑葉。

第十九部　入聲合洽。

以上入聲五部。

事實上由於語音的發展或方言的影響,在宋詞中我們可以看到某些不同韻部的字通押。試以本單元所選的作品爲例。周邦彦的《齊天樂》就是第七部的字(收音於-n,晚剪卷限轉遠薦)和第十四部的字(收音於-m,掩簟斂)通押,辛棄疾的《滿江紅》就是第十五部的字(目續陸醁足菊犢哭)和第十七部的字(國)通押。可見這十九部衹是大致適合宋詞的多數情況。

關於詞的用韻,有幾點須要提出來説一説:

第一,有些詞調是一韻到底,中間不换韻的。一韻到底用平韻的如搗練子、浪淘沙令、江城子、玉蝴蝶等等,一韻到底用仄韻的如卜算子、醉花陰、齊天樂、滿江紅、念奴嬌等等①。平韻和仄韻的界

① 滿江紅、念奴嬌一般都押入聲韻。

限是很清楚的:某調規定用平韻,就不能用仄韻,某調規定用仄韻,就不能用平韻。除非有“又一體”(見前)。

第二,在仄聲韻中,同韻部的上聲韻和去聲韻常常通押,但是入聲韻的獨立性很强,一般都是獨用。仍以本單元所選的作品爲例。上聲韻和去聲韻通押的有水龍吟、西河、齊天樂、永遇樂、謝池春、摸魚兒、賀新郎、祝英臺近、鶯啼序等;入聲韻獨用的有憶秦娥、念奴嬌、雨霖鈴、蘭陵王、滿江紅、暗香、疏影等。

第三,有些詞調規定平仄互押。平仄互押和上去通押性質不同。上去通押,用上用去一般是隨意的;平仄互押,平聲韻腳和仄聲韻腳是由詞調規定的。例如西江月規定前後闋的第二句第三句押平韻,第四句押仄韻,所以蘇軾《西江月》前闋以霄(平)驕(平)草(仄)互押;後闋以瑶(平)橋(平)曉(仄)互押。

第四,有些詞調規定平仄换韻。平仄换韻又和平仄互押性質不同。平仄互押是同韻部的字相押,例如蘇軾西江月的韻字都屬於第八部;平仄换韻是由平韻换仄韻,或由仄韻换平韻,其韻部並不相同。當然,换韻的位置也是由詞調規定了的。例如温庭筠《更漏子》的前闋,先是細遞(仄,第三部)相押,然後烏鴣(平,第四部)相押;後闋先是薄幙閣(仄,第十六部)相押,然後垂知(平,第三部)相押。

詞的用韻,還有一些别的情况,這裏不一一敘述。

3.詞的平仄和句式

詞句基本上是律句,也有一些不合平仄常規的拗句,我們了解了律詩的平仄,對於詞句的平仄就不難了解了。詞句最短的是一字句,最長的是十一字句,下面分别敘述各類句子的平仄及其用法上的特點。

一字句　一字句很少見,十六字令的第一句是一字句而且入韻。例如:"天!休使圓蟾照客眠。人何在?桂影自嬋娟。"(蔡伸《十六字令》)

一字豆[1]　一字豆是詞的句法特點之一。一字豆可以出現在三字句的前面構成四字句(上一下三),例如"對長亭晚"(柳永《雨霖鈴》);也可以出現在七字句的前面構成八字句(上一下七),例如"正江涵秋影雁初飛"(辛棄疾《木蘭花慢》)。最常見的是出現在四字句的前面構成五字句(上一下四),例如:

漸霜風淒緊。(柳永:八聲甘州)
更草草離筵。(辛棄疾:木蘭花慢)
又酒趁哀弦。(周邦彦:蘭陵王)
且莫思身外。(周邦彦:滿庭芳)
縱豆蔻詞工。(姜夔:揚州慢)
念武陵人遠。(李清照:鳳凰臺上憶吹簫)
想劍指三秦。(辛棄疾:木蘭花慢)
歎寄與路遥。(姜夔:暗香)

一字豆多數是虚詞,如"但、正、又、漸、更、甚、乍、尚、況、且、方、縱"等等;有些是動詞,如"對、望、看、念、歎、算、料、想、悵、恨、怕、問"等等。這些字大多是去聲,這是一字豆的特點。

二字句　常見的二字句有平仄(第一字平聲,第二字仄聲)平平(兩個字都是平聲)兩式,它們或則用於疊句,或則用作起句。例如:

團扇,團扇,美人病來遮面。(王建:調笑令)
知否?知否?應是緑肥紅瘦!(李清照:如夢令)

---

① 豆就是逗,也就是讀(dòu),句中稍有停頓叫豆。

以上用於疊句,“團扇”同時還是起句。

江國,正寂寂。(姜夔:暗香)

難忘,文期酒會,幾孤風月,屢變星霜。(柳永:玉蝴蝶)

年年,如社燕,飄流瀚海,來寄修椽。(周邦彥:滿庭芳)

以上用作第二段的起句。

悽惻,恨堆積。(周邦彥:蘭陵王)

以上用作第三段的起句。

至於像“誰識? 京華倦客”(周邦彥《蘭陵王》)這種既非疊句又非起句的二字句,則比較少見。

二字句有一個特點,即不用則已,用則以入韻爲常。以上所舉的二字句,都可以説明這一點。

三字句　三字句一般是用五言律句或七言律句的三字尾,有平平仄、平仄仄、仄平平等式。平平仄如“從軍樂”(柳永《滿江紅》)、“憑闌久”(周邦彥《滿庭芳》),平仄仄如“佳麗地”(周邦彥《西河》)、“春且住”(辛棄疾《摸魚兒》),仄平平如“鬢微霜,又何妨?”(蘇軾《江城子》)。此外還有仄仄仄、仄平仄兩式,前者如“淚暗滴”(周邦彥《蘭陵王》),後者如“柳陰直”(同上)。這兩種可以説是三字句的拗句。

四字句　四字句一般是用七言律句的上四字,即㊣平㊀仄,㊀仄平平。前者如“曉來雨過”(蘇軾《水龍吟》)、“風鬟霧鬢”(李清照《永遇樂》),後者如“壯歲從戎”(陸游《謝池春》)、“簾捲西風”(李清照《醉花陰》)①。

四字句常見㊀平平仄(第三字必平)的格式,可以説這是一種

① 還包括平平仄仄,如“鳴蛩勸織”(周邦彥:齊天樂);平平㊀仄,如“關河冷落”(柳永:八聲甘州);仄仄平平,如“海闊山遥”(柳永:玉蝴蝶)。

特殊的四字律句。例如"欲開還閉"(蘇軾《水龍吟》)、"對長亭晚"(柳永《雨霖鈴》)、"地卑山近"(周邦彦《滿庭芳》),"此生誰料"(陸游《訴衷情》)等等①。

常見的四字仄腳拗句是平仄平仄。例如"離思何限"(周邦彦《齊天樂》)、"人在何處"(李清照《永遇樂》)②。常見的四字平腳拗句是平平仄平。例如"從今又添"(李清照《鳳凰臺上憶吹簫》)。

四字句常常連用,有的並配成對仗。例如:

故人何在?煙水茫茫。(柳永:玉蝴蝶)

曉來雨過,遺蹤何在?一池萍碎。(蘇軾:水龍吟)

以上是四字句的連用。

亂石穿空,驚濤拍岸。(蘇軾:念奴嬌)

幽蘭旋老,杜若還生。(吴文英:鶯啼序)

以上是四字句的對仗。

四字句的句法一般是二二(前兩個字作爲一個節奏單位,後兩個字作爲一個節奏單位),也有作上一下三的。例如"是離人淚"(蘇軾《水龍吟》)。

五字句　五字句的律句就是普通的五言律句:

㊀仄平平仄:"捲起千堆雪"(蘇軾《念奴嬌》)、"人比黄花瘦"(李清照《醉花陰》)。

平平仄仄平:極罕見,不舉例。

㊥平平仄仄③:"玉階空竚立"(李白《菩薩蠻》)、"故人相望處"

① 還包括仄平平仄,如"漢家陵闕"(李白:憶秦娥);㊥平平仄,如"江山如畫"(蘇軾:念奴嬌);平平平仄,如"寒蟬淒切"(柳永:雨霖鈴);㊀平㊥仄,如"葦風蕭索"(柳永:滿江紅)。

② 還包括㊥仄平仄,如"枝上同宿"(姜夔:疏影)。

③ 第一字可平可仄,在詞譜中包括㊀平平仄仄的格式。

(周邦彦《齊天樂》)。

㈥仄仄平平:"簾外雨潺潺"(李煜《浪淘沙》)、"匹馬戍梁州"(陸游《訴衷情》)。

在五言律詩裏,每句第一字的平仄是不拘的,但是在詞裏有些五字句的平仄卻是固定的。例如上述㊣平平仄仄,有的衹限於仄平平仄仄,第一字並不作平,"漢中開漢業"(辛棄疾《木蘭花慢》)、"但愁斜照斂"(周邦彦《齊天樂》),就是這一類的例子。由此可見詞律比詩律更嚴。

正如五言律詩有平平仄平仄這種特定的平仄格式,詞也有同樣的五字句。"纔簪又重數"(辛棄疾《祝英臺近》)、"閒尋舊蹤迹"(周邦彦《蘭陵王》),都屬於這一類。

五字句的拗句常見的有以下幾種:

㊣仄仄平仄[1]:"明月幾時有""起舞弄清影"(蘇軾《水調歌頭》)、"煙柳暗南浦""十日九風雨"(辛棄疾《祝英臺近》)。

仄平平仄平:"有人樓上愁"(李白《菩薩蠻》)、"夢長君不知"(温庭筠《更漏子》)。

仄平平平仄:"擁雕戈西戍""望秦關何處"(陸游《謝池春》)。

大多數的五字句可以分爲兩個較大的節奏單位,上二下三。但是有些五字句是上一下四,例如"有暗香盈袖"(李清照《醉花陰》)。

六字句 六字句是四字句的擴展。在平起的四字句前加㈥仄,在仄起的四字句前加㊣平,就是六字句:

㈥仄㊣平㈥仄:"是處紅衰翠減"(柳永《八聲甘州》)、"我欲乘風歸去"(蘇軾《水調歌頭》)、"誰記當年豪舉"(陸游《鵲橋仙》)。

㊣平㈥仄平平:"傷心千里江南"(吴文英《鶯啼序》)、"斷腸點

---

① 在詞譜中也作㈥仄㊣平平仄或㈥仄仄平仄。

點飛紅"(辛棄疾《祝英臺近》)。

六字句常見㊀仄㊀平平仄(第五字必平)的格式,可以説這是一種特殊的六字律句。例如"望處雨收雲斷"(柳永《玉蝴蝶》)、"燕子不知何事"(周邦彦《西河》)、"曾是氣吞殘虜"(陸游《謝池春》)、"脈脈此情誰訴"(辛棄疾《摸魚兒》)、"二十四橋仍在"(姜夔《揚州慢》)、"花外漏聲迢遞"(温庭筠《更漏子》)。

六字句頗多拗句,常見的有:

㊀平平仄平仄:"一時多少豪傑""一樽還酹江月"(蘇軾《念奴嬌》)、"匆匆春又歸去""蛾眉曾有人妒"(辛棄疾《摸魚兒》)。

平平仄仄平仄:"都門帳飲無緒""今宵酒醒何處"(柳永《雨霖鈴》)、"南朝盛事誰記"(周邦彦《西河》)、"關河夢斷何處"(陸游《訴衷情》)。

六字句常常連用,有的並配成對仗。例如:

安得車輪四角,不堪帶減腰圍。(辛棄疾:木蘭花慢)

六字句連用。

落日胡塵未斷,西風塞馬空肥。(辛棄疾:木蘭花慢)

六字句對仗。

六字句的句法一般是上二下四,例如"何遜而今漸老"(姜夔《暗香》)、"不恨此花飛盡"(蘇軾《水龍吟》),也有作上四下二的,例如"氣吞萬里如虎"(辛棄疾《永遇樂》)。有些六字句作上三下三,例如"又還被、鶯呼起"(蘇軾《水龍吟》)。

七字句　七字句的律句就是普通的七言律句:

㊉平㊀仄平平仄:"平林漠漠煙如織"(李白《菩薩蠻》)、"緑蕪凋盡臺城路"(周邦彦《齊天樂》)。

㊀仄平平仄仄平:"斷續寒砧斷續風"(李煜《搗練子》)、"誰見

幽人獨往來”（蘇軾《卜算子》）。

㊀仄㊁平平仄仄：“幾許漁人横短艇”（柳永《滿江紅》）、“無奈夜長人不寐”（李煜《搗練子》）。

㊁平㊀仄仄平平：“山圍故國繞清江”（周邦彦《西河》）、“老夫聊發少年狂”（蘇軾《江城子》）。

在七言律詩裏，每句第一字的平仄是不拘的，但是在詞裏有些七字句的平仄卻是固定的。例如上述㊁平㊀仄平平仄，有的衹限於平平仄仄平平仄，第一字並不作仄，第三字並不作平。“多情自古傷離别”（柳永《雨霖鈴》）、“晴煙冉冉吴宫樹”（吴文英《鶯啼序》）就是這一類的例子。可見有時詞律比詩律更嚴。

正如七言律詩有㊀仄平平仄平仄這種特定的平仄格式，詞也有同樣的七字句。例如“拂水飄綿送行色”“應折柔條過千尺”（周邦彦《蘭陵王》），“不管清寒與攀摘”“紅蕚無言耿相憶”（姜夔《暗香》）。

七字句也有一些不合平仄常規的拗句，例如“酒旗戲鼓甚處市”（周邦彦《西河》）、“露螢清夜照書卷”（周邦彦《齊天樂》）。

七字句可以分爲兩個較大的節奏單位：上四下三。但是，有些七字句是上三下四。例如：

楊柳岸、曉風殘月。（柳永：雨霖鈴）

長川静、征帆夜落。（柳永：滿江紅）

不堪聽、急管繁弦。（周邦彦：滿庭芳）

恨西園、落紅難綴。（蘇軾：水龍吟）

更誰勸、啼鶯聲住。（辛棄疾：祝英臺近）

但暗憶、江南江北。（姜夔：疏影）

有些所謂上三下四的七字句，從意思上看不如説是上一下六，像上面所舉的最後三句就可以了解爲：

恨——西園落紅難綴。

更——誰勸啼鶯聲住。

但——暗憶江南江北。

八字句　八字以上的句子往往是由兩句複合而成的，如上三下五或上一下七是八字句，上三下六或上四下五是九字句，等等。其中所包含的兩句一般都符合前面所説的各種平仄格式，這裏不再分析。

八字句最常見的是上三下五，其次是上一下七，例如：

更那堪、冷落清秋節。（柳永：雨霖鈴）

誤幾回、天際識歸舟。（柳永：八聲甘州）

甚當時、健者也曾閑？（辛棄疾：八聲甘州）

恨古人、不見吾狂耳。（辛棄疾：賀新郎）

以上是上三下五。

對、瀟瀟暮雨灑江天。（柳永：八聲甘州）

但、山川滿目淚沾衣。（辛棄疾：木蘭花慢）

以上是上一下七。

從意思上看，有些上三下五的八字句宜於了解爲上一下七，上面所舉的例句，有的就是這樣：

甚——當時健者也曾閑？

恨——古人不見吾狂耳。

個别的八字句按詞譜説應該是上一下七，但是從意思上看句中不應該有停頓，辛棄疾《八聲甘州》"故將軍飲罷夜歸來"，就是一個例子。

八字句也有作上二下六的，例如"應是良辰好景虛設"（柳永《雨霖鈴》）。

九字句　九字句的句法有上三下六、上六下三、上四下五等。

上三下六如“浪淘盡、千古風流人物”(蘇軾《念奴嬌》),上六下三如“故國不堪回首月明中”“恰似一江春水向東流”(李煜《虞美人》)[①],上四下五如“錦帽貂裘、千騎卷平岡”(蘇軾《江城子》)。

十字句　十字句很罕見,句法是上三下七,例如“見説道、天涯芳草無歸路”(辛棄疾《摸魚兒》)。

十一字句　十一字句是詞中最長的一種句子。或作上六下五,或作上四下七。前者如“不知天上宫闕、今夕是何年”(蘇軾《水調歌頭》),後者如“不應有恨、何事長向别時圓”(蘇軾《水調歌頭》)。

關於詞的平仄,還有許多講究,如有的地方該用去聲,有的地方該用上聲,這裏不討論。

4.詞的對仗

詞的對仗和律詩的對仗有幾點不同:

第一,律詩的對仗原則上要求以平對仄,以仄對平,詞的對仗則不限於平仄相對。例如:

左牽黄、右擎蒼。(蘇軾:江城子)

“左”對“右”是仄對仄,“牽”對“擎”、“黄”對“蒼”是平對平。

波似染,山如削。(柳永:滿江紅)

“波”對“山”是平對平,“染”對“削”是仄對仄。

心在天山,身老滄洲。(陸游:訴衷情)

“心”對“身”是平對平,“在”對“老”是仄對仄,“天山”對“滄洲”是平平對平平。

華鐙縱博,雕鞍馳射。(陸游:鵲橋仙)

“華”對“雕”、“鐙”對“鞍”是平對平,“博”對“射”是仄對仄。

---

① 此依《欽定詞譜》。其書卷十二説,虞美人“其兩結係九字句,或兩字微讀,或四字微讀,或六字微讀,以蟬聯不斷爲合格”。

第二,律詩的對仗避免同字相對,詞的對仗則允許同字相對。例如蘇軾《水調歌頭》"人有悲歡離合"對"月有陰晴圓缺",蘇軾《水龍吟》"二分塵土"對"一分流水"。不過總的説來,同字相對的情況並不多見。

第三,律詩的對仗有固定的位置,詞的對仗很少有固定的位置,這是因爲詞是長短句,必須相連的兩句字數相同,纔有配對的可能。一般地説,作爲每闋的起首二句,如果字數相同,則以用對仗爲常。例如:

更漏子前闋起二句　　柳絲長、春雨細。(温庭筠)
祝英臺近前闋起二句　寶釵分,桃葉渡。(辛棄疾)
滿庭芳前闋起二句　　風老鶯雛、雨肥梅子。(周邦彦)
鵲橋仙前闋起二句　　華鐙縱博,雕鞍馳射。(陸游)
鵲橋仙後闋起二句　　輕舟八尺,低篷三扇。(陸游)
鶯啼序第三段起二句　幽蘭旋老,杜若還生。(吴文英)
西江月前闋起二句　　照野瀰瀰淺浪,横空隱隱層霄。(蘇軾)
西江月後闋起二句　　可惜一溪風月,莫教踏碎瓊瑶。(蘇軾)①

在其他的位置上,相連的兩句字數相同也可能配成對仗。例如:

更漏子前闋四五兩句　驚塞雁,起城烏。(温庭筠)
更漏子後闋四五兩句　紅燭背、繡羅垂。(温庭筠)
齊天樂前闋三四兩句　暮雨生寒、鳴蛩勸織。(周邦彦)
齊天樂後闋四五兩句　渭水西風、長安亂葉。(周邦彦)
玉蝴蝶前闋六七兩句　水風輕、蘋花漸老,月露冷、梧葉飄黄。(柳永)②

---

① 這兩句可以不算對仗,但從西江月詞調説,其他作家這裏常用對仗。

② 這是以兩句對兩句:"水風輕"對"月露冷","蘋花漸老"對"梧葉飄黄",稱爲扇面對,和一般對仗不同。

玉蝴蝶後闋七八兩句 念雙燕、難憑遠信,指暮天、空識歸航。(柳永)

詞在一定的位置上用對仗,這有兩個原因:其一是出於修辭的需要,其二是出於作家的模仿。我們很難説詞的對仗是爲詞律所規定的。這可以從以下兩點來説明:

第一,在同一詞調的特定位置上,某些作家用對仗,另外一些作家不用對仗。例如永遇樂前闋起首三句,李清照作"落日鎔金,暮雲合璧,人在何處",辛棄疾作"千古江山,英雄無覓、孫仲謀處"。李詞首二句用對仗,辛詞不用對仗。永遇樂前闋四、五、六三句,李清照作"染柳煙濃,吹梅笛怨,春意知幾許",辛棄疾作"舞榭歌臺,風流總被,雨打風吹去"。李詞四、五兩句用對仗,辛詞不用。

第二,在同一詞調前後闋的大致相應的位置上,各有兩句字數相同的句子,同一作家作品,這裏用對仗,那裏不用對仗。例如滿江紅前闋五、六兩句都是七字句,後闋七、八兩句也都是七字句,辛棄疾詞前闋兩個七字句作"不念英雄江左老,用之可以尊中國",不用對仗;後闋兩個七字句作"且置請纓封萬户,竟須賣劍酧黄犢",用對仗。

由此可見詞的對仗不像律詩的對仗那樣固定。

附帶説一説帶有一字豆的對仗。

上文説過,詞必須相連的兩句字數相同,纔可能配對。但是,有時候上句是五字句,下句是四字句,也用了對仗。這是因爲上句雖是五字句,實際上是四字句的前面加上一字豆(上一下四),撇開一字豆不論,所以就可能用對仗了。例如:

又酒趁哀弦,燈照離席。(周邦彦:蘭陵王)

念月榭攜手,露橋吹笛。(同上)

歎重拂羅裀,頓疏花簟。(周邦彦:齊天樂)

正玉液新篘,蟹螯初薦。(同上)

縱豆蔻詞工,青樓夢好。(姜夔:揚州慢)

這種一字豆後的兩個四字句,用不用對仗是自由的。

關於詞律,我們就説到這裏。

(三十二)曲　律

曲和詞都是配合音樂的長短句,它們的名稱有時候是相混的:唐人所謂曲,是後代所謂詞;元人所謂詞,又是後代所謂曲①。我們這裏所説的曲,指元曲而言。

曲有北曲南曲的分别。在這一節通論裏,我們衹敘述北曲的曲律,不涉及南曲的問題。

北曲有雜劇和散曲的分别。雜劇是一種帶科(動作)白(道白)的歌劇,其中的唱詞是劇中人唱的(往往是主角一人唱);散曲不是戲劇,没有科白,它和詞的性質相近。

散曲有小令和套數兩種形式。小令等於一首單調的詞,套數則是由兩個以上的同一宮調的曲子按照一定規則聯綴起來的套曲。雜劇衹有套數,没有小令,一個套數稱爲一折,全劇通常分爲四折,有時候再加上一個楔子。

關於曲律,我們準備談四個問題:曲調和宮調;曲韻;曲字的四聲問題;襯字。

1.曲調、宮調

詞有詞調,曲也有曲調。曲調的名稱(又叫"曲牌")有的和詞相同,如秦樓月(憶秦娥)、風入松、點絳脣、念奴嬌等;有的和詞同

① 例如元人周德清《中原音韻》講到"作詞十法",他所説的詞,其實就是曲。此外,曲又有詞餘、樂府等别稱。

名而異實，如搗練子、賣花聲、滿庭芳、哨遍等；但是絶大多數的調名是和詞不同的，如山坡羊、水仙子、落梅風、撥不斷、要孩兒、叨叨令、脱布衫、小梁州等等。曲一般都是單調，不像詞有雙調、三疊或四疊。作曲的人如果意有未盡，可以把前調重複一遍，再寫幺(yāo)篇。幺篇的字句有時候比前調稍有增損。

曲調的選用是有一定的限制性的。有些曲調衹用於小令，如山坡羊等；有些曲調衹用於套數，如滚繡毬等；有些曲調小令和套數都能用，如天淨沙、叨叨令、落梅風之類。

每一種曲調都屬於一定的宫調。北曲共有六宫十一調，它們大致是十七種不同的調式[①]：

六　宫：	1.正　宫	2. 中吕宫	3. 道　宫	4.南吕宫
	5.仙吕宫	6. 黄鐘宫		
十一調：	1.大石調	2. 雙　調	3. 小石調	4.歇指調
	5.商　調	6. 越　調	7. 般涉調	8.高平調
	9.宫　調	10. 角　調	11. 商角調	

元代雜劇實際上衹用九個宫調，即五宫四調。五宫是正宫、中吕宫、南吕宫、仙吕宫、黄鐘宫，四調是大石調、雙調、商調、越調，合稱九宫。

不同的宫調有不同的"聲情"。前人對各種宫調的"聲情"作過一些分析，譬如説，黄鐘宫富貴纏綿，正宫惆悵雄壯，南吕宫感歎傷悲，大石調風流醖藉，小石調旖旎嫵媚，雙調健捷激裊等等[②]。這些説法不一定都很具體確切，但是可以作爲我們了解各種宫調特點的參考。

上文説過，每種曲調都屬於一定的宫調。例如山坡羊屬中吕，

① 參看古漢語通論(十九)古代文化常識之樂律部分。

② 詳見周德清《中原音韻》。

天淨沙屬越調,夜行船屬雙調,哨遍屬般涉調,等等。有些曲調,調名相同,但是屬於不同的宫調,應該了解爲不同的曲調,例如正宫端正好不同於仙吕端正好[①],雙調水仙子不同於黄鐘水仙子和商調水仙子。

上文説過,套數是由兩個以上同一宫調的曲子聯綴起來的。但是,在雜劇的套數裏有時候可以借宫,即借用屬於其他宫調的曲調入套。例如王實甫《西廂記》長亭折用的是正宫的端正好、滚繡毬、叨叨令、脱布衫、小梁州等,此外還借用了中吕宫的上小樓、滿庭芳、快活三、朝天子、四邊静,以及般涉調的耍孩兒和煞。借宫並不是隨意的,大約宫調相近然後可以借。但是散曲的套數則不借宫。

附帶説一説"帶過曲"。有些曲調,彼此之間的音律恰恰銜接而且好聽,所以在套數裏它們經常連起來用,例如正宫端正好後面常接滚繡毬,脱布衫後面常接小梁州,中吕宫快活三後面常接朝天子,等等。仿此,小令裏也就有了一種"帶過曲"的形式,即作者填完一調,如果意有未盡,可以再選一兩個宫調相同而音律恰能銜接的曲調繼續填寫(中間空一個字)。常見的帶過曲有正宫的脱布衫帶小梁州,雙調的水仙子帶折桂令,雁兒落帶得勝令,南吕的罵玉郎帶感皇恩、採茶歌,等等。

2.曲韻

曲韻和詞韻不同。詞韻大致依照詩韻,曲韻則另有韻部。

元曲作家是根據當時的實際語音用韻的。元人周德清根據當時的北曲寫成了《中原音韻》一書。《中原音韻》的價值很高,因爲

① 二者句法相同,但是正宫端正好專用於套數,仙吕宫端正好專用作楔子。前者不可增句,後者可以增句。

它反映了當時北方的實際語音系統。現在我們拿元曲來比對，一般是和《中原音韻》相吻合的。

《中原音韻》把平水韻的一百零六韻歸併爲十九個韻部：

1.東鍾　2.江陽　3.支思　4.齊微　5.魚模
6.皆來　7.真文　8.寒山　9.桓歡　10.先天
11.蕭豪　12.歌戈　13.家麻　14.車遮　15.庚青
16.尤侯　17.侵尋　18.監咸　19.廉纖[①]

北曲最顯著的特點是没有入聲，原來的入聲字分别歸到平上去三聲去了；又因爲曲韻是平上去三聲通押的，所以不另立上去兩聲的韻目。這兩點下文還要談到。

在本單元所選的作品中，張小山雙調水仙子《譏時》用的是東鍾韻，王實甫《西廂記》長亭折用的是齊微韻，張養浩中吕山坡羊《潼關懷古》用的是魚模韻，睢景臣般涉調哨遍《高祖還鄉》也是魚模韻，鍾嗣成南吕罵玉郎帶感皇恩採茶歌《四時佳興（春）》用的是真文韻，張可久中吕賣花聲《懷古》用的是寒山韻，馬致遠越調天淨沙《秋思》用的是家麻韻，張養浩雙調雁兒落帶得勝令《退隱》也是家麻韻，馬致遠雙調夜行船《秋思》用的是車遮韻，白樸中吕陽春曲《題情》用的是廉纖韻。

元代北方語音系統和今天普通話音系統已經相當接近，但是有些字的讀音和今天普通話還是不同的，特别是某些古入聲字（見下文）。試以馬致遠雙調夜行船套數裏的喬木查一曲爲例：

想秦宫漢闕

都做了衰草牛羊野[②]

① 各韻常用字見附録《曲韻常用字表》。
② 加浪綫的是襯字，後同。下文有專題討論襯字。

不恁麽漁樵無話説
縱荒墳横斷碑
不辯龍蛇

這首曲子以“闕野説蛇”四字爲韻,其中的“説”字和“蛇”字,如果依今天普通話的讀法,就不押韻了①。

關於曲的用韻,有幾點須要提出來説一説:

第一,曲韻以平仄通押爲常規,平仄不通押反而比較少見。上文所引的喬木查就是平仄通押的例子。所謂平仄通押,實際上是平上去三聲通押,因爲入聲已經歸併到平上去三聲去了。試看《西廂記》長亭折裏的脱布衫:

下西風黄葉紛飛
染寒煙衰草萋迷
酒席上斜簽着坐的
蹙愁眉死臨侵地

這裏“飛”“迷”是平聲,“的”是入聲作上聲,“地”是去聲。平上去三聲通押的情況是很明顯的。

第二,無論小令或套數,曲韻都是一韻到底,中間不换韻的。因此,在雜劇中,每一折就衹押一個韻部。這一點很容易了解,不必舉例。

第三,詩(尤其是近體詩)和詞都忌重韻,曲不忌重韻。所謂重韻,就是在一首曲子裏出現相同的韻脚字。睢景臣哨遍叶“故、俗、夫、付、輿、故、蘆、户”,《西廂記》長亭折裏的快活三叶“食、泥、泥、味”,都是重韻的例了②。

---

① 當時“説”字讀近 xuě 音,“蛇”字讀近 xié 音,近似今天長沙話的讀法。

② 重疊語不算重韻,例如“興,百姓苦;亡,百姓苦”(張養浩:山坡羊)。

第四,曲可以有贅韻的情況。所謂贅韻,是不必用韻的地方用韻。我們試比較《西廂記》長亭折借自般涉調的幾首煞曲,這首用韻的地方,正是另幾首不用韻的地方,這樣,贅韻就容易看出來了。爲節省篇幅,這裏姑舉五煞四煞來比較:

五煞	四煞
到京師服水土(不用韻)	這憂愁訴與誰(贅韻)
趁程途節飲食	相思只自知
順時自保揣身體	老天不管人憔悴
荒村雨露宜眠早(不用韻)	淚添九曲黄河溢(贅韻)
野店風霜要起遲	恨壓三峯華嶽低
鞍馬秋風裏	到晚來悶把西樓倚
最難調護	見了些夕陽古道
最要扶持	衰柳長堤

3.曲字的四聲問題

元代北方的聲調是新的四聲,即陰平聲、陽平聲、上聲和去聲。《中原音韻》把平聲分爲陰平和陽平,這和今天普通話是相一致的。《中原音韻》又把中古的一部分上聲字如"動、是、似、户、聚、在、倍、近、但、限、道、坐、静、並、後、右"等等歸併到去聲,這和今天普通話也是相一致的。

入聲字的問題比較複雜。《中原音韻》雖把古代的入聲字歸併到平上去三聲,但是具體的字歸併到哪一聲,和今天普通話並不完全一致。譬如説,"入聲作上聲"的字特别多,入聲歸陰平的卻没有。試以馬致遠雙調夜行船套數裏的古入聲韻脚字爲例:

蝶、穴、傑、折、别、竭、絶,是入聲作平聲;

闕、説、鐵、雪、拙、缺、貼、歇、徹、血、節,是入聲作上聲;

滅、月、葉，是入聲作去聲。

其中有些字和普通話的聲調相同，有些字卻不相同。因此我們如果要確切地知道某一入聲字在元曲裏作某聲，還要查《中原音韻》，單憑普通話是不能推知的。

曲字的平仄有時比詩詞還嚴。周德清《中原音韻》作詞十法曾經講到在某些情況下平聲要分陰陽，仄聲要分上去。但是，我們在曲譜裏看不出陰平陽平有很大的差别，没有什麽地方是規定必須用陰平或陽平的。上聲去聲的分别有時候的確很嚴，尤其是用於韻脚的時候。

上文説過，曲韻以平仄通押爲常規。這不是説每個韻脚都是可平可仄的，什麽地方押平，什麽地方押仄，取決於曲調的規定。值得注意的是上聲和去聲的對立。上聲和去聲雖然同屬於仄聲，但是在元曲裏上聲韻比較接近平聲韻，所以該用上聲韻的地方偶然可以用平聲韻，該用平聲韻的地方偶然可以用上聲韻；去聲韻的獨立性很强，該用去聲韻的地方不但不可以用平聲韻，甚至不可以用上聲韻。試比較下列兩首山坡羊的用韻：

張養浩：山坡羊	張小山：山坡羊
峯巒如聚(去)	劉伶不戒(去)
波濤如怒(去)	靈均休怪(去)
山河表裏潼關路(去)	沿邨沽酒尋常債(去)
望西都(平)	看梅開(平)
意踟躕(平)	過橋來(平)
傷心秦漢經行處(去)	青旗正在疎籬外(去)
宫闕萬間都做了土(上)	醉和古人安在哉(平)
興(平)	窄(入聲作上聲)

百姓苦(上)	不勾饁(平)
亡(平)	哎(平)
百姓苦(上)	我再買(上)

這兩首曲子在該用去聲韻的地方都用去聲韻,而不用上聲韻;在該用上聲韻的地方偶然可以用平聲韻,在該用平聲韻的地方偶然可以用上聲韻①,但是不用去聲韻。可見上聲和去聲的界限是很清楚的。

周德清《中原音韻》作詞十法指出,有些曲調,最後一句不但平仄是固定的,甚至其中某字該用上聲,某字該用去聲,也是有講究的。舉例來説,落梅風、上小樓、夜行船、賣花聲等曲的末句是仄平平、仄平平去,正宫等調的尾聲的末句是仄仄平平去平上,等等。周氏認爲,像端正好、朝天子、快活三等曲的末句是仄仄平平去,如果最後一個字改用上聲,就屬第二着(次好)了;慶宣和的末句是去上,改用去平就屬第二着,但是切不可用上平,諸如此類。

周德清所講的有的是格律,有的是技巧,不可一概而論。但是有一點是肯定的,如果一句最後兩個字都是仄聲,曲律則要求避免重複:句末是上聲,則其上一字要求去聲;句末是去聲,則其上一字要求上聲。下列各句最後兩個仄聲字是去上:

古道西風瘦馬。(馬致遠:天淨沙)

想秦宫漢闕。(馬致遠:喬木查)

闕,入聲作上聲。

不恁麽漁樵無話説。(同上)

説,入聲作上聲。

比司馬青衫更溼。(王實甫:西廂記長亭折耍孩兒)

① 當以張養浩的山坡羊爲正軌。

涇,入聲作上聲。

下列兩句最後兩個仄聲字是上去:

衆人施禮數。(睢景臣:般涉調哨遍套數三煞)

你與俺崔相國,做女婿。(王實甫:西廂記長亭折上小樓幺篇)

有時候甚至句中連用的兩個仄聲字也迴避聲調上的重複,這裏不細説了。

但是,有些地方是祇論平仄,仄聲之中不細分上去的。例如水仙子、喬木查等曲的末句是仄仄平平,陽春曲(喜春來)、滿庭芳、小梁州等曲的末句是仄仄仄平平,天淨沙的末句是平平仄仄平平,採茶歌等曲的末句是平平仄仄仄平平,等等。

曲句的平仄格式有的和律詩很不相同。下面舉幾種常見的七字句爲例(加浪綫的是襯字)。

(1)仄平平、㊉仄平平。例如:

下西風黄葉紛飛。(王實甫:西廂記長亭折脱布衫)

染寒煙衰草萋迷。(同上)

(2)仄平平、仄平平去。例如:

急罰盞夜闌燈滅。(馬致遠:夜行船)

急,入聲作上聲;罰,入聲作平聲;盞,宜平[①];滅,入聲作去聲。

無多時好天良夜。(馬致遠:落梅風)

無,宜仄。

卻元來此别離情更增十倍。(王實甫:西廂記長亭折上小樓)

别,入聲作上聲;十,入聲作平聲。

(3)㊉平仄平平去上(末字或作平)。例如:

看錢奴硬將心似鐵。(馬致遠:落梅風)

---

① 在元曲中,上聲常常代替平聲。

鐵,入聲作上聲。

古來丈夫天下多。(馬謙齋:寨兒令)

4.襯字

曲句可用襯字,這是曲律的特點。襯字是在規定的字數之外所加添的字,或者加在句首,或者加在句中,但是不能加在句尾。加在句首的,可以是實字,也可以是虛字;加在句中的,以虛字最爲常見,但不限於虛字。襯字不拘平仄,不拘多少[①],一般的情況是:小令襯字少,套數襯字多,散曲襯字少,劇曲襯字多。前面所引的張養浩山坡羊"宫闕萬間都做了土",是小令用襯字的例子。套數用襯字,現在衹舉睢景臣《高祖還鄉》裏的兩支煞曲爲例:

二煞

你須身姓劉,
你妻須姓呂。
把你兩家兒根脚從頭數。
你本身做亭長躭幾盞酒,
你丈人教村學讀幾卷書。
曾在俺莊東住,
也曾與我喂牛切草,
拽壩扶鋤。

一煞

春採了桑,
冬借了俺粟。
零支了米麥無重數。
换田契强秤了麻三秤,
還酒債偷量了豆幾斛。
有甚胡突處,
明標着册曆,
見放着文書。

顯而易見,由於用襯字,元曲就更加口語化了,這是和宋詞很不相同的一點。

劇曲用襯字,現在衹舉王實甫《西廂記》長亭折裏的叨叨令爲例:

① 一句中之,襯字可以多至一二十字,以六七字最爲常見。

叨叨令

見安排着車兒馬兒不由人熬熬煎煎的氣,
有甚麽心情花兒靨兒打扮的嬌嬌滴滴的媚,
準備着被兒枕兒則索昏昏沈沈的睡,
從今後衫兒袖兒都搵溼重重疊疊的淚。
兀的不悶殺人也麽哥?
兀的不悶殺人也麽哥?
久已後書兒信兒索與我恓恓惶惶的寄。

這首曲子的襯字有兩點值得注意:第一,有些襯字是疊字的第二個字,如熬煎嬌滴等等;第二,在五、六兩句的末尾用"也麽哥"(或作也波哥),這是叨叨令的定格,有人認爲這也算一種襯字,但是它有音無義,衹是由於唱腔上的需要纔加上的,不能和一般的襯字相提並論。類似這樣的襯字,元曲裏還有"也麽天"或"也摩挲",此外還有"也波""也那"之類,但不一定都用在句尾。

有一種情況和襯字不同,就是不少曲調的句字可以增損。襯字是正字以外的字,句字增損則是曲句和正字本身的增損,這有如詞的"又一體",曲譜上稱爲不同的格。清人李玄玉編訂的《北詞廣正譜》,羅列了同一曲調的各種變格,稱爲第一格、第二格,等等,可以參看。變格之多,可以説明古人作曲有一定的靈活性。

區别正字和襯字,是研究曲律的課題之一,因爲這關係到對元曲句讀、句法和平仄的了解。基本的方法是就同一曲調的作品進行字句上的分析和比較。先選一首最單純的曲子作爲考察的對象,弄清它的句讀、句法、平仄和襯字(如果有襯字的話)①,然後再

① 可參看李玄玉的《北詞廣正譜》和近人吴梅的《南北詞簡譜》,其中襯字是用小字寫的。

以這首曲子的格律爲標尺,去考察同一曲調的其他作品。但是這種方法不是絶對的,因爲曲律不是刻板的東西,而用來作爲標尺的曲子又可能有變格,拿它來衡量其他作品的字句,有可能得出不同的結論,這是應該估計到的。

附　録

(六)詩韻常用字表

本表收録了本書文選所選詩詞的全部入韻字和常用詞部分的全部常用詞,以及杜詩所用的全部字,此外還酌收了杜詩以外的若干常用字。一字收入兩韻以上時,在不同韻中注明其不同意義;如果意義相同時,則注明"某韻同"。通用字和異體字也擇要加括號注明。詩韻一韻的字在詞韻分屬兩部者,或一字在詞韻兼屬兩部者,均加 * 標識,並附注説明。各韻所收的字排列次序根據《詩韻合璧》。《詩韻合璧》未收的字,則根據《廣韻》《集韻》等推定它們在《詩韻》中的韻部,排在該韻的最後。

1.上平聲

【一東】 東同銅桐筒童僮中(中間)衷忠蟲沖終戎崇嵩(崧)弓躬宫融雄熊穹窮馮風楓豐充隆空(空虚)公功工攻蒙濛籠(名詞,董韻同,又動詞,獨用)聾櫳洪紅鴻虹叢翁葱聰驄通蓬篷朧怱(匆)峒狨幪忡酆椶朦曨巃

【二冬】 冬農宗鍾鐘龍舂松衝容蓉庸封胸雍(和也)濃重(重復,層)從(順從,隨從)逢縫(縫紉)蹤茸峯蜂鋒烽筇慵恭供(供給)鬆凶溶邛縱(縱横)匈兇洶丰彤

【三江】 江釭(燈也)窗邦缸降(降伏)瀧雙龐腔撞(絳韻同)舡

【四支】　支枝移爲(施爲)垂吹(吹噓)陂碑奇宜儀皮兒離施知馳池規危夷師姿遲龜眉悲之芝時詩棋旗辭詞期祠基疑姬絲司葵醫帷思(動詞)滋持隨癡維卮螭麾墀彌慈遺(遺失)肌脂雌披嬉尸貍炊湄籬兹差(參差)疲茨卑虧蕤陲騎(跨馬)歧岐誰斯私窺熙欺疵貲羈彝髭頤資糜飢衰錐姨楣夔祇涯(佳麻韻同)伊追緇箕椎羆篪萎匙澌治(治理,動詞)驪颸屍怡尼而鴟推(灰韻同)縻璃祁綏絺羲羸騏獅嗤咨其漓睢蠡(瓠勺,齊韻同)迤淇淄氂廝痍貔貽鸝瓷嬀羅嵋蚩罹禆丕惟猗厙梔錘劙椅(音漪,木名)郿雖麒崎隋緦逶踟琵枇仳唯

【五微】　微薇暉輝徽揮韋圍幃闈違霏菲(芳菲)妃飛非扉肥威祈旂畿機幾(微也,如見幾)譏磯饑稀希衣(衣服)依歸郗

【六魚】　魚漁初書舒居裾車(麻韻同)渠蕖余予(我也)譽(動詞)輿餘胥狙鋤疏(疏密)疎(同"疏")蔬梳虚嘘徐豬閭廬驢諸除儲如墟菹(葅)璵畬苴樗攄於茹(茅茹)沮蜍櫚淤妤鶋躇歔耡据(拮据)齬洳

【七虞】　虞愚娱隅芻無蕪巫于衢儒濡襦須鬚株誅蛛殊銖瑜榆諛愉腴區驅軀朱珠趨扶符凫雛敷夫膚紆輸樞廚俱駒模謨蒲胡湖瑚乎壺狐弧孤辜姑菰徒途塗荼圖屠奴呼吾梧吴租盧鱸爐蘆蘇酥烏汙(汙穢)枯粗都鋪禺誣竽雩吁瞿敂繻需殳逾(踰)揄萸臾渝嶇苻桴俘迂姝躕拘瑜醐糊餬酤鴣沽菟鼯駑逋艫徂拏瀘毋芙蟵轤瓠鸕侏鸜茱鄜匍滹嗚洿匍蝴摹哺

【八齊】　齊臍黎犁藜棃蠡(支韻同)黧妻(夫妻)萋淒悽隄(堤)低題提蹄啼綈鵜篦雞稽兮奚嵇蹊倪霓(蜺)醯西栖(棲)犀嘶梯鼙批(屑韻同)躋齏賫迷泥(泥土)溪圭(珪)閨攜畦睽鸂

【九佳】　佳*街鞋牌柴釵差(差使)崖涯*(支麻韻同)階偕諧骸排乖懷淮豺儕埋霾齋媧*蝸*皆蛙*槐(灰韻同)

(有 * 號的字,詞韻屬第十部;其餘屬第五部。)

【十灰】 灰恢魁隈回徊(音回)槐(音回,佳韻同)枚梅媒煤瑰雷罍隤(頹)催摧堆陪杯醅嵬(賄韻同)推(支韻同)開*哀*埃*臺*苔*該*才*材*財*裁*來*萊*栽*哉*災*猜*胎*台*顋*(腮)孩*虺虺洄崔裴培騋*詼迴徘(音裴)

(有＊號的字,詞韻屬第五部;其餘屬第三部。)

【十一真】 真因茵辛新薪晨辰臣人仁神親申伸紳身賓濱鄰鱗麟珍瞋塵陳春津秦頻蘋顰嚬銀垠筠巾困緡民貧蒓(蓴)淳醇純脣倫綸輪淪匀旬巡馴鈞均臻榛姻宸寅嬪旻彬鶉皴遵循甄岷諄(震韻同)椿詢恂峋湑呻磷轔閩豳逡泯(軫韻同)詵駪湮驎燐夤荀郇蓁紉嶙氤

【十二文】 文聞紋蚊雲氛分(分離)紛芬焚墳羣裙君軍勤斤筋勳薰曛醺葷耘云芸汾濆雰氳欣芹殷(衆也)沄紜

【十三元】 元*原*源*黿*園*猿*轅*垣*煩*繁*蕃*樊*翻*幡*(旛)暄*萱*喧*冤*言*軒*藩*魂渾温孫門尊樽(罇)存蹲敦墩暾屯豚村盆奔論(動詞)坤昏婚痕根恩吞沅*湲*援*蹯*番*璠*壎*(塤)騫*鴛*掀*昆鯤捫蓀飧崙跟袁*鵷*蜿*崑臀

(有＊號的字,詞韻屬第七部;其餘屬第六部。)

【十四寒】 寒韓翰(羽翮)丹單安鞍難(艱難)餐壇灘檀彈殘干肝竿乾(乾溼)闌欄瀾蘭看(翰韻同)刊丸桓紈端湍酸團摶攢官觀(觀看)冠(衣冠)鸞鑾巒歡(驩)寬盤蟠漫(大水貌)鄲歎(翰韻同)攤姍珊玕奸(奸犯)棺磐潘攔完般磻狻邯①

【十五刪】 刪潸(潸韻同)關彎灣還環鬟寰班斑頒蠻顏姦(奸)攀頑山鰥間(中間)艱閑閒(安閒)嫺慳孱(先韻同)潺(先韻同)殷(朱殷)患(諫韻同)

---

① 《詩韻合璧》收在下平聲十三覃,此從《廣韻》。

2.下平聲

【一先】　先前千阡箋韉天堅肩賢絃弦煙燕(國名)蓮憐田填鈿(霰韻同)年顛巔牽妍淵涓蠲邊編玄懸泉遷仙鮮(新鮮)錢煎然燃延筵氈旃鱣羶禪(參禪,逃禪)蟬纏躔連聯漣篇偏便(安也)緜全宣鐫穿川緣鳶鉛捐旋(迴旋)娟船涎鞭銓筌專磚(甎)圓員乾(乾坤)虔愆權拳椽傳(傳授)焉躚濺(濺濺,疾流貌)舷闐駢鵑邅翩扁(扁舟)沿詮痊悛韆畋滇汧蜒潺(删韻同)孱(删韻同)嬋楩顓褰搴癲單(單于)鸇璇棉牕

【二蕭】　蕭簫挑(挑擔)貂刁凋雕鵰迢條髫跳蜩苕調(調和)梟澆聊遼寥撩寮僚堯幺宵消霄綃銷超朝潮囂樵驕嬌焦蕉椒燋饒橈燒(焚燒)遥徭姚摇謡瑶韶昭招飆標鑣瓢苗描貓要(要求,要盟)腰邀鴞喬橋僑妖夭(夭夭)漂(漂浮)飄翹翛祧佻徼(徼幸,徼福)鷯飂瀟驍獠鴟嘹逍憔(顦)剽嫖

【三肴】　肴巢交郊茅嘲鈔抄包膠爻苞梢蛟庖匏坳敲胞拋鮫崤鐃哮捎譊淆啁教(使也)咆鞘抓鵁姣(蟲名)

【四豪】　豪毫操(操持)絛髦刀萄猱褒桃糟漕旄袍撓(巧韻同)蒿濤皋號(呼號)陶鰲翱鼇敖曹遭糕篙羔高嘈搔毛滔騷韜繅膏牢醪逃槽濠勞(勞苦)洮叨舠饕熬臊淘咷嗷壕遨

【五歌】　歌多羅河戈阿和(平和)波科柯陀娥蛾鵝蘿荷(荷花)何過(經過,箇韻同)磨(琢磨,磨滅)螺禾窠哥娑駝沱鼉峨佗(他)苛訶珂軻(孟軻)痾莎蓑梭婆摩魔訛贏(騾)鞾(靴)坡頗(偏頗)俄拕(拖)呵麽渦窩迦磋跎蹉鍋鑼

【六麻】　麻花霞家茶華沙(砂)車(魚韻同)牙蛇瓜斜芽嘉瑕紗鴉遮叉葩奢槎琶衙賒涯(支佳韻同)誇巴加耶嗟遐笳差(差錯)蟆譁蝦葭呀杷蝸爺芭杈驊丫裟杈楂袈邪

【七陽】　陽楊揚香鄉光昌堂章張王(帝王)房芳長(長短)塘妝常涼

霜藏(收藏)場央泱鴦秧狼牀方漿觴梁(樑)娘莊黄倉皇裝殤襄驤相(互相)湘廂箱創(創傷)忘芒望(觀望,漾韻同)嘗償檣槍坊囊郎唐狂强(剛强)腸康岡蒼匡荒遑行(行列)妨棠翔良航颺倡羌姜僵薑繮(韁)疆糧穰將(送也,持也)牆桑剛祥詳洋佯粱量(衡量,動詞)羊傷湯魴彰漳璋猖商防筐煌篁隍鳳徨蝗惶璜廊浪(滄浪)滄綱亢鋼喪(喪葬)盲簧忙茫傍(側也)旁汪臧琅螂(螂)當(應當)璫裳昂糖鏘尪杭邙滂驦攘鶬螿瀼搶(突也)[1]螳閶蔣(菰蔣)亡殃嫜薔尨孀瘡閬(漾韻同)

【八庚】 庚更(更改)羹秔坑(阬)盲横(縱横)觥彭棚亨鎗(鼎類)英烹平評枰京驚荆明盟鳴榮瑩(徑韻同)兵兄卿生甥笙牲擎鯨迎行(行走)衡耕萌氓甍宏莖罌鶯櫻泓橙爭箏清情晴精睛菁晶旌盈楹瀛嬴贏營嬰纓貞成盛(盛受)城誠呈程聲征正(正月)鉦輕名令(使令)并(交并)傾縈瓊鵬賡撐瞠崢勍鏗嶸鸚轟蜻(青韻同)鶄(青韻同)塋偵

【九青】 青經涇形刑硎型陘亭庭廷霆蜓停寧丁釘仃馨星腥醒(迥韻同)俜靈欞齡鈴苓伶零娉舲翎鴒瓴聆聽(聆也,徑韻同)廳汀冥溟螟銘瓶屏萍熒螢滎扃坰暝瞑婷鶄(庚韻同)蜻(庚韻同)

【十蒸】 蒸烝承丞懲澄(澂)陵凌綾菱冰膺鷹應(應當)蠅繩澠(音繩,水名)乘(駕乘,動詞)塍昇升勝(勝任)興(興起)繒憑仍兢矜徵(徵求)凝稱(稱贊)登燈(鐙)僧崩增曾憎罾矰層嶒能棱(稜)朋鵬肱薨騰滕藤縢恒崚凭(徑韻同)姮

【十一尤】 尤郵優憂流旒留榴騮劉由油游遊猷悠攸牛修脩羞秋楸周州洲舟酬讎柔儔疇籌稠邱抽瘳遒收鳩搜(蒐)騶愁休囚求裘毬(球)仇浮謀牟眸侔矛侯猴喉謳鷗樓婁陬偷頭投鈎溝鞲幽虯疣綢鞦鶖猶啾酋賙售(宥韻同)蹂揉鄹泅裯餱兜勾惆呦樛琉(瑠)蚯躊丘

【十二侵】 侵尋潯林霖臨針(鍼)箴斟沈砧(碪)深淫心琴禽擒欽

① 解釋依《廣韻》。

衾吟今襟(衿)金音陰岑簪(覃韻同)駸琳琛忱壬任(負荷)霪黔(鹽韻同)嶔歆禁(力能勝任)森參(參差;又音森,星名)涔淋祲

【十三覃】　覃潭譚曇參(參拜,參考)驂南柟男諳庵含涵函(包函)嵐蠶簪(侵韻同)探貪耽龕堪談甘三(數名)酣籃柑甝藍擔(動詞)痰婪

【十四鹽】　鹽檐(簷)廉簾嫌嚴占(占卜)髯匳纖籤瞻蟾炎添兼縑霑(沾)尖潛閻鐮幨黏淹箝甜恬拈砭銛詹殲黔(侵韻同)鈐蒹漸(入也,又浸潤)

【十五咸】　咸鹹函(書函)緘讒銜(啣)巖帆衫杉監(監察)凡饞巉鑱芟嵌(山深貌)攙

3.上聲

(注意:許多上聲字現在都讀成去聲。)

【一董】　董動孔總籠(名詞,東韻同)澒汞桶洞(澒洞)

【二腫】　腫種(種子)踵寵隴(壟)擁壅宂重(輕重)冢奉捧勇涌(湧)踊(踴)甬蛹恐拱栱鞏竦悚聳

【三講】　講港棒蚌項

【四紙】　紙只咫是枳砥氏靡彼毀燬委詭髓累(積累)妓綺觜此蕊徙屣爾邇弭婢侈弛豕紫企旨指視美否(臧否,否泰)兕几姊匕比(比較)妣軌水止市恃徵(角徵)喜己紀跪技蟻(螘)鄙庳簋晷子梓矢雉死履壘誄癸沚趾芷畤以已苡似耜姒巳祀史使(使令)駛耳里理裏李鯉起杞跂士仕俟圮始峙齒矣擬恥滓璽跬址倚被(寢衣)痏你伎

【五尾】　尾鬼葦卉(未韻同)幾(幾多)偉篚斐菲(菲薄)豈匪

【六語】　語(言語)圉禦齬呂侶旅苧抒宁杼佇與(給予)予(賜予)渚煮汝茹(食也)暑鼠黍杵處(居住,處理)貯褚女許拒距炬鉅苣所楚礎阻俎沮舉敘序緒嶼墅籞巨詎櫸溆去(除也)粔

【七麌】　麌雨羽禹宇舞父府鼓虎古股賈(商賈)蠱土吐(遇韻同)

譜圃庾户樹(種植,動詞)煦努罟肚輔組乳弩補魯櫓覩豎腐鹵數(動詞)簿姥普侮五廡斧聚午伍釜縷部柱矩武脯苦取撫浦主杜隖(塢)祖堵愈扈虜甫腑俯(俛)估怒(遇韻同)詡拄鵡賭僂莽(養韻同)

【八薺】 薺禮體米啟醴陛洗邸底詆抵牴柢坻弟悌遞(霽韻同)涕(霽韻同)濟(水名)蠡(范蠡)澧棨禰眯醍

【九蟹】 蟹解駭買灑楷獬澥擺枴矮

【十賄】 賄悔改*采*彩*綵*海在*(存在)罪宰*醢*載*(年也)餒(餧)鎧*愷*待*怠*殆*倍猥嵬(灰韻同)蕾儡蓓每亥*乃*

(有 * 號的字,詞韻屬第五部;其餘屬第三部。)

【十一軫】 軫敏允引尹盡忍準隼筍盾(阮韻同)閔憫泯(真韻同)菌蚓診畛哂腎脤牝窘蜃隕殞蠢緊愍朕(朕兆)矧

【十二吻】 吻粉蘊憤隱謹近(遠近)忿(問韻同)槿刎

【十三阮】 阮*遠*(遠近)本晚*苑*(願韻同)返*反*阪*損飯*(動詞)偃*衮遁(遯,願韻同)穩蹇*(銑韻同)巘*(銑韻同)婉*琬*閫很懇墾畚盾(軫韻同)綣*混沌

(有 * 號的字,詞韻屬第七部;其餘屬第六部。)

【十四旱】 旱暖管琯滿短館(翰韻同)緩盥(翰韻同)盌(碗)款(欵)懶傘卵(哿韻同)散(散布)伴誕罕瀚(浣)斷(斷絶)侃算(動詞)纘但坦袒悍(翰韻同)纂

【十五潸】 潸(删韻同)眼簡版板盞(琖)産限撰棧(諫韻同)綰(諫韻同)柬揀

【十六銑】 銑善(善惡)遣淺典轉(自轉,不及物動詞)衍犬選冕輦免展繭辯辨篆勉翦(剪)卷(同"捲")顯餞(霰韻同)踐眄(霰韻同)喘蘚軟巘(阮韻同)蹇(阮韻同)演舛扁(不正圓,又扁額)闡兖跣腆鮮(少也)辮件撚單(音善,姓也,又單父,縣名)畎褊殄靦緬沔湎鍵

灑(音洒,灑池)纚

【十七篠】　篠小表鳥了曉少(多少)擾繞遶紹杪秒沼眇矯蓼皦皎瞭朓杳窅窈嫋裊(褭)窕挑(挑引)掉(嘯韻同)肇旐縹渺緲藐淼殍悄繚夭(夭折)趙兆繳(繳納,又纏也)蔦(嘯韻同)

【十八巧】　巧飽卯昴狡爪鮑撓(豪韻同)攪絞拗咬炒

【十九皓】　皓寶藻早棗老好(好醜)道稻造(造作)腦惱島倒(仆也)禱(號韻同)擣(搗)抱討考燥掃(號韻同)嫂槁潦保葆堡鴇稿草昊浩顥鎬皁襖蚤澡杲縞碯

【二十哿】　哿火舸嚲柁(舵)我娜荷(負荷)可坷左果裹朵鎖(鏁)瑣墮垛惰妥坐(坐立)裸跛頗(稍也)叵禍夥顆卵(旱韻同)

【二十一馬】　馬下(上下)者野雅瓦寡社寫瀉(禡韻同)夏(華夏)冶也把賈(姓也)假(真假)捨(舍)赭厦蝦惹踝且

【二十二養】　養痒鞅像象橡仰朗獎槳敞氅枉顙强(勉强)盪惘倣(仿)兩讜儻曩杖響掌黨想榜爽廣享丈仗(漾韻同)幌晃莽(麌韻同)漭紡蔣(姓也)魎長(長幼)上(昇也)網蕩壤賞往罔蟒魍廠慷

【二十三梗】　梗影景井嶺領境警請餅永騁逞潁穎頃整靜省幸頸郢猛炳杏丙打哽秉鯁耿荇皿礦冷靖

【二十四迥】　迥炯茗挺梃艇鋌酊醒(青韻同)並等鼎頂洞肯拯酩

【二十五有】　有酒首手口母*後柳友婦*斗走狗久負*厚叟守綬右否*(是否)醜受牖偶耦阜*九后咎藪吼帚(箒)垢畝*舅紐耦朽臼肘韭剖誘牡*缶*酉扣(叩)笱莠丑苟糗某*玖塿壽(宥韻同)

(有＊號的字,在詞韻中兼入麌韻。)

【二十六寢】　寢飲(飲食)錦品枕(衾枕)審甚(沁韻同)廩衽(袵)稔稟沈(姓也)凜懍噤瀋朕(我也)荏嬸

【二十七感】　感覽攬膽澹(淡,勘韻同)噉(啖)坎慘憯敢頷糝撼毯

黲黕

【二十八儉】 儉琰險斂(豔韻同)險檢臉染掩點簟貶冉苒陝諂奄漸(徐進)玷忝(豔韻同)崦剡芡閃歉儼嶄

【二十九豏】 豏檻範減艦犯湛斬黯范

4.去聲

【一送】 送夢鳳洞(巖洞)衆甕弄貢凍痛棟仲中(射中,擊中)糉諷慟鞚空(空缺)控

【二宋】 宋重(再也)用頌誦統縱(放縱)訟種(種植)綜俸共供(供設,名詞)從(僕從)縫(隙也)雍(州名)

【三絳】 絳降(昇降)巷撞(江韻同)

【四寘】 寘置事地意志治(治安,太平)思(名詞)淚吏賜字義利器位戲至次累(連累)僞寺瑞智記異致備肆翠騎(車騎,名詞)使(使者)試類棄餌媚鼻易(容易)轡墜醉議翅避笥幟粹侍誼帥(將帥)廁寄睡忌貳萃穗二臂嗣吹(鼓吹,名詞)遂恣四驥季刺駟泗識(音志,記也,又標識)誌痓魅燧隧悴諡熾飼食(音寺,以食與人也)積被(覆也)芰懿悸覬冀暨(及也)洎穊媿(愧)匱餽(餽)簣比(近也)庇閟秘鷙贄躓穉祟豉珥示伺自痢緻輊譬肄啻企爲(因爲)膩遺(餽遺)值塈樻薏(職韻同)

【五未】 未味氣貴費沸尉畏慰蔚魏緯胃渭彙謂諱卉(尾韻同)毅既衣(著衣)翡蝟暨(諸暨,地名)

【六御】 御處(處所)去(來去)慮譽(名詞)署據馭曙助絮著(顯著)豫箸恕與(參與)遽疏(書疏)庶預語(告也)踞鋸飫蕷覷

【七遇】 遇路輅賂露鷺樹(樹木)度(制度)渡賦布步固素具數(數量)怒(麌韻同)務霧鶩騖附兔故顧句墓暮慕募注駐祚裕誤悟寤晤住戍(戍守)庫護屨訴蠹妒懼趣娶鑄絝(袴)傅付諭喻嫗芋捕汙(動詞)忤措醋赴惡(憎惡)互孺怖寓沍吐(麌韻同)屢塑婺愬

【八霽】　霽制計勢世麗歲衛濟(渡也)第藝惠慧幣砌滯際厲涕(薺韻同)契(契約)弊獘帝蔽敝髻鋭戾裔袂繫係祭隸閉逝綴翳製替細桂稅壻例誓筮蕙詣礪勵瘞噬繼脆諦系叡(睿)毳曳蒂睇憩彗睨繝沴逮芮薊妻(以女妻人)睥篲遞糲嬖棣彘荔泥(拘泥)儷唳薜捩羿謎蚋嘒繐

【九泰】　泰*會帶*外*蓋大*(箇韻同)旆瀨*賴*籟*蔡害*最貝靄*藹*沛艾*兑丐*柰*奈*繪檜膾(鱠)儈薈太汰霈酹(隊韻同)狽蕞

(有＊號的字,詞韻屬第十部;其餘屬第五部。)

【十卦】　卦*掛*懈廨隘賣畫*(圖畫)派債怪壞誡戒界介芥械薤拜快邁話*敗稗曬瘵屆疥玠湃蠆

(有＊號的字,詞韻屬第十部;其餘屬第五部。)

【十一隊】　隊内塞*(邊塞)愛*輩佩代*退載*(載運)碎態*背穢菜*對廢誨晦昧礙*戴*貸*配妹喙潰黛*吠概*岱*肺溉*耒慨*塊乂碓賽刈耐*曖在*(所在)再*酹(泰韻同)瑇*(玳)鼐*珮

(有＊號的字,詞韻屬第五部;其餘屬第三部。)

【十二震】　震信印進潤陣鎮刃順慎鬢晉駿閏峻釁(衅)振俊(雋)舜吝燼訊仞軔迅瞬櫬諄(真韻同)饉覲僅認瑾趁浚搢徇

【十三問】　問聞(名譽)運暈韻訓糞奮忿(吻韻同)醞郡分(名分)紊汶慍近(動詞)

【十四願】　願*論(名詞)怨*恨萬*飯*(名詞)獻*健*寸困頓遜(阮韻同)建*憲*勸*蔓*券*鈍悶遯嫩販*溷遠*(動詞)巽艮苑*(阮韻同)

(有＊號的字,詞韻屬第七部;其餘屬第六部。)

【十五翰】　翰(翰墨)岸漢難(災難)斷(決斷)亂歎(寒韻同)幹觀(樓觀)散(解散)畔旦算(名詞)玩(翫)爛貫半案按炭汗贊讚漫(寒韻同,又副詞獨用)冠(冠軍)灌爨竄幔粲燦换焕唤悍彈(名詞)憚段

看(寒韻同)判叛腕涣絆惋鸛縵鍛瀚衎榦館(旱韻同)盥(旱韻同)

【十六諫】 諫雁患(删韻同)澗間(間隔)宦晏慢辦盼豢棧(潸韻同)慣串莧綻幻丱綰(潸韻同)瓣扮

【十七霰】 霰殿面縣變箭戰扇膳傳(傳記)見硯院練鍊讌燕宴賤電饌薦絹彦掾甸便(便利)眷麵線倦羨奠徧(遍)戀囀眩釧倩卞汴嚥片禪(封禪)譴絢諺顫擅鈿(先韻同)濺繕旋(已而,副詞)唁茜濺善(動詞)眄(銑韻同)轉(以力轉動,及物動詞)餞(銑韻同)卷(書卷)

【十八嘯】 嘯笑照廟竅妙詔召邵要(重要)曜耀(燿)調(音調)釣弔叫嶠少(老少)徼(邊徼)眺峭誚料肖掉(篠韻同)糶燒(野火)療醮蔦(篠韻同)

【十九效】 效(効)教(教訓)貌校孝鬧豹爆罩窖樂(喜愛)較礮(砲)櫂(棹)覺(寤也)稍

【二十號】 號(號令,名號)帽報導盜操(所守也)噪竈奥告(告訴)暴(强暴)好(喜好)到蹈勞(慰勞)傲耗躁造(造就)冒悼倒(顛倒)犒掃(皓韻同)禱(皓韻同)

【二十一箇】 箇個(个)賀佐做軻(轗軻)大(泰韻同)餓過(經過,歌韻同;又過失,獨用)和(唱和)挫課唾播簸磨(石磑也)座坐(行之反,又同"座")破臥貨涴

【二十二禡】 禡駕夜下(降也)謝榭罷夏(春夏)暇霸灞嫁赦借藉(憑藉)炙(音蔗,砲火,名詞)蔗假(借也,又休假)化舍(廬舍)價射駡稼架詐亞跨麝怕帕卸瀉(馬韻同)乍

【二十三漾】 漾上(上下)望(觀望,陽韻同;又名望,獨用)相(卿相)將(將帥)狀帳浪(波浪)唱讓曠壯放向仗(養韻同)暢量(度量,數量,名詞)葬匠障謗尚漲餉樣藏(庫藏)航訪貺醬嶂抗當(適當)釀亢(高亢,又星名)況臟瘴王(王天下,霸王)諒亮妄愴颻喪(喪

失)悵宕傍(依傍)恙創(開創)旺

【二十四敬】　敬命正(正直)令(命令)政性鏡盛(多也)行(品行)聖詠姓慶映病柄鄭勁競淨竟孟迸聘穽諍泳硬獍更(更加)横(横逆)敻併(合併)

【二十五徑】　徑定聽(聆也,青韻同;又聽從,獨用)勝(勝敗)磬應(答應)乘(車乘,名詞)媵贈佞稱(相稱)罄鄧甑瑩(庚韻同)證孕興(興趣)甯(姓也)剩(賸)凭(蒸韻同)凳逕

【二十六宥】　宥候堠就授售(尤韻同)壽(有韻同)秀繡宿(星宿)奏富*獸鬥漏陋狩晝寇茂舊胄宙袖(褎)岫柚覆(蓋也)救廄臭嗅幼佑(祐)囿豆竇逗溜構(搆)遘購透瘦漱咒鏤貿副*詬究謬疚驟皺縐又逅讀(句讀)復(又也)

(有*號的字,在詞韻中兼入遇韻。)

【二十七沁】　沁飲(使飲)禁(禁令,宫禁)任(負擔)蔭讖浸譖鴆枕(動詞)噤甚(寢韻同)

【二十八勘】　勘暗(闇)濫啗(啖)擔(名詞)憾纜瞰紺三(再三)暫澹(感韻同)憨淡

【二十九豔】　豔(艷)劍念驗贍塹店占(佔據)斂(聚斂,儉韻同)厭灧焰瀲墊欠僭釅忝(儉韻同)

【三十陷】　陷鑑監(同"鑑",又中書監)汎梵懺賺蘸嵌(嵌入)站

5.入聲

【一屋】　屋木竹目服福禄穀熟谷肉族鹿腹菊陸軸逐牧伏宿(住宿)讀(讀書)犢瀆牘櫝黷轂復粥肅育六縮哭幅斛戮僕畜蓄叔淑菽獨卜馥沐速祝麓鏃蹙築穆睦啄麴禿縠覆(翻也)撲(扑)鬻輻瀑漉恧(忸)鵬竺簇曝(暴)掬郁複箙蓿塾蹴碌踘舳蝠轆夙蝮俶倏苜茯髑孰驌

【二沃】　沃俗玉足曲粟燭屬録辱獄緑毒局欲束鵠蜀促觸續浴酷縟

矚躅褥旭蓐慾頊梏篤督贖劚踢勗淥騄鵠告(音梏,忠告)

【三覺】 覺(知覺)角桷榷搉嶽(岳)樂(禮樂)捉朔數(頻數)斵卓涿啄(啅)琢剥駁(駮)雹璞樸(朴)殼確濁擢濯幄喔握渥犖學

【四質】 質(性質)日筆出室實疾術一乙壹吉秩密率律逸(佚)失漆栗畢恤(卹)蜜橘溢瑟膝匹述慄黜蹕弼七叱卒(終也)蝨悉詰戌(地支名)櫛暱窒必姪秫蟀嫉篥篳(蓽)怵帥(動詞)潏聿溧蒺蟋窸宓颹

【五物】 物佛拂屈鬱乞掘(月韻同)訖吃(口吃)紱黻紼弗鬅祓詘勿迄不

【六月】 月骨髮闕越謁没伐罰卒(士卒)竭窟笏鉞歇發突忽韈勃蹶鶻(黠韻同)揭(屑韻同)筏厥蕨掘(物韻同)閥歿粵兀碣(屑韻同)櫱羯渤齕(屑韻同)蠍孛紇暍搰榾曰

【七曷】 曷達末闊活鉢脱奪褐割沫拔(拔起)葛闥渴撥豁括聒抹秣遏撻薩掇(屑韻同)跋魃獺(黠韻同)撮怛剌栝鈸潑斡捋妲

【八黠】 黠札猾拔(拔擢)鶻(月韻同)八察殺軋轄戛瞎獺(曷韻同)刮帕刷鎩滑

【九屑】 屑節雪絶列烈結穴説血舌潔别缺裂熱決鐵滅折拙切悦轍訣泄咽噎傑徹哲鼈設齧劣碣(月韻同)掣譎玦截竊纈閲瞥撇臬媟抉挈洌蹩褻颲襭巀齕涅頡擷撤跌蔑浙篾澈揭(月韻同)孑孽櫱薛紲渫啜桀輟爇迭姪冽掇(曷韻同)拮揑桔拽(抴)

【十藥】 藥薄惡(善惡)略作樂(哀樂)落閣鶴爵弱約腳雀幕洛壑索郭錯躍若縛酌託削鐸灼鑿卻(却)絡鵲度(測度)諾萼橐漠鑰著(着)虐掠穫泊搏籥鍔藿嚼勺博酪謔廓綽霍爍鑊莫籜鑠繳(弓繳)謬鄂恪箔攫駱膜粕拓鰐昨柝酢貉愕寞膊葯噩各芍濩

【十一陌】 陌石客白澤伯迹(跡)宅席策碧籍(典籍)格役帛戟壁驛麥額柏魄積(積聚)脈(脉)夕液册尺隙逆畫(同"劃")百闢赤易

(變易)革脊獲翮屐適幘劇戹(厄)磧隔益栅窄核覈舄擲責坼惜癖僻辟掖腋釋舶拍擇軛摘繹懌斥奕弈帟迫疫譯昔瘠赫炙(動詞)謫虢碩頤穸亦鬲骼隻珀躑埸蜴蹐嶧綌蓆貊擘蹠(跖)汐摭嚇郤鶺

【十二錫】　錫壁歷櫪擊績笛敵滴鏑檄激寂翟覿逖糴析晳溺覓狄荻冪鷁戚慼滌的喫甓霹瀝靂惕踢剔礫嫡迪淅蜥倜

【十三職】　職國德食(飲食)蝕色力翼墨極息直得北黑側飾賊刻則塞(閉塞)式軾域殖植敕(勅)飭棘惑默織匿億臆憶特勒劾仄昃稷識(知識)逼(偪)克剋蜮即拭弋陟測翊抑惻肋亟殛忒鷘(鸂)嶷洫穡嗇鯽或薏

【十四緝】　緝輯戢立集邑急入泣溼習給十拾什襲及級澀粒揖汁笈(葉韻同)蟄笠執隰汲吸縶葺岌翕裛浥熠悒挹檝(楫,葉韻同)

【十五合】　合塔答納榻閤雜臘蠟匝闔蛤衲沓榼鴿踏颯拉遝盍塌咂

【十六葉】　葉帖貼牒接獵妾蝶疊篋涉鬣捷頰楫(檝,緝韻同)攝躡諜堞協俠莢愜氎睫浹笈(緝韻同)懾慴蹀挾鋏屧燮鑷靨讋摺饁魘怗躐輒裰婕聶蛺

【十七洽】　洽狹(陿)峽硤法甲業鄴匣壓鴨乏怯劫脅插锸歃押狎袷掐鞢夾恰眨呷

(七)詞　譜

這裏所列的詞譜,是本書第十四單元文選所見的各種詞調的譜式。一調有若干體者,衹列本書各詞所用的一體,其餘的不録。

詞譜的排列,以詞調的長短爲序。詞譜的體例見本書《古漢語通論》(三十一)。每一詞調舉本書所選的一首作品爲例,見於本書的同調其他作品則不重出。

編製這些詞譜,參考了清人萬樹的《詞律》、清人王奕清等編的《欽定詞譜》,並參考了《歷代詩餘》裏的若干有關作品。

漁歌子 27字　單調	**漁歌子**　張志和
(仄)仄平平仄仄平△①	西塞山前白鷺飛，
(平)平(仄)仄仄平平△②	桃花流水鱖魚肥。
平仄仄	青箬笠，
仄平平△	緑簑衣，
(平)平(仄)仄仄平平△③	斜風細雨不須歸。

搗練子 27字　單調	**搗練子**　李　煜
平仄仄	深院靜，
仄平平△	小庭空，
(仄)仄平平(仄)仄平△	斷續寒砧斷續風。
(仄)仄(平)平平仄仄	無奈夜長人不寐，
(平)平(仄)仄仄平平△	數聲和月到簾櫳。

調笑令 32字　單調	**調笑令**　王　建
平仄△	團扇，
平仄△(疊句)	團扇，
(仄)(仄)(平)平(平)仄△	美人病來遮面。
(平)(平)(仄)仄(平)平△(换平韻)	玉顔憔悴三年，
(仄)仄(平)平仄平△	誰復商量管絃？
平仄△(顛倒上句末二字)	絃管，
平仄△(疊句)	絃管，
(仄)(仄)(平)平(平)仄△	春草昭陽路斷。

---

①② 起首二句也可作(平)平(仄)仄仄平平，(仄)仄平平仄仄平。

③ 末句也可作(仄)仄平平仄仄平。

如夢令 33字　單調	**如夢令**　　李清照
(仄)仄(仄)平平仄△	昨夜雨疏風驟，
(仄)仄(仄)平平仄△	濃睡不消殘酒。
(仄)仄仄平平	試問捲簾人，
(仄)仄(仄)平平仄△	卻道海棠依舊。
平仄△	知否？
平仄△(疊句)	知否？
(仄)仄(仄)平平仄△	應是緑肥紅瘦。

浣溪沙 42字　雙調	**浣溪沙**　　辛棄疾
(仄)仄平平仄仄平△	父老爭言雨水勻，
(平)平(仄)仄仄平平△	眉頭不似去年顰。
(平)平(仄)仄仄平平△	殷勤謝卻甑中塵。
(仄)仄(平)平平仄仄	啼鳥有時能勸客，
(平)平(仄)仄仄平平△	小桃無賴已撩人。
(平)平(仄)仄仄平平△	梨花也作白頭新。

本調後闋起首二句往往用對仗。

菩薩蠻 44字　雙調	**菩薩蠻**　　李　白
(平)平(仄)仄平平仄△	平林漠漠煙如織，
(平)平(仄)仄平平仄△	寒山一帶傷心碧。
(仄)仄仄平平△(换平韻)	暝色入高樓，
(仄)平(平)仄平△①	有人樓上愁。

① 第一字可平，第三字可仄。如第三字用仄，則第一字必平，否則是犯孤平。

(仄)平平仄仄△（换仄韻）	玉階空佇立，
(仄)仄平平仄△	宿鳥歸飛急。
(仄)仄仄平平△（换平韻）	何處是歸程？
(仄)平(平)仄平△①	長亭連短亭。

卜算子 44字　雙調	**卜算子**　　蘇　軾
(仄)仄仄平平	缺月掛疏桐，
(仄)仄平平仄△	漏斷人初靜。
(仄)仄平平仄仄平	誰見幽人獨往來？
(仄)仄平平仄△	縹緲孤鴻影。
(仄)仄仄平平	驚起卻回頭，
(仄)仄平平仄△	有恨無人省。
(仄)仄平平仄仄平	揀盡寒枝不肯棲，
(仄)仄平平仄△	寂寞沙洲冷。

訴衷情 44字　雙調	**訴衷情**　　陸　游
(平)平(仄)仄仄平平△	當年萬里覓封侯，
(仄)仄仄平平△②	匹馬戍梁州。
(平)平(仄)仄平仄	關河夢斷何處？
(仄)仄仄平平△③	塵暗舊貂裘。
平仄仄	胡未滅，
仄平平△	鬢先秋，

① 第一字可平，第三字可仄。如第三字用仄，則第一字必平，否則是犯孤平。

② 一作仄平平仄平。

③ 一作上三下三的六字句：仄仄仄、仄平平。

仄平平△	淚空流。
(仄)平平仄	此生誰料，
(仄)仄平平	心在天山，
(仄)仄平平△	身老滄洲。

憶秦娥 46字　雙調	**憶秦娥**　李　白
平(平)仄△	簫聲咽，
(平)平(仄)仄平平仄△	秦娥夢斷秦樓月。
平平仄△(疊上句末三字)	秦樓月，
(平)平(仄)仄	年年柳色，
仄平平仄△	霸陵傷别。
(平)平(仄)仄平平仄△	樂遊原上清秋節，
(平)平(仄)仄平平仄△	咸陽古道音塵絶。
平平仄△(疊上句末三字)	音塵絶，
(平)平(仄)仄	西風殘照，
仄平平仄△	漢家陵闕。

本調常用入聲韻。

更漏子 46字　雙調	**更漏子**　温庭筠
(仄)(平)平	柳絲長，
平仄仄△	春雨細，
(平)仄(仄)平平仄△	花外漏聲迢遞。
平仄仄	驚塞雁，
仄平平△(换平韻)	起城烏，

㊀平平仄平[①]	畫屏金鷓鴣。
平㊀仄(换仄韻)[②]	香霧薄,
㊀平仄[③]	透簾幙,
㊉仄㊀平平仄	惆悵謝家池閣。
平仄仄	紅燭背,
仄平平(换平韻)	繡簾垂,
㊀平平仄平	夢長君不知。

西江月 50字 雙調 **西江月** 蘇 軾

㊀仄㊉平㊀仄	照野瀰瀰淺浪,
㊉平㊀仄平平	横空隱隱層霄。
㊉平㊀仄仄平平	障泥未解玉驄驕,
㊀仄㊉平㊀仄	我欲醉眠芳草。
㊀仄㊉平㊀仄	可惜一溪風月,
㊉平㊀仄平平	莫教踏碎瓊瑶。
㊉平㊀仄仄平平	解鞍攲枕緑楊橋,
㊀仄㊉平㊀仄	杜宇一聲春曉。

本調平仄互押。前後闋起首二句一般用對仗。

醉花陰 52字 雙調 **醉花陰** 李清照

㊀仄㊉平平仄仄[④]	薄霧濃雲愁永晝,
㊀仄平平仄[⑤]	瑞腦消金獸。

---

① 這一句或作平平仄仄平,後闋末句同。

②③ 這兩句宋人詞和前闋起首二句相同。

④ 也可作㊉平㊀仄平平仄。如下闋"東籬把酒黄昏後"。

⑤ 這一句也可作上一下四。如下闋"有暗香盈袖"。

(仄)仄仄平平	佳節又重陽，
(仄)仄平平	玉枕紗廚，
(仄)仄平平仄△	半夜涼初透。
(平)平(仄)仄平平仄△	東籬把酒黄昏後，
(仄)仄平平仄△（上一下四）	有暗香盈袖。
(仄)仄仄平平	莫道不消魂，
(仄)仄平平	簾捲西風，
(仄)仄平平仄△	人比黄花瘦。
浪淘沙 54字　雙調	**浪淘沙**　李　煜
(仄)仄仄平平△	簾外雨潺潺，
(仄)仄平平△	春意闌珊，
(平)平(仄)仄仄平平△	羅衾不耐五更寒。
(仄)仄(平)平平仄仄	夢裏不知身是客，
(仄)仄平平△	一晌貪歡。
(仄)仄仄平平△	獨自莫憑闌，
(仄)仄平平△	無限江山，
(平)平(仄)仄仄平平△	别時容易見時難。
(仄)仄(平)平平仄仄	流水落花春去也，
(仄)仄平平△	天上人間。
鵲橋仙 56字　雙調	**鵲橋仙**　陸　游
(平)平(仄)仄	華鐙縱博，
(平)平(仄)仄	雕鞍馳射，
(仄)仄(平)平(仄)仄△	誰記當年豪舉？
(平)平(仄)仄仄平平	酒徒一一取封侯，

(仄)(仄)仄、平平(仄)仄△(上三下四)	獨去作、江邊漁父。
(平)平(仄)仄	輕舟八尺，
(平)平(仄)仄	低篷三扇，
(仄)仄(平)平(仄)仄△	占斷蘋洲煙雨。
(平)平(仄)仄仄平平	鏡湖元自屬閒人，
(仄)(仄)仄、平平(仄)仄△(上三下四)	又何必、官家賜與！

蝶戀花 60字　雙調	**蝶戀花**密州上元　蘇　軾
(仄)仄(平)平平仄仄△	燈火錢塘三五夜。
(仄)仄平平	明月如霜，
(仄)仄平平仄△	照見人如畫。
(仄)仄(平)平平仄仄△①	帳底吹笙香吐麝，
(平)平(仄)仄平平仄△	更無一點塵隨馬。
(仄)仄(平)平平仄仄△	寂寞山城人老也。
(仄)仄平平	擊鼓吹簫，
(仄)仄平平仄△	卻入農桑社。
(仄)仄(平)平平仄仄△②	火冷燈稀霜露下，
(平)平(仄)仄平平仄△	昏昏雪意雲垂野。

謝池春 66字　雙調	**謝池春**　陸　游
(仄)仄平平	壯歲從戎，
(仄)仄(仄)平平仄△	曾是氣吞殘虜。
仄平平、平平仄仄△(上三下四)	陣雲高、狼煙夜舉。

① 也可作(仄)仄(平)平仄平仄。

② 也可作(仄)仄(平)平仄平仄。

格律	例詞
平平平仄	朱顔青鬢,
仄平平平仄△[①]	擁雕戈西戍。
仄平平、仄平平仄△(上三下四)	笑儒冠、自來多誤。
平平(仄)仄	功名夢斷,
(仄)仄(仄)平平仄△	卻泛扁舟吴楚。
仄平平、平平仄仄△(上三下四)	漫悲歌、傷懷弔古。
平平平仄	煙波無際,
仄平平平仄△[②]	望秦關何處?
仄平平、仄平平仄△(上三下四)	歎流年、又成虚度。

本調前後闋基本相同,衹是前後闋首句的平仄稍異。此調平仄較嚴。

江城子 70字　雙調	**江城子**　蘇　軾
(平)平(仄)仄仄平平△	老夫聊發少年狂,
仄平平△	左牽黄,
仄平平△	右擎蒼。
(仄)仄平平、	錦帽貂裘、
(仄)仄仄平平△(上四下五)	千騎卷平岡。
(仄)仄(平)平平仄仄	爲報傾城隨太守,
平仄仄	親射虎,
仄平平△	看孫郎。
(平)平(仄)仄仄平平△	酒酣胸膽尚開張,
仄平平△	鬢微霜,
仄平平△	又何妨?

---

①②　這句一般作上一下四。

(仄)仄平平	持節雲中、
(仄)仄仄平平△(上四下五)	何日遣馮唐?
(仄)仄(平)平平仄仄	會挽雕弓如滿月,
平仄仄	西北望,
仄平平△	射天狼。

本調原是單調,35字。宋人始作雙調。

祝英臺近 77字 雙調	**祝英臺近** 辛棄疾
仄平平	寶釵分,
平仄仄△	桃葉渡,
(仄)仄仄平仄△	煙柳暗南浦。
(仄)仄平平	怕上層樓,
(仄)仄仄平仄△	十日九風雨。
(平)平(仄)仄平平	斷腸片片飛紅,
(仄)平(平)仄	都無人管,
仄平仄、(仄)平平仄△(上三下四)	更誰勸、啼鶯聲住。
仄平仄△	鬢邊覷,
(仄)(仄)(平)仄平平	試把花卜歸期,
平平仄平仄△	才簪又重數。
(仄)仄平平	羅帳燈昏,
(仄)仄仄平仄△	哽咽夢中語:
(平)平(仄)仄平平	是他春帶愁來,
(仄)平(平)仄	春歸何處?
仄平仄、(仄)平平仄△(上三下四)	卻不解、帶將愁去。

滿江紅 93字　雙調	**滿江紅**　　柳　永
仄⃝仄平平	暮雨初收，
平⃝平⃝仄、平⃝平仄⃝仄△(上三下四)	長川靜、征帆夜落。
平⃝仄⃝仄、仄⃝平平⃝仄(上三下四)	臨島嶼、蓼煙疏淡，
仄⃝平平⃝仄△	葦風蕭索。
仄⃝仄平⃝平平仄仄	幾許漁人橫短艇，
平⃝平仄⃝仄平平仄△	盡將燈火歸村郭。
仄平⃝平⃝、	遣行客、
仄⃝仄仄平平(上三下五)①	到此念回程，
平平仄△	傷漂泊。
仄⃝平⃝仄	桐江好，
平仄⃝仄△	煙漠漠。
平仄⃝仄	波似染，
平平仄△	山如削。
仄平平平仄	遶嚴陵灘畔，
仄平平仄△(上五下四)	鷺飛魚躍。
仄⃝仄平⃝平平仄仄	游宦區區成底事？
平⃝平仄⃝仄平平仄△	平生況有林泉約。
仄⃝平⃝平⃝、	歸去來、
仄⃝仄仄平平(上三下五)②	一曲仲宣吟。
平平仄△	從軍樂。

本調常用入聲韻，常用一些對仗。

①②　這兩句裏的三字豆一般是仄仄⃝平。

水調歌頭95字　雙調	**水調歌頭**　蘇　軾
仄⃝仄平⃝平仄	明月幾時有？
仄⃝仄仄平平△	把酒問青天。
平⃝平仄⃝仄平仄、	不知天上宫闕、
仄⃝仄仄平平△(上六下五)①	今夕是何年？
仄⃝仄平⃝平仄⃝仄	我欲乘風歸去，
仄⃝仄平⃝平仄⃝仄	惟恐瓊樓玉宇，
仄⃝仄仄平平△	高處不勝寒。
仄⃝仄平⃝平仄	起舞弄清影，
仄⃝仄仄平平△	何似在人間？
平⃝平⃝仄⃝②	轉朱閣，
平⃝平⃝仄③	低綺户，
仄平⃝平△	照無眠。
平⃝平仄⃝仄、平仄仄⃝仄	不應有恨、何事長向
仄平平△(上四下七)④	别時圓？
仄⃝仄平⃝平仄⃝仄	人有悲歡離合，
仄⃝仄平⃝平仄⃝仄	月有陰晴圓缺，
仄⃝仄仄平平△	此事古難全。
仄⃝仄平⃝平仄	但願人長久，
仄⃝仄仄平平△	千里共嬋娟。

本調平仄相當靈活，常用一些拗句。前後闋後六句字數平仄基本相同。

---

① 或作上四下七。

② 可作平平仄、仄平仄、平仄仄、仄仄仄、仄平平。

③ 可作平平仄、平仄仄、仄平仄。

④ 或作上六下五。

鳳凰臺上憶吹簫 95字　雙調	**鳳凰臺上憶吹簫**　李清照
(平)仄平平	香冷金猊，
(仄)平(平)仄	被翻紅浪，
(平)平(仄)仄平平△	起來慵自梳頭。
仄仄平平仄(上一下四)	任寶奩塵滿，
(仄)仄平平△	日上簾鉤。
(仄)仄平平(仄)仄	生怕離懷别苦，
平(仄)仄、(仄)仄平平△(上三下四)	多少事、欲説還休。
平平仄	新來瘦，
平平仄仄	非干病酒，
仄仄平平△	不是悲秋。
平平△	休休！
仄平仄仄	這回去也，
平(仄)仄平平	千萬徧陽關，
(仄)仄平平△	也則難留。
仄仄平平仄(上一下四)	念武陵人遠，
(仄)仄平平△	煙鎖秦樓。
(仄)仄平平(仄)仄	惟有樓前流水，
平(仄)仄、(仄)仄平平△(上三下四)	應念我、終日凝眸。
平平仄	凝眸處，
平平仄平	從今又添、
仄仄平平△	一段新愁。

滿庭芳 95字　雙調	**滿庭芳**　周邦彦
(平)仄平平	風老鶯雛，
(仄)平(平)仄	雨肥梅子，

仄平(平)仄平平	午陰嘉樹清圓。
(仄)平平仄	地卑山近，
(仄)仄仄平平	衣潤費爐煙。
(仄)仄平平仄仄	人靜烏鳶自樂，
(仄)(平)仄、(仄)仄平平（上三下四）	小橋外、新緑濺濺。
平平仄	凭闌久，
平平仄仄	黄蘆苦竹，
(仄)仄仄平平	擬泛九江船。
平平①	年年，
平仄仄②	如社燕，
(平)平仄仄	飄流瀚海，
(仄)仄平平	來寄修椽。
仄仄平平仄（上一下四）	且莫思身外，
(仄)仄平平	長近尊前。
(仄)仄平平仄仄	憔悴江南倦客，
(仄)(平)仄、(仄)仄平平（上三下四）	不堪聽、急管繁絃。
平平仄	歌筵畔，
平平仄仄	先安簟枕，
(仄)仄仄平平	容我醉時眠。
八聲甘州 97字　雙調	**八聲甘州**　　柳　永
仄(平)平(仄)仄仄平平（上一下七）	對瀟瀟暮雨灑江天，
(仄)平仄平平	一番洗清秋。
仄(平)平(平)仄（上一下四）	漸霜風淒緊，

①② 這兩句也可以合爲一個五字句：(平)平平仄仄。

平平(仄)仄	關河冷落，
(平)仄平平△	殘照當樓。
(仄)仄(平)平(仄)仄	是處紅衰翠減，
(仄)仄仄平平△	苒苒物華休。
(仄)仄(平)平仄	惟有長江水，
(平)仄平平△	無語東流。
(仄)仄(平)平(平)仄	不忍登高臨遠，
仄(仄)平(仄)仄（上一下四）	望故鄉渺邈，
(平)仄平平△	歸思難收①。
仄(平)平(平)仄（上一下四）	歎年來蹤迹，
(仄)仄仄平平△	何事苦淹留？
仄平平、(平)平(平)仄（上三下四）	想佳人、妝樓凝望，
仄(仄)平、(仄)仄仄平平△（上三下五）	誤幾回、天際識歸舟。
平平仄、(仄)平(平)仄（上三下四）	爭知我、倚闌干處，
(仄)仄平平△	正恁凝愁。

暗　香 97字　雙調	**暗　香**　　姜　夔
(仄)平(仄)仄△	舊時月色，
仄(仄)平(仄)仄（上一下四）	算幾番照我，
(平)平平仄△	梅邊吹笛？
仄仄(仄)平	喚起玉人，
(仄)仄平平仄平仄△	不管清寒與攀摘。
(平)仄平平仄仄	何遜而今漸老，

① “思”讀去聲。

平⃝平⃝仄⃝、平⃝平平仄△（上三下四）[1]	都忘卻、春風詞筆。
仄⃝仄⃝仄⃝、仄⃝仄平平（上三下四）[2]	但怪得、竹外疏花，
平⃝仄仄平仄△	香冷入瑤席。
平⃝仄△	江國，
仄仄⃝仄△	正寂寂。
仄仄仄⃝仄⃝平（上一下四）	歎寄與路遥，
平⃝仄平仄△[3]	夜雪初積。
仄平仄仄△	翠尊易泣，
平⃝仄平平仄平仄△	紅萼無言耿相憶。
平⃝仄平平仄仄	長記曾攜手處，
平⃝仄⃝仄⃝、平⃝平平仄△（上三下四）[4]	千樹壓、西湖寒碧。
仄仄⃝仄⃝、平仄仄（上三下三）	又片片、吹盡也，
仄平仄⃝仄△	幾時見得？

揚州慢98字　雙調	**揚州慢**　　姜　夔
平⃝仄平平	淮左名都，
仄⃝平平⃝仄	竹西佳處，
仄⃝平仄⃝仄平平△	解鞍少駐初程。
仄平平仄⃝仄（上一下四）[5]	過春風十里，
仄⃝仄⃝仄平平△（上一下四）[6]	盡薺麥青青。
仄平⃝仄、平平仄⃝仄（上三下四）	自胡馬、窺江去後，

---

① 這一句裏的三字豆可以是平平仄、平仄仄、仄平平。

② 這一句裏的三字豆可以是仄仄仄、平仄仄、仄仄平、仄平平。

③ 或作仄⃝平平仄△。

④ 這一句裏的三字豆可以是平仄仄、仄平平。

⑤⑥ 這兩句一作六字一句，四字一句。

仄⃝平平⃝仄	廢池喬木，
平⃝仄平平△	猶厭言兵。
仄平平、平⃝仄⃝平平⃝(上三下四)①	漸黃昏、清角吹寒，
平仄平平△②	都在空城。
仄⃝平仄⃝仄	杜郎俊賞，
仄平平、平⃝仄平平△(上三下四)	算而今、重到須驚。
仄仄⃝仄平平(上一下四)	縱豆蔻詞工，
平⃝平仄⃝仄	青樓夢好，
平⃝仄平平△	難賦深情。
仄仄仄⃝平平仄	二十四橋仍在，
平平仄、仄⃝仄平平△(上三下四)	波心蕩、冷月無聲。
仄平⃝平平仄(上一下四)	念橋邊紅藥，
平⃝平平⃝仄平平△	年年知爲誰生？
玉蝴蝶 99字　雙調	**玉蝴蝶**　　柳　永
仄仄仄⃝平平仄	望處雨收雲斷，
平⃝平仄⃝仄	凭闌悄悄，
仄⃝仄平平△	目送秋光。
仄⃝仄平⃝平	晚景蕭疏，
平⃝仄仄⃝仄平平△	堪動宋玉悲涼。
仄平平⃝、平⃝平仄⃝仄(上三下四)	水風輕、蘋花漸老，
仄⃝仄⃝仄、平⃝仄平平△(上三下四)	月露冷、梧葉飄黃。
仄平平△	遣情傷，
仄⃝平平⃝仄	故人何在？

①② 這兩句一作五字一句，六字一句。

(平)仄平平△	煙水茫茫。
平平△	難忘,
(平)平(仄)仄	文期酒會,
(仄)平(平)仄	幾孤風月,
(仄)仄平平△	屢變星霜。
仄仄平平	海闊山遥,
仄平平仄仄平平△	未知何處是瀟湘?
仄平(平)、(平)平(仄)仄(上三下四)	念雙燕、難憑遠信,
(仄)(仄)(平)、(平)仄平平△(上三下四)	指暮天、空識歸航。
仄平平△	黯相望[1],
(仄)平(平)仄	斷鴻聲裏,
(平)仄平平△	立盡斜陽。
念奴嬌 100字 雙調	**念奴嬌** 蘇 軾
(平)平(仄)仄	大江東去,
仄平(平)、(仄)仄(平)平 平仄△(上三下六)[2]	浪淘盡、千古風流 人物。
(仄)仄(平)平平仄仄	故壘西邊人道是[3],
(仄)仄(平)平平仄△	三國周郎赤壁[4]。
(仄)仄平平	亂石穿空,
(平)平(仄)仄	驚濤拍岸,
(仄)仄平平仄△	捲起千堆雪。

① “望”讀平聲。

② 或作上五下四。

③④ 這兩句依語法結構應讀爲“故壘西邊,人道是三國周郎赤壁”。這裏按詞譜斷句。

格律	例詞
(平)平(平)仄	江山如畫，
(仄)平平仄平仄△	一時多少豪傑。
(平)仄(平)仄平平①	遥想公瑾當年，
(平)平平仄②	小喬初嫁了③，
(仄)仄平平仄△	雄姿英發④。
(仄)仄(平)平平仄仄	羽扇綸巾談笑處(一作間)，
(仄)仄(平)平平仄△	檣櫓灰飛煙滅。
(仄)仄平平	故國神遊，
(平)平(仄)仄	多情應笑我⑤，
(仄)仄平平仄△	早生華髮⑥。
(平)平(平)仄	人生如夢，
(仄)平平仄平仄△	一尊還酹江月。

本調常用入聲韻，平仄相當靈活，而且用一些拗句。前後闋後七句字數平仄相同。

木蘭花慢 101字　雙調	**木蘭花慢**　辛棄疾
仄平平仄仄	漢中開漢業，
(仄)(平)仄	問此地，
仄平平△	是耶非？
仄(仄)仄平平(上一下四)	想劍指三秦，
(平)平(仄)仄	君王得意，
(仄)仄平平△	一戰東歸。

① 或作(平)平(仄)仄平平。

② 或作(仄)仄平平。

③ 一般是四字句，④ 一般是五字句，⑤ 一般是四字句，詞譜是根據一般情況定的。

⑥ 一般是五字句，詞譜是根據一般情況定的。

格律	例詞
平平仄①	追亡事，
平仄仄②	今不見，
仄平⃝平仄⃝仄仄平平△(上一下七)③	但山川滿目淚沾衣。
仄⃝仄平平仄仄	落日胡塵未斷，
平⃝平仄⃝仄平平△	西風塞馬空肥。
平⃝平仄⃝仄仄平平△④	一編書是帝王師，
仄⃝仄仄平平△⑤	小試去征西。
仄仄⃝仄平平(上一下四)⑥	更草草離筵，
平⃝平仄⃝仄	匆匆去路，
仄⃝仄平平△	愁滿旌旗。
平平仄⑦	君思我，
平仄仄⑧	回首處，
仄平⃝平仄⃝仄仄平平△(上一下七)⑨	正江涵秋影雁初飛。
仄⃝仄平平仄仄	安得車輪四角，
平⃝平仄⃝仄平平△	不堪帶減腰圍。
水龍吟 102字　雙調	**水龍吟**　蘇　軾
平⃝平仄⃝仄平平	似花還似非花，
平⃝平仄⃝仄平平仄△	也無人惜從教墜。

①② 這兩句一般作：平平，仄平仄仄；也有合爲一個六字句的。

③ 這一句或作上三下五，或作上五下三，或分爲兩個四字句。

④⑤ 這兩句或分爲：平平，仄仄仄平平，仄仄仄平平三句；或分爲：平平，仄仄仄平平仄仄，仄平平三句；還有其他句法，不細説。

⑥ 這一句或作仄平平仄仄(上一下四)。

⑦⑧ 這兩句一般作：平平，仄平仄仄；也有合爲一個六字句的。

⑨ 這一句或作上三下五。

平⃝平仄⃝仄	抛家傍路,
平⃝平仄⃝仄	思量卻是①,
平⃝平仄仄△	無情有思②。
仄⃝仄平平	縈損柔腸,
仄⃝平平仄	困酣嬌眼,
仄⃝平平仄△	欲開還閉。
仄平⃝平仄⃝仄(上一下四)	夢隨風萬里,
平⃝平仄⃝仄	尋郎去處,
平⃝平⃝仄、平平仄△(上三下三)	又還被、鶯呼起。

仄⃝仄平⃝平仄⃝仄	不恨此花飛盡,
仄平平、仄⃝平平仄△(上三下四)	恨西園、落紅難綴。
平⃝平仄⃝仄	曉來雨過,
平⃝平仄⃝仄	遺蹤何在?
平⃝平仄⃝仄△	一池萍碎。
仄⃝仄平平	春色三分,
平⃝平仄⃝仄	二分塵土,
仄⃝平平仄△	一分流水。
仄平⃝平仄⃝仄(上一下四)	細看來不是③,
平平⃝仄仄⃝	楊花點點④,
仄平平仄△	是離人淚⑤。

①②　這兩句依語法結構應合爲一句:"思量卻是無情有思。"這裏按詞譜斷句。後一"思"字讀去聲。

③④⑤　這三句依語法結構應讀爲:"細看來不是楊花,點點是、離人淚。"這裏按詞譜斷句。

齊天樂 102字　雙調	**齊天樂**　　周邦彦
(平)平(仄)仄平平仄	緑蕪凋盡臺城路，
平平仄平平仄△	殊鄉又逢秋晚。
仄仄平平	暮雨生寒，
平平仄仄	鳴蛩勸織，
平仄平平平仄△	深閣時聞裁翦。
平平仄仄△	雲窗靜掩。
仄(平)仄平平（上一下四）	歎重拂羅裀
仄平平仄△	頓疎花簟。
仄仄平平	尚有練囊，
仄平平仄仄平仄△	露螢清夜照書卷。
平平平仄仄仄①	荆江留滯最久，
仄平平仄仄	故人相望處，
平仄平仄△②	離思何限③？
仄仄平平	渭水西風，
平平仄仄	長安亂葉，
平仄平平平仄△	空憶詩情宛轉④。
平平仄仄△	凭高眺遠。
仄(平)仄平平（上一下四）	正玉液新篘，
仄平平仄△	蟹螯初薦。
仄仄平平	醉倒山翁，

① 或作平平仄平仄仄。

② 或作仄平平仄。

③ “思”讀去聲。

④ “宛”讀平聲。

仄平平仄仄△	但愁斜照斂。

此調平仄很嚴。

雨霖鈴 103字　雙調	**雨霖鈴**　柳　永
平平平仄△	寒蟬淒切，
仄平平仄，仄(仄)平仄△(上四下四)	對長亭晚，驟雨初歇。
平平仄仄平仄	都門帳飲無緒，
平平仄仄、平平平仄△(上四下四)	方留戀處，蘭舟催發。
仄仄平平、	執手相看，
仄仄仄平仄平仄△(上四下七)	淚眼竟無語凝噎①。
仄仄仄、平仄平平(上三下四)	念去去、千里煙波，
仄仄平平仄平仄△	暮靄沈沈楚天闊。
平平仄仄平平仄△	多情自古傷離别，
仄平平、仄仄平平仄△(上三下五)	更那堪、冷落清秋節②。
平平仄仄平仄	今宵酒醒何處？
平仄仄、仄平平仄△(上三下四)	楊柳岸、曉風殘月
仄仄平平	此去經年，
仄仄平平仄仄平仄△	應是良辰好景虚設。
仄仄仄、(仄)仄平平(上三下四)	便縱有、千種風情，
仄仄平平仄△	更與何人説？

本調常用入聲韻，多用拗句。

永遇樂 104字　雙調	**永遇樂**　李清照
(仄)仄平平	落日鎔金，
(仄)平(平)仄	暮雲合璧，

① 兩句依語法結構應讀爲“執手相看淚眼，竟無語凝噎”。這裏按詞譜斷句。
② “那”讀平聲。

平仄平仄△	人在何處？
仄⃝仄平平	染柳煙濃，
平⃝平仄仄	吹梅笛怨，
仄⃝仄平平⃝仄△	春意知幾許？
平⃝平平⃝仄	元宵佳節，
平⃝平平⃝仄	融和天氣，
仄⃝仄仄平平仄△	次第豈無風雨？
仄⃝平平⃝、平平仄仄（上三下四）	來相召、香車寶馬，
仄⃝平仄平⃝平仄△	謝他酒朋詩侶。
平⃝平仄⃝仄	中州盛日，
平⃝平平仄	閨門多暇，
仄⃝仄平⃝平仄⃝仄△	記得偏重三五。
仄⃝仄平平	鋪翠冠兒，
平⃝平仄⃝仄	撚金雪柳，
仄⃝仄平平⃝仄	簇帶爭濟楚。
平⃝平平仄	如今憔悴，
平⃝平仄⃝仄	風鬟霧鬢，
仄⃝仄仄⃝平平⃝仄△	怕見夜間出去。
平⃝平仄、平平仄仄（上三下四）	不如向、簾兒底下，
仄平仄仄△	聽人笑語。

西　河 105字　三疊	**西　河**　周邦彦
平仄⃝仄△	佳麗地，
平⃝平平⃝仄平仄△	南朝盛事誰記？
平⃝平仄⃝仄仄平平	山圍故國繞清江，
仄⃝平仄⃝仄△	髻鬟對起。

(平)平(仄)仄仄平平	怒濤寂寞打孤城，
(平)平(平)仄平仄△	風檣遥度天際。
(仄)(平)(仄)[1]	斷崖樹，
(平)(仄)仄△	猶倒倚，
(平)平(平)仄平仄△	莫愁艇子曾繫。
(平)平(仄)仄仄平平	空遺舊迹鬱蒼蒼，
(仄)平(仄)仄△	霧沈半壘。
(平)平(仄)仄仄平平	夜深月過女牆來，
(平)平(平)仄平仄△	賞心東望淮水。
仄平仄仄仄仄仄△	酒旗戲鼓甚處市？
仄平平、平(仄)平(仄)△(上三下四)	想依稀、王謝鄰里。
(仄)仄仄平平仄△	燕子不知何世，
仄平平、仄仄平平(上三下四)[2]	向尋常、巷陌人家，
(平)仄(平)仄平平[3]	相對如説興亡，
平平仄△[4]	斜陽裏。

疏　影 110字　雙調	**疏　影**　　姜　夔
平平仄仄△	苔枝綴玉，
仄仄平仄仄(上一下四)[5]	有翠禽小小，
(平)仄平仄△	枝上同宿。
(仄)仄平平	客裏相逢，
(平)仄平平	籬角黄昏，

---

① 可以是仄平仄、仄平平、平仄仄、仄仄仄。

②③④ 這三句或分爲仄平平，仄仄平平平仄，(平)仄平平平平仄三句。

⑤ 這一句或作仄仄仄仄平(上一下四)。

(平)(平)(仄)(仄)平仄△[1]	無言自倚修竹。
平平仄仄平平仄	昭君不慣胡沙遠，
(仄)(仄)(仄)、(平)平平仄△（上三下四）[2]	但暗憶、江南江北。
仄(仄)平、(仄)仄平平（上三下四）	想佩環、月夜歸來，
(仄)仄仄平平仄△	化作此花幽獨。
平仄平平仄仄	猶記深宮舊事，
仄平(仄)仄仄	那人正睡裏，
(平)仄平仄△	飛近蛾綠。
(仄)仄平平	莫似春風，
(仄)仄平平	不管盈盈，
(仄)仄(平)平平(仄)△	早與安排金屋。
平平仄仄平平仄	還教一片隨波去，
(仄)(仄)仄、(仄)平平仄△（上三下四）	又卻怨、玉龍哀曲。
仄(仄)(平)、(平)仄平平（上三下四）	等恁時、重覓幽香，
(仄)仄仄平平仄△	已入小窗橫幅。
賀新郎 116字　雙調	**賀新郎**　辛棄疾
(仄)仄平平仄△	甚矣吾衰矣。
仄平平、(平)平(平)仄（上三下四）	悵平生、交遊零落，
仄平平仄△	只今餘幾！
(仄)仄(平)平平平仄[3]	白髮空垂三千丈，
(仄)仄(平)平仄仄△	一笑人間萬事。

---

① 這一句可以是平平仄仄平仄、仄仄平平平仄、仄仄仄仄平仄、平仄仄平平仄、仄平仄仄平仄。

② 這一句的三字豆可以是仄仄仄、平仄仄、仄平仄、仄平平。

③ 是拗句，也可作律句(仄)仄(平)平平仄仄。

詞譜	例詞
(仄)(仄)仄、平平平仄△（上三下四）	問何物、能令公喜？
(仄)仄(平)平平仄仄[1]	我見青山多嫵媚，
仄平平、(仄)仄平平仄△（上三下五）	料青山、見我應如是。
(平)仄仄	情與貌，
(仄)平仄△	略相似。
(平)平(仄)仄平平仄△	一尊搔首東窗裏。
仄平平、(平)平(平)仄（上三下四）	想淵明、停雲詩就，
仄平平仄△	此時風味。
(仄)仄(平)平平平仄[2]	江左沈酣求名者，
(仄)仄(平)平仄仄△	豈識濁醪妙理？
(仄)仄仄、平平平仄△（上三下四）	回首叫、雲飛風起。
(仄)仄(平)平平仄仄[3]	不恨古人吾不見，
仄(平)平、(仄)仄平平仄△（上三下五）	恨古人、不見吾狂耳。
(平)仄仄	知我者，
(仄)平仄△	二三子。

本調上、下闋第四句和第七句可全用律句，或全用拗句，也可以律句拗句並用。

摸魚兒 116字　雙調	**摸魚兒**　辛棄疾
仄平平、仄平平仄△（上三下四）[4]	更能消、幾番風雨？
(平)平平仄平仄△	匆匆春又歸去。
(平)平(仄)仄平平仄	惜春長怕花開早，
(仄)仄仄平平仄△	何況落紅無數。

① 是律句，也可作拗句(仄)仄(平)平平平仄。
② 是拗句，也可作律句(仄)仄(平)平平仄仄。
③ 是律句，也可作拗句(仄)仄(平)平平平仄。
④ 前闋首句可以不入韻。

平仄仄△	春且住。
(仄)仄仄、平平(仄)仄平平仄△(上三下七)	見説道、天涯芳草無歸路。
(平)平仄仄△	怨春不語,
仄(仄)仄平平(上一下四)	算只有殷勤,
(平)平(仄)仄	畫檐蛛網,
(仄)仄仄平仄△	盡日惹飛絮。
平平仄	長門事,
(仄)仄平平仄仄△	準擬佳期又誤。
(平)平平仄平仄△	蛾眉曾有人妒。
(平)平(仄)仄平平仄	千金縱買相如賦,
(仄)仄仄平平仄△	脈脈此情誰訴?
平仄仄△	君莫舞。
(平)仄仄、(平)平(仄)仄平平仄△(上三下七)	君不見、玉環飛燕皆塵土?
平平仄仄△	閑愁最苦。
仄(仄)仄平平(上一下四)	休去倚危欄①,
(平)平(仄)仄	斜陽正在,
(仄)仄仄平仄△	煙柳斷腸處。

蘭陵王 130字　三疊	**蘭陵王**　　周邦彦
(仄)平仄△	柳陰直,
(仄)仄平平仄仄△	煙裏絲絲弄碧。
平平仄、平仄(仄)平(上三下四)	隋堤上、曾見幾番,

① “休去倚危欄”是上二下三;一般是上一下四,詞譜是根據一般情況定的。

仄⃝仄平平仄平仄△　　拂水飄綿送行色。
平⃝平仄⃝仄仄△　　登臨望故國，
平仄△　　誰識？
平平仄仄△　　京華倦客。
平平仄、平⃝仄仄平(上三下四)　　長亭路、年去歲來，
仄仄平平仄平仄△　　應折柔條過千尺。

平⃝平仄平仄△　　閒尋舊蹤迹，
仄仄⃝仄平平⃝(上一下四)　　又酒趁哀絃，
平⃝仄平仄△　　燈照離席。
平⃝平仄⃝仄平平仄△　　梨花榆火催寒食。
仄⃝仄仄平仄(上一下四)①　　愁一箭風快，
仄⃝平平⃝仄　　半篙波暖，
平平平⃝仄仄仄仄△　　回頭迢遞便數驛。
仄平⃝仄⃝平仄△　　望人在天北。

平仄△　　悽惻，
仄平仄△　　恨堆積。
仄仄⃝仄平平(上一下四)　　漸別浦縈迴，
平⃝仄平仄△　　津堠岑寂，
平⃝平仄⃝仄平平仄△　　斜陽冉冉春無極。
仄仄仄平仄(上一下四)②　　念月榭攜手，
仄⃝平平⃝仄△　　露橋聞笛。
平平平仄③　　沈思前事，

---

① 一作仄平平仄仄(上一下四)。
② 一作仄平平平仄、仄平仄仄仄、仄仄仄平平。
③ 一作仄仄平平。

仄仄仄	似夢裏，
仄仄仄△	淚暗滴。
鶯啼序 240字　四疊	**鶯啼序**　　吴文英
平平仄平仄仄	殘寒正欺病酒，
仄平平(仄)仄△(上一下四)	掩沈香繡户。
(仄)(平)仄、(平)仄平平(上三下四)	燕來晚、飛入西城，
仄(仄)(平)仄平仄△	似説春事遲暮。
(仄)(平)仄、平平仄仄(上三下四)	畫船載、清明過卻，
平平仄仄平平仄△	晴煙冉冉吴宫樹。
仄(平)平(平)仄(上一下四)	念羈情遊蕩①，
(平)平(仄)(平)平仄△	隨風化爲輕絮②。
(仄)仄平平	十載西湖，
(仄)(仄)(仄)仄③	傍柳繫馬，
仄平平(仄)仄△(上一下四)	趁嬌塵輭霧。
(仄)(平)仄、(平)仄平平(上三下四)	遡紅漸、招入仙溪，
(仄)平平仄(平)仄△	錦兒偷寄幽素。
仄平平、(平)平仄仄(上三下四)	倚銀屏、春寬夢窄，
(仄)(平)仄、(平)平平仄△(上三下四)	斷紅溼、歌紈金縷。
仄(平)平	暝隄空，
(平)仄(平)平	輕把斜陽，
仄平平仄△	總還鷗鷺。
(平)平(仄)仄	幽蘭旋老，

①②　這兩句萬樹《詞律》作三字一句，四字一句，四字一句：念羈情，遊蕩隨風，化爲輕絮。

③　可以是仄仄仄仄、仄平仄仄、仄仄平仄、平平仄仄。

仄⃝仄平⃝平　　杜若還生，
仄⃝平⃝仄平⃝仄△①　　水鄉尚寄旅。
仄⃝仄仄、仄⃝平⃝平⃝仄（上三下四）②　　别後訪、六橋無信，
仄⃝仄平⃝平⃝③　　事往花萎，
仄仄平平　　瘞玉埋香，
仄平⃝平⃝仄△　　幾番風雨。
平⃝平仄⃝仄　　長波妒盼，
平平平⃝仄　　遥山羞黛，
平⃝平仄⃝仄平平仄　　漁鐙分影春江宿，
仄平⃝平、仄⃝仄平⃝平仄△（上三下五）　　記當時、短檝桃根渡。
平平仄仄　　青樓彷佛，
平⃝平⃝仄⃝仄平平④　　臨分敗壁題詩，
仄⃝仄⃝仄⃝仄⃝平仄△⑤　　淚墨慘淡塵土。

平⃝平仄仄　　危亭望極，
仄⃝仄平平　　草色天涯，
仄仄平仄⃝仄△（上一下四）　　歎鬢侵半苧。
仄仄⃝仄、平⃝平平⃝仄（上三下四）　　暗點檢、離痕歡唾，
仄仄平平　　尚染鮫綃，
仄⃝仄平平⃝　　嚲鳳迷歸，
仄⃝平⃝平⃝仄△⑥　　破鸞慵舞。

---

① 可以是仄平仄仄仄、仄仄平仄仄、平仄仄平仄、平仄仄仄仄。

② 下四字可以是仄平平仄、仄平仄仄、平平仄仄、平仄平仄。

③ 可以是仄仄平平、仄仄平仄、平仄仄仄。

④ 可以是平平仄仄平平、平仄仄仄平平、仄平平仄平平。

⑤ 可以是仄仄仄仄平仄、仄平仄仄平仄、仄平仄平平仄、平仄仄平平仄、平平平仄平仄。

⑥ 可以是仄平平仄、平仄平仄、仄平仄仄。

平平仄仄	殷勤待寫,
平平平仄	書中長恨,
(平)平(仄)仄平平(仄)①	藍霞遼海沈過雁②,
仄平平、(平)仄平平仄△(上三下五)	漫相思、彈入哀箏柱。
(平)平(平)仄平平	傷心千里江南,
(仄)仄平平	怨曲重招,
仄平平仄△	斷魂在否?

本調平仄非常靈活。

(八)曲　譜

這裏所列的曲譜,是本書第十四單元文選所見的各種曲調的譜式。一調有若干格者,祇列本書各曲所用的一格,其餘的不録。

曲譜的排列,依照《中原音韻》所列的宫調曲調的序列。曲譜的體例和本書所附的詞譜基本相同。每一曲調舉本書所選的一首作品爲例,見於本書的同調其他作品則不重出。

編製這些曲譜,參考了清人李玄玉的《北詞廣正譜》、近人吴梅的《南北詞簡譜》,並參考了《朝野新聲太平樂府》和《元曲選》裏的若干有關作品。

端正好(正宫)	**端正好**　王實甫
仄平平	碧雲天,
平平仄△③	黄花地,
平平仄、(仄)仄平平△(上三下四)	西風緊、北雁南飛。
(平)平(仄)仄平平仄△④	曉來誰染霜林醉?

---

① 這是律句,與第三闋第十句相同。或作拗句:平平平仄平仄仄、仄平平仄仄仄仄。

② "過"讀平聲,是律句;"過"讀去聲,是拗句。

③④ 這兩句常用去聲韻。

仄仄平平去	總是離人淚。
滚繡毬（正宫）	**滚繡毬**　王實甫
ⓧ仄平[1]	恨相見得遲[2]，
ⓧ仄平	怨歸去得疾。
ⓧ平㊖去	柳絲長玉驄難繫，
仄平平、ⓧ仄平平（上三下四）	恨不倩疏林挂住斜暉。
ⓧ仄平	馬兒迍迍的行，
ⓧ仄平	車兒快快的隨，
ⓧ平㊖去	卻告了相思迴避，
仄平平、ⓧ仄平平（上三下四）	破題兒又早别離。
㊖平ⓧ仄平平仄	聽得一聲去也鬆了金釧，
ⓧ仄平平仄仄平	遥望見十里長亭減了玉肌。
仄仄平平	此恨誰知！

本調第一句到第四句爲一節，第五句到第八句爲一節，這兩節句數、句法和平仄基本相同。

叨叨令（正宫）	**叨叨令**　王實甫
㊖平ⓧ仄平平去	見安排着車兒馬兒不由人熬熬煎煎的氣，
㊖平ⓧ仄平平去	有甚麽心情花兒靨兒打扮的嬌嬌滴滴的媚。
㊖平ⓧ仄平平去	準備着被兒枕兒則索昏昏沈沈的睡，
㊖平ⓧ仄平平去	從今後衫兒袖兒都搵做重重疊疊的淚。

① 這一句可以不用韻。

② 加浪綫的是襯字，後同。

仄仄、仄平平①	兀的不悶殺人也麽哥?
仄仄、仄平平②	兀的不悶殺人也麽哥?
㊥平㊀仄平平去	久已後書兒信兒索與我恓恓惶惶的寄。

本調用去聲韻。

脱布衫(正宫)	**脱布衫** 王實甫
仄平平、㊥仄平平(上三下四)	下西風黄葉紛飛,
仄平平、㊥仄平平(上三下四)③	染寒煙衰草淒迷。
仄㊥㊥、㊥平去上(上三下四)④	酒席上斜簽着坐的,
仄平㊥、仄平平去(上三下四)	蹙愁眉死臨侵地。

小梁州(正宫)	**小梁州** 王實甫
㊀仄平平仄仄平	我見他閣淚汪汪不敢垂,
㊀仄平平	恐怕人知。
㊥平㊀仄仄平平	猛然見了把頭低,
平平去	長吁氣,
平仄仄平平	推整素羅衣。
幺篇	**幺篇**
㊥平㊀仄平平去	雖然久後成佳配,
仄平平、仄仄平平(上三下四)	奈時間怎不悲啼。
仄仄平	意似癡,
平平去	心如醉。
仄平㊥去	昨宵今日,

①② 這兩句是疊句,句尾用"也麽哥"(或也波哥),成爲定格。

③ 這一句或用去聲韻。

④ 這一句或用平聲韻。

(仄)仄仄平平△

清減了小腰圍。

尾　聲(正宫)

仄平平仄平①
(平)平平仄仄△
(平)平(仄)仄平平仄△
仄仄平平去平上△

尾　聲　王實甫

四圍山色中，
一鞭殘照裏。
徧人間煩惱填胸臆。
量這些大小車兒如何載得起②?

此調本在中吕宫，和中吕宫的尾聲同格。

陽春曲(中吕)

(平)平(仄)仄平平仄△
(仄)仄平平仄仄平△
(平)平(仄)仄仄平平△
仄仄平△③
(仄)仄仄平平△

陽春曲　白　樸

從來好事天生儉，
自古瓜兒苦後甜，
妳娘催逼緊拘鉗。
甚是嚴，
越間阻越情忺。

上小樓(中吕)

(平)平去上△④
(仄)平平去△
(仄)仄平平⑤
(仄)仄平平△⑥
(仄)仄平平△

上小樓　王實甫

合歡未已，
離愁相繼。
想着俺前暮私情，
昨夜成親，
今日别離。

① 這是孤平拗救，一般作平平仄仄平。又，這一句末字或用上聲。
② 這裏的"得"字作平，不作上。
③ 宜作平去上。
④ 這一句也可以用平聲韻。
⑤ 這一句也可以用韻。
⑥ 這一句也可以不用韻。

仄仄平①(△)	我諗知③
仄仄平②(△)	這幾日④，
㊥平平去(△)	相思滋味⑤，
仄平平、仄平平去(△)(上三下四)	卻元來此別離情更增十倍。
幺篇	**幺篇**
㊥仄平	年少呵輕遠別，
㊥仄平(△)	情薄呵易棄擲。
㊀仄平平⑥	全不想腿兒相挨，
㊀仄平平⑦(△)	臉兒相偎，
㊀仄平平(△)	手兒相攜。
仄仄平⑧(△)	你與俺崔相國⑩，
仄仄平⑨(△)	做女壻⑪，
平平平去(△)	妻榮夫貴。
仄平平、仄㊥平去(△)(上三下四)	但得一箇並頭蓮煞强如狀元及第。
滿庭芳(中呂)	**滿庭芳** 王實甫
平平去上⑫(△)	供食太急。
平平仄仄	須臾對面，
仄仄平平(△)	頃刻别離。

① 或作仄平平，② 或作㊀仄仄。這兩句也可以不用韻。

③④⑤ 這是依曲譜斷句。依語法結構應合爲一句。

⑥ 這一句也可以用韻。

⑦ 這一句也可以不用韻。

⑧⑨ 或作㊀仄仄。這兩句也可以不用韻。

⑩⑪ 這是依曲譜斷句。依語法結構應合爲一句。

⑫ 這一句也可以用平聲韻。

(平)平(仄)仄平平去	若不是酒席間子母每當迴避,
(仄)仄平平	有心待與他舉案齊眉。
平仄仄、(平)平去上(上三下四)①	雖然是厮守得一時半刻,
仄平平、(平)仄平平(上三下四)	也合着俺夫妻每共桌而食。
平平去	眼底空留意,
平平去上②	尋思起就裏,
(仄)仄仄平平	險化做望夫石。
快活三(中吕)	**快活三**　　王實甫
平平仄仄平	將來的酒共食,
(仄)仄仄平平	嘗着似土和泥。
(平)平(仄)仄仄平平	假若便是土和泥,
仄仄平平去	也有些土氣息泥滋味。
朝天子(中吕)	**朝天子**　　王實甫
仄平③	煖溶溶玉醅,
仄平④	白泠泠似水,
(仄)仄平平去	多半是相思淚。
(平)平(仄)仄仄平平⑤	眼面前茶飯怕不待要吃,
(仄)仄平平去	恨塞滿愁腸胃。
(平)仄平平	蝸角虚名,
(平)平平去	蠅頭微利,
平平仄仄平⑥	拆鴛鴦在兩下裏。

①② 這兩句也可以用平聲韻。

③④ 這兩句可以半疊,如“遠山、近山”。也可以用上聲韻。

⑤ 這一句也可以用上聲韻。

⑥ 或作(仄)平平仄平,或用上聲韻。

仄平①	一個這壁,
仄平②	一個那壁,
仄仄平平去	一遞一聲長吁氣。

四邊静(中吕)	**四邊静** 王實甫
平平平去③	霎時間杯盤狼藉。
ⓧ仄平平仄仄平	車兒投東馬兒向西,
仄仄平平	兩意徘徊,
ⓧ仄平平仄④	落日山横翠。
平平仄仄⑤	知他今宵宿在那裹?
仄仄平平去	有夢也難尋覓。

李玄玉《北詞廣正譜》認爲這是四邊静的第二格。

山坡羊(中吕)	**山坡羊** 張養浩
平平平去	峯巒如聚,
平平平去	波濤如怒,
㊥平ⓧ仄平平去	山河表裏潼關路。
仄平平	望西都,
仄平平	意踟躕,
㊥平ⓧ仄平平去	傷心秦漢經行處。
ⓧ仄㊥平平去上	宫闕萬間都做了土。
平⑥	興,

①② 這兩句可以半疊,如"遠山、近山"。也可以用上聲韻。

③ 這是根據一般情況定的。

④ 《北詞廣正譜》説,此格第四句五字僅見於西廂記諸闋。

⑤ 一般作平平仄平。這首曲子此句用上聲韻。

⑥ 一般用韻,或作仄。

上去上△①	百姓苦。
平△②	亡,
上去上△③	百姓苦。

本調多用對仗和重疊語。

賣花聲(中吕)	**賣花聲**　張可久
(平)平(仄)仄平平去△	美人自刎烏江岸,
(仄)仄平平仄仄平△	戰火曾燒赤壁山,
(平)平(仄)仄仄平平△	將軍空老玉門關。
(平)平平去△④	傷心秦漢,
(平)平平去△	生民塗炭,
仄平平、仄平平去△(上三下四)	讀書人一聲長歎。

駡玉郎帶感皇恩採茶歌(南吕)	**駡玉郎帶感皇恩採茶歌**　鍾嗣成
(平)平(仄)仄平平去△	梅花漏泄陽和信,
(仄)仄仄平平△⑤	纔殘臘又逢春。
(平)平(仄)仄平平去△	東風北岸冰消盡。
(平)仄平	元夜過,
(平)仄平	社日臨,
平平去△	中和近。
(以上駡玉郎)	

① 一般作平去平。

② 一般用韻,或作仄。

③ 一般作平去平。

④ 也可以不用韻。

⑤ 或作上三下三六字句,這樣,"纔"字可認爲正字。

(平)仄平平	天氣氤氲，
(平)仄平平	花柳精神。
仄平平①	駕香輪，
平仄仄	馳玉勒，
仄平平	醉遊人。
平平去上	清明過了，
(平)仄平平	飛絮紛紛。
仄平平②	隔孤村，
平仄仄③	聞杜宇，
仄平平	怨東君。
（以上感皇恩）	
仄平平	歎芳辰，
仄平平	已三分，
(平)平(仄)仄仄平平	二分流水一分塵。
(仄)仄(平)平平去上	寂寂落花傷暮景，
(平)平(仄)仄仄平平	淒淒芳草怕黄昏。
（以上採茶歌）	
夜行船（雙調）	**夜行船　　馬致遠**
仄仄平平平去平④	百歲光陰如夢蝶，
平平仄、仄仄平平（上三下四）⑤	重回首往事堪嗟。

①② 這兩句也可以不用韻。

③ 這一句也可以用韻。

④ 或用上聲韻。

⑤ 或作平平仄、仄平平上。

(平)仄平平①	昨日春來,
(平)平平△去②	今朝花謝,
仄平平、仄平平去△(上三下四)	急罰盞夜闌燈滅。

喬木查(雙調)	**喬木查**　馬致遠
平平去上△③	想秦宫漢闕,
(仄)仄平平上△	都做了衰草牛羊野。
仄仄平平平去上△	不恁麼漁樵無話説。
平平平仄平④	縱荒墳横斷碑,
仄仄平平△	不辯龍蛇。

慶宣和(雙調)	**慶宣和**　馬致遠
(仄)仄平平仄仄平△	投至狐蹤與兔穴,
(仄)仄平平△	多少豪傑。
仄仄平平仄平平△	鼎足三分半腰折。
去上△⑤	知他是魏耶?
去上△⑥	知他是晉耶?

撥不斷(雙調)	**撥不斷**　馬致遠
仄平平△	利名竭,
仄平平△	是非絶。
(平)平(仄)仄平平仄△⑦	紅塵不向門前惹,
(仄)仄平平仄仄平△	緑樹偏宜屋角遮,

①② 這兩句用對仗。

③ 喬木查的首句是平平平仄仄,此單用喬木查幺篇换頭。

④ 一般作平平平上去。

⑤⑥ 或作去平,⑥是⑤的重疊,亦可作半疊,如"魏耶?晉耶?"

⑦ 這句一般用去聲韻。

(平)平(仄)仄平平仄[1]	青山正補牆頭缺，
仄平平去	竹籬茅舍。

李玄玉《北詞廣正譜》認爲這是撥不斷的第二格，第一格收馬致遠的小令，末句爲“醉眠時小童休喚”，定爲七字句，其實“醉眠時”爲襯字。

落梅風（雙調）	**落梅風**　馬致遠
平平仄	天教你富，
仄仄平	莫太奢。
(仄)平平、仄平平去（上三下四）	無多時好天良夜。
平平仄平平去上	看錢奴硬將心似鐵，
(仄)平平、仄平平去（上三下四）	空辜負錦堂風月。

風入松（雙調）	**風入松**　馬致遠
(平)平(仄)仄仄平平	眼前紅日又西斜，
(仄)仄仄平平	疾似下坡車。
(平)平去上平平仄[2]	曉來鏡裏添白雪，
(平)平仄、平仄平平（上三下四）	上牀與鞋履相别。
(仄)仄平平去上[3]	莫笑鳩巢計拙，
(平)平去上平平	葫蘆提且自粧呆[4]。

雁兒落帶得勝令（雙調）	**雁兒落帶得勝令**　張養浩
平平(仄)仄平	雲來山更佳，

① 這句一般用去聲韻。

②③ 這两句可以不用韻。

④ “且自”一作“一向”。

(仄)仄平平去△	雲去山如畫。
平平(仄)仄平	山因雲晦明,
(仄)仄平平去△	雲共山高下。
(以上雁兒落)	
(仄)仄仄平平△	倚杖立雲沙,
(仄)仄仄平平△	回首看山家。
(仄)仄平平仄	野鹿眠山草,
平平仄仄平△	山猿戲野花。
平平△	雲霞,
(仄)仄平平去△	我愛山無價。
平平△	看時行踏,
平平上去平△①	雲山也愛咱。
(以上得勝令)	
水仙子(雙調)	**水仙子　張鳴善**
(平)平(仄)仄仄平平△	鋪眉苫眼早三公,
(仄)仄平平仄仄平△	裸袖揎拳享萬鍾,
(平)平(仄)仄平平去△	胡言亂語成時用,
仄平平、平去平△(上三下三)②	大剛來都是哄。
(平)平仄仄平平△	説英雄誰是英雄?
平平(平)仄△③	五眼雞岐山鳴鳳,
平平仄平△④	兩頭蛇南陽臥龍,

① 或作平平平平去平。

② 一般作五字句:平平仄仄平。

③④ 這兩句或作兩個三字句:平平仄,仄仄平。或作兩個五字句:仄仄平平仄,平平仄仄平。此作兩個四字句,和末句相配。

(仄)仄平平△①	三脚猫渭水飛熊。

本調起首兩句一般用對仗。

離亭宴煞(雙調)	離亭宴煞　馬致遠
(平)平(仄)仄平平上△②	蛩吟一覺纔寧貼，
(平)平(仄)仄平平上△③	雞鳴萬事無休歇。
平平去上△④	爭名利何年是徹。
(仄)仄仄平平⑤	密匝匝蟻排兵，
(平)平平仄仄	亂紛紛蜂釀蜜，
(仄)仄平平上△⑥	鬧穰穰蠅爭血。
平平仄仄平⑦	裴公緑野堂，
(仄)仄平平去△	陶令白蓮社。
平平去平⑧	愛秋來那些：
(仄)仄仄平平⑨	和露摘黄花，
(平)平平仄仄⑩	帶霜烹紫蟹，
(仄)仄平平去△	煮酒燒紅葉。
平平仄仄平⑪	人生有限杯，
(仄)仄平平上△⑫	幾個登高節。

① 末句最好是仄仄平平。
②③⑥ 一般用去聲韻。
④ 或作平平去平。
⑤ 或作平平仄仄平。
⑦ 這句也可以用韻。
⑧ 或作平平仄仄。
⑨ 或作平平仄仄平。
⑩ 或作仄仄平平仄。
⑪ 這句也可以用韻。
⑫ 一般用去聲韻。

平平去上△	囑咐俺頑童記者:
(仄)仄仄平平	便北海探吾來,
平平去上上[1]	道東籬醉了也。

此調實際上是離亭宴帶歇指煞。第一二兩句用離亭宴的首二句,第三句到第八句是歇指煞,第九句到第十四句再重複一遍,最後三句用離亭宴的末三句。

天淨沙(越調)	**天淨沙** 馬致遠
(平)平(仄)仄平平△	枯藤老樹昏鴉。
(平)平(仄)仄平平△	小橋流水人家。
仄仄平平去上△	古道西風瘦馬。
仄平平去△	夕陽西下,
(平)平(仄)仄平平△	斷腸人在天涯。

哨遍(般涉調)	**哨遍** 睢景臣
(仄)仄平平平去[2]	社長排門告示,
(平)平(仄)仄平平去△	但有的差使無推故。
(仄)仄仄平平△	這差使不尋俗,
仄平平、平仄平平△(上三下四)	一壁廂納草除根一邊 又要差夫,
仄仄仄△	索應付。
(平)平(仄)仄	又言是車駕,
(仄)仄平平△	都説是鑾輿,
(仄)仄(平)平去△	今日還鄉故。
(仄)仄平平仄仄	
(平)平仄仄	

① 一般作平平去平上。

② 這一句的平仄是根據一般情況定的;也可以不用韻。

(仄)仄平平△	
(平)平(仄)、仄仄平平(上三下四)[1]	王鄉老執定瓦臺盤，
(仄)仄平、平仄平平△(上三下四)[2]	趙忙郎抱着酒葫蘆。
(仄)仄平平	新刷來的頭巾，
(仄)仄平平△	恰糨來的袖衫，
平平仄仄△	暢好是粧么大户。

哨遍常格共十六句，睢景臣此曲“今日還鄉故”以下少三句。

耍孩兒(般涉調)	耍孩兒　王實甫
(平)平(仄)仄平平仄△	淋漓襟袖啼紅淚，
(仄)仄平平去上△	比司馬青衫更溼。
(平)平(仄)仄仄平平△[3]	伯勞東去燕西飛，
(平)平(仄)仄平平△	未登程先問歸期。
(平)平(仄)仄平平仄△[4]	雖然眼底人千里，
(仄)仄平平仄仄平△	且盡生前酒一杯。
平平仄△	未飲心先醉，
(仄)平平仄	眼中流血，
(平)仄平平△	心裏成灰。

煞(般涉調)	煞　王實甫
平仄仄[5]	到京師服水土，
仄仄平△[6]	趁程途節飲食，

---

①② 這兩句也有作上四下三的。

③ 這句可以不用韻。

④ 這句也可以不用韻。

⑤ 或作(仄)仄平。

⑥ 或作平仄仄。

㊁平㊅仄平平仄	順時自保揣身體。
㊁平㊅仄平平仄	荒村雨露宜眠早，
㊅仄平平仄仄平	野店風霜要起遲。
平平仄①	鞍馬秋風裏，
㊅平平仄	最難調護，
㊅仄平平	最要扶持。

般涉調煞和耍孩兒連用，用多少遍没有定規，從二煞到十二煞均可。序數一般是倒過來寫，例如用五煞則先寫五煞，然後寫四煞、三煞、二煞、一煞。偶爾也有順寫的，但不多見。

尾　聲（般涉調）	**尾　聲**　睢景臣
平平仄仄平②	少我的錢差發内旋撥還，
仄平平仄平③	欠我的粟稅糧中私准除。
㊁平㊅仄平平仄	只道劉三誰肯把你揪捽住，
仄仄平平去平上	白什麽改了姓更了名唤做漢高祖。

此調本在中吕宫，和中吕宫的尾聲同格。作爲正格，般涉調尾聲的起首二句是：仄仄平，平仄仄。

（九）曲韻常用字表

本表是根據元代周德清的《中原音韻》編寫的，删去了其中一些比較冷僻和有疑問的字。本書文選所選元曲的入韻字和常用詞部分的常用詞（字），全部收入，其中某些《中原音韻》未收的入韻字或常用詞（字）則根據《中州音韻》（嘯餘譜本）等韻書添補。

① 一般用去聲韻。
② 這是用的中吕宫第一句的平仄。
③ 這是孤平拗救。中吕宫第二句的平仄是平平平仄仄。

一字收入兩韻或同韻兩個聲調以上時,在不同韻或不同聲調中注明其不同意義;如果意義相同,則注明"某韻同"或"某聲同"。《中原音韻》没有釋義,《中州音韻》雖有釋義,但不十分精確。在加注時,主要是根據《辭海》等書,並參考《中州音韻》作出判斷。

各韻所收字的排列次序依據《中原音韻》。同音字在《中原音韻》中基本上是排列在一起,不同音的字之間加○號隔開,本表一仍《中原音韻》之舊。根據《中州音韻》等韻書添補的字,排在其同音字之後,並加＊標識。

1.東鍾

【陰平聲】 東冬○鍾鐘中(中間)忠衷終○通○松嵩○沖充衝舂忡搐艟种○邕嗈雍○空(空虚)悾○宗椶騣○風楓豐封葑峯鋒烽丰蜂○鬆○匆葱聰驄囱○蹤縱(縱横)樅○穹芎傾○工功攻公蚣弓躬恭宫龔供(供給)肱觥○烘轟薨○凶洶胸洶(上聲同)兄○翁齆癰壅泓○崩繃○烹

【陽平聲】 同筒銅桐峒童僮曈瞳朣潼鼕○戎羢駥絨茸○龍隆癃窿○窮藭蛩邛笻○籠嚨朧櫳瓏礱(去聲同)聾嚨○膿農儂○濃穠醲○重(重復)蟲慵鱅崇○馮逢縫(縫紉)○叢藂琮○熊雄○容溶蓉瑢鎔庸傭鄘鏞墉融榮○蒙濛朦矇甍盲瞢萌○紅虹(江陽韻同)洪鴻紘宏横(縱横)嶸弘○蓬篷芃彭棚鵬○從(順從)

【上聲】 董懂○腫踵種(種子)冢○孔恐○桶統○汞○隴壠○篢攏○洶(陰平聲同)詾○聳竦○拱鞏珙○勇涌踴悀永俑○蠓懵猛艋蜢○總○捧○寵○冗

【去聲】 洞動棟凍蝀○鳳奉諷縫(隙也)○貢共供(供設)○宋送○弄礱(陽平聲同)○控空(空缺)鞚○訟誦頌○甕○痛慟○衆中(射中,擊中)仲重(輕重)種(種植)○縱(放縱)從(僕從)糉○夢

孟○用詠瑩○哄鬩横(横逆)○綜○迸○銃

2.江陽

【陰平聲】　姜江杠釭薑疆韁殭僵○邦梆幫○桑喪(喪葬)○雙霜孀鸘○章漳獐樟璋彰麞張○商傷殤觴湯(湯湯,水流貌)○漿將(欲也)○莊粧裝樁○岡剛鋼綱缸扛亢○康糠○光胱○當(應當)璫襠○荒肓○香鄉○鎊滂雱○腔蜣羌○鴦央殃秧泱○方芳枋妨坊肪○昌猖娼菖閶○湯(熱水)鏜○湘廂相(互相)箱襄驤○搶(突也,拒也)鏘蹡○匡筐眶○汪○倉蒼○牕瘡○贓臧

【陽平聲】　陽揚楊暘昜颺羊徉洋佯○忙茫邙芒鋩厖○粮良涼輬梁粱量(衡量,動詞)○穰禳瓤○忘(去聲同)亡○郎榔廊螂稂浪(滄浪)琅狼○杭行(行列)頏航○昂卬○牀幢撞(去聲同)○傍(側也)旁房龐逄○房防○長(長短)萇腸場常裳嚐償○唐搪塘糖堂棠○詳祥翔○牆檣嬙戕○黄潢簧鰉蝗皇篁凰惶艎遑隍○藏(收藏)○强(剛强)○娘○降(降服)○王(帝王)○狂○囊

【上聲】　講港鏹○養(養育,教養)痒鞅○蔣獎槳○兩魎○想○蟒莽漭○爽○響享饗夯○敞氅昶○壤穰○舫倣放(同"倣")訪昉○罔網輞○枉往○顙嗓○榜挷○倘帑○黨讜○掌長(長幼)○朗○謊恍○仰(舉首望也)○廣○沆○髒○强(勉强)○搶(爭搶)○賞晌

【去聲】　絳降(昇降)洚虹(東鍾韻同)○象像相(卿相)○亮諒量(度量,數量,名詞)輛○煬養(供養)樣怏漾恙○狀壯撞(陽平聲同)○上尚餉○讓釀○帳脹漲丈仗障墇瘴○巷向項○匠將(將帥)醬○唱倡暢悵鬯○創刱○望忘(陽平聲同)妄○旺王(王天下,霸王)○放(釋放,放肆)訪○蕩宕碭當(適當)擋○浪(波浪)閬○葬藏(庫藏)臟○謗傍(依傍)蚌棒○炕亢抗○曠壙纊○晃幌○況貺○釀○仰(仰恃)○喪(喪失)○胖○行(品行)○愴○誑○盎○鋼○

盪湯（以熱水沃物也，動詞）

3.支思

【陰平聲】 支枝肢巵氏梔之芝脂○髭貲觜兹（兹益，又此也）孳孜滋資咨淄諮姿○眵差（參差）○施（施行，施設）詩師獅尸屍鳲蓍○斯厮凘鷥颸思（動詞）司私絲偲○雌

【陽平聲】 兒（兒子）而○慈鶿磁兹（龜兹）茨疵玼茈○時塒鰣匙○詞祠辭辤

【上聲】 紙砥旨指止沚芷趾祉阯址徵（角徵）咫○爾邇耳餌（去聲同）珥駬○此玼泚○史駛使（使令）弛豕矢始屎○子紫姊梓○死○齒侈*

【入聲作上聲】 澁瑟○塞

【去聲】 是氏市柿侍士仕使（使者）示謚蒔恃事施（惠也，與也）嗜豉試弒筮視噬○似兕賜姒巳汜祀嗣飼笥耜涘俟寺食思（名詞）四肆泗駟○次刺（刺殺）○字漬牸自恣胔胔○志至誌○二貳餌（上聲同）○翅○廁

4.齊微

【陰平聲】 機幾磯璣譏肌飢笄朞箕基雞稽饑姬奇（奇偶）羈羇○歸圭龜閨規○虀齎擠（上聲同）躋○雖荽綏睢尿○低堤磾氐羝○妻（夫妻）淒萋棲悽○西犀嘶○灰揮暉輝翬麾徽㡞○杯悲卑碑陂○追騅錐○威偎隈煨○非扉緋霏騑菲妃飛○溪欺攲○希稀豨羲曦犧醯熹嘻僖熙○衣依伊醫猗漪噫○吹（吹嘘）炊推○醅披邳丕胚紑○魁盔虧窺瑰奎○笞癡郗蚩媸螭鴟絺○崔催衰榱○紕批鈚○堆○篦○知蜘○梯

【陽平聲】 微薇維惟○黎黧犁梨藜璨離璃籬醨羅离鸝驪麗狸蠡漓○泥（泥土）尼○梅莓枚媒煤眉湄楣嵋麋縻塺靡*○雷檑纍罍

羸○隋隨○齊臍○回徊迴○圍闈韋幃違嵬巍危桅爲(作爲)○肥淝○奇(奇異)騎(跨馬)琦萁期旗旂綦祈祁其畿衹耆鬐芪歧麒琪蘄○奚兮畦攜蹊○移兒(姓也)鯢霓倪猊輗姨夷痍疑嶷沂宜儀彝貽怡飴圯頤遺虵○啼蹄提題醍綈稊○鎚垂陲○裴陪培皮○葵馗夔逵○池馳遲墀篪持○頹魋○脾疲比(皋比)毗羆○迷彌瀰○誰○摧○蕤

【入聲作平聲】　實十什石射(以矢射物)食蝕拾○直值姪秩擲○疾嫉葺集寂籍*○夕習席襲○荻狄敵逖笛糴○及極○惑或*○逼偪*○劾○賊

【去聲作平聲】　鼻

【上聲】　迤旖○尾亹○倚椅錡扆蟻矣已以苡擬○浼美○蟣幾己几麂紀○恥侈○捶箠○痞否(否泰)嚭圮秕○鬼簋癸軌詭晷宄○悔賄毀卉譭燬虺○妣比(比較)匕○禮醴里裏理鯉娌李蠡(食木蟲)履○濟(水名)擠(陰平聲同)○底邸詆柢觝○洗(洗滌)璽枲徙屣○起棨啟綮綺杞豈○米弭眯○你旎禰○彼鄙○喜蟢○委猥唯隗葦偉○壘磊儡蕾○體○腿○蕊○觜○髓○水○餒

【入聲作上聲】　質(朴也)隻炙織隲汁只執*陟*○七戚漆刺(黥也,偵刺)○匹闢僻劈○吉擊激棘戟急汲給亟*○筆北○失室識適拭軾飾釋溼奭○唧積稷績跡脊鯽即*○必畢蹕篳碧壁璧甓辟*○昔惜息錫淅○尺赤喫勑叱○的嫡滴○德得○滌剔踢○吸隙翕檄覡○乞泣訖○國○黑○一(去聲同)壹*○克*

【去聲】　未味○胃蝟渭謂尉慰緯穢衛魏畏餧位飫爲*(因爲)僞*○貴櫃餽愧桂檜膾鱠跪繪會*(會計)○吠沸費肺廢芾○會(聚會)晦誨諱惠蕙慧潰○翠脆顇倅萃悴淬焠○異裔義議誼毅藝易翳瘞枻曳瞖詣刈乂意劓懿○氣器棄憩契褉○霽濟(渡也)祭際劑○替剃涕

嚏○帝諦締弟娣第悌地遞蔕棣○背貝狽焙倍婢備避輩被弊幣臂詖帔○利痢莉俐例唳戾沴隸癘礪厲涖荔詈麗吏*○砌妻(以女妻人)○細壻○罪醉最○對隊碓兑○計記寄繫繼妓忮技髻偈忌季縊騎(車騎,名詞)既驥冀薊鱖○閉蔽畀箆斃嬖庇比(近也)秘陛賁○謎佘○睡税説(遊説)瑞○退蛻○歲碎粹祟邃繸穗燧隧遂彗○墜贅綴縋懟○製制置滯雉稚致彘治智幟熾質(抵押)○世勢逝誓○淚累酹擂類纇誄耒○配佩珮轡霈沛悖誖○妹昧媚魅袂瑁寐○戲系係○簣揆匱*○膩泥(拘泥)○蚋芮鋭○吹(鼓吹,名詞)喙○内

【入聲作去聲】 日入○蜜○墨密○立粒笠曆歷櫪瀝靂皪力栗○逸易譯驛益溢鎰鷁液腋掖疫役一(上聲同)佾泆逆乙邑憶揖射(無射,樂律之一)翊翼○勒肋○劇○匿

5.魚模

【陰平聲】 居裾琚車(車遮韻同)駒拘俱○諸豬瀦朱姝株蛛誅珠邾侏○蘇酥甦○逋餔晡○樞樗攄○粗芻○梳蔬疏(疏密)疎○虚墟嘘歔吁○蛆趨○疽沮趄苴狙雎○孤姑辜鴣酤沽蛄菰觚○枯刳○迂紆於○嗚汙(汙穢)烏○書舒輸紓○區軀驅嶇貙○須鬚胥需繻○膚夫(夫婦)鈇玞趺敷麩孚鄜莩枹桴郛○呼○初○都○租○鋪*(鋪設)

【陽平聲】 廬閭驢臚蔞○如茹(茅茹)儒蕠襦繻嚅濡○無蕪巫誣○模謨摸謀○徒圖菟屠荼途瘏塗○奴帑駑○盧蘆顱鱸轤艫瀘罏爐○魚漁虞余餘竽于畬雩與(語氣詞,通"歟")輿旟璵舁妤歟譽(動詞)愚盂隅禺臾榆愉俞覦瑜窬逾渝腴諛萸踰*○吾蜈吴梧娛鼯○雛鋤○殊茱銖洙○渠蕖磲劬瞿衢臞○除滁廚櫥躕儲○扶夫(指示代詞,句首語氣詞)蚨符芙鳧浮○蒲脯酺捕○胡糊湖醐瑚鶘壺狐弧乎○殂徂○徐

【入聲作平聲】 獨讀牘瀆犢毒突纛○復佛(歌戈韻同)伏鵩袱服○

鵠鶻斛槲○贖屬述秫術术○俗續○逐(尤侯韻同)軸(尤侯韻同)○族鏃○僕○局○淑蜀孰熟(尤侯韻同)塾

【上聲】　語雨與(給予)圄圉齬敔籞愈羽宇禹庾○吕侣旅膂縷僂○主煮拄渚麈竪豎○汝乳○鼠黍暑○阻俎○杵楮褚處(居住,處理)杼○數(動詞)所○祖組○武舞鵡侮廡○土吐(吞吐)○魯櫓虜鹵滷○覩堵賭○古罟詁沽牯蠱估鹽鼓瞽股羖賈(商賈)○五伍午仵忤塢鄔○虎滸○補浦圃○普溥譜○甫斧撫黼脯府俯腑父(男子之美稱)否(是否,尤侯韻同)○母某牡姥畝○楚礎○舉莒矩○弩努○許詡○取○苦○咀○女○嶼○傴去(除去,徹也)

【入聲作上聲】　谷穀轂骨○蔌縮謖速○復福幅蝠腹覆拂○卜不○菊踘局○笏忽○築燭(尤侯韻同)粥(尤侯韻同)竹(尤侯韻同)○粟宿(住宿,尤侯韻同)卹*○曲麯屈○哭窟酷○出黜畜○叔菽○督篤○暴(暴露)撲○觸束○簇○足○促○禿○卒○蹩○屋沃兀

【去聲】　御馭遇嫗裕諭芧譽(名詞)預豫喻*○慮濾屨○鋸懼句據詎巨拒秬距炬苣踞屨具○恕庶樹戍豎署曙○覷趣娶○注澍住著(顯著)杜註鑄炷駐紵苧貯竚○數(數量)疏(書疏)○絮序敘緒○孺茹(食也)○杜妬肚渡鍍斁度(制度)蠹○赴父(父母)釜輔付賦傅富仆鮒賻訃拊婦附阜負○户扈護瓠互戽頀岵怙○務霧鶩戊○素訴塑溯泝○暮慕墓募○路潞鷺輅露賂○故錮固顧雇○誤悞悟寤惡(憎惡)汙(動詞)○布怖佈部簿哺捕步○醋措錯○做祚胙詛○兔吐(嘔吐)○怒○鋪(賈肆也)○處(處所)○去(離也)○聚○助

【入聲作去聲】　禄鹿漉麓○木沐穆睦没牧目○録籙緑醁陸戮律○物勿○辱褥(尤侯韻同)入○玉獄欲浴郁育鬻*○訥

6.皆來

【陰平聲】　皆堦階喈街偕稭楷(木名)○該垓荄陔○哉栽災○釵差

(差使)○台胎駘咍○哀埃唉○猜○挨○衰○腮○歪○開○揩○齋○乖○篩○揣(上聲同)

【陽平聲】 來萊○鞋諧骸○排牌俳○懷淮槐褱○埋霾○騃皚○孩頦○柴柴豺儕○崖厓捱○才材財裁纔○臺擡苔○能(三足鼈)

【入聲作平聲】 白帛舶○宅澤擇○畫(畫分)劃

【上聲】 海醢○鏈詒紿○駭蟹○宰載○采彩採綵○靄藹○奶乃○蒯○拐夬○凱鎧塏○揣(陰平聲同)○擺○矮○解(解剖)○楷(楷模)○買○改

【入聲作上聲】 拍珀魄(魂魄)○策册栅測○伯百栢迫擘檗○骼革隔格○客(車遮韻同)刻○責幘摘謫側窄仄昃簀○色穡索○摑○摔○嚇○則

【去聲】 懈械薤解(通"懈",又姓)獬○寨豸瘵債蠆眦○態泰太汰○蓋丐○艾愛餲○隘阨搤○柰(歌戈韻同)奈耐鼐○害亥○帶戴怠迨待代袋大(歌戈韻同)黛岱逮*殆*○戒誡廨解(發送,發解)界介芥疥屆玠○外○快噲塊○在再載○賣邁○賴籟瀨賚癩○拜湃敗稗○菜蔡○曬灑煞鎩○賽塞○壞○慨○派○帥率(同"帥")○溢

【入聲作去聲】 麥貊陌驀脈○額(車遮韻同)厄○搦

7.真文

【陰平聲】 分(分離)紛芬氛汾○昏婚葷閽○因姻茵湮殷○申紳伸身○嗔瞋○春椿○詢荀○吞○暾○諄○逡○根跟○欣昕○氳煴○真珍振(振振,盛貌)甄(先天韻同)○新薪辛○賓濱彬○坤髡○君軍均鈞○榛臻○莘詵○薰勳曛燻○鯤鵾裩昆○温瘟○孫飧蓀○尊樽○敦墩燉○奔(去聲同)賁(虎賁)犇○巾斤筋○村○親○遵○恩○噴(去聲同)○津

【陽平聲】 隣燐鱗磷麟粼轔○貧瀕頻蘋顰嚬○民珉緡旻○人仁○

倫綸(絲綸)掄輪淪○裙羣○勤懃芹○門捫○論(動詞)崙○文紋聞蚊○銀誾齦(齒根肉)垠寅夤嚚鄞○岔○陳臣塵娠辰晨宸○秦○脣純蓴淳醇鶉○巡旬馴循○雲芸云紜耘勻員(伍員,人名)筠○墳焚棼○魂渾○豚屯飩臀○神○存蹲○痕○紉

【上聲】　軫疹診稹○肯懇墾齦(齧也)○緊謹槿卺瑾○隱引蚓尹○閔憫泯愍敏○准準○刎吻○筍隼○允殞隕狁○本畚○閫壼悃○窘困○哂蜃○牝品○狠○忍○盾○損○蠢○忖○粉○穩○衮○瞬○儘

【去聲】　震陣振(振奮)賑鎮○信訊迅贐燼○刃訒仞認○吝恡藺○鬢殯臏○腎慎○醞慍運蘊惲暈韻○盡晉進○忿分(名分)糞奮憤*○近覲○襯齔○印孕○峻浚殉噀○遜巽○俊駿○舜順○閏潤○問紊○頓囤鈍遁盾沌○悶懣○奔(陰平聲同)○訓○郡○困○噴(陰平聲同)○釁○論(名詞)○混○寸○恨○嫩○褪○搵諢○趁

8.寒山

【陰平聲】　山刪潸○丹單(孤單)殫鄲簞○干竿肝玕乾(乾溼)○安鞍○姦奸間(中間)艱菅○刊看(去聲同)○關綸(綸巾)鰥擐(去聲同)○櫦(閂)拴○斑班般(分布,通"班",又亂也,通"斑")扳頒○彎灣○灘攤○番(量詞)蕃翻旛藩反(通"翻",又反切)○珊跚○攀○慳○餐○殷

【陽平聲】　寒邯韓汗(可汗,汗漫)翰(羽翮)○闌蘭欄瀾攔○還環鬟寰圜鐶○殘戔○閑鷴癇○壇檀彈(動詞)○煩繁膰礬蟠帆樊凡○難(艱難)○蠻○顏○潺○頑

【上聲】　反(反覆)返坂○散(閒散,又丸散)傘繖○晚挽○板鈑○簡揀○産鏟剗○癉亶○趕稈○坦袒○罕○侃○懶○趲○綰○赧○

盞琖○眼

【去聲】 旱悍漢翰(翰墨)瀚汗(汗液)鼾○旦誕彈(名詞)憚但○萬蔓曼○歎炭○案按岸犴旰閈○幹榦○粲燦璨○棧綻○盼○譔饌○渲○慢嫚謾○慣摜○贊讚瓚○患幻宦擐(陰平聲同)豢○間(間隔)澗諫○訕疝汕○辦瓣扮絆(桓歡韻同)○飯販畈範泛范犯○限莧○鴈贗晏鷃○看(陰平聲同)○爛○篡○散(聚散)○難(災難)○腕(桓歡韻同)

9.桓歡

【陰平聲】 官冠(衣冠)棺觀(觀看)○搬般(一般)○歡讙驩貛獾○潘○端耑○剜豌蜿○酸狻○寬○鑽(鑽研)○湍○攛(去聲同)

【陽平聲】 鸞鑾巒欒灤圝○瞞謾縵漫(大水貌)饅鏝(去聲同)○桓○丸刓綄紈完瓛○團摶漙慱○盤槃瘢磐般(樂也,大也,通“盤”)磻蟠胖(大也,安舒也)弁(樂也)○攢

【上聲】 館管琯○纂纘○欵○盥澣○滿懣(真文韻同)○暖餪○椀○卵○短

【去聲】 喚換煥渙緩奐○翫玩腕(寒山韻同)惋○鏝(陰平聲同)幔漫(陽平聲同,又副詞獨用)墁○竄爨攛(陰平聲同)躥○斷鍛段○算蒜○判拚○貫冠(冠軍)觀(樓觀)灌瓘鸛○半伴泮畔絆(寒山韻同)○鑽(穿孔之器)○亂○彖○愞

10.先天

【陰平聲】 先仙蹮鮮(新鮮)○煎(煎熬)湔箋韉濺(濺濺,水流貌)○堅肩甄(真文韻同)○顛瘨巔○鵑涓娟蠲○邊籩編鞭鯿○喧暄萱諠○氈鸇饘饘邅旃栴○羶扇(動詞)煽(去聲同)○專磚○千阡遷韆○軒掀○烟燕(國名)胭咽嫣○牽(牽引)愆褰騫○篇扁(扁舟)蹁偏翩○淵冤宛鵷鴛蜿○痊詮筌銓悛荃○宣揎○川穿(穿

通）○圈（圓圈）○天○鐫

【陽平聲】　連蓮憐○眠綿○然燃○廛躔纏（去聲同）禪（參禪，逃禪）蟬○前錢○田畋闐（盛也）填（去聲同）鈿（去聲同）○賢絃弦舷懸○玄○延筵綖埏蜒緣（因也）妍言研焉沿○乾（乾坤）虔○元黿圓員（官員）園圜袁猿轅原嫄源垣鉛鳶湲援（援引）○全泉○旋（周旋，迴旋）還璇○船傳（傳授）椽○拳顴權鬈○胼駢便（安也）○聯攣○年○涎

【上聲】　遠（遠近）阮苑畹○兖偃演堰（去聲同）衍鼴○卷捲○鮮（少也）跣洗（洗馬，官名）銑獮蘚癬○腆殄沴○蹇繭筧梘○剪翦○撚輾碾讞○輦璉○臠孌○囀（去聲同）轉（自轉，不及物動詞）○貶扁（不正圓）匾艑緶○沔湎黽免冕勉俛眄○喘舛○闡○典○顯○犬○淺○展○遣○吮○軟○選（選擇）

【去聲】　院願愿怨遠（動詞）援（助也）○勸券○見建健件○獻現憲縣○眩絢○電殿甸佃鈿（陽平聲同）填（陽平聲同）闐（于闐）靛奠○硯燕（燕子）嚥讌諺堰（上聲同）緣（衣純也）掾宴彦嬿○眷倦圈（豬牛圈）綣絹狷罥○面麪○片騙○變便（便利）遍徧辨辯卞汴弁（冠弁）○綫羨霰○釧穿（貫穿）串○扇（名詞）善煽（陰平聲同）鱔禪（封禪，禪讓）饍擅單（姓也）○箭薦煎（陰平聲同）賤濺（水激灑也）餞踐○鏇選（銓官也）旋（遶也，又已而，副詞）漩○傳（傳記）囀（上聲同）轉（以力轉動，及物動詞）篆○戰顫纏（陽平聲同）○譴牽（挽舟索，同“縴”）○練煉楝○戀

11.蕭豪

【陰平聲】　蕭簫瀟綃消銷宵霄硝蛸魈翛○刁貂琱彫鵰凋○梟鴞囂枵驍○梢捎弰筲鞘（鞭鞘）○嬌驕○蕉焦椒燋憔*○標膘臕鑣杓（斗柄）飈○交蛟咬郊茭（上聲同）鮫膠教（使也）○包胞（又音拋，義

同)苞○嘲抓啁○高篙膏羔糕槔櫜○刀叨舠魛○騷搔艘臊繅○遭糟○鏖鏕爊○昭招朝(早晨)○邀夭(夭夭)幺喓腰妖要(要求,要盟)葽○飄漂(漂浮)○拋胞(又音包,義同)脬○條掏饕叨滔韜慆○蹺橇○哮虓烋○敲磽○抄○坳凹(去聲同)○蒿薅○燒(焚燒)○褒○挑(挑擔)○超○鍬○操(操持)

【陽平聲】 豪毫號(號呼)濠嘷○寮遼僚鷯憀聊○饒襓蕘○苗描緢○毛芼旄茅蝥猫髦○猱鐃呶怓撓(上聲同)譊○牢勞(勞苦)澇(水名)醪撈○迢髫蜩調(調和)條佻跳(去聲同)○潮朝(朝見,朝廷)韶鼂○遥摇謡瑶飖窑堯陶(皋陶)姚嶢○樵瞧譙○鼇嗷敖璈獒鰲遨謷○喬蕎橋僑翹○爻肴淆殽○袍砲(炰)跑鞄匏咆庖○桃逃咷鼗陶(陶瓷)萄綯醄淘濤○曹漕(去聲同)槽嘈螬○瓢○巢漅

【入聲作平聲】 濁(歌戈韻同)濯(歌戈韻同)鐲(歌戈韻同)擢○鐸(歌戈韻同)度(測度)踱○薄(歌戈韻同)箔(歌戈韻同)泊(歌戈韻同)博○學(歌戈韻同)鷽○縛(歌戈韻同)○鶴(歌戈韻同)涸○鑿(歌戈韻同)昨*酢*○鑊(歌戈韻同)○著(着)○芍杓(杯杓,通"勺",歌戈韻同)

【上聲】 小篠謏○皎繳(繳納)矯○梟鳥嫋○了瞭燎蓼○杳夭(夭折)殀窅○遶繞嬈擾○眇渺杪藐淼○悄愀○寶保堡褓葆○卯昴○狡攪鉸姣茭絞○老姥獠潦○腦惱碯嫋○掃(去聲同)嫂○殍漂(以水澄物)僄剽勡○早棗澡藻蚤璪○倒(仆也)島擣禱○杲藁縞鎬鄗槁○襖懊(去聲同)媼○考栲○挑(挑引)窕○沼○少(多少)○表○巧○曉○飽○爪○炒○討○草○好(好醜)○撓(陽平聲同)○齩○稍○剖(尤侯韻同)○缶

【入聲作上聲】 角覺(覺悟)脚(腳)桷○捉卓琢○斫酌繳(生絲縷,弓繳)灼○爍鑠○鵲雀趞却*○託拓槖魄(落魄)柝○索○郭

廓○朔○剥駁○爵○削○柞作○錯逪○閣(歌戈韻同)各○壑○綽婥○謔○戳槲

【去聲】 笑嘯肖鞘(刀室)○糶眺跳(陽平聲同)○釣弔調(音調)掉○豹爆瀑○抱報暴(强暴)鮑○竈皂造(造作)漕(陽平聲同)慥躁○料鐐廖療○傲○趙兆照旐詔召肇○少(老少)紹邵燒(野火)○號(號令,名號)皓好(喜好)昊皡秏浩顥灝○道纛翿盜導悼蹈稻到倒(顛倒)○曜耀要(重要)鷂○叫轎嶠○醮噍○糙操(所守也)造(造就)○俏峭誚○俵鰾○孝効傚校(學校)○窖校(計校,校對)教(教訓)覺(睡醒)珓鉸較酵徼○罩笊棹○拗樂(喜愛)凹(陰平聲同)○貌冒帽耄眊茂○砲泡○告誥郜○澇(淹也)勞(慰勞)嫪○噪燥譟掃(上聲同)○妙廟○鬧淖○奥懊澳○鈔○竅○溺○哨○覆

【入聲作去聲】 岳(歌戈韻同)樂(音樂,歌戈韻同)藥約(歌戈韻同)躍(歌戈韻同)鑰(歌戈韻同)瀹○掿(歌戈韻同)諾(歌戈韻同)○末(歌戈韻同)幕(歌戈韻同)漠寞(歌戈韻同)莫(歌戈韻同)沫(塗沫,歌戈韻同)○落(歌戈韻同)絡(歌戈韻同)烙(歌戈韻同)洛(歌戈韻同)酪(歌戈韻同)樂(快樂,歌戈韻同)珞○萼(歌戈韻同)鶚(歌戈韻同)鰐(歌戈韻同)惡(善惡,歌戈韻同)愕○弱(歌戈韻同)蒻(歌戈韻同)箬○略(歌戈韻同)掠(歌戈韻同)○虐(歌戈韻同)瘧(歌戈韻同)

12.歌戈

【陰平聲】 歌哥柯○科蝌窠○軻(孟軻)珂○戈過(經過)鍋○莎簑唆睃梭娑挲○磋(去聲同)瑳蹉瘥搓○他拖佗詑○阿痾○窩渦倭踒○坡頗(偏頗)○波玻皤番(番番,勇武貌)○呵訶○多○麽(去聲同)

【陽平聲】 羅蘿籮儸囉鑼螺騾邏蠡(通"蠃")○摩磨(琢磨,動詞)魔○挪那(多也,美也)挼儺○禾和(和平)○何河荷(荷花)苛菏○駝

紽陀跎鮀酡沱鼉馱(去聲同)○矬○哦蛾娥峨莪鵝俄○婆皤鄱膰○訛

【入聲作平聲】 合盒鶴(蕭豪韻同)盍褐*○跋魃○縛(蕭豪韻同)佛(魚模韻同)○活鑊(蕭豪韻同)穫*○薄(蕭豪韻同)箔(蕭豪韻同)勃泊(蕭豪韻同)渤○鐸(蕭豪韻同)度(測度)○濁(蕭豪韻同)濯(蕭豪韻同)鐲(蕭豪韻同)○學(蕭豪韻同)○鑿(蕭豪韻同)○奪○着○杓(蕭豪韻同)

【上聲】 鎖瑣○果裹蜾○裸臝攞夥○舸哿○朵趓軃○娜那(哪,疑問代詞)○荷(負荷,去聲同)歌○可坷軻(轗軻)○頗(稍也)叵○跛簸(去聲同)○我○左(左右)○妥○火○顆○脞

【入聲作上聲】 葛割鴿閣(蕭豪韻同)蛤○鉢撥跋○潑粕○括○渴○闊○撮○掇○脱○抹(塗抹,蕭豪韻同)

【去聲】 賀荷(上聲同)○佐左(通"佐")坐座○舵墮惰剁垛大(皆來韻同)馱(陽平聲同)○銼挫剉磋○禍貨和(唱和)○邏摞○簸(上聲同)播譒○磨(石磨,名詞)麽(陰平聲同)○臥涴○糯懦那(語氣詞)柰○箇個○餓○些(語氣詞)○過(經過,陰平聲同,又過失,獨用)○課○唾○破○嗑

【入聲作去聲】 岳樂(蕭豪韻同)約(蕭豪韻同)躍(蕭豪韻同)鑰(蕭豪韻同)○幕(蕭豪韻同)末(蕭豪韻同)沫(蕭豪韻同)莫(蕭豪韻同)寞(蕭豪韻同)○諾(蕭豪韻同)搦(蕭豪韻同)○若(假若)弱(蕭豪韻同)蒻(蕭豪韻同)○落(蕭豪韻同)洛(蕭豪韻同)絡(蕭豪韻同)酪(蕭豪韻同)樂(蕭豪韻同)烙(蕭豪韻同)○萼(蕭豪韻同)鶚(蕭豪韻同)鰐(蕭豪韻同)惡(蕭豪韻同)堊鄂○略(蕭豪韻同)掠(蕭豪韻同)○虐(蕭豪韻同)瘧(蕭豪韻同)

13.家麻

【陰平聲】 家加珈笳枷袈迦痂葭豭佳嘉○巴疤笆豝芭○蛙洼窪哇

媧蝸○沙砂紗鯊裟○查楂吒○撾抓○鴉丫呀○叉杈差(差錯)艖○誇夸○蝦○葩○花○瓜

【陽平聲】　麻蟆痲(痲疹)○譁划華(榮華)驊○牙芽涯衙○霞遐瑕○琶杷爬○茶槎搽○拏○咱

【入聲作平聲】　達撻踏沓○滑猾○狎轄鍩俠(車遮韻同)峽洽匣袷○乏伐筏罰○拔○雜○閘

【上聲】　馬媽○雅○洒傻○賈(姓賈)假(真假)斝○寡冎剮○奼詫○把○瓦○打○耍

【入聲作上聲】　塔獺榻塌○殺霎○劄扎○咂匝○察插鍤○法發髮○甲胛夾○答搭嗒踏○颯撒薩靸○笈○刮○瞎○八○恰掐

【去聲】　駕嫁稼價架假(借也,又休假)○凹(音窪,下不平也)○跨胯○亞迓訝婭○咤姹詫○帕怕○詐乍榨○下夏嚇(笑聲)暇厦○化畫(繪畫)華(華山,姓華)樺話○那(指示代詞)○罷霸㶚靶壩鈀○卦掛○大(皆來韻同)○罵

【入聲作去聲】　臘蠟鑞拉糲辣○納衲○壓押鴨○抹(擦拭)○襪○刷

14.車遮

【陰平聲】　嗟罝○奢賒○車(魚模韻同)○遮○爹○靴○些(少也)

【陽平聲】　爺耶琊呆○斜邪○蛇佘○俫○瘸

【入聲作平聲】　協穴俠(家麻韻同)挾纈○傑竭碣○疊迭牒揲喋諜垤絰凸蝶跌○鐝撅○折(斷,不及物動詞)舌涉○捷截睫○别○絶

【上聲】　野也冶○者赭○寫瀉(去聲同)○捨舍(通"捨")○惹若(般若,梵語智慧的譯音)○撦哆○姐○且

【入聲作上聲】　屑薛紲泄媟褻燮屧痆○切竊妾沏○結潔劫頰鋏莢○怯挈篋客(皆來韻同)○節接楫癤○血歇嚇(怒也)蝎○闕缺

闋○玦決訣譎蕨鴂○鐵餮帖貼○瞥撇○鼈別○拙輟○轍撤澈掣○哲褶摺折(斷,弄斷,及物動詞)浙○設懾○啜○雪○説(説明,釋解)

【去聲】 舍(廬舍)社射(射箭)麝貰赦○謝卸榭瀉(上聲同)○夜射(僕射,官名)○柘鷓炙蔗○借藉○趄

【入聲作去聲】 揑聶躡鑷囓臬蘖○滅篾蔑○拽噎謁葉燁○業鄴額(皆來韻同)○裂冽獵鬣列烈*○月悦説(同"悦")閱軏越鉞樾刖○熱○爇○劣

15.庚青

【陰平聲】 京庚鶊賡更(更改)粳羹畊驚荊經(經緯,去聲同,又經常,經營,獨用)兢矜涇○精睛晶旌鶄菁○生甥笙牲猩○箏爭○丁釘(釘子,名詞)仃○扃坰○征正(正月)貞禎徵(徵求)蒸烝○冰兵并(交并)○登簦燈○轟薨○憎曾(姓曾)矰罾增○鐺錚猙琤撐(去聲同)瞠○稱(稱贊)秤(動詞)赬檉蟶○英瑛鷹應(應當)膺(去聲同)櫻嬰嚶膺鸚纓瓔縈○輕坑卿誙硜傾鏗○馨興(興起)○青清鯖○聲升勝(勝任)昇陞○汀廳聽(聆也,去聲同)○星醒(上聲同)惺(上聲同)鯹腥騂○崩繃○觥肱○罌○僧○亨○兄○泓○烹

【陽平聲】 平評萍枰憑馮凭(去聲同)屏(屏障,屏風)瓶俜娉(娉婷)○明盟名銘鳴冥溟暝(去聲同)螟蓂○靈櫺令(使令)零苓伶聆鈴齡蛉泠瓴翎鴒陵淩(去聲同)菱綾凌○鵬朋棚○楞稜○層曾(曾經)○能(才能)獰○藤滕騰縢謄疼○莖恒○盈贏攍瀛瑩螢營迎蠅凝(去聲同)嬴○檠擎鯨黥勍○行(行走)刑形邢桁衡鉶珩硎○情晴繒○亭停婷廷庭蜓霆○瓊煢惸○澄呈程酲成城宬誠盛(盛受)承丞懲乘(駕乘,動詞)塍○熒瞢○盲氓甍萌○橫(縱橫)宏紘閎嶸鋐

弘○橙棖○榮○寧○仍○繩○錫

【上聲】　景儆璟撒鯁鯾綆梗警境頸耿哽○頃○丙炳邴秉餅屏(屏棄)○惺(陰平聲同)醒(陰平聲同)省(省視,反省)○影郢潁癭○省(官署,行政區域)○礦鑛憬○憫冏○艋蜢○整拯○茗皿酩○騁逞○領嶺○鼎酊頂○艇挺誔町奵○冷○井○請(請求)○等○永○涬

【去聲】　敬徑俓經(經緯,陰平聲同)鏡獍竟競勁更(更加)○暎應(答應)膺(陰平聲同)凝(陽平聲同)硬○慶磬謦罄○命暝(陽平聲同)○鄧凳嶝隥鐙磴○迥詗敻○倩請(朝請)○諍掙○正(正直)政鄭證○詠瑩○病並柄凭(陽平聲同)○令(命令)淩(陽平聲同)○聖賸勝(勝敗)乘(車乘,名詞)剩盛(興盛)○性姓○娉(娶問)聘○佞濘甯○淨靜穽甑靖清圊○杏幸倖脛興(興趣)行(品行)○稱(相稱)秤(名詞)○定錠矴釘(動詞)訂飣○贈○聽(聆也,陰平聲同,又聽從,獨用)○迸○孟○横(横逆)○撐(陰平聲同)○亘

16.尤侯

【陰平聲】　啾揫湫○鳩鬮○搜颼○鄒諏鯫陬騶緅○休咻貅庥○謳鷗漚甌歐區○鈎勾(勾當,去聲同,又勾曲、勾描,獨用)篝溝○兜篼○秋鰍鞧楸鞦鶖○憂幽優耰麀○脩修羞饈○抽瘳○周賙啁週洲州舟輈○丘坵○偷婾○篘搊○溲鎪餿○彪○收○齁○摳

【陽平聲】　尤蚰疣訧遊游蝣由油郵牛猷輶猶繇楢悠攸○侯猴喉餱篌○劉留(停留)遛瘤(去聲同)榴鶹騮流旒○柔揉(上聲同)鍒蹂鞣○抔裒○繆(綢繆)孑眸鍪蝨牟麰侔○婁簍艛摟(上聲同)髏慺○囚泅○紬稠綢犫讎酬籌儔疇幬惆○求賕銶毬逑球俅仇璆裘虬○酋遒○頭投骰○愁

【入聲作平聲】　軸(魚模韻同)逐(魚模韻同)○熟(魚模韻同)

【上聲】 有酉牖羑友誘莠黝○柳罶○杻狃紐鈕忸○丑醜○九韭久玖糾灸疚○首(頭也)手守○叟瞍藪○斗枓蚪陡抖○狗垢苟耇枸○藕耦偶嘔毆○摟(陽平聲同)塿簍○肘箒酎○朽○酒○剖(蕭豪韻同)○吼○走○否(是否,魚模韻同)○揉(陽平聲同)○口○傷

【入聲作上聲】 竹(魚模韻同)燭(魚模韻同)粥(魚模韻同)○宿(住宿,魚模韻同)

【去聲】 又右佑祐宥柚幼囿侑○晝咒胄紂宙籀咮○臼舅舊咎救柩廄究○受授綬壽獸首(有咎自陳)售狩○秀岫袖綉琇宿(星宿)○嗽漱○皺驟○溜霤留(宿留,停待)餾鎦瘤(陽平聲同)瀏○扣寇蔻○后逅候堠後厚○就鷲○豆脰竇鬭逗○搆遘媾購姤彀詬勾(勾當,陰平聲同)○湊輳甃○漏陋鏤瘻○謬繆(繆誤)○臭○嗅○瘦○奏○透○貿懋

【入聲作去聲】 肉褥(魚模韻同)○六

17.侵尋

【陰平聲】 針斟箴砧椹瑊○金今衿襟禁(力能勝任)矜*○駸綅浸(去聲同)祲(去聲同)○深○簪(監咸韻同)○森參(星名,又參茸)○琛賝郴○音瘖陰喑○心○欽衾嶔○侵○歆

【陽平聲】 林淋(去聲同)琳痳(痳病)霖臨(監臨)綝○壬任(負荷)紝(去聲同)○尋潯鱘鐔燖(廉纖韻同)鬵○吟淫崟婬霪○琴芩禽檎擒噙○岑鍖涔○沈(沈没)鈂湛(深也,又通"沈")○忱煁

【上聲】 廩懍凜○稔餁淰衽(去聲同)荏○審嬸沈(姓沈)瞫○錦噤(去聲同)○磣墋○枕(衾枕)○飲(飲食)○您○怎○寢

【去聲】 朕沈(陽平聲同)鴆枕(動詞)○甚葚○任(擔任)衽(上聲同)紝(陽平聲同)妊○禁(禁令,宫禁)噤(上聲同)澿唫○蔭廕窨飲(使飲)賃○沁伈○浸(陰平聲同)祲(陰平聲同)○臨(哭喪)淋(陽平聲同)○滲○讖○譖○賃

18.監咸

【陰平聲】　菴庵鵪唵諳○擔(動詞)耼儋耽湛(樂也)酖躭○監(監察)緘椷○堪龕戡弇○三(數目)毵○甘柑疳泔○杉衫○貪探(去聲同)○參(參拜,參考)驂○憨酣○簪(侵尋韻同)篸鐕○嵌(山深貌)○詀○渰(去聲同)○攙

【陽平聲】　南諵喃楠男○咸醎諴函銜啣○婪爁藍籃嵐○覃潭談錟譚燂藫曇痰○蠶慚○含涵邯○讒毚饞鑱劖巉○巖岩○喒

【上聲】　感鱤噉敢○覽攬欖爦○膽礑紞○慘(愁恨也)黲○揞晻(暗也)○喊○毯禫倓菼○減鹻○坎○砍○昝歜○俺○糝○黯○斬○腩

【去聲】　勘磡○贛淦紺○憾撼頷琀莟唅○淡啖惔擔(名詞)○轞檻艦餡陷○濫醞纜○瞰嵌(嵌入)闞○蘸站賺湛(厚也,澄也)○鑑監(同"鑑",又中書監)○暫鏨○暗闇○三(再三)○探(陰平聲同)○渰(陰平聲同)○慘(痛也)○懺○訕*

19.廉纖

【陰平聲】　瞻詹占(占卜)粘沾霑○兼縑鶼鰜○淹腌醃閹猒懕○纖銛憸暹○僉槧籤○襜覘○杴忺○尖漸(浸潤)殲○掂○苫(去聲同)○謙○添

【陽平聲】　廉簾臁奩帘○鮎黏拈○撏燖(侵尋韻同)○鈐鉗黔○蟾憺○鹽炎閻簷嚴○甜恬○髯○潛○嫌

【上聲】　掩魘曆埯奄晻(晻晻,日無光)崦琰剡○撿鐱瞼檢*○歛臉○染(去聲同)苒冉○閃陝○忝舔○險譣○點○諂

【去聲】　艷焰厭饜驗灧釅菴○贍苫(陰平聲同)○欠芡歉○玷店墊○瀲歛殮○念○劍儉○僭漸(徐進)○塹茜○染(上聲同)○占(占據)○韂

常用詞音序檢字總表

(1)按漢語拼音字母音序排列。

(2)聲母韻母都相同的字,按聲調次序(陰、陽、上、去)排列。

(3)一個字如果有幾種讀音,表内衹列最爲人所習知的讀法,其他不收,如“遺”衹列 yí,不列 wèi,“説”衹列 shuō,不列 shuì 和 yuè;如果幾種讀法一般人都熟悉,則全部列入,如“降”(jiàng、xiáng),“樂”(yuè、lè)之類。

(4)一個字有聲調不同的幾種讀法,雖然一般人都很熟悉,衹選收最普通的一種讀法,如“中”只列 zhōng,不列 zhòng,“相”衹列 xiāng,不列 xiàng。

(5)一般口語音(如“折”讀 shé)不收。

常用詞筆畫檢字總表

(1)字的筆畫以實際字形爲準①,如"進"在十一畫,不在十二畫("進")。

(2)同筆畫的字按下列起筆順序排列:

丶(點)　一(横)　丨(直)　丿(撇)

如"交""衣""妄""宇"同在六畫的[丶起]下面,"伏""休""伎""伐"同在六畫的[丿起]下面。

(3)"乛"筆歸"一","乚"筆歸"丨","𠃋"筆歸"丿",都在該起筆的最後部分,如"陳""陵""通""習"在十一畫[一起]的最後部分,"婦""終""絃""紱"在十一畫[丿起]的最後部分。

(4)筆畫起筆都相同的字,左邊或上邊結構相同的排在一起,如十一畫[丶起]中的"惟""情""悸""悵""惕""悼""庸""庶""庚"等。

① 編者注:原爲"以舊字形印刷體爲準",考慮到當代讀者的習慣,故改。

編後記

這一部《古代漢語》編完了。從 1961 年 5 月到 1963 年 11 月，共歷時兩年半。從各校的迫切需要説，編寫的時間嫌太長了；從字數、人力和我們的業務水平來説，編寫的時間又嫌太短了。書編完後，我們覺得還有一些話要説，所以寫這一篇編後記。

本書第一、二册先出討論本，分送各校提意見，並邀請專家開會討論。到第三、四册編完的時候，情况變了，來不及出討論本，也不能再邀請專家討論了。第一、二册曾經四易其稿，第三、四册恐怕衹能説再易其稿。如果説第一、二册工作還不免粗糙的話，那麽第三、四册就更加粗糙一些。衹有盼望各校在使用過程中發現缺點和錯誤，隨時見告，以便修訂。

第三、四册編寫時，基本上是按照原定計劃的内容來編寫的。但是也有一些更動。主要有以下三點：

（1）凡例第九條説："有些詞語是一般注釋家所不注的，爲了便利初學起見，凡是跟現代漢語距離較遠的，我們都注上了。下册隨着學生古文水平的提高，注釋逐漸減少。"我們在編寫第三、四册時没有能够做到注釋逐漸減少，因爲：第一，駢體文辭賦比較難懂，還是不能不詳加注解；第二，即使是《史記》《漢書》之類，也不能注得太簡單了,因爲社會上還有别的注本,學生會找來參考,其中有些注是我們認爲不恰當的,不如自己也注上了。

(2)凡例第十四條説:"每單元所收常用詞在60—80之間。"下册每單元的常用詞實際上在80—100之間,因爲我們考慮到常用詞約需1200字纔够用(具體的字將來可能有增删),學生到了這時業務水平提高了,每單元增加20字左右是消化得了的。況且下册所選的常用詞多數是詞義簡單的,按篇幅説,也不比上册增加什麽。

(3)凡例第二十七條提到通論部分打算講古文結構。原意是要講古文結構與現代文結構不同之點,目的在於幫助學生更好地了解古代漢語,而不是講古文筆法。後來因爲這個問題不容易講得好,就把原來的計劃放棄了。

關於教學參考意見,我們想補充以下三點:

(1)我們認爲工具課與理論課不同,《古代漢語》是工具課,不須要指定參考書或另發參考資料。現在的篇幅已經够大了,又有附録可供業務水平較高的學生參考,如果再指定參考書或另發參考資料,勢必影響學生熟讀文選的時間,無形中改變了課程的性質。

(2)對於通論部分的文化常識,各校的意見很不一致。有人認爲很有必要,有人認爲没有必要。我們的意見是:文化常識講不講由各校自己決定。講授文化常識的學校,希望能將教學情況及其效果隨時見告,以便參酌改進。

(3)語法體系的問題是長期爭論的問題,要全國語文工作者在短時期内取得一致的意見是不可能的。依照百家爭鳴的原則,應該鼓勵發表不同的意見。我們認爲教員在照教科書講了之後,可以發表自己的看法。衹是要避免講成語法理論課,因爲這個課程的目的是培養閱讀古書的能力,不需要過多的理論探討。

較多的爭論在於“所”“之”二字。在這部書裏,“所”被認爲是代詞,“之”被認爲是介詞,而中學漢語課本(1956年人民教育出版社出版)和某些現代漢語教本把“所”“的”認爲是助詞。讀者感到疑惑,教者也往往提出疑問或批評。有的同志希望我們解釋一下。

中學漢語課本影響頗大,大學裏某些現代漢語教本基本上是按照漢語課本的“暫擬漢語教學語法系統”來編寫的。漢語課本前面有一篇《暫擬漢語教學語法系統簡述》,其中有這樣的一段話:“漢語語法學裏還有不少懸而未決的問題,這個‘暫擬系統’裏不可避免地存在着没有解決的或者解決得不妥善的問題。”可見“暫擬系統”並不就是一成不變的。我們覺得“暫擬系統”有許多優點,但也有一些缺點。當然我們所謂缺點還是可以爭論的,但是我們不願意把我們不同意的東西寫進自己的書中,這應該可以獲得讀者的諒解。

從《馬氏文通》起,“所”字就被認爲是代詞。馬建忠稱爲接讀代字,劉復稱爲關接代詞,黎錦熙稱爲聯接代詞(《比較文法》第40頁)。這裏我們不想談理論上的問題,衹是想説明“所”字被認爲代詞乃是傳統的説法,不是我們標新立異。

從《馬氏文通》起,“之”字就被認爲是介詞(介字)。黎錦熙先生把“之”字認爲特別介詞(《比較文法》第135頁)。現代漢語中,跟古代“之”字大致相當的“的”字,也被黎氏認爲是特別介詞(《新著國語文法》第11頁,1956年版)。“之”字該不該算是介詞,跟介詞的定義有密切關係。漢語課本給介詞所下的定義是:“用在名詞、代詞等前邊,同它合起來,一同表示動作、行爲的方向、對象、處所、時間等的詞叫作介詞。”按照這個定義,“之”字當然不能認爲是介詞。但是,《馬氏文通》給介詞所下的定義是:“凡虚字以聯實字相關之義者,曰介字。”馬氏還解釋説:“凡文中實字,孰先孰後,原有一定之理,以識其互相維繫之情。而維繫之情,有非先後之序所能畢達者,因假虚字以明之,所謂介字也。介字也者,凡實字有維繫相關之情,介於其間以聯之耳。”按照這個定義,“之”字正是名符其實的介詞,因爲介詞衹是實詞與實詞之間的中介,而不管它是不是把名詞或代詞介紹到動詞上去的。黎錦熙先生説:“介詞是用來介紹名詞或代名詞到動詞或形容詞上去,以表示它們的時間、地位、方法、原因種種關係的……可是國語中有一個用得最多的特别介詞‘的’字(這種介詞‘的’字略等於古代的‘之’字——引者),是用來介紹名詞或代名詞到旁的名詞(或代名詞)上去的。”按照黎氏這個定義,“之”字仍應是介詞,衹不過被認爲是特别介詞罷了。可見“之”字被認爲介詞也是傳統的説法,不是我們標新立異。

還有一個理由使我們不能把“之”字認爲助詞。漢語課本助詞分爲三類:1.結構助詞——的、地、得、所;2.時態助詞——了、着、過;3.語氣助詞——呢、嗎、吧、啊等。古代漢語没有時態助詞;語氣助詞是有的,但是現在一般都叫語氣詞,不叫助詞;“所”字我們已歸入代詞;“地”“得”兩個助詞爲古代漢語所無,剩下來衹有孤零零的一個“之”字(=的),也就不能自成一類了。

此外還有一些學術上的問題。我們説上古漢語没有繫詞,有人不同意。這個問題還可以討論。如果教員不同意我們的看法,可以講得靈活一些,衹要説“一般”不用繫詞也就行了。説“一般不用”,對古代漢語的了解仍然是有很大的幫助的。

關於常用詞的選擇和解釋,我們也想談兩點:

(1)常用詞的選擇,原來想以古書中最常出現者爲準(例如在某書中出現十次以上)。後來覺得這種統計表面上很科學,實用價值不大。有些常見的詞可以不講(如"人"),有些不大常見的詞反而該講(如"捐")。現在所選的詞,任意性很大。希望古代漢語教師同志們在教學過程中代爲考慮一下,提出應删應增的詞條,我們再考慮修訂。

(2)常用詞的解釋,我們有意識地打破《説文》的框框。例如"辭"字没有依《説文》分爲"辭""辤","鼓"字没有依《説文》分爲"鼓""皷"。"辤"字較常見,所以在"辭"字下提一提;"皷"字在古書中幾乎完全不用,連提也不值得提了。衹在"鼓"字下面分爲名詞與動詞兩種意義,稍爲照顧一下。關於本義,我們也費了許多斟酌。凡於古書無據的所謂"本義",寧缺無濫。例如"屬"字,《説文》説"連也",我們解作"連接"。有同志認爲應該説明爲什麽从尾。按徐鍇《説文繫傳》説:"屬,相連續,若尾之在體,故从尾。"即使這個解釋是正確的,也衹能説明字形,對於閱讀古書没有任何益處;更何況未必可靠呢。總之,凡衹從字形上講本義而無法從古書中找到例證者(或例證出於牽强附會者),都以不講爲宜。

以上所説的,是我們的一些粗淺的意見。説的不一定對,僅供參考。此書執筆非一人,各册付印非一時,前後不一致的地方很多。雖然改正了一些,想來還會有許多地方尚待改正。希望讀者在這方面也協助我們。

這一部書從頭到尾都蒙葉聖陶先生審閱。他看了第一、二册討論本。第一、二册付印時,他仔細地看了校樣,連一個標點也不放過。第三、四册原稿也蒙他仔細審查過了。我們感謝葉先生給我們的鼓勵和幫助。伊世同同志給我們繪了一張天文圖作爲附録,在這裏也一併道謝。

最後,我們還應該向中華書局編輯部表示謝意。此書從審閲、付排到校對,都費了編輯部同志們許多力量。

王　力

1963年11月29日

重排校改後記

這部《古代漢語》是1980年修訂的,80年代以後,多達幾十種古代漢語教材先後出版。這雖然分流了高等院校的教學用書,但是這部《古代漢語》的社會需求數仍然很高,每年都要加印。由於它的内容精粹豐富,既承許多高校仍把它當作教材,又蒙社會廣大讀者厚愛,把它當作學習古代漢語的重要參考書。出版後不久,香港、臺灣即出現翻印本,日本學者豊福健二教授等把通論部分譯成了日文(書名《中國古典讀法通論》)出版。1987年舉行首屆全國高等學校優秀教材評獎,評選三十多年積累出版的教材,這部《古代漢語》獲得了特等獎,當時不但原編寫組的劉益之、馬漢麟先生早已先後去世,主編王力先生也已作古。獲此殊榮,我們修訂組的五個成員,更感到肩上的責任重大,經常關心教材的質量,發現錯誤,隨時通知挖改。1995年重印前,我們更作了一次全面的校訂,但是由於是挖改,自然受到很大的限制。現在累計印了近三十次,總印數接近一百五十萬部。紙型已經模糊,須要重排。出版社和我們商量,趁此機會作一次較大的校改。校改工作由郭錫良主持,具體分工如下:

文選部分:

許嘉璐(國家語委)

趙克勤(商務印書館)

常用詞部分:

吉常宏(山東大學)

通論部分(包括附録):

郭錫良(北京大學)

祝敏徹(湖北大學)

這次校改由於主編已經不在,我們不便於作太大的變動。因此主要是校改錯誤,修改字句,在一些地方力求敘述更爲準確。由於80年代以來,新編的字典辭書大量出版,有的已經成爲主要的工具書,原書的《怎樣查字典辭書》一節通論不得不重新改寫。

還須要説明,過去的挖改和這次的校改,責任編輯劉尚慈同志做了許多工作,校改後所有的古文字都是請許青松同志摹寫的,在這裏一併表示感謝。

郭錫良　吉常宏　祝敏徹

許嘉璐　趙克勤

1997年11月

2004 年重印校改説明

前年我得到了作者之一白平教授所贈的《〈古代漢語〉注釋商榷》一書，去年夏天就同趙克勤教授商量，請他閱讀該書後再酌改本教材。趙克勤教授十月完成任務，經過商討，我們採納了《商榷》附録《勘誤》的多數條目及正文的少部分意見，校改了一百四十多處（有部分《勘誤》條目，在本教材重排前校訂時已改正，未計），並由趙克勤教授寫了《王力〈古代漢語〉注釋原則》一文，以説明我們對某些問題的看法。校改稿寄中華書局後，去年底又收到作者富金壁教授寄贈的《王力〈古代漢語〉注釋匯考》一書，爲了趕在一起改排，我衹得立即閲讀，加快校改。《注釋匯考》的作者使用本教材進行教學已經近二十年，他除將多年的教學經驗、心得匯集外，還收集了從上世紀 60 年代以來對本教材質疑、商榷的文章三十九篇，加以細心研究、考索，寫成匯考，大多言之有據，抉擇也較平實、謹慎，很有參考價值。我們採納了約一百七十條（有三十多條在本教材重排前校訂時已改正，未計）。在這次校改中偶爾又發現幾條不甚妥帖者，也一併改止。在這裏我首先要代表修訂組對兩書的作者表示誠摯的謝意，謝謝他們幫助我們改正了不少錯誤；其次，對某些錯誤長期没有改正，也應向讀者表示歉意，並作點説明。這部教材上世紀 60 年代編寫時,主編是王力先生,北京大學是主編單位,參加編寫工作的有四人;80 年代修訂時,吉常宏、趙克勤兩位同志已經變動工作崗位,北京大學衹剩下兩人。王力先生年事已高,具體工作都交給了我,因此所有錯誤都首先要由我負責,與王力先生無關。還有從當時起,我們修訂組五人都已不在古代漢語教學第一綫,加以修訂時經多方努力纔爭取了修訂組集中半年,時間緊迫,煞尾工作衹能拖後擠時間完成。後來重排校改那次,更完全是分散、擠業餘時間做的,幾位同志都任務重,工作忙,來不及收集有關資料。我對這些都欠考慮,因而留下了一些問題,在這裏再次向讀者致歉。

郭錫良 2004 年 3 月 5 日

於京郊藍旗營小區